Ex Libris Claudij Francisci
D. J. D. et in supremo Sabaudiæ Senatu
advocati

# ESTAT EN ABREGE' DE LA IUSTICE ECCLESIASTIQVE, ET SECVLIERE,

DV PAYS DE SAVOYE.

CONTENANT LES CHOSES PLVS IMPORTANTES
De l'Hiſtoire du méme pays, de la grandeur de ſes Princes, des mœurs de
ſes habitans, & la nature de ſon gouvernement, Offices, & Seigneuries,

ENSEMBLE LA THEORIE, ET PRATIQVE
CIVILE, ET CRIMINELLE
Avec leurs formulaires.

LE TOVT ENRICHI DE PLVSIEVRS
Remarques tres-utiles à tous Iuriſconſultes, & Praticiens, & preſque à
toutes autres profeſſions, & eſtats, y ayant peu de choſes
il n'y ſoit parlé en quelque endroit.

A Son Alteſſe Royale

PAR NOBLE CHARLES EMANVEL DE VILLE
Seigneur du Fontanil, & du Villaret, Baron Daypierre, Conſeiller de S.A.R. & Senateur au Senat de Savoye.

A CHAMBERY.

Chez Loüis Du-Four Imprimeur, & Libraire de S. A. R.

M. DC. LXXIV.

# A SON ALTESSE
## ROYALE.

**M**ONSEIGNEUR,

Quoyque la Iustice n'ait jamais diminué de son lustre, ny de sa fermeté dãs vôtre Senat de Savoye : neantmoins l'incertitude avec laquelle la plûpart des Subalternes conduisent les formalitez criminelles, ou ils n'ont presque d'autre principe que l'usage, luy a fait exiger de mes soins quelques observatiõs que j'en avois faites.

J'ay obey aveuglément à cet ordre, parce qu'il regarde uniquement le service de V.A.R. & le bien de ses peuples. J'ose même esperer de ses bontez, que mon obeyssance sera fortunée aupres d'elle, & qu'apres avoir porté mes respectueuses soûmissions au pied de son Trône, j'obtiendray son agreément.

Et à vray dire, MONSEIGNEVR, s'il est glorieux à V.A.R. de maintenir la Paix dans ses Estats, au milieu des combustions de toute l'Europe ; de fortifier ses Places, d'agrandir les Villes, & d'aplanir les Montagnes en faveur du Commerce, avec des magnificences qui font honte à l'ancienne Rome ? Il l'est bien autant d'affermir les demarches de la Iustice, & qu'on la voit triompher sous ses victorieuses Enseignes.

Elle se presente aujourd'huy à vos pieds, MONSEIGNEVR, pour obtenir cette grace d'un des plus grãds Princes de la Terre, & nul ne doit augurer un sinistre succez pour sa Requête, en veuë des tendres mouvemens que V.A.R. luy témoigne. De moy, lors que je la considere dans ses augustes, & celebres Audiances, faire l'Office de Iuge, avec tant de succez, & de gloire, j'adyouë qu'elle est de ces Rois que les Hebreux demandoient à Dieu; & que sous son regne plus doux que celuy de Salomon, & d'Auguste, la Iustice, & la Paix se sont baisées, qu'enfin tout ce qui la precedé de grand, & de merveilleux, n'êtoit que l'essay d'un chef-d'œuvre que le Ciel vouloit consommer en elle.

Penetré de ces veritez, j'ose esperer un

heureux accueil de ses bontez Royales, pour un Sacrifice, qui ne regarde que la gloire de son Nom, & l'avantage de ses Peuples; & qu'étant l'Image de Dieu en Terre, elle se contentera à l'imitation de ce premier être de mon zele respectueux, & de la soûmission inviolable avec laquelle j'ay l'honneur d'estre,

MONSEIGNEVR,
De Vôtre Alteſſe Royale.

*Le tres-humble, tres-obeyssant,*
*& tres fidele sujet, & serviteur.*
CHARLES EMANVEL DE VILLE.

# AV SENAT

ESSIEVRS,

J'AY obey avec plaisir au commandement que vous m'aveZ fait, touchant la Pratique Iudiciaire ; tant pour le merite de vos motifs, qu'à cause de l'estime que j'ay pour de si chers Confreres ; & exposant à la lumiere de l'impression, ce que je destinois à mon seul usage, Ie suis ravy que toute la Terre sçache que vos Ordres ont eu plus de poids sur mon jugement, que le soin de ma reputation, & la crainte de ne pas répondre dignement à l'honneur de vôtre choix.

J'espere MESSIEVRS que vous agreereZ ma resignation à vos volonteZ, & que la fidelité de ce que j'avance supleéra à mes propres défauts, puisque je l'authorise de la pureté des Loix, de l'usage de vôtre Palais, & de la sainteté de vos Arrêts ; & parce que plusieurs Reglemens importans n'étoient pas connus, faute d'avoir êté mis sous la Presse, J'ay tiré de vos sacreZ Registres, ceux dont le secret n'êt pas indispensable, & qui doivent être sceus de tous, à l'imitation de Gneius Flavius, qui découvrit au public les mysteres de la Iurisprudence, lesquels auparavant n'étoient reveleZ qu'aux Pontifes, comme les ceremonies des Dieux.

HonoreZ s'il vous plait, MESSIEVRS, de vôtre aprobation, cette production de Mon obeyssance, & de mon Zele, vous ne sçauriez la rejetter sans désavoüer vôtre ouvrage, & vous ne pouvez l'advoüer vôtre, comme elle est, sans luy procurer du credit, puisque vous estes la Loy vivante, les depositaires de ses interêts, & les dispensateurs de ses Ordres: soutenez une plume dont vous êtes l'esprit, & la main, & favorisez de vôtre protection ce monument eternel de mon Zele pour le service de S. A. R. & de mon attachement à vos illustres Personnes, puisque je suis.

MESSIEVRS,

Vôtre tres-humble, & tres-obeyssant
serviteur, & Confrere.
CHARLES EMANVEL DE VILLE.

# PREFACE.

EST une chose tout a fait surprenante de voir combien l'étenduë des matieres du Droit, & de la Pratique est vaste, puisque apres tant de Loix, & d'Interpretes, il reste toûjours plus à dire qu'on n'en a pas dit.

Les changemens d'humeurs, & de coutumes qui arrivent incessamment dans chaque Païs, rendent les Livres indispensables de temps en temps, estant de la politique des Superieurs, de n'alterer pas les usages legitimes par des Loix nouvelles, & qui leur sont opposées, afin de n'imiter pas le Medecin, qui remuant sans necessité les humeurs du corps cacochisme, luy procure quelquefois une maladie mortelle par un remede qui n'estoit que d'election.

La Savoye n'ayant eu personne depuis Monsieur Favre, qui ait recuilly son usage, quoyqu'il ait presque tout êté changé depuis la mort de ce grand Homme, l'incertitude, & le doute regnoient dans l'esprit de la plûpart des Praticiens, singulierement és matieres criminelles. A quoy la prevoyance du Senat à voulu pourvoir par le Ministere du moindre de la compagnie, en m'ordonnant de donner au public quelques remarques que je destinois seulement à mon instruction particuliere.

Le zele que j'ay pour le service du Prince, qui comprend le bien public, & ma deference respectueuse pour ce Senat Auguste, ont dissipé toutes les craintes que la pesanteur du fardeau estoit capable d'imprimer, & imitant ceux qui cottoyans aupres du port, sont portez par les vents en haute Mer, & contraints de faire de longs voyages ; je me suis insensiblement engagé à traiter le Droit, & en suite presque tout ce qu'on peut desiderer de plus curieux, qui peut

ẽ

assortir la matiere dont je traite.

Ie me suis expliqué en langage vulgaire afin de me rendre plus familier, & intelligible, étant bien juste que ce qui doit profiter à châcun soit aussi connu de tout le monde, & ce n'est pas ma pensée d'imiter ces pedans ridicules, lesquels pour s'acrediter vers les idiots, estourdissent les oreilles par des mots estranges, qui nageans à la superficie de leur cervelle, n'ont ny solidité, ny agréement. Et parce que l'esprit à ses dégouts, comme le corps, j'ay tâché d'assaisonner mon discours de plusieurs remarques curieuses, & d'une varieté de matiéres, sans alterer pourtant l'ordre que je me suis proposé pour la theorie, & la conduite du procez, & parce que le Iurisconsulte *rougit de parler sans Loy*, j'ay tâché d'autoriser ce que j'avance des Textes, des Docteurs, & des prejugez, ou les rapporteurs sont nommez pour les rendre plus incontestables, & quoyque je puisse avoir peché en cela contre la mode, qui permet de s'atribuer les pensées des Anciens en taisant leur nom, je ne sçaurois estre plagiaire ny derober la gloire deuë à leur vertu, eu méme égard que la mode peut changer, & que les choses profitables sont toûjours receuës, qu'enfin il y a quelquesfois, de l'industrie de cacher sa foiblesse sous de grands credits.

I'advouë que je ne dis pas des choses nouvelles; mais il est bien difficile d'en plus rencontrer au temps ou nous sommes, *nihil sub sole novum*, & comme dit le Poëte.

*Nullum iam dictum quod non dictum sit prius,*
*Quare æquum est vos cognoscere, atque ignoscere,*
*Quæ veteres factitarunt, si faciunt novi.*

C'est quelquefois beaucoup faire, que de secourir l'invention d'autruy par sa propre industrie, & luy donner une nouvelle forme par la disposition, & par la grace, chacun sçait que vingt-trois caracteres forment toutes les escritures, & que quatre elements composent tous les corps mixtes.

Plaise à Dieu qu'il m'ait seulement reussi, de bien ranger les matieres, & les eruditions, & qu'on ne m'impute pas les fautes inevitables de l'impression dont les ponctuations sont si importantes, & ausquelles les occupations cōtinuelles de mon employ m'ont empeché de remedier, qu'enfin je ne sois pas le rebut des beaux diseurs, parce que je ne parle pas à la mode ; je devray cette indulgence à la bonté du Lecteur, & non pas à mon propre merite : que s'il reste des critiques inexorables, je m'en consoleray facilement dans l'indifference que j'ay pour le faux brillant de la vanité, d'autant plus que ceux qui me blâmeront se pourroient blâmer eux-mémes, s'il ne font mieux que moy.

———*Quid opus est verbis ? spectentur agendo.*

Peut-étre qu'ils auront égard à ma bonne volonté plûtôt qu'à mes defauts, & qu'ils auront du respect pour le Prince incomparable sous lequel j'agis, & pour l'importance du sujet, imitant ces peuples d'Egypte, qui cesserent de combatre leurs ennemis dés qu'ils apperceurent en leurs étendars l'Image, & la figure de leurs Dieux.

# TYPOGRAPHVS
## Benevolo Lectori Salutem.

IC liber qui in lucem prodit, Benevole Lector, divinum opus est, ex quo non solùm Sabaudia, verùm etiam exteræ nationes, veluti ex fonte fœcundissimo, & amœnissimo scientias exhaurient, in eo omnes scientiæ artesque, mirabili propemodùm serie suum munus obeunt, quæ tuos in animos mirabiles concitabunt amores; vitia fugantur, & virtus, quæ exul quodammodo, vix in lucem prodibat antea, nunc vitiorum effractis nubibus huiuscemodi libri ope, industriâ, & solertiâ, velut novus sol micantes suos radios undique sparget, & diffundet, sileant ergo tot legum interpretes, Senatus consultorum collectores, & unicum hoc opus quod tibi legendum exhibeo pro cunctis loquatur fama. Vale benevole lector, & menti tuæ serva quæ hoc trado carmine.

*Lector volve librum, lectum bis terque revolve,*
*In toto non est doctior orbe liber.*

IACOBUS DU-FOUR *suæ altitudinis Regiæ*
*Sabaudiæ Ducis Typographus, authoris*
*servus obsequentissimus.*

Ad Dominum Senatorem de Ville huius doctissimi operis auctorem Carm. Acrost.

| | | | | |
|---|---|---|---|---|
| **C** onsensu | **C** uncta | **C** elebris | **C** larusque | **C** oruscas |
| **A** equior es | **A** equie, | **A** lias es | **A** bes | **A** corbis |
| **R** egula | **R** ect.s extai | **R** oparasque | **R** oparasque | **R** egimen |
| **O** bruit | **O** bscuros | **O** stenderis | **O** mnibus | **O** mnis |
| **L** egitimd | **L** ector | **L** egum | **L** audare | **L** aborum |
| **I** era | **I** idebatur nem | **I** nquam | **I** elle | **I** deri |
| **S** ed | **S** tatuisque | **S** tatum | **S** olum & iam | **S** oluitur omnis |
| **M** ruis | **M** raticos, | **M** rroribus | **M** fferus | **M** xtans |
| **A** gne | **A** gistratus | **A** nifestat | **A** ystica | **A** gna |
| **N** rmi potens | **N** urate, | **N** fflictos | **N** truis | **N** rmis |
| **N** ervosis, | **N** ostra | **N** utrimen | **N** obile | **N** ymphe, |
| **V** exillum | **V** iduis | **V** iolentis | **V** ivida | **V** irga, |
| **E** ffugia | **E** nervans | **E** ffulges | **E** ditus | **E** ros, |
| **L** ucida | **L** ingua, loquax | **L** egum | **L** ucensque | **L** ycurgus |
| **D** octiloquum | **D** ocumen | **D** iuinaque | **D** ogmata | **D** emans |
| **E** ggregie ac | **E** quorum | **E** xcellens | **E** mulus | **E** xtas |
| **V** erborum | **V** enans | **V** endens | **V** ematica | **V** era |
| **I** udiciale | **I** ubar, | **I** usti | **I** nnumerabilis | **I** mber |
| **L** ibrorum | **L** argus | **L** ata & | **L** audanda | **L** ucerna, |
| **E** quorum | **E** luuies | **E** ternum | **E** ffulgidem | **E** sto. |

Dicat Franciscus de Bertrand, Dechamosset secundus præses Senatus, & ab eodem Senatu huius operis censor delectus.

Illustrissimi D.D. Caroli Emanuelis de Ville Iurisconsulti celeberrimi Domini du Fontanil, & du Villatet, Baronis Daypietre, à Consiliis Regiæ celsitudinis & in Sabaudiæ Senatu Senatoris integerrimi.

Nullus Alexandro pictor: pars nulla placebat
  Icon : Appellea ni foret artis opus
Nostra tibi nec musa potest Villæ probari,
  Est minor atque impar laudibus illa tuis.
Me tamen urget amor, me clari nomen amici,
  Et me pieridum quas colis urget honos,
Sum, fateor, vastum sensim delapsus in aquor,
  Nec satis est cymba conscia musa mea.
Quid primum celebrem maternos sanguinis ortus,
  Aut quantum patriæ nobilitate micas ?
Antistes unus, legatus auunculus alter,
  Numinis ille vices, principis iste gerens,
Splendet ubiq, genus, titulis domus ampla refulget;
  Quæ tibi conspicuum præstat in urbe decus.

An referam proauos quot patrum purpura texit?
  Claros ingenio religione pios.
Mens tua sublimis supra genus eminet ipsum,
  Nec vis est animi gentis honore minor.
Arguit hanc medio qua das effata senatu.
  Scriptaque non ulla peritura die.
Ingenium Villæ tuum probat ipsa loquentia
  Gratia : scribentis pagina quæque probat :
Ergo quisquis opus, nostris opus utile seclis,
  Hoc leget, ingenium prædicet ille tuum.

Franciscus Fichet præses à secundo in
eodem Senatu, amicus addictissimus.

D. D. Senatori De Ville Mæcenati meo Colendissimo.

περὶ λόγοις,
Labor tuus, laborem ademit omnibus.
  F. GAVD præses tertius in Senatu Sabaudiæ.

Ad authorem amicum cariſſimum,

## ACROSTICVM.

Carole nùm cælo conCeſſa volumina ſunt hæC?
An vag A te divum rApuit parnaſſus ad A ſtrA?
Redderet ut peR te teRris ſua iuRa regantuR
Omnia cOngeſtis helicOnis ab Ordine certO
Legibuscr̃, & cLaro repLeas de Lumine conſuL
Vt credo sVffuſa noVo tibi mVnera cultV
Sollicitus per te terriS committat olympuS

En calamo pingis clarE quæ geſſerit ensE
Martia Majorũ virt⁹, proceruM dat delia MenteM
Altam venari sApienti Aſpir At avitA
Natos in ſuperis seNſus, & numine lumeN
Virtutis veræ redeVntqVe tibi in uVia greſſV
Effuſo lEnique nitEnt ſecreta dE corE
Lucidus aſtreæ ſol Luceat omnibus exuL

Digeris, vt levies Dubios, ænigmata nunquiD?
Errant Es reprimas recrEes gnaroſque lE porE?
Vah! quam digna tVo sVbe Vnt molimina captV
Intactæ, plenus, themidos quI fonte dediſtI
Luminis ob Latos Latices revoLare tribunaL
Lux tua Lux iuris soLa eſt ſis Lumine præſuL
Vt decus æternùm celebrEnt tua iura perennE

Ianus Bellegarde Præſes in Senatu.

Illuſtriſſimo ampliſſimoque Domino Senatori de Ville pro ſuo juſtitiæ ſtatu.

Iuſtitia quam Villaq, ſtatũ das ecce Sabaudo
Suſpiciunt populi, ſidera cuncta probant,
Philoſophi, Patres, ſcriptura ſacra, Poëta,
Hiſtorici illuſtrant, omnis & ars celebrat,
Crimina profligat, compeſcit iurgia, lites,
O quam iuſtitiam, tempora iniqua vident.

Iacobus Ludovicus de Caſtagniere in Sabaudiæ Senatu primus SenatoR.

D. Carolo Emanueli de Ville viro nobilitate cla-
rissimo, & iurisprudentię consultissimo.

*Iam lucerna fori prælo mandando resurgit*
  *Cum rescripta ducum, pontificumque ducet.*
*Quæ variis confusa locis obscura iacebant,*
  *Ordine nunc certò lumina certa dabit.*
*Crimina dum multas, insonti ex dulce levamen,*
  *Addicto patriæ præmia fama dicat.*
    Carolus Ducloz Senator.

Ad eumdem authorem.

*Convocat ad laudes dilecti nomen amici;*
  *O penitus toto corde recepte mihi,*
*Semper honos, nomenque tuum, laudesq́; manebunt,*
  *Doctrina iuncta nobilitate nites,*
*Tu quid habes mirum, claris parentibus ortus,*
  *Doctrina radias, religione micas.*
    Ioannes Carron Senator.

Ad authorem amantissimum.

*Quid referam de te laudes an præmia dicam;*
  *Quis feret in tanto te sive Laude fore,*
*Præmia si spernas non est ignobile vulgus,*
  *Ardua dic nullo posse latere modo,*
*Tu praxim legesque moves tot crimina pulsas,*
  *Quod mirum, tantas sustinuisse vices!*
*Sed quid pro meritis tradet studiosa iuventus,*
  *Ad themidis templum te duce gesta foret.*
*Est themis ingenij tanti mirata labores.*
*En producit studij tot monumenta tui.*
*Curia testis erit tam magni nostra laboris,*
  *Quis neget esse tuæ dexteritatis opus.*
   Gabriel Dufour Demerandes Senator.

Ad eumdem authorem.

*Quid posset priscis nostra ætas ponere contra,*
  *Dum quærit, librum hunc obtulit, & stupuit.*
*Invidet annosis oculis, gemuitque vetustas,*
  *Vincor, nam hac maior gloria, laude mea est,*
*Vincor, ait vinci decus est à lumine tanto,*
  *Et tulit astrictus in tua vincla manus.*
*Expectate liber, liber ingeniose recusas,*
  *Omne id doctrinis obilitare tuis.*
    Carolus Salteur Senator.

Sonnet en faveur de l'Illustre Autheur, de l'Estat
de la Iustice.

Auteur digne en effet d'une gloire immortelle,
Genie dont chacun admire la beauté,
Et dans lequel Themis se met en seureté,
Lors qu'on veut l'ataquer dans sa regle eternelle.

Comme l'astre du iour par son retour fidelle,
Vient de nôtre orizon chasser l'obscurité,
Ainsi dans nos esprits tu porte la clarté,
Par l'éclat penetrant de ta plume nouvelle.

Tu dissipe l'erreur si frequente au Palais,
Prescris aux Magistrats leur regle pour jamais,
Et ces fleurs qu'on y voit d'une beauté suprême.

Charmèt tous les sçavàs: ils en loüent le choix;
Mais servant au public tu t'és servy toy même.
Car ton Nom regnera tant que vivront les Loix.
    F. du Noyer Senateur.

EPIGRAMMA.

*Dum tot scripta virûm temerè laudantur, honoris*
  *Iure vel immerito, præmia scripta ferant?*
*Laudavi tua, iura liber Villæe docebit,*
  *Quo sacra iura doces, quove profana doces.*
*Isto ergo oblatos nolis contemnere honores,*
  *Ni qua scripta docens, temnere iura velis*
*Hic vero modo tanta mihi sperare liceret,*
  *Hic tibi perpetuò, maximus esset honor.*
*Quæ, Villæe, tibi, qua iam patet aula tonantis,*
  *Dicta foro, audiret, scriptaque iura domi,*
*Quodque tuum tandem superest tot honoribus aucto,*
  *Quod Iovis unius est, cum Iove iura, docet.*
    F. Crassus Senator.

EPIGRAMMA.

*Iura sacri Villæe fori, legesque prophani*
  *Scribis, utrumque colis, scribere utrumque decet.*
*Majorum pietas sacri te iuris amantem*
  *Esse dedit, (magnos infula texit avos)*
*Majores augusta fori qua purpura texit*
  *Illa dedit Themidis iura prophana sequi.*
*O Tantis dignum proavis! hos laudibus æquas*
  *Nam vicero suos; tu quoque vincis avos.*
    F. Doncieu Senator.

EPIGRAMMA.

*Quid tanto invigilas operi, quid præla fatigas?*
  *Et Themidis docta sudat in arte Labor?*
*Sunt mores Villæe tui lex optima: qui te*
  *Viderit, in vultu iura notata leget.*
*Tu decreta foro: sparsasque volumine leges,*
  *Colligis, & factis institiámque doces.*
    Carolus de la Forest Senator.

EPIGRAMMA.

*O Legum Villæe decus, Themidisque iacentis*
  *Præsidium, patriæ lumen, & urbis honos:*
*Audiit attonitus, quæ reddis iura Senatus,*
  *Attonitúsque eadem, reddita iura videt.*
*Augusti decreta fori re publica; magnum*
  *Et privata domi, te tua scripta probant.*
*Sic novit dum lingua foro, sacra reddere iura,*
  *Novit iura eadem, scribere docta manus.*
    Petrus Morel Senator.

#### Ad eumdem illustrissim. authorem.

Quas regum imperium, quas per vi sacra potestas
Dant leges populis, suggerit isto liber.
Crimina plectuntur, virtuti præmia dantur,
Redditur, & iustâ, lance cuique suum,
In dubiis stadiis, scriptura oracula sacra
Audis quique docent dogmata sancti patres.
Vectigalis opes, historia sacra prophana.
Profert, vt fælix tempus in omne fiat,
Quod dixere omnes, nullus quod dixerit unquam,
Cernere si cupias, per lege lector opus.
   Obseq. Cl. Chivilliard Senator.

#### Ad authorem.

Composuere patres immensa volumina legum,
Vt populis morum regula certa forent:
Vix possunt homines tanto superesse labori,
Cum brevis exiguo tramite vita fugit.
Lustra sed illustru suples breviora Senator,
Nam tuus hic Codex omnia iura docet.
   Nobilissimi authoris addictus Claudius
   Franciscus Ducrest pro sua R. celsitudine
   fisci procurator in tota Sabaudia.

#### Ad authorem.

Quis bene laudarit? nisi qui, te possides, & si is
Authorem verum, rectum, geniumque togatum.
Da mihi genio, & tibi reddo oracula famæ:
Non deerit nomen fuerint dum iurgia terræ;
Dum sciet ætas, per te aptatum iuribus vsum:
Dum sciet in brevibus digesta volumina inausa,
Dum sciet encyclopædam animi comitate micātem,
Villeumque tuum sciet, omnibus omnia librum.
   Ioannes Comte Regiæ celsitudinis Con-
   siliarius, & in supremo Sabaudiæ Senatu
   procenfor.

#### A Monsieur le Senateur de Ville, sur son Estat de la Iustice.
#### SONNET.

La Iustice autrefois voyant que l'innocence,
Ployoit iniustement sous le joug des méchans,
Que les plus Criminels étoient les plus puissants,
Retourna le Ciel le lieu de sa naissance.

Dés lors on vit par tout le crime, & l'impudence,
Les Thrônes abbatus, les Estats languissants,
Mais Astrée arresta ces desordes naissants,
Et vint finir les maux, que causoit son absence.

Ayant vû sur le Thrône vn fils de tant de Rois,
L'Auguste Emanuel, si juste dans ses Loix,
Voyant dans le Senat *Emanuel de Ville*,

Et son livre admiré des plus rares esprits,
C deux ont rétabli la Iustice civile,
Le premier par ses Loix, l'autre par ses Ecrits.
    *Le Comte Borgere.*

#### Ad Zoilum.

Invide quid tritas quæreris tractare libellum,
Materias? nobis, nulque referre novi?
Si tibi vana placent, veu te iam dicta fatiscunt
Ingenioque latet nausea tanta tui
Autoris placeat saltem tibi Zoile rarus,
In scribendo lepos, ingenijque nitor.

#### Idem ad eumdem Zoilum.

Invide mordaci scripta hæc: ne carmine carpas,
Sed longe sequere, & vestigia semper adora.
   Gaspard Bailly causid.

#### Ad eumdem.

Fælix, ius referens illi laus iure conatur,
Incurrit furti crimina, quique negat,
Reddere nec facile est, iurati lingua patroni
Debilis est, laudes omnia iura clamant,
Hic liber est Themidis sacrata cuncta caterva,
Hicque tuas laudes publica verba tonant,
Quid mirum? populo vivis, nam scripta futuris,
Lectori prosunt, omnibus esque bonus,
Ista docet liber hic, concurrunt carmina: laudes,
Tam solidas repetet cordis, & echo mei.
   Andr. Faber Causid. in Senat.

#### A L'Illustre Senateur de Ville Baron Daypierre, &c. Autheur de c'est incomparable ouvrage.

#### SONNET.

Reviens-tu du tombeau, r'animes-tu ta cendre,
Et descends-tu du Ciel, d'auprés de l'Eternel?
Grand Favre dont l'esprit en oracle immortel
Nous éclaircit les Loix, & nous les fait entēdre.
Que reste-il encor à nous faire comprendre,
Que cherche-tu çà bas ou rien n'ét que mortel?
Au rang des grāds Docteurs on t'a fait vn autel,
Tu ne peux parmi nous plus grād honeur atēdre
Mais j'erre, & si je vois paroître ton esprit,
En c'ét état parfait si sçavamment écrit,
Ce Code vniversel ou l'on peut tout aprendre.
Ces moyens d'éclairer les peuples, & les Cours,
De Ville les prescrit tu n'y peux rien pretendre,
Il est comme tu fus le flambeau de nos jours.

#### QVATRAIN.

Interpreter, gloser, definir, & traduire,
C'est ce que cy-devāt tant de Docteurs ont fait,
Mais mettre la Iustice en son Estat parfait,
De Ville seul à sçu si doctement Ecrire.

   *Par son tres humble, & obeyssant serviteur*
   *Ioseph Ignace Viossy Advocat au Senat*
   *& au Parlement de Paris.*

# TABLE DES CHAPITRE
## DE LA PREMIERE PARTIE LIVRE I.

CHAP. I. DE l'ancienneté de la Royale maison de Savoye, & du gouvernement harmonique offices, & seigneuries de ses estats deçà les monts. pag. 1

II. Du procez criminel dans la theorie. p. 23
III. Du Iuge, & Magistrat. p. 24
IV. Des arbitres assesseurs. p. 27
V. De l'accusateur ou demandeur en cas d'excez. p. 29
VI. De l'accusé ou deffendeur en cas d'excez. p. 32
VII. Du crime, & de ses especes. p. 33
VIII. Des crimes Ecclesiastiques, privilegiez, & communs, de la jurisdiction du Iuge d'Eglise, & de sa maniere de proceder. p. 34
IX. Des crimes militaires, avec quelques remarques de la guerre, & des soldats. p. 51
X. Des crimes publics. p. 57
XI. Du crimes de lese Majesté. ibid.
XII. De l'heresie. p. 58
XIII. Du blaspheme. p. 66
XIV. De la simonie. p. 67
XV. Du sacrilege. p. 69
XVI. Du crime de peculat, & de reliqua. p. 71
XVII. De l'art magique, sortileges, & enchantements. p. 27
XVIII. S'il y a des magiciens, & sorciers, & du commerce entre les esprits, & les hommes. p. 92
XIX. Qu'est-ce que magie, & sortilege? & de leurs genres, & malefices. p. 98
XX. De la procedure, & peines, touchant les magiciens, & sorciers. p. 106
XXI. Des superstitions. p. 110
XXII. Du crime de lese Majesté humaine. p. 119

## TABLE

XXIII. De la trahison infidelité, & felonie. p.123
XXIV. De la sedition, & revolte. p.126
XXV. Des detracteurs du Prince, & du mépris fait à ses images. p.128
XXVI. De l'infraction de sauvegarde, & desobeyssance aux ordres du Prince, & du Magistrat. p.130
XXVII. Du crime de faux. p.133
XXVIII. Des fausses sentences, letres, & autres actes judiciels, & de Chancellerie. p.134
XXIX. Des faux notaires, & témoins. p.136
XXX. Du crime de fausse monoye. p.141
XXXI. Du changement de nom. p.146.
XXXII. De la supposition de part, & exposition d'enfans. p.147
XXXIII. Des fausses armoiries. p.149
XXXIV. Du crime de stellionat. p.150
XXXV. De l'interceptation, & decachetement des letres missives. p.151
XXXVI. Du transplantement de bornes. p.153
XXXVII. De la chasse, & peche, & de leurs deffences. p.154
XXXVIII. Du rapt, & violement, force privée, & publique. p.160
XXXIX. Des crimes d'impureté, & de luxure. p.163
XL. De la simple paillardise. p.164
XLI. De la fornication. p.166
XLI. Du concubinage. p.167
XLII. Du stupre, & violence. p.168
XLIII. De l'adultere. p.169
XLIV. Du crime de bigamie. p.177
XLV Du crime d'inceste. p.180
XLVI. Du crime abominable de sodomie. p.183
XLVII. Des preuves, coiectures, et præludes de la luxure, et paillardise. p.188
XLVIII. Du maquerelage. p.191
XLIX. Du simple meurtre, ou homicide. p.192
L. De l'homicide volontaire de soy-même. p.198

## DES CHAPITRES.

LI. Des duels, & monomachie, p.201
LII. Du detestable crime de parricide, p.204
LIII. Des playes, & blessures, p.208
LIV. Des incendiaires, p.209
LV. Du bris des prisons, force à Iustice, & de la geole, & devoir du geolier, p.211
LVI. Du crime des prisons privées, p.214
LVII. Du crime de concussion, p.215
LVIII. Du crime d'annones, des monopoleurs, dardanaires, & maltotiers, p.218
LIX. Du crime de plage, & dabigeat, p.220
LX. Du crime de rapine, p.221
LXI. Du crime de larrecin, p.222
LXII. De l'action de detournement, p.227
LXIII. De coupeurs d'arbres fruictiers, p.228
LXIV. Du crime de sepulchre violé, ibid.
LXV. Du dommage de la loy Aquilia, p.229
LXVI. Du crime d'iniure, p.231
LXVII. Du crime d'usure, p.236
LXVIII. De plusieurs crimes extraordinaires, p.237
LXIX. Des quasi delicts, p.249

### Livre deuxiéme.

CHAP. I. De l'accusation, inquisition, & denonce, p.251
II. Des Iuges qui ont pouvoir de connoitre des crimes, p.256
III. Des informations, & procedures extraordinaires, p.262
IV. Des informations à charge, & decharge, p.266
V. De la citation personnelle, & autres provisions criminelles, p.268
VI. De la contumace, p.272
VII. De l'exoine, & excuse de l'absent, p.274
VIII. Des interrogatoires, & réponses personnelles, p.276
IX. Des recollement, & confrontations, p.279

## TABLE

| | |
|---|---|
| X. Des reproches, & faits iustificatifs, | p.295 |
| XI. De la torture indices, & semipreuves, | p.299 |
| XII. Du jugement definitif, | p.307 |
| XIII. Des appellations en matieres criminelles, | p.313 |
| XIV. De l'inscription en faux, | p.320 |
| XV. Des connoissances sommaires des crimes, et des grands jours, & assises, | p.325 |

### Livre troisiéme.

| | |
|---|---|
| CHAP. I. Des peines, & supplices, | p.327 |
| II. Du piloris, & peine du carcan, | p.332 |
| III. De la flêtrissure, & impression de marque, | p.353 |
| IV. De la peine du fouët, | p.334 |
| V. Du bannissement, relegation, deportation, condemnation aux metaux, & aux galeres, | p.335 |
| VI. De la peine de mort, & premierement de celle du gibet, | p.339 |
| VII. De la decolation, & amputation des membres, | p.341 |
| VIII. Du supplice de la roüe, | p.343 |
| IX. De la peine du feu, & des tenailles ardentes, | p.344 |
| X. De la peine de confiscation, | p.345 |
| XI. Des amandes, & frais de Iustice, | p.346 |
| XII. Des peines Ecclesiastiques, & premierement de la reprimande, | p.347 |
| XIII. De l'excommunication, interdits, suspension, & degradation. | p.348 |
| XIV. De l'infamie, amande honoraire, elimination, jeûnes, & prisons, | p.351 |
| XV. Des rescrits de grace, & de Iustice, | p.355 |
| XVI. Des letres rogatoires, & pareatis, | p.364 |
| XVII. Des represailles, & letres de marque, | ibid. |

### Table des Chapitres de la deuxiéme partie Liv. I.

| | |
|---|---|
| CHAP. I. Sommaire, et historique recueil du droit Civil, et Canon, | p.3 |
| II. Des personnes publiques, et dignitez tant Ecclesiastiques que seculieres, | p.10 |
| III. Estat present de la Royale maison de Savoye, | p.13 |

## DES CHAPITRES.

IV. Des personnes privées, & de leurs estats, & divisions, p.27
V. De la puissance paternelle, & des moyens de l'aquerir, p.28
VI. Du mariage, & de ses circonstances, p.29
VII. Des dotes, augmens, joyaux, donations à cause de nopces, doüaires, & biens paraphernaux, & adventifs, p.35
VIII. Des renonciations des filles dotées. p.39
IX. De la restitution, & seureté des dottes, p.41
X. Des secondes nopces, p 45
XI. Des legitimations, & adoptions, p.48
XII. Des moyens de dissoudre la puissance paternelle, p.50
XIII. Des Tuteurs, & Curateurs, p.51
XIV. De l'autorité des pedagogues, regens, precepteurs, & maîtres d'école, p.53
XV. De la puissances des Seigneur sur leurs esclaves, p.35
XVI. De la nature, & division des choses, p.57
XVII. Des biens libres, p.58
XVIII. Des biens feodeaux, & droits Seigneuriaux, p.59
XIX. Des emphiteoses, lods, servis, & autres droits censifs, & reels, p.73
XX. Du domaine des choses, & des moyens de l'aquerir, p.80
XXI. Des usucapions, & prescriptions, p.81
XXII. Des donations, p.83
XXIII. Des successions testamentaires, p.85
XXIV. Des codicilles, & clauses codicillaire, derogatoire, iuratoire par tous mellieurs moyens, & autres, p.93
XXV. Des substitutions directes, p.95
XXVI. Des substitutions indirectes, & fideicommissaires, p.99
XXVII. Des legs, p.108
XXVIII. Des quatre quartes, sçavoir de la quarte falcidie, trebellianique, sabiniene, & legitime, p.112
XXIX. Des successions legitimes, & à intestat, p.116

# TABLE

XXX. Des acceptations, ou repudiations d'heritages, & autres bienfaits par l'homme, ou par la loy, p.120

XXXI. Des contrats, & autres actes entre vifs, p.121

XXXII. Des payemens, & moyens d'éteindre l'obligation, p.133

XXXIII. Des actions, interdits, & exceptions, p.134

### Livre deuxiéme.

CHAP. I. Des Requestes, decrets, & letres, p.139
II. Des letres, & citations civiles, p.144
III. Des reprises de procez, & peremption d'instance, p.146
IV. Des deffauts, & contumaces en procez civil, p.147
V. Des presentations, communications, & contestations en iugement, p.149
VI. Des delays, feries, & vacations, p.153
VII. Des recusations, & unions de voix, p.158
VIII. Des exceptions, & deffences, p.164
IX. De la reconvention, & des repliques, & changement de libelle, p.166
X. Des preuves, & premierement de l'instrumentaire, p.168
XI. De la preuve par témoins, p.170
XII. Des monitoires, & autres moyens de contraindre les témoins de deposer, p.174
XIII. Du serment, & prestation d'iceluy, p.180
XIV. De la preuve qui se fait par la confession, ou par la veuë, soit aspect de la chose, & de la presomption, p.183
XV. De l'appointement en droit, commination de produire, demande de forclusion, & iugemens civils, p.185
XVI. Des despens, & frais de justice, liquidations, & taxes, p.189
XVII. Des appellations civiles, & de leurs formalitez, & jugemens, tant interlocutoires, que definitifs, p.194
XVIII. Des appellations comme d'abus, & de leurs formalitez, p.198
XIX. Ordre des formalitez en matiere d'abus, avec les formulaires des actes, p.201

## DES CHAPITRES.

XX. Des benefices Ecclesiastiques, dixmes, offrandes, & du possessoire d'iceux, p.103
XXI. Des executions, & oppositions en matiere civile, p.226
XXII. Des attentats, & voyes de fait, p.229
XXIII. De la cession vile, & miserable, du benefice de droit, & des letres de surseance, annales quinquennales, & autres rescrits moratoires, p.230
XXIV. Des Requestes civiles, & evocations, p.234
XXV. Des criées, subhastations, & ventes judicielles, p.236
XXVI. Des homologations, insinuations, & enregistremens, p.238
XXVII. Des nullitez, restitutions en entier, & rescisions, p.240
XXVIII. Des Tailles, & autres tributs, ensemble des Reglemens de police, & des trois Estats de la republique, p.240

Fin de la Table des Chapitres.

## EXTRAIT DES REGISTRES
### du Senat de Savoye.

SVr la Requeste presentée ceans le 13. Aoust 1674. par noble Charles Emanuel de Ville, Seigneur du Fontanil, & du Villaret, Baron Daypierre Conseiller, & Senateur ceans, tendante aux fins qu'il luy soit permis de faire Imprimer distribuer, & vendre par les Libraires, qui par luy seront choisis, vn Livre intitulé *Estat de la Iustice Ecclesiastique, & Seculiere du pays de Savoye*, & qu'il soit inhibé à tous Imprimeurs, & Libraires, qui n'auront pouvoir, & permission dudit Sieur suppliant, d'imprimer, vendre & debiter ledit Livre, riere le ressort du Senat, à peine de 500. livres, & de confiscation des exemplaires, & autrement comme est porté par ladite Requeste.

VEv ladite Requeste du 13. Aoust signé *de Ville*, & les Conclusions du Procureur general dudit jour signé *Ducrest*, & le tout veu, & consideré.

LE SENAT faisant droit sur ladite Requéte, ayant égard aux Corclusions, & consentement prêté par le Procureur general. A permis, & permet à tous Imprimeurs, & Libraires qui seront choisis par le Sieur suppliant, & qui de luy auront permission, d'imprimer, vendre & debiter le susdit Livre intitulé *Estat de la Iustice Ecclesiastique, & Seculiere du pays de Savoye*, avec inhibitions & deffences à tous autres de vendre, debiter, distribuer, imprimer, ou faire imprimer ledit Livre; à peine de 500. livres & de confiscation des exemplaires. Fait à Chambery audit Senat, & prononcé au Seigneur Procureur general, & au Seigneur suppliant le 14. Aoust 1674.

*Collation faite pour le Seigneur suppliant.* Signé GARIOD.

## PARTIE I. LIVRE I.
# DE L'ESTAT DE LA IVSTICE.

CONTENANT TOVTE LA CRIMINAVTÉ TANT EN THEORIE QV'EN PRATIQVE, Precedée d'un discours Moral, & Historique concernant la Savoye.

AVEC VNE DIGRESSION CVRIEVSE touchant les Arts, & Sciences.

### CHAPITRE PREMIER

*De l'ancienneté de la Royale maison de Savoye, & de son gouvernement Harmonique, Offices, & Seigneuries de ses Estats deçà les Monts.*

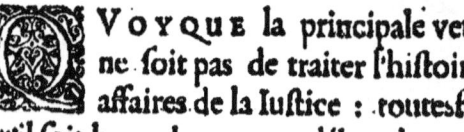

QVoyque la principale veuë de cét ouvrage ne soit pas de traiter l'histoire ; mais plûtôt les affaires de la Iustice : toutesfois je n'estime pas qu'il soit hors de propos débaucher celle du païs de Savoye aux endroits les plus essentiels, attendu que nul ne

*Iustification de la conduite de l'Auteur touchant ce Chapitre qui semble être hors du sujet.*

A

*Eſtat de la Iuſt. Eccl. & Sec. du pays de Savoye,*

*L'hiſtoire eſt importante à la juriſprudence.*

peut ſçavoir l'uſage d'un Eſtat s'il n'en ſçait la ſituation, ceux à qui il a été ſoumis, & les mœurs de ſes habitans, *turpe eſt*, diſoit un Ancien, *jus ignorare in quo verſamur, ſed multò turpius nos in patria, & domi peregrinos videri.* Outre que l'alliance eſt indiſpenſable entre le droit, & l'hiſtoire. a

a *Franc. Bald. de l'alliance de l'hiſt. avec la iuriſprud.*
*Des Eſtats de Savoye Leur diviſion moderne. Leurs Seigneuries. Leur villes.*

Les Eſtats de Savoye ſont partagez par les Alpes. La partie qui eſt au deçà conſerve le nom de Savoye, & celle qui eſt au delà, celuy du Piedmont. Ils contiennent cinq Duchez, trois Principautez, quatre anciens Marquiſats ſouverains, ſix Comtez, & une Baronnie, de même nature, ou ſont renfermez plus de 50. Marquiſats 300. Comtez un grand nombre de Baronies, Vicomtez, Vidonats, & autres Seigneuries fuzeraines ( poſſedées par les vaſſaux, & feodataires du Prince,) & plus de cent Villes fermées.

*Limites de la Savoye, & du Piedmont.*

Ce qui garde le nom de Savoye, eſt borné par le Piedmont, le Valais, les Suiſſes, le Dauphiné, & la Provence, & l'autre partie par les Alpes maritimes, les centrons, l'Eſtat de Milan, le Montferrat, & le fleuve de Thezin.

*Bonté, & fertilité du pays de Savoye.*

Ce païs eſt fort ſain, & fertile en toutes choſes, ſingulierement en bleds, & en vins, & quoy qu'il ſoit montueux en quelques endroits, toutefois ce qui ſemble être une difformité de la nature : contribuë à ſon étenduë, à ſa beauté, & à l'avancement du commerce.

*Remarque, & & comparaiſon familiere*

Car ſi les panchans de ſes montaignes étoient en plaines, le pays paroitroit deux fois plus vaſte à l'exemple d'un manteau dont l'etoffe paroit moins lors qu'il eſt caché par ſes réplis. Les colines y forment des agreables valées, comme les hautes montagnes renferment des precieux metaux dans leur ſein, & produiſent de excellens paturages pour la nourriture des troupeaux ſi utiles au commerce par leur fruits, & par leur dépoüille.

## Part. I. Liv. I. Chap. I.

Il y a plusieurs vestiges d'antiquité dans la Savoye, *a* des lacs, & rivieres, qui fournissent de bons poissons, & méme d'une espece, qui ne se rencontre point ailleurs, & s'il y a quelque torrens mal faisans, ce n'est qu'aux endroits qui sont proches de leurs chutes, ou des montagnes ruinées par les defrichemens, ou chargées de neiges. Les bains de Savoye, tant estimez par les anciens Romains, sont merveilleux dans leurs operations salutaires.

*Vestiges d'antiquité de Savoye.*
*a Voy Guich. Lacs, & rivieres de Savoye.*

La Savoye n'a pas tiré son nom du mot, *sans voye*, ou *sauve voye*, comme ont crû Peucer, Davity, & Melancton; mais plûtôt, d'une ville nommée *Sebatie*, que les habitans des Alpes bâtirent au nom de Iupiter, Sebatius qu'ils adoroient. *b* La Savoye est nommée *Sabaudia* dans la notice de l'Empyre, & non pas *sapaudia*, ou *sapadia*, comme a dit Amian Marcellin, dans sa description curieuse du cours du Rône.

*Etymologie du nom de Savoye.*
*b Saxi Guich de gignis.*

La Savoye comprenoit anciennement une partie du Dauphiné, comme il se voit au testament de Charlemagne, elle fut une portion du Royaume de Bourgogne, puis de celuy d'Arles, & de la Bourgogne transiurane, comme asseurent Boché, & le sçavant President de Boissieu dans son livre de l'usage des fiefs. Elles fut habitée par divers peuples avant qu'elle fut monarchie, sçavoir par les Centrons, les Garocelles, les Branovitiens, les Nantuants, les Latobriges, les Focunates, & les Allobroges, qui furent ainsi nommés d'un ancien terme celtique, *briga*, ou *broga*, qui signifie pont : à cause des Villes qu'ils avoient bâties sur Lizere, & sur le Rône. *c*

*Ancienne cōtenance de la Savoye.*
*Anciens peuples de Savoye.*
*c Voy Litineraire d'Antonin Guich chap. 1. de son hist : en. de la Roy maif. de Savoye.*

Les Allobroges étoient les peuples de la Gaule Narbonoise, *d* & furent fort estimez par les Romains, dont ces peuples soutiendrent plusieurs fois les attaques : témoin

*d Ptol strab. Valeur des Savoysiens.*

Fabius Maximus, qui n'en triompha qu'après une vigoureuse resistence, *a* aussi ont-ils êté nommez *Gallorum fortissimi*, en plusieurs endroits de l'histoire.

*Guich. en son hist. gen. c. 1.*

La Savoye (ou je comprens le Chablais, Genevois, la Maurienne, la Tharentaise, le Faucigny, le Bugey, & Ternier, & Galliard,) est le passage plus court, plus asseuré, & plus commode pour aller de France en Italie, & les magnifiques reparations que S. A. R. qui regne aujourd'huy y fait faire, ont fort augmenté l'empressement des voyageurs pour cette route, d'autant plus que l'on reçoit mille honnetêtez des habitans.

*Provinces de la Savoye deçà les alpes. Ell'est le meilleur passage de France en Italie. Courtoisie des Savoysiés.*

Ce qui fait que les personnes de marque s'arrestent souvent à Chambery ville capitale de Savoye, & siege du Parlement pour y voir le beau monde, dont ell'est peuplée, & cela d'autant plus que l'on peut vivre à peu de frais, sans aucune contrainte, ny crainte de supercherie, dans tout le païs.

*Chambery peuplé d'honestes gens. Seurete & liberté des chemins.*

Il y a des personnes fort adroites, & industrieuses en Savoye, & rien n'est plus épuré que les esprits nourris dans l'air subtil qu'on ny respire, témoins tant de Grands hommes, qui en sont sortis, & dont les ouvrages se font admirer dans le plus grand jour de la France; car quoyque ce Royaume soit le centre des beaux esprits, neanmoins on y fait justice au merite sans jalousie, laquelle empoisonne souvent les bonnes choses.

*Adresse, industrie & esprits des Savoysiens.*

*Eloge de la France.*

(Il y a en Savoye un Clergé plein de pieté,) des Magistrats vigilans, & incorruptibles (particulierement ceux du Senat, & de la Chambre,) une noblesse genereuse, & bien faite, un peuple doux, & fidelle, n'estant pas possible de trouver dans l'histoire, que la Savoye ait produit des traîtres, ny au Prince, ny a leur patrie, ny a leurs amis.

*Eloge du Clergé. Eloge des Magistrats. Eloge de la Noblesse. Bōté du peuple, se respects au Prince, & à la Iustice.*

*Part. I. Liv. I. Chap. I.* 5

Mais cét Estat trouve la consommation de sa gloire, & de ses bonheurs dans la grandeur, & la bonté des Princes ausquels il obeït depuis plus de 700. ans sans changement de famille, n'ayant été la plus grande interruption des degrez, que de l'oncle au néveu, & du néveu à l'oncle, sans que pas un ait été souïllé d'aucun sobriquez, ny aye finy par des morts violentes, ny fait des actes indigne de son sang, & de sa grandeur, & afin de nous mieux éclaircir, il faut en expliquer briévement la tres illustre genealogie. *Le principal advantage de la Savoye consiste en ses Princes.*

La mort d'Hugues, premier Duc de Saxe, frere de l'Empereur Othon 3. fut cause que ses enfans resterent auprés de leur oncle pendant leur jeunesse; mais de quelque maniere que l'un d'eux, nommé Berold, ou Berald, ait quité l'Allemagne, il est certain qu'ayant beaucoup merité auprés de son oncle, & encore auprés de Bozon, & de Rodolphe son frere Roy de Bourgogne, il receut d'eux, plusieurs marques d'estime, & que le dernier le fit Seigneur de Maurienne. Son fils Humbert I. luy succeda & la fit eriger en Comté. Il aquit le Marquisat de Suze, & le Comté de Piedmont, & la Valdaoste, par Adelaide fille unique de celuy qui les possedoit. Amé I. son fils recuillit sa succession aprés son decez. Othon son frere prit la Couronne aprés luy, qui selon Guichenon succeda à Amé I. & aquit le Piedmont, Aoste & le Marquisat de Suze, & non Humbert I. Humbert II. vient aprés, & conquit la Tharantaise. Il eut pour successeur Amé II. lequel fit eriger la Savoye en Comté, qu'il laissa avec ses autres Estats à Humbert III. *Genealogie des Comtes & Ducs de Savoye. Berold fils d'Hugues I. Duc de Saxe. Il est fait Seigneur de Maurienne par Rodolphe Roy de Bourgogne. Humbert I. du nô & premier Côte de Maurienne, aquit Suze. Amé I. Humbert II a conquis la Tharantaise. Amé II premier Comte de Savoye. Humbert III. Thomas I. vicaire d'Empire en Lôbardie, aquit partie du piemôt.*

Thomas I. fils d'Humbert III. & son heritier, fut creé Vicaire de l'Empire Romain riere la Lombardie. Il

A 3

*Eſtat de la Iuſt.Eccl.& Sec.du pays de Savoye,*

**& fit eriger le Chablais en Duché.**
**Boniface.**
**Pierre conquit le païs de Vaux, & a ſuite.**

prit le reſte du Piemont par la defaillâce de ſes Comtes, & fit eriger le Chablais en Duché. Il eut un fils nommé Boniface, qui luy ſucceda, lequel étant mort ſans enfans, Pierre ſon oncle fut appellé a la Couronne par la diſpoſition de la loy ſalique, fait Vicaire de l'Empire, & enfin inveſty par Richard, de la Valdaoſte, & du païs de Vaux, qu'il avoit conquis. Ce Prince fit Philippes ſon frere heritier de ſes Eſtats, à l'excluſion de Conſtance ſa ſœur Germaine mariée au Comte d'Albon. Il fut Comte de Bourgogne à cauſe qu'Alix ſa femme fut heritiere d'Othon Palatin de Bourgogne mort ſans mâle. Amé IV. ſurnommé le grand à cauſe de ſes hauts faits, fut Comte de Savoye aprés ſon oncle par la loy de l'Eſtat, il la fit eriger en comté, y joignit la Breſſe, & le Bugey, qu'il eut de Sybille de Baugy ſon épouſe, & chaſſa les Othomans de Rhodes, en memoire dequoy il prit la Croix blanche à champ de gueule, & la deviſe F.E.R.T. il fut, & ſa poſterité Vicaires perpetuels du S. Empire, & il laiſſa ſes Eſtats à Edoüard ſon fils ayné, qui eut pluſieurs querelles avec le Seigneur de Faucigny, & le Comte de Genevois.

**Philippe I. Comte de Bourgogne ſuccede par la loy ſalique.**

**Amé IV. ſurnommé le grand premier Côte de Savoye acquit la Breſſe & le Bugey par ſa femme, ſecouru t Rhodes, il ſuccede par la loy ſalique.**
**D'ou vient la Croix blâche des armes de Savoye & la deviſe fortit. si. Rhodum teneuit ſignifiée par ces letres F E R T qui ſont autour.**
**Edoüard.**
**Amé V. ſuccede par la loy ſalique.**
**Amé VI. dit Comte vert.**
**Service rédu à la Frâce par le Côte vert touchant l'acquis du Dauphiné.**
**Delivrance d'Alexius.**
**Il range les Valeiſans.**

Edoüard eut pour ſucceſſeur Amé V. ſon frere, à l'excluſion de Marguerite ſa fille ſuivant la loy ſalique, & Amé V. laiſſa l'eſtat à Amé VI. ſon fils (ſurnommé Comte vert, à cauſe qu'il aymoit cette couleur) ce Prince vaillant, & genereux eut pluſieurs guerres avec Humbert Dauphin, qui fut enfin contraint de vendre ſon païs au Roy de France pour ſe garentir du Comte vert, lequel rendit en cela un ſignalé ſervice a la France, d'étre cauſe de cét accroiſſement d'empyre, le méme Prince tira Alexius Empereur de Conſtantinople des priſons du Roy de Bulgarie, le remit ſur ſon trône, & rangea les valeiſans revoltez

Part. I. Liv. I. Chap. I.

fous l'obeyſſance de leur Seigneur. Il eut pour ſucceſſeur Amé VII. ſurnommé Comte rouge ſon fils auquel les habitans de Nice ſe donnerent. Ce Prince eut Amé VIII. qui fut fait Pape dans le Concile de Baſle ſous le nom de Felix, ce fut luy qui fit eriger la Savoye en Duché. Louïs ſon fils prit déja le gouvernemēt pēdant ſa vie, il épouſa Anne de Chypre, d'où vient en partie le droit des Ducs de Savoye ſur chypre, Armenie, & Ieruſalem. Amé IX. fils de Louïs étant mort jeune laiſſa la regence de ſes eſtats à Yoland de France qui fit pluſieurs choſes remarquables. L'ayné de leurs enfans nommé Philibert I. ſucceda à la Couronne, & aprés ſon decez: Charles I. ſon frere, lequel poſſeda quelque temps ſaluces parce que le marquis luy en refuſoit l'hommage. Il eut un fils apellé Charles 2. lequel étant mort à l'âge de 7. ans, la couronne paſſa à Philippe 2. comte de Breſſe ſon grand oncle, & de luy à Philibert 2. ſon fils, puis Charl. 3. ſurnomé le Bon à Emanuël Philibert fils de Charles recouvra les eſtats dōt il avoit été dépouillé, & eut pour ſucceſſeur ſon fils Charles Emanuel L. auquel Victor Amé ſucceda: ce dernier eut deux mâles, dont le premier né, qui fut nommé François Hiacinthe, regna peu de temps, & laiſſa la couronne à Charles Emanuël II. qui regne aujourd'huy pour la conſomation de nos bōheurs. Ce monarque invincible petit fils de tant d'Empereurs, & de Roys, qui eſt le chef-d'œuvre de la nature; eſt la merveille des Princes, l'amour des ſiens, l'admiration des étrāgers, & la terreur de ſes ennemis, & l'on n'en ſçauroit jamais mieux faire l'éloge que par un reſpectueux ſilence, qui eſt le truchement d'une ame ravie.

La Savoye eſt regie par les officiers du Prince; mais le Senat en eſt le principal Magiſtrat, ſon chef d'apreſent eſt

*Amé VII. dit Cōte rouge aquit Nice.*
*Amé VIII. premier Duc de Sav. je fut fait Pape.*
*Louys II. Duc de Savoye Epouſe l'heritiere de Chypre.*
*Amé IX. Philiber I. du nom.*
*Charles I.*
*Charles II.*
*philippes II.*
*philibert II.*

*Charles le bon.*
*Charles III.*
*François Hiacinthe.*
*Charles Emanuel I. Duc de Savoye prince de piémont Roy de Chypre, &c.*
*E'oge de S. A. R. Charles Emanuel II.*

*Du gouvernement de Savoye.*

8 *Eſtat de la Iuſt. Eccl. & Sec. du pays de Savoye,*

*Du Senat. Eloge de Mr. le preſident de la perrouſe.*

Meſſire François de Bertrand Seigneur de la Perouſe, personnage d'une experience, & d'un merite extraordinaires, qui l'ont élevé aux deux plus éminentes charges de l'Etat, ayant tranſmis ſes vertus aux illuſtres Magiſtrats, Prelat, &

*Eloge de ſa famille.*
*Eloge de Mr. le Doyen de la perrouſe.*
*Eloge de Mr. le 2. preſident De Chamoſſet.*

Capitaines qu'il voit dans ſa floriſſante, & illuſtre famille, je ne puis aſſez loüer ce miracle de Sorbone, & de la chaire dont l'exemple, & le zele Apoſtolique ont tant fait de progrez, & de converſions.

Le ſecond Preſident du Senat, eſt Meſſire François de Bertrand Seigneur de Chamoſſet, Baron de Gilly, dont le merite luy a donné mille beaux emplois, notamment celuy plenipotentiaire pour le traité des pirenées, & qui remplit ſi dignement l'Office qui le fait admirer au Senat.

*Eloges de Meſſieurs Gaud & de Bellegarde.*

Les deux autres Preſidents du Senat ſont, Meſſire François Gaud Seigneur de piochet, & Meſſire Ianus de Bellegarde Baron d'entremont, qui ſe font aymer, & eſtimer par leurs eminentes vertus, & rien n'eſt ſi loüable que la belle

*Eloge de tout le Senat.*

maniere d'agir de Meſſieurs les Preſidens, Chevaliers, Senateurs, & generaux, touchant leurs emplois, chacun a ſon endroit. La chambre des Comptes eſt auſſi un corps cele-

*Eloge de la Chambre des Comptes.*

bre, & compoſé d'hommes de merites, je diray par occaſiõ que deux de mes ancetres y ont été agregez l'un maître au comptes, & l'autre Patrimonial, ce qui m'eſt un accroiſſement de reſpect pour ce Magiſtrat. Meſſire Iean Loüis

*Eloge de Mr. le preſident de Chales.*

Milliet marquis de Chales en eſt premier Preſident, qui répond par ſa judicieuſe conduite à la memoire des Châceliers, & premiers Preſidens dõt il eſt iſſu, & fait voir par le mariage de la pieté avec les affaires du monde, que l'eſ-

*Spiritus ubi vult ſpirat.*

prit de Dieu ſoufle, ou il luy plait, & que toutes les profeſſions luy ſont compatibles.

Il y avoit Anneſſi un conſeil qui jugeoit les appellations

pellations de Genevois, & de Faucigny, lequel eſtoit fort *de Genevois à preſent ſupprimé.*
avantageux à cette ſeconde Ville de l'Eſtat: mais la reduction de l'appenage des Ducs de Nemours en a cauſé la ſuppreſſion, & au grand regret de ſes Habitans.

Enfin outre la juſtice contentieuſe, la Savoye eſt conduite par l'authorité du gouvernement, & par certaine juriſdiction de police. *Du Gouvernement.*

Elle a long-temps, obey à des Lieutenants Generaux, qui ont mêmes eſté Princes du Sang bien ſouvent, & a des Gouverneurs; mais depuis prés de demy Siecle les premiers Preſidents du Senat y ont commandé avec ſuccez; ainſi que le fait encor aujourd'huy Monſieur de la Perrouſe, qui s'en acquite ſans alterer l'exercice de la juſtice ou il preſide, avec tant d'honneur, & de fermeté. *Des Lieutenants Generaux. Des Gouverneurs. Des Commandants. Suite d'éloge de Mr. de la Perouſe.*

La Ville de Chambery, & quelques autres ont Iuriſdiction politique, & fort limitée; il eſt vray, qu'en cas d'appel il luy faut demander reviſion, ¶ avant que le Senat le reçoive; elle a quelques prerogatives pour le pas en certaines ceremonies qui la regardent: mais ce ſont des avantages qui n'ont rien de commun avec la ſuperiorité des deux Corps a qui le Prince la donné en tout ſur elle *a*: d'autant plus que la préſeance n'eſt pas toûjours marque d'honneur. *b* *des Iuriſdictions de Police. De la Reviſion du Conſeil de Ville. § Arr. du 2. Avril 1660. inſeré au ſtil. a Guil. Ducieu en ſa piece. de la Nobleſſe. b Bodin.*

Outre les provinces qui ſont reſſortiſſantes naturellement de la Iuſtice du Senat, la Valdaoſte l'eſt par élection de ceux qui appellent, leſquels ont le choix de s'adreſſer à luy, ou à celuy de Turin. *c* *De la Valdaoſte.*

Ce pays à divers Offices, comme vn Gouverneur, vn Baillif, vne Cour des connoiſſances, vn Conſeil des Commis, des Chaſtelains, & ſe regle en premiere inſtance par vne coûtume écrite ſuivant ſes anciens privileges. *c do. fab. deſ. 42. C. de ap. pell. id. deſ. C. quor. ap. num recip. Offices de la Valdaoſte. Couſtumes d'Aoſte.*

B

Mais puisque nous avons parlé du Gouvernement, des Seigneuries, & Offices: je croy à propos d'en éclaircir la matiere generale, afin de l'appliquer à ce que nous venons d'obferver touchant la Savoye, & fon Eftat Harmonique, qui eft le plus parfait de tous.

Les politiques ont fouvent agité la queftion de fçavoir quel eft le plus feur des Gouvernemens & Eftats, & fait des Schyfmes prefque irreconciliables par leurs fentimens contraires & oppofez, j'expofe icy leurs raifonnemens à la decifion du Lecteur.

*Combien y a t'il d'efpeces de Republiques.*
*Des trois Eftats.*

Ariftote en compte cinq quelques autres jufques à fept efpeces, Platon, & Macciavel, quatre, & la plus faine opinion n'en admet que trois, qui font le Monarchique, qui eft le Gouvernement d'vn feul, l'Ariftocratique qui eft celuy de plufieurs du peuple, & le Democratique, qui dépend entierement de luy, en effet Herodote n'eft-il pas de ce fentiment auffi bien que Bodin dans fa Republique: *Cunctas*

a *Tacit.lib.4.* *nationes*, dit Tacite, *& vrbes, populus, aut reges, aut finguli Regunt.*

*Du Gouvernement populaire.*

*Raifons pour la Democratie.*

Ceux qui veulent le Gouvernement populaire, alleguent, l'exemple D'athenes, & de Rome, que plufieurs ont plus de force qu'vn feul, ou qu'vn petit nombre pour foûtenir les poids des affaires d'vn Eftat, & pour en rémuër la machine, que le caprice d'vn feul, qui fera efclave de fon amour propre, & affujety par la Loy de la chair, eft bien plus à craindre, qu'vn grand nombre de perfonnes dont l'inégalité d'humeurs fait la moderation, comme celle des qualitez oppofées dans nos corps; qu'il eft naturel que ceux qui ont part aux peines, s'aydent à en partager les avantages; qu'enfin l'égalité empéche les oppreffions & l'avarice.

Les mêmes raifons fervent en partie, pour foûtenir l'Ariftocratie

*Part. I. Liu. I. chap. I.*

stocratie qui est le gouvernement des plus sensez, que le merite à fait choisir, & dont la conduite estant plus éclairée que celle d'vn seul homme, & au dessus des inconvenients populaires, ne peut si semble du moins que d'assurer vn Estat comme elle fit si long-temps celuy de Lacedemone: mais, ces raisonnements sont faciles à détruire par des autres plus veritables, & plus solides iusques là qu'vn Ancien a dit qu'il valoit mieux vivre sous vn Tyran que sous la puissance des peuples. *a*

En effet sçait-on pas que le peuple est vn monstre à plusieurs testes, que les mauvais affaires accablent d'abord, & que les bons succez enflent trop aussi.

Anacharsis dit fort à propos que les fols commandent, & que les Sages proposent, & obeyssent dans les Estats populaires. Photion toûjours opposé au peuple, ayant plû vne fois à son caprice, s'informa de ceux qui estoient presents, s'il n'avoit rien fait de mauvais, puisque le vulgaire luy applaudissoit; *b* & à vray dire quand il n'y auroit que le plus grand nombre de vicieux, & ignorants, ou que la difficulté de l'assemblér en cas d'affaires fort vrgentes, *cum in eo regendo magis pœna quam obsequium valeat*, ces motifs sont-ils pas pressants pour en abhorrer l'Empire.

C'ét l'aveuglement populaire qui fit bannir Metellus, Coriolan, & lever la vie à Socrates: la fureur avec laquelle il poussa Pilate à l'injustice, est le catastrophe déplorable de ses déreglements.

Enfin vn moment éleve les fougues du peuple, & vn moment les détruit, & ses ordres sont prompts, mais les executions en sont lentes & tardives.

*Segnius expediunt commissa negotia plures.*

De l'Aristocratie.
Raison en faveur de l'Aristocratie.
Exemple.

*a Bodin en sa rep.*
Q'est-ce que le peuple.

Raisons contre la Democratie.

*b Bodin en sa r. p.*

Aueuglemét du peuple. Exemples.

Quant à l'Aristocratie il y a moins d'inconvenients ; mais son gouvernement est fort imparfait, & plus assuré de sa cheute, témoins les Lacedémoniens, & tant d'autres pareils états.

*Raisons contre l'Aristocratie.*

Dés que le triumvirat fut élevé, on ne vit que guerres civiles dans l'Empyre, & les choses sont quelquesfois mal executées encor que la deliberation soit bien concertée, tellement qu'on peut conclurre par l'experience même qu'il y a peu d'états binarchiques & à plusieurs chefs dont la durée n'ait esté briefve & les succez sinistres & mal-heureux.

*De la Binarchie.*

Il reste à examiner si la Monarchie dans son abstraction, est la santé du corps mortal, & politique, & pour le bien faire vne serieuse speculation n'est pas inutile sur cette matiere.

*De la Monarchie dans l'abstraction.*

Chacun sçait que les choses sont plus parfaites, lors qu'elles imitent mieux la Nature sans interesser la raison, & que la Monarchie l'imite parfaitement par le concert & la subordination de ses Hierarchies, qui s'vnissans avec le chef, composent l'estat Harmonique qui est le plus parfait, & dans lequel la Savoye vit heureusement par la bonté, & la conduite de ses Souverains, dont l'établissement est successif, & selon la Loy Salique, qui est le plus Noble, & le plus assuré de tous, comme le soûtiennent tous les politiques notamment Bodin & la Perriere.

*Savoye est estat Harmonique.*
*Les Princes de Savoye successifs.*
*La loy Salique y est observée, & le droit d'ainesse.*
*Le Prince n'a besoin de loy pour luy mais pour ses peuples.*

Et quoy qu'ils n'ayét besoin de Loy, puis qu'elles leurs sont soûmises, & que rien ne les puisse géner que Dieu & la Iustice naturelle, neantmoins l'état Monarchique à des Loix, & des Magistrats pour en être les dispensateurs.

Vn sçavant politique dit fort à propos que les Princes sont Maîtres des Loix, les Loix des Magistrats, & les Magistrats de la Iustice, *a* qu'ils exercent sous leur Nom & par le droit qu'ils ont des mêmes Princes.

*a Bodin & la Perriere de la Republique.*

Cét

### Part. I. Liu. I. chap. I.

Cét Empyre qu'il leurs ont donné, fait qu'ils peuvent ployer la Loy : & l'adoucir : mais non pas la corriger ny la détruire, *a* & c'êt ce qu'on appelle équité, & justice Harmonique, d'où la rigueur & le relachement sont bannis. C'êt ce qui a fait dire que le Iuge est la Loy vivante parce que la Loy ne parle plus.

<small>a Et l. respiciendum, ff. de poen.
Qu'est-ce qu'equité.
Lex amplius non loquitur.</small>

Les Anciens donnoient trois Filles à Themis ( qui est le Symbole de la Iustice ) Loix, Paix, & Equité, afin de faire voir la correspondance qu'il y doit avoir d'Elle avec le Souverain qui est l'arbitre de la Paix, & que l'Estat doit composer vne Harmonie comme font les sistemes, & les tons dans la Musique, où les quatre corps elementaires dans l'admirable composition des mixtes.

<small>Correspondance entre le Prince & & la Iustice.</small>

Que pour rendre vne Monarchie fleurissante le Prince doit estre absolu & obey, aveuglément où la Divinité n'êt pas interesée, qu'il doit avoir des Conseillers pour luy ayder à soûtenir le poids des affaires, comme Dieu en ordonna à Moyse, *b* non pas pour partager en rien ses Authoritez qui sont incommunicables en tant que Souveraines, *c* sauf par forme de dépos ; mais pour l'ayder à supporter le poids & le pésant fardeau que le Gouvernement luy attire.

<small>Le Prince doit estre obey.
Estre conseillé.
b Nombr. 11.
c Corser. de po est reg. Bodin en sa rep. liu. 1. c. 3.</small>

Ils doivent s'attacher au Prince & au public, le féconder de leurs advis, avec pourtant vn respect soûmis, & fidelle & vn secret inviolable, sous peine du feu *d Arduum est*, dit Cassiodore, *Principis meruisse secretum.*

<small>Devoir des Conseillers du Prince.
d I. siquid de poen.
Secret du Prince inviolable.</small>

L'établissement & le maintien de la Iustice sont les principales parties du bon Gouvernement, aussi bien que la distinction des qualitez pour la peine, pour la recompense, & pour les employs ; sans pourtant qu'il y doive avoir dans la société civile vn éloignément inaccessible, du Noble au Roturier, ny du Pauvre au Riche, attendu que deux qualitez

<small>Choses importantes au Gouvernement.</small>

B 3

oppoſées ſont vn poiſon, *a* au lieu qu'étant temperées, elles deviennent vn remede benin & ſalutaire, par l'atrampance des excez du froid, ou du chaud, qui les rendoit mortelles avant leur mélange.

*a Callen Hypocir. Fernel. & alij Comparaiſō.*

Auſſi voyons nous, que *Lycurgus* avoit ordonné les alliances des riches avec les pauvres, pour maintenir vn égalité dans la Republique, & éviter les inconveniens, que l'extremité cauſe preſque toûjours.

La Loy, qui eſt vn effet de Souveraineté ( le Magiſtrat ne la pouvāt faire, que par proviſion, ce qui n'êt nommé qu'Arreſt General, où Réglement, *b* ) s'ayde à faire la tranquillité des Eſtats, auſſi Pindare la nomme Reyne de tous, & même des Dieux : mais la multiplicité ſuperfluë des Loix en fait le deſordre, ſur tout lors qu'elles y apportent des prompts changemens, qui éfarouchent les peuples par leurs nouveaux engagémens.

*Vtilité des Loix.*

*b Bodin liu. I. cap. 10.*

*Trop de Loix ſont nuiſibles.*
*Qualitez des Loix.*

Les Loix doivent être honnêtes, claires, juſtes, poſſibles, publiques, & neceſſaires *c* ; *In rebus novis conſtituendis evidens debet eſſe vtilitas vt recedatur ab eo jure quod diu æquum viſum eſt, d* L'éffet des Loix ne regarde jamais le paſſé, ſinon qu'elles ne ſoient qu'interpretatives, & quand elles ne ſont vniverſelles, elles s'appellent privileges.

*c Menoch. lib. 6. præſumpt. 31.*
*d l. 2. ff. de mādat. princ.*
*Effet des Loix.*

Iamais ſans vn motif d'équité il n'êt permis d'en biaiſer le ſens ; comme faiſoient les Perſans ſous Artaxerxe ; car y ayant vn Edit, qui ordonnoit de fuſtiger les grands de cét Eſtat, & de leurs arracher les poils de la Barbe pour certains cas, ils ne foüettoient, que leurs habits, & tiroient le poil de leurs chapeaux, *e* il ne faut pas, que la Loy ſoit la toile d'aragnée, dont parle Anacharſis, & rien ne doit échaper à ſes authoritez, & à ſes cenſures.

*Il ne les faut biaiſer.*

*e Bodin en ſa rep.*
*Il ne faut point de difference dans la peine.*

La maintenance des privileges n'eſt pas inutile à la conſervation,

*Part. I. Liu. I. chap. I.*

servation, & au lustre de la Monarchie sur tout à la Noblesse & aux Villes. Puis qu'étant vn perpetuel bienfait, comme la conservation est selon les Philosophes vne perpetuelle creation de l'être : ils sont vn éguillon, qui les anime au service du Prince sans rien épargner : aussi le peuple Romain qui avoit la puissance Royale, & non le Senat, *a* luy deffendit de donner, ny lever aucuns privileges, & il y a toûjours plus de gloire de donner, que d'oster ses propres bienfaits, outre l'importance de la parole, des Roys, que ce Caractere rend inviolable. *Conservation des privileges.* — *a Bodin en sa rep. Le pouvoir Royal estoit au peuple Romain non au Senat.*

Vne exactitude à la recompense, & à la peine, n'êt pas moins vtile à l'aggrandissement des Empyres, on regarde le Prince comme l'image de Dieu qui est tout bien faisant, & comme cette corne d'abondance, que l'Antiquité nous a figurée, tellement que sa vertu est d'être liberal, & abondant : comme la source du, Nil qui fait la fecondité de l'Egypte. *Exactitude à la peine & au loyer vtile au Prince.* — *Liberalité propre au Prince.*

Le Prince doit maintenir ses authoritez en la personne de ses Ministres ; qui sont les pierres d'achoppement aux efforts de l'insolence, & du mépris des Loix, aussi bien que les vents benins, qui calment les querelles, & les désordres des Estats : les Roys d'Egypte, au rapport de Plutarque, faisoient jurer leurs Magistrats, de ne leurs obeïr injustement, aussi Ciceron les appelle-t'il l'ame, la raison, & l'intelligence de la Republique. *Le Prince doit maintenir l'authorité de ses Magistrats.*

Du moins les Magistrats Souverains, terme vsité par tous les Estats, ny ayant rien qui interesse le Prince en parlant ainsi, & ce seroit sacrilege d'en avoir la moindre pensée, Bodin sur ce propos, dit qu'il y a bien difference d'être Souverain sans autre substantif, & d'être Magistrat Souverain, *b* l'vn signifie authorité suprême en toutes choses, & vne *Que veut dire Iustice Souveraine.* — *b Bodin en sa rep. chap 8.*

vne puiſſance abſoluë, & indépandante, & l'autre vne juſtice en dernier reſſort, & tout de même, que les rayons du Soleil ne ſont pas le Soleil, quoy qu'ils en portent la lumiere, de même le Magiſtrat Souverain n'eſt pas Souverain ſimplement, ſinon comme exerçant vne Iuſtice Souveraine qu'il tient en dépos ; dans vn corps ou le Prince agit par ſon Miniſtere, s'il a quelques attributs, ce ſont les infuſions du même Prince, & les Caracteres de ſa Grandeur ; cette obſervation m'a ſemblé à propos, afin de prévenir ceux qui ſe pourroient perſuader quelque manquement de reſpect, & de ſoûmiſſion pour Mon Souverain, ſi ce mot vſité par tout, êtoit échappé a ma plume lequel eſt glorieux au Prince, & ne réflechît que ſur luy même, & ſur ſa Iuſtice : & non pas aux particuliers, qui n'en ſont, que les Miniſtres, ſous ſon Nom.

*Honnorabitur quem princeps voluerit honorati after. c. 6.*

Enfin ſi la Iuſtice Divine garde ce Nom par quelle voye que Dieu l'éxerce, celle du Prince Souverain ne peut perdre celuy de Souveraine quant elle eſt en dernier reſſort, ſans offenſer celuy dont elle eſt l'attribut, & le partage.

*Des Seigneuries. a Bodin en ſa rep. c. 6. Loyſeau des Seigneuries.*

Quant aux Seigneuries, & Iuriſdictions, deux autheurs *a* celebres ſe ſont infiniment abuſez lors qu'ils ont aſſuré, que la Seigneurie, & dépandance ſont contre l'ordre de la Nature, & qu'avant les vſurpations de Nemrod perſonne ne commandoit ; Melanchthon va bien plus avant ; car il aſſure que les droits de la Majeſté ſont des tyrannies, & des abus ;

*La Seigneurie eſt du droit Divin & naturel.*

mais ils ſe ſont également trompez ; car il ny a rien dans la Nature qui n'aye ſes Hiérarchies, & ſes dépandances, elles ſont obſervées parmy les Anges, les Saints, & les Cieux, les élements on-t'il pas des élevations diverſes, auſſi bien que les Aſtres, les Conſtellations, & les Planettes ? Le corps de l'Homme n'a-t'il pas l'entendement qui domine les fonctions

ctions raisonnables comme tous les Animaux ont l'imagination pour la sensitive, & la tête pour présider au reste des membres ? pourquoy condamner la subordination au corps moral si fidel imitateur du corps physique, qui l'êt aussi des intelligences, & êtres que la matiere ne renferme point ?

*Le Corps moral imite le naturel.*

Mais comme il y a des puissances Monarchiques, Aristocratiques, & Democratiques, & des Seigneuriales, & Tyranniques, l'on peut conceder, que les deux dernieres bléssent la Nature, & qu'elles font des vsurpations : mais pour les autres sur tout la Monarchie, elles sont vn effet de l'ordre de Dieu, & de son établissement. Il donna d'abord l'Empire du Monde au premier des Hommes, & ensuite la puissance fut des Peres sur les Enfans comme ont nos Roys sur leurs Estats. J'advouë que les servitudes ayants été introduites, cette voye de domination a choqué la Nature dont elle violoit les libertés, mais cette Mere commune de toutes choses, n'a point abhorré la superiorité honneste ny la dépandance.

*Especes de puissances.*

*Qu'elles sont les Seigneuries contre nature.*

*Naissance des Seigneuries legitimes.*

*Servitudes contraires à la nature.*

Il y a encor certaine authorité Seigneuriale, qui ne concernant que le Domaine, & l'Empire peut estre legitime lors qu'elle est le fruit de la guerre, telle est celle du Grand Seigneur, & de presque tous les Roys d'Orient.

*Seigneuries des Roys d'Orient.*

Mais la maniere de regner de nos Souverains sur leurs Estats n'a nul excez dans l'vsage qu'ils font de leurs droits, ils sont les peres de leurs peuples, & leur legitime domination est vn joug dont les douceurs charment au lieu d'accabler à l'imitation de celuy de Dieu qu'ils representent à nostre égard. Et l'on peut dire de Son Altesse Royale ce que Pline *a* publioit de l'Empire de Trajan, *vt est felicitatis posse quantum velis sic magnitudinis quantum possis*, &

*a Plin in pan...*
*Douceur de...*

*Estat de la Iust. Eccl. & Sec. du pays de Savoye,*

*Son Altesse Royale Charles Emanuel 2. a Senec.lib.v. c.f. de benef.*

avec Seneque, *a* qu'en Savoye, *omnia Rex possidet Imperio singuli dominio.*

Et s'il est vray que la Seigneurie faisoit adorer les Roys de Perse par ses violentes adstrictions, elle en feroit autant par des motifs opposez à l'égard de nos Princes, ( si l'on pouvoit adorer les Hommes, & faire comme les Anciens leurs apotheoses pendant leurs vies, ) à cause de la douceur de leur regne.

*b Voyez l'Oyseau des Seign. Des Seigneuries suzeraines. Il y a deux puissances la publique & la domestique. c l.non dubio de capit. Bodin calssa rep. chap.7. Subdivision de la publique. Puissance des Ambassadeurs. Des Gouverneurs. Des Magistrats. d Bodin. Iuges de deux sortes.*

Outre la puissance Souveraine des Roys; il y en a des autres que Nous nommons dépendantes, & suzeraines *b* : comme aussi trois dignitez, Seigneurie, Office, & Ordre, desquelles il n'est pas hors de propos de toucher deux mots.

La puissance est privée, où publique, & la derniere à encor trois especes, le droit de Iurisdiction, de police, & de protection *c*. Il y a trois genres de charges publiques, desquelles la premiere est avec honneur sans commandement, comme est celle des Ambassadeurs, Conseillers du Conseil Privé, & Secretaires d'Estat, la seconde est avec honneur, & commandement, mais sans Iurisdiction : comme des Gouverneurs, Commandants, Procureurs Generaux, & autrefois des Censeurs, dont ils tiennent place, la troisiéme est, avec honneur Commandement & Iurisdiction comme sont celles des Magistrats. *d*

Enfin l'on peut dire qu'il y a des Iuges qui sont Magistrats, & d'autres qui ne le sont pas, comme ceux des Seigneurs Bannerests ; comme aussi des Iuges Ecclesiastiques, & Seculiers, des Ordinaires, & Deleguez ; des necessaires, & volontaires des Baillifs, *e* & des Iuges militaires.

*e Voyez Boutelier sur l'anciene coustume de Normandie. Diverses dignitez.*

Les dignitez estoient aussi en grand nombre, comme d'Illustres, spectables, clarissimes, & perfectissimes.

Les Iurisdictions sont ou hautes, ou moyennes, ou basses,

ses, & souffrent les mêmes divisions que les Iuges, desquelles nous parlerons au Chapitre du Iuge, plus au long, elles n'étoient anciennement qu'en titre d'Offices, pas mêmes les Marquisats, Comtez, Baronnies, & simples terres, & de droit finissoit avec la personne, *a* mais la suite des temps les a reduits en titre de fief, & de proprieté, *b* & il faut observer que les Gentil-hommes sont exceptez des infeudations faites dépuis 1559. en ce pays de Savoye. *Des Iurisdictions. Terres anciennement n'étoient qu'à la vie. a Boëm en sa rep. liu 1. chap. 10. b Guyd. Pap. conf. 18.*

Il y a des Seigneuries, qui n'ont que le Domaine comme des simples directes, des autres qui ont le Domaine & la Iustice en certains degrez & cas, les autres qui contiennent la jurisdiction & le glaive, que nous appellons mixte empire, & je m'étonne du Docte Cujas, qui n'a rien dit de certain, du mere empire assurant qu'il, s'êt perdu avec l'êtat de l'ancienne Rome, en effet on a peine de le separer de la jurisdiction, & de le rencontrer en quelqu'vne des dignitez, dont nous venons de parler; sinon que ce fut ce pouvoir des premiers Roys Romains, *à quibus omnia manu gubernabantur.* c *Diverses especes de Seigneuries. Des domaines directs. Du mere & mixte empire. c ff. de orig. iur.*

Aujourd'huy on ne souffre pas la puissance du glaive à ceux qui n'en ont droit par le Prince, & s'il n'êt appuyé de la Iustice, & de la prévoyance des Loix, pour en régler les coups & la conduite.

Les Seigneuries ont deux sortes d'Offices; les feudaux, qui concernent l'honneur, & l'autorité, & les domaniaux, qui ne regardent que les finances, & l'interest de la bourse. *d* *Des Offices & de leurs espèces. d Voyez l'Oyseau des Seig. & Offices.*

Ils sont quelquefois en titres relevez comme de Marquis, Barons, &c. D'autres en simples terres, & maisons fortes. D'olives est d'opinion avec plusieurs autres Docteurs, que si bien on ne peut pas préscrire les droits de regale, néantmoins les simples droits honorifiques comme les titres, & honneurs sont préscriptibles *a* par cent ans, & Baquet se contente de trante, *b* assurant que ce n'êt pas vn droit de régale. Nous avons à la verité en Savoye vn Edit qui n'excepte rien, & qui défend toutes sortes de préscriptions en ces matieres, *c* contre le Prince.

Les Iurisdictions étant vne subjection, & vne charge aux peuples, leur multiplication leur demembrement, & divisions ne se doivent point soufrir quoy qu'on les puisse exercer par alternative, & en partager l'éffet, & les avantages; *d* il arrive pourtant des cas ou ce droit est divisé.

Le feudataire ne peut point imposer d'arrierefief sur la jurisdiction qu'il a du Prince, à la difference des simples directes qui sont libres, *e* car si elles le dévoient au Prince, on ne pourroit pas le changer.

Les titres illustres de Marquis, Comte, & Baron, ne peuvent être aquis sans abus aux terres qui rêlevent, d'autres que des Souverains *f* ils sont ou attachez au fief, ou a la personne, & finissent avec elle quand ils sont en titres d'Office, étant à remarquer que ceux que nous appellons d'empire, & qui ont la même fin que les Offices, sont de peu de consideration dans la Cathegorie des honneurs, & preéminences; étans fort facilement accordés comme ils sont faciles à perdre.

Quant aux Offices dont nous avons déja ébauché le discours: ils sont Royaux soit Ducaux, ou suzerains, & subalternes: ils s'aquierent par vertu, par credit, ou par argent, & sont ou de Iustice, ou de Gouvernement, ou Ecclesiastiques, ou militaires, & pour l'ordinaire d'aussi longue durée qu'êt la vie de ceux qui en sont pourveus, sinon que leur Nature fut d'être temporels, ou que le crime les fit perdre comme on a veu diverses fois en ce pays, & en France en des personnes de grande élevation.

Il

Il arrive quelquefois aussi que les plus grandes dignitez éteignent les moindres, (comme l'Ocean engloutit les autres eaux, & les fleuves les petits ruisseaux qu'ils rencontrent) ainsi que fit celle d'Archevêque de Tharantaise, en l'Illustre personne de Monsieur Milliet Seigneur de la Poipe, de qui j'ay l'honneur de remplir la place au Senat, laquelle vaquat par sa Promotion à cette éminente charge, dont il s'aquitte si dignement, & avec tant de succez & de gloire.

*Major dignitas extinguit minorem ait dom. sab. de Episc. & cler.*

Exemple.

Eloge de Monseig. de Tharantaise.

Quoyque les Offices pour l'ordinaire ne soient pas amouibles, néantmoins ceux qui sont accordez par les suzerains le sont presque toûjours *ad nutum* sauf en cas de finance ou autre raison de titre onereux, *a* ce qui ne dévroit jamais être attendu que la seule vertu, & non l'interest les doit procurer, & que la venalité des charges publiques a toûjours porté en croupe des grands maux, & des pernicieuses consequences.

Les Offices doivent être à la vie. exception.

*a l'Oyseau des Seign. liu. 5. chap. 5.*
Venalité d'Offices pernicieuse.

Aussi avoit-on étably à Rome des Loix contre ceux qui les brigoient *b* jusques là que la Loy *Calpurnia* faite a la diligence de Ciceron, donnoit des grandes recompenses aux délateurs de ce crime, que les Docteurs comparent à celuy de Simonie, & dont nous parlerons ailleurs ensemble des fief offices, & autres droits de cette nature.

*b ad l. Iul. de amb.*
Loix contre les brigueurs d'Offices.

Les Offices de Gouvernement régardent les affaires de Police, & d'Estat, & ont vne maniere plus sommaire que celles de Iustice, ils l'ont pourtant pour principe aussi bien que les militaires, & les Ecclesiastiques, mais l'authorité, & l'execution vont d'vne differente démarche.

Divers Offices.

Enfin là cause publique est presque toûjours le motif des décisions de gouvernement, au lieu que les crimes, le sont de la Iustice distributive, & les biens de la commutatives. C'êt pourtant par la vigueur, & la prudence, des Gouverneurs, la conduite la fermeté, & l'integrité des Iuges, la pieté des Ec-

Motif du gouvernement.
Motif de la justice.

C 3

*Estat de la Iust. Eccl. & Sec. du pays de Savoye,*

**Les causes du maintien des Roys.**

clesiastiques, & la valeur de la Noblesse, que les Princes se maintiennent absolus, sur leurs peuples, & comme toutes les choses du monde se conservent par la proportion, & par le mélange, l'authorité Souveraine des Monarques a besoin du service, & du concours de leurs sujets, non pas pour entrer en partage des attributs, qui les élevent sur nos têtes,

**Divers moyens de servir les Roys. Conseil d'en haut. Magistrats, & Iuges. La Noblesse, & Soldats. Les Prelats, & Prestres. Le Peuple, & tiers Estats. Effets du concert politique.**

mais afin de les seconder les vns par leurs Conseils, les autres dans la fonction de Iuges; les autres par leur courage au prix même de leur sang, les autres par leur exemple, & par leur credit au Ciel, & les autres par le secours des finances, & par le commerce.

Cette Harmonie mystique, & le concert politique étants observez dans vn Estat : toutes les felicitez legitimes en seront inseparables. le Prince sera obey, les Loix observées, les choses Saintes reverées, la Noblesse dans l'honneur, & la Populace dans l'abondance, l'égalité ne sera point d'émulations, ny l'inégalité des jalousies, châcun se tiendra dans les régles de son Estat, & rien n'alterera la paix publique, ny la liberté du commerce.

**Estat heureux de la Savoye sous Charles Emanuel 2.**

C'êt assurément la fortunée condition du pays de Savoye, ou l'authorité supréme est inviolable, & pour ainsi dire adorée, avec vn empréssement vniversel de tous pour la maintenir, aussi ne rejette-telle pas ce qui sert au concert Harmonique qui fait le plus parfait Estat Monarchique, la gloire des Roys, & la felicité des peuples.

**Connexité de la matiere suivante.**

Ors comme elles consistent particulierement à purger le corps moral des méchans, qui en sont les maladies, & les vlceres, nous parlerons des moyens de les connoître, & de les punir dans les Chapitres, qui suivent reservant d'écrire l'effet des Seigneuries au traité des fiefs à la derniere partie de cét œuvre.

CHAPITRE

## CHAPITRE II.

*Du proceZ Criminel dans la Theorie.*

LE Sacrifice ayant toûjours précedé selon la conduite des Anciens dans les entreprises qu'ils ont faites. Celuy que je fais à Dieu du traité des Criminels a quelque droit d'être approuvé des gens de bien, qui verront mon perilleux engagément.

Ie ne veux pas luy offrir des Sacrifices fabuleux, & des polixénes, *a* ny encourir le blâme des Druydes, *b* & des Amorrheéns, *c* qui sacrifioient des Hommes innocens par vne cruauté détestable, j'immole à Dieu, & à mon Prince la procedure des scelerats, qui sont les victimes que Dieu demande, *nulla victima Deo pinguior mactari potest quam homo sceleratus*: il n'y aura rien d'immonde qu'eux, laissant la pureté dans les mains des Prêtres, qui sont les Magistrats, & les Iuges.

Ce motif a baillé le premier rang dans cét œuvre aux matieres criminelles, outre qu'elles ont été la veuë du Senat quand il m'a ordonné d'écrire.

Ors comme la Iustice tant civile que criminelle à certain état de consistence dans tous les Empires: la Savoye à aussi plusieurs établissements de celle qui y est observée, tant par l'Eglise que par ceux du monde, ce qui se régle par la conduite des procés, & l'équité des décisions.

Le mot de procés appellé par les Latins, *lis, à limite*, est assez general, mais le prenant dans nôtre hypothese, il n'êt autre qu'vne controverse iudicielle, *d* qui tend à être décidée par le Iuge, & le Magistrat.

*a Iove principium.*

*a Metamorphos. lib. 13. Fab. 5.*
*b Cæsar.6. comment. belli Gall. Plin. lib. 7.*
*c Sapient.e.53*
Le Scelerat est une agreable victime devant Dieu.
*Nos Sacerdotes sumus qui institiam colimus.*
Motif de la Préeminence des criminautez.
Ce à que Estat à ses formes de Iustice.

Qu'est-ce que procés.
*d Isidor l.livit, ff. du verb. signif.*

Le

**24** *Estat de la Iust. Eccl. & Sec. du pays de Savoye,*

Horreur des procés.
a *Ezech. 12.*

b *Matth. 5.*

c *Eraclyt. au liu. de la Politique.*
Conseil vtil.
Cause de tous les differents de la terre.
Les procés sont la guerre des particuliers, & la guerre les procés des Princes.
*Deus Sabaoth.*
Persones qui composent le procés.

Des procedures extraordinaires.

Le Prophete à bien raison d'en abhorrer les longueurs, *a* & de l'appeller fleau de Dieu, aussi est-on conseillé dans l'Evangile de quitter jusques à sa Tunique, plustost que de s'y engager, *b* les Ephores condamnoient les chicaneurs (que Galien nomme trompeurs) à des Amandes, & à l'infamie, & Isycrate conseilloit au Roy de Salamine de charger les playdeurs d'impofts, & d'en décharger le commerce : *Effice* (disoit-il) *negotiationes ciuibus lucrosas, lites vero detrimentosas vt has fugiant illas appetant*, *c* & certes Ciceron avoit bien raison de dire que *homines quietissimè viuerent si duo de medio tollerentur, meum & tuum*. Car il n'y auroit, ny guerre qui est le procés des Princes, ny procés, qui sont la guerre des particuliers, les Magistrats décident les derniers, mais les premiers le sont par celuy, qui se fait nommer Dieu des Armées.

Les personnes necessaires pour les former sont dans le criminel, l'accusateur, l'accusé & le Iuge, les deux premiers sont nommez demandeur, & defendeur dans les matieres civiles, dans lesquelles il y a des régles, & des jours à observer, ou les crimes sont sans privilege, & sans ordre, ce qui fait nommer les procedures criminelles extraordinaires.

## CHAPITRE III.

### Du Iuge, & Magistrat.

Elevation de la iudicature.

d *Ezech. c. 44.*

LA qualité de Iuge est si relevée qu'elle est l'employ du Fils de Dieu, & la récompense de ses travaux, les Roys d'Israël l'avoient vnie a la Royauté, & souvent même au Sacerdoce, *d* ce qui fut long-temps observé dans

dans le Paganisme, ainsi qu'assure le Poëte.

*Rex anius, Rex idem hominum, phœbique Sacerdos.*

En effet l'établissement des Roys a été principalement Ordonné de Dieu, & desiré par les Hommes pour être leurs Iuges, & pour les régler, *a constitue nobis regem vt Iudicet nos,* & comme il leur est impossible d'y satisfaire en personne en tous les endroits de leurs Estats, ils ont étably des Lieutenants, & des Vicaires pour y travailler, qui sont les Magistrats, & les Iuges.

Causes de l'établissement des Roys. a Bodin en sa rep. ch 6. Cic. harod. Raisons de la creation des Iuges.

La Savoye à vn Souverain qui n'épargne pas ses soins pour exercer personnellement la fonction de Iuge, avec vn applaudissement vniversel de ses peuples remplis d'vne consolation merveilleuse de voir que sa Iustice nourrit la Paix, que ses Armes ont fait naitre.

Procedé admirable de Son Altesse Royale Charles Emanuel 2. Il Iuge luy même.

Il soumet même ses interests à ses Magistrats pour acroitre sa Grandeur, & sa gloire; sçachant bien que comme disoit Pline à Trajan, *hoc vno Princeps crescere potest si ipse se submittat,* Claudian ajoûte ces Vers.

Et si Princeps legibus solutus sit, legibus tamen viuere debet l digna vox de leg. Il se soumet aux Loix.

*Publicus hinc ardescit amor, cum moribus æquis*
*Inclinat populo, regale, modestia, culmen.*

Le Iuge qui doit supporter le poids des affaires de la Iustice, *b* ( comme fit l'Atlas de la fable, celuy du Ciel, ) doit juger sans passion, selon ce qui est allegué, & prouvé, *c* observer les formes qui luy sont prescriptes, le tout le plus promptement qu'il pourra *d* ( sans precipitation neantmoins. )

Office du Iuge. b l. ediles, ff. de ad. e li ff. c Guy.l. Pap. q. 29. d largantium extr.de sent.

*Ne res atteratur longo suflamine litis.* e

e Iuuenal. Satyr. 10.

*Bonus Iudex* (dit saint Ambroise) *est qui ad pronunciandum nullo odio, nulla offensa, nulla leuitate, & affectu ducitur; obsequitur legibus, examinat causas, & ei magis est cordi custodia veritatis quam obedientia voluntatis.*

## 26    Eſtat de la Iuſt. Eccl. & Sec. du pays de Savoye,

<small>Le Iuge doit eſtre incorruptible.

a Stat. lib. 2. c. 19. §. 11. art. 125. Magiſtrat du Souverain ne doit prendre penſions d'autre que de luy.
Modeſtie & gravité à vn Iuge.
Il importe que le Magiſtrat ſoit eſtimé.
b l. obſeruandum §. de off. præſid. ſtil. art 194.
Gravité de Iob.
c Diu. Gregorius.
Celuy-là ne doit avoir la conduite des autres qui ne la ſçait avoir de ſoy même
d l. obſeruandum de offic. præſid.</small>

Et non ſeulement il doit être exat en jugeant; mais encore prévenir tous moyens de corruption comme les préſent prohibez, le Magiſtrat du Souverain ne doit accepter employs, ny penſions de qui que ce ſoit, *a* eſtant vne offenſe à la Majeſté de pareil maître, de vouloir luy bailler des compagnons, & de partager vn homme en deux fonctions pendant qu'il a peine de ſatisfaire dignement à vne, *quæ hominem requirit totum.* Ie parle de celle de Magiſtrat.

Et non ſeulement le Iuge, & Magiſtrat doit avoir vn interieur plein de juſtice, de capacité, & d'integrité, mais encore vn exterieur qui ſoit doüé de douceur, de modeſtie, & de gravité, afin de s'attirer l'eſtime, & la confiance des peuples. *b* Il doit imiter celle de Iob, qui dit de luy-même, qu'à la Majeſté de ſon viſage les jeunes voiloient leur face, & que les vieux reſtoient debout en ſa preſence, *durum enim eſt, vt qui neſcit tenere moderamina vitæ ſuæ judex fiat alienæ, c* ſa reſerve pourtant le doit laiſſer acceſſible, *ita tamen vt ex eo contemptio dignitatis non naſcatur,* eſtant certain que tout eſt important, juſques aux habits decents à ſon éclatante dignité, autrement on pourroit le méconnoiſtre, & luy dire, *neſcio te tu non habes veſtem nuptialem., d* ſa reputation eſtant auſſi tendre, & delicate que la prunelle de l'œil, & que il ne doit rien oublier pour la conſerver.

*Omnia ſi perdas famam ſeruare memento.*

L'obſtination, & la cruauté ſont incompatibles avec la bonne juſtice, David demandoit à Dieu vn cœur docile afin qu'il peut Iuger ſon peuple, *e dabis ſeruo tuo cor docile vt populum tuum iudicare poſſit.*

<small>e Lib. 3. reg.

Divers dégrez le judicature
f l. & quia, ſ de in ijd. om. iud.</small>

Il y a divers dégrez, & Hierarchies dans la judicature, qui ſont la juriſdiction ordinaire quand elle eſt propre, *e* deleguée quand on l'exerce par commiſſion *f* volontaire lorſqu'elle qu'elle dépend du choix des parties, & necessaire quand elle n'en dépend point, êtant à remarquer qu'il y a des cas ou pour l'interest public, on peut contraindre d'être Iuge selon la Loy, *si quis*, au *ff. de muneribus*, & que la jurisdiction contentieuse suppose conteste.

Les Iuges, & Magistrats sont ou Souverains desquels on ne peut appeller (comparez au préfet du pretoire) *a* ou subalternes, qui sont aussi ou Ducaux, comme les Iuges Majes, ou d'appaux, & moyens, ou tout a fait inferieurs, comme ceux des Bannerets, les Chastelains même ont certaine jurisdiction pour informer, & saisir, & encor pour juger définitivement au civil jusques à cinq florins. *b*

Celuy qui est délegué par le Prince peut subdeleguer *c* & non autre s'il n'est ordinaire: Il faut que celuy qui est fait Iuge ait l'experience, & la capacité touchant ce qu'il doit décider; C'êt pourquoy le sourd, le muët, l'aveugle, & l'insensé ne le peuvent être, non plus que les femmes à cause de la pudeur de leur sexe, ny les esclaves à cause de leur état servile.

*f l. licet. de off eius cui mand. est turisd*
On peut en des cas contraindre d'être Iuge.
Division des Iuges.
*a tot tit. de off. praf. prat.*
*Bodin en sa rep.*
Des Souverains.
Des Ducaux, moyens & inferieurs.
Iurisdiction des Chastelains.
*b Stat. c. 84 & 35.*
*c Fab. def. 32. Cod. de iislic. auth. ad hoc Cod. de iud.*
Qui peut subdeleguer.
*Iulex debet esse beritus in re quam dedidit.*
Qui ne peut être Iuge.

## CHAPITRE IV.

### Des Arbitres, & Adsesseurs.

LA paix êtant vn grand bien dans la Republique les Iuges volontaires qui la procurent meritent bien vne place dans les affaires de la Iustice, dont le consentement des interessez les rend dispensateurs.

Ils sont ou arbitres de droits, duquel ils ne peuvent s'éloigner en décidant, ou compromisseurs qui sont rendus ne-

28 *Eſtat de la Iuſt. Eccl. & Sec. du pays de Savoye,*

ceſſaires par la peine qu'encourt celuy qui ne tient leurs déciſions, ou enfin arbitrateurs, qui n'ont de pouvoir qu'a forme du conſentement qui intervient à leurs jugements, & arbitrages.

*Des arbitrateurs.*

Ces derniers ſont fort en vſage, & les ſeuls que Meſſieurs du Senat peuvent accepter. *a* Il en faut appeller aujourd'huy pour les détruire parce que *arbitria redacta ſunt ad inſtar judiciorum, b* & prendre lettres Ducaux à cauſe des aquieſcements.

*a Stil art. 144 & 145.*
*b l. 1. Cod. de extr. cogn.*

Ceux qui ne peuvent être Iuges neceſſaires ne peuvent l'être volontaire que bien rarement, & le Prince peut contraindre les perſonnes à s'accommoder, du moins quant aux querelles, & aux points d'honneur. C'êt le ſentiment des Politiques, & même de Paul de Caſtre. *c*

*Qui ne peut etre arbitre.*
*c Paul de Caſtre in l. quidam. ff. ſi cert. petat.*

Quant aux Adſeſſeurs qui ne ſont que Conſelliers du Iuge qu'ils aſſiſtent, *d* ils ſont faits Iuges neceſſaires par l'vtilité de leurs voix, & même le Seigneur, ſur tout le Prince les peut rendre perpetuels, tel eſt le Iuge, Maje de Bugey à l'égard de celuy de Savoye, dont il eſt Adſeſſeur particulier, avec neceſſité de le preferer à tous autres quand il eſt obligé d'en appeller.

*Qu'eſt-ce qu'adſeſſeur.*
*d l. 1. Cod. de adſeſſor. ſpecul. de adſeſſ.*
*Iuge Maje de Bugey adſeſſeur de celuy de Savoye.*

L'on eſt en couſtume en fait de jugements de mort d'appeller quatre Adſeſſeurs au lieu ou il s'en peut trouver, à cauſe de l'importance de telles déciſions, *animæ hominum quibuſcumque cauſis præferri debent*, que ſi on ne trouve ſuffiſamment de graduez, le Iuge ſe doit tranſporter aux Villes les plus voiſines ou il y en aura, ou bien les faire venir au lieu de ſa reſidence, on prend quelquesfois des Adſeſſeurs pour décider plus aſſurément les procés civils de grande ſpeculation, & importance, auquel cas il eſt a propos de les faire nommer aux parties. *e*

*Cas ou il faut appeller des adſeſſeurs.*

*S'il ny a graduez ſur les lieux qu'eſt-ce qu'il faut faire.*

*e Stil art. 120.*

CHAPITRE

## CHAPITRE V.

*De l'Accusateur ou Demandeur en cas d'excez.*

E grand interest qu'à le public à la punition des Criminels, qui en troublent le repos, & la paix, à introduit le pouvoir, & souvent la necessité d'accuser.

*Cause des accusations.*

L'Accusateur ( ainsi appellé *à causa* parce ou qu'il agite la cause, & le procés, ou qu'il ne doit accuser s'il n'en a cause legitime ) est la personne qui se plaint de quelque m'éfait à celuy qui a droit d'en connoitre, *a* & d'y pourvoir.

*D'où vient le mot d'accusateur. Sa definitiõ.*
*a l.1. Cod. de fam. libell.*

Tout accusateur est privé ( que nous appellons partie civile n'ayant interêt à la peine ) ou public qui l'a au châtiment par vne necessité de son office, & est nommé Procureur General; Fiscal, d'Office, & chez les Ecclesiastiques Episcopal ou Promoteur.

*Division des accusateurs.*
*Noms des accusateurs publics.*

Ces vengeurs publics étoient déja établis dans le Senat de l'Ancienne Rome sous le titre de Censeurs, êtant bien juste, que ceux qui sont élevez sur les Peuples, leurs procurent le repos, & la justice contre les criminels qui les troublent, & qu'ils établissent des personnes pour y veiller de leur part. Comme Dieu ouvre les yeux de sa providence pour maintenir leurs authoritez.

*Il y a eu de tout temps des accusateurs publics dés l'institution des tribunaux de Iustice.*

En effet il menasse ceux qui dissimulent les crim de s'en prendre à eux, *dimisisti virum dignum morte sed erit a ta pro anima eius.* La Loy assure que celuy qui ne chat pas le crime en est luy même coupable. *b* Puisqu'il dérobe à

*Celuy qui doit accuser & ne le fait est coupable.*
*b l.1. Cod. de committ. & metes.*

Dieu, & au public le sacrifice, & la satisfaction qui leurs sont deûs.

*Le prevaricateur fait tort à Dieu & au public.*

Il y a des crimes que l'accusateur public est obligé de poursuivre, & même la partie civile de les déceler; ainsi que nous expliquerons ailleurs.

L'Accusé est toûjours mal-heureux quelque innocent qu'il se rencontre. Il en est comme autrefois des Senateurs effacez par les Censeurs du Roolle pour cause injuste, car pourveu qu'elle parut ignominieuse, *a* il restoit quelques traces du premier coup que leur reputation avoit reçû.

*a l.1. ff. de Senat.*

Anciennement il faloit observer plusieurs solemnitez pour être admis à accuser en jugement, *b* & s'inscrire à cause du talion, *c* les femmes, les esclaves, & les infames, ne le pouvoient faire non plus que les domestiques, *vocem familiarium amputari potius volumus quam audiri*, *d* autant en êtoit des collegues, ennemis, mandiants, & prevaricateurs, *e* mais aujourd'huy toutes ces solemnitez ces restrictions, & ces circonstances sont abrogées, comme causants l'impunité, par des formes inutiles, & impraticables, & peu de gens sont exclus d'accuser; pourveu que l'accusateur public se joigne à eux, *f* & qu'ils soient legitimement interessez, *g* & même il doit poursuivre seul les crimes publics, & atroces, *h* autrement il seroit au cas du Prophete, *factus est sicut homo non audiens, & non habens in ore suo redargutiones. i* Il est vray qu'en crimes legers, & injures verbales entre personnes mechaniques. Il est défendu non seulement de poursuivre sans partie civile, *k* mais encor de souffrir qu'elle le fasse, à quoy les Iuges doivent prendre garde, & de ne metre pas en qualité ceux, qui ont déclaré ne faire partie, *l* autre seroit s'ils s'y êtoient engagez, car après, *non daretur regressus, quia quæ ab initio sunt voluntatis fiunt deinde necessitatis*, il fut

*Formes anciennes d'accuser abolies.*
*b l. si quis ex argentariis de edend.*
*c l. libellorum & fin. de accus.*
*Quelles personnes ne pouvoient accuser.*
*d l.fin.Cod. qui accus. non poss.*
*e c. quemadmodum 2 q.7. l.8. ff. de accus. l.4. eod. l. si magnum C. qui accus. non poss. l.1. ff. de off. præf. urbi l.2 ff. ad tertil. fi omnes Cod. de delat. lib. 10. & l. pen. eod.*
*g l.6 ff. de pop. act.*
*h Regl du 15. Ianu. 1575 Arr. du 22. Fev 1575. au st.il. l.1. ff. de off. crestd.*
*i Psalm. 37.*

ainsi déliberé à l'égard d'vn nommé Fabri de Geneve, qui ayant accusé de rapt les Sieurs freres de Verace, & quelques autres, & voulant désister pour certaines considerations, de sa poursuite, il ny fut nullement admis par le Senat, *a* suivant l'vsage, & la doctrine de Monsieur Favre *b in iudiciis enim quasi contrariis non ambigitur.*

<small>k *Regl. du 15. Ianu. 1575.*
l *Regl. du 18. Iuillet 1585. au stil.*
Exemple.
a *Arr. au raport du sr. Castagnere.*
b *Fab. def. 1. Cod. vt nemo inui. ag. v. acteus. cog.*</small>

Les plus proches, & plus habiles à succeder sont volontiers legitimes accusateurs, & même perdent selon le S. C. la succession s'ils n'ont pas fait vanger en Iustice la mort de celuy qui la leur a laissée, toûjours le mary, & la femme sont offensez par l'injure faite à l'vn des deux, *c* & les enfans par celle qu'a reçu leur pere, & quoyque les Loix fassent quelques differences à l'égard de la femme, neantmoins elle est toûjours reçuë à accuser, & venger l'insulte qu'aura reçu son mary, & même le Senat à mon rapport adjugea des dommages interests à la véuve de Ioseph Flory, contre le nommé Repost porteur de grace. *d*

<small>Qui peut accuser.
De qui les iniures nous interessent.
c *l. 1. C. de iniur.*
La femme à droit de dōmages interests, pour la mort de son mary.
Exemple, & prejugé.
d *Arr. du 11. Mars 1671.*</small>

En effet quel amour peüt-on comparer à celuy du mariage, sur tout à celuy des femmes vertueuses, Hypsicrate femme de Midridates, & Arthemisie épouse de Manselus, en seront des monuments éternels, à la posterité, aussi bien que les regrets de Penelope pour l'absence Dulysse, & de Dejanire de la mort d'Hercule, il y a eu des amours si fidelles, que Hypermestra préfera la vie de Lincée à la sienne, & Alcestis celle d'Admete.

<small>Amour du Mariage.

Exemples & raisons de l'amour des femmes pour leurs maris.</small>

Enfin quand il n'y auroit que les biens de la fortune à considerer, il faut conclurre que la perte d'vn mary est vn grand dommages interest à l'égard de sa Véuve.

<small>Consequence.</small>

CHAPITRE

## CHAPITRE VI.

*De l'Accusé, où deffendeur en cas d'excez.*

CCVSE' est au Criminel ce que le deffendeur est au Civil, & est dit, *reus à re*, n'étant autre que celuy qui est tiré en Iugement pour quelque faute, *a* & meſfait.

Il y a divers noms chez les Praticiens, comme, *inquis*, quand le Iuge procede d'Office, *b* prévenu, quand la capture a précedé l'information (comme elle le peut en flagrants delits,) & quand il y a danger de fuite : *c* mais il faut toûjours quelque accusateur ou ouvert, ou occulte, *mulier quis te accusat*, *d* du moins le bruit ou vne dénonce secrete, *e* ou enfin la Loy sont necessaires.

Il ne faut pas pourtant présumer le crime par la seule accusation, qui souvent est injuste, & calomnieuse, *si enim sufficeret accusari quis innocens ?* Aristhophon tiroit sa plus grande gloire d'avoir été accusé nonante fois, & toûjours absous, & l'or est assurément bien mieux connu quand il a passé par la coupelle.

Nous parlerons plus au long de la maniere de traiter l'accusé dans la conduite du procez Criminel, qui fera le second Livre de cette premiere partie.

Seulement il faut tenir pour principe, que sa cause est plus favorable que celle de l'accusateur (*semper enim pro reo in dubio est pronuntiandum,*) e qu'il est reçu à se deffendre, & à se justifier en tout état de cause, *f* que *actore non probante,*

*reus*

---

Qu'est-ce qu'accusé.

*a Gloſ. de duobus reus, Cicer. 2. de orator.*

Noms des accusez.

*b Bart. in l. tranſfig. C. de tranſact. le Bran.*

Quand on peut cômencer par la capture.

*c Bart. in l. fi. C. de q. ſtat. l. interdum C. de furt.*

*d Ioan. c. 8.*

Accusation n'êt pas marque de crime il faut la conviction.

Exêple d'Aristhophon.

L'or épreuvé est plus certain.

Principes notables.

*e l. abſentem ſ. ff. de pœnis, Clariſſ. ſin. q. 21. ſent: f ſtil art. 186.*

*reus absolui debet,* a si pourtant il est convaincu, & condemnable ? Le Iuge le doit faire sans aucune cruauté, ny delectation, & avec vne necessité pleine de compassion, *vera enim justitia habet compassionem: falsa autem dedignationem,* b n'y ayant rien de si opposé à la nature que la destruction de sa propre espece : ny de si facheux au corps moral, que de le priver de ses membres, qui sont les individus raisonnables, Auguste souspiroit toûjours, quand il condamnoit les Criminels, comme assure Suëton, & autres qui ont parlé, & écrit de ce Prince fortuné, & débonaire.

a *l. 9. Cod de probat. Fab. def. 1 Cod. de exhib. v. transm. reii.* Caractere de la vraye Iustice.
b *can. vera dist. 45.* C'est contre nature de détruction espece.

## CHAPITRE VII.

### Du Crime, & de ses especes.

**P**Vis qu'il faut traiter à fonds des formalités Criminelles, il est à propos d'ébaucher chàque espece de crime dans la Theorie, mélée pourtant toûjours à vne application selon nostre vsage : afin que les nouveaux Praticiens ayent quelque idée des choses dont ils feront les formalités ; *Necesse enim est scire ante omnia quid sit id de quo disputatur.* a

Raisons de traiter de la Theorie avāt la pratique.

Le crime soit delit est vne offense contre le droit, & les Loix, *b* vn vlcere au corps moral ; qu'il faut guerir par le châtiment, & par les peines.

Il y en a vn nombre présque infiny aussi bien que de maladies au corps naturel.

*Non mihi si linguæ centum oraque centum,*
*Ferrea vox omnes scelerum comprehendere formas,*
 *Datum esset.* c

a *Cic. de offic.*
Definition du crime.
b *l. 1. C si adverf. delict.*
Nombre des crimes infiny.
Maladies du corps naturel infinies.
c *Virgil. 6. Æneid.*

*Eſtat de la Iuſt. Eccl. & Sec. du pays de Savoye,*

<small>Diviſion des crimes.
a *Sſo. 1.inſt. de publ. ind.*
b *Sſo. côſequês inſt. de ſuſpect. tut.*
c *l.1.ff. de pop. act.*
d *l. capitaliũ, ff. de pœn. e eod.*</small>

Les principales eſpeces des Crimes ſont les privez, qui offenſent le particulier, *a* & les publics qui choquent la choſe publique, ils peuvent être pourſuivis par châcun, *b* & *quaſi popublica*, *c vel popularia dicta*. *d*

Les capitaux ainſi nommez *quia capite minuunt*, ſont ceux qui importent mort naturelle ou civile, *e* comme le banniſſement, & la galere.

Les non capitaux, qui intereſſent la reputation, ou la bourſe dans leur châtiment, *f* les volontaires ſont ceux qui

<small>f *l. qui ades, ff. de incend.*
g *l. mulier, ff. quod met. cauſ. l 39.ff. ad l.Iul. de adult.*
Suite de diviſion des crimes.
Des delits militaires, & quaſi delits.</small>

ſont commis librement, *g* & les non volontaire, qui le ſont par force, ou par hazard, par mégarde, ou par neceſſité. *g* Il y a encor, *crimina nominata, & in nominata, leuia, grauia, & grauiſſima, Eccleſiaſtici fori*; *ſecularis, & mixti, & priuilegiata*.

Enfin il y a des crimes ou le dol n'êt point intervenu, mais la coulpe, & qui ne regardent que l'intereſt civil que Nous appellons quaſi delits, & encor des autres qui ne conviennent qu'aux Soldats appellez militaires.

## CHAPITRE VIII

*Des Crimes Eccleſiaſtiques privilegieZ, & communs de la Iuriſdiction du Iuge d'Egliſe, & de ſa maniere de proceder.*

<small>Raiſon de la connexité de ce titre.
a *ſtil art.6.*
Des deux autoritez.
b *M. Demar.*</small>

COMME il y a deux Souverainetez dans le monde, la Temporelle, & la Spirituelle, qui doivent s'ayder fraternellement, *a duæ ſupremæ poteſtates in mundo Sacerdotij, & Regalis*, *b* Il eſt à propos de parler de celle des Eccleſia

Ecclefiaftiques touchant les criminels, & de diftinguer les cas ou le Iuge temporel peut connoître à leur exclufion, non pas pour entreprendre fur leurs immunitez, mais pour les leurs conferver, & pour empécher que les Clercs ne troublent la paix publique, *a* ne des-honnorent leur Caractere, & ne reftent impunis. *Sunt enim quædam flagitia quæ potius per mundi iudices quam per antiftites vendicantur. b* Il faut donc fçavoir qu'eft-ce que Clerc, & Ecclefiaftique.

Quoyque tous les veritables Catholiques foient gens d'Eglife par fa maternité commune ; Néantmoins elle a donné particulierement cette qualité aux Prêtres, à caufe de leur Onction, & plus grand attachement à fes Autels, & comme fi le fort avoit efté jetté entre Dieu, & les hommes ? Ils ont gardé le nom de Clercs *quafi de forte Dei*, & les autres celuy de Lays comme qui diroit hommes du peuple, *c* mais pour diftinguer ces deux grands Eftats avec certitude.

Il faut fçavoir que plufieurs on dit que la premiere tonfure ne fait pas naitre le privilege de clericature, & qu'il faut au moins pour le renvoy au Iuge d'Eglife être Soudiacre, *d* & que le Clerc quand elle fuffiroit fe doit prouver tel par titres, & non par témoins. *e*

Enfin l'Ecclefiaftique qui eft trouvé être marié, ou bien fcandaleufement revêtu d'habit feculier n'a nul privilege, felon ce qu'en dit Monfieur Favre en fa definition 19. de *cp. & Cler.* & Guy Pape en fon Confeil 110.

Et ce n'êt pas feulement parmy les Chrêtiens ou l'on trouve ces differences ; il y avoit dans Ifraël vne Tribu née pour le Sacerdoce, *tribum leui noli numerare fed conftitue eos fuper tabernaculum teftimonij feruientes in minifterio eius, f* & la qualité de Prêtre étoit fi grande qu'elle étoit infeparable de la Royauté, du moins quand au Souverain Pontife, *g* les

*ca de Concordia Sacerdot. & Imper.* Vide Nov.123. Diftinction des Iurifdictions feculiere, & fpirituelle.

*a* Soufa fur la Bulle *cœna* chap.19 le sn *de la Crux.*
Il y a de crimes que le monde doit punir, & non l'Eglife.
*b* M*r* le Prêtre *q. de d. oit centur.*1 *c.*20. *accuf.in l.ad. dictos C.de ep. aud.*
Pourquoy châcun n'êt appellé Ecclefiaftique.
Qu'eft-ce que Lay, & Clerc.
*c cap. Cleros dift* 21.
Qui eft Clerc proprement quant au privilege.
*d* La *Conc. de trente* ff. 23. *c.*9. veut que l'on aye en va *Benefice*, ou l'habit Clerical, & qu'on ferue actuellement à vne Eglife.
*e Fab.def.*11. *C.de probat.*
Cas ou le Clerc perd fon privilege
*f* nombr.1. n.50.

E 2

*a Ezech c 4.*
*Exemples.*
*b Joseph.l.4.*
*c.8.*
*c Ælian.Plu-*
*tarq.*
*Cæsar. comm.*
*des Gaules.*

*a* Hebreux ne jugeoient jamais, *nisi duobus leuitis assidentibus.* *b* Les Atheniens, & les Egyptiens appelloient les Prêtres en leurs Conseils, *c* & Cesar dans ses Commentaires assure, que les Druydes presidoient parmy les Gaulois aux affaires de la Iustice. *d*

En effet qui la peut mieux exercer que ceux, qui n'ont d'autres interests que celuy de Dieu qui en est la source Souveraine ; c'êt pour cela que Theodoric écrivoit à Severe en ces termes, *qui melius ad æquitatis jura deligitur quam qui Sacerdotio decoratur, qui diligens cunctos in commune locum non relinquat inuidiæ ?*

*Eloge du Sacerdoce.*

*d Malach.2.*
*Apocalypsi.1.*
*Matth.5.*

Cela s'entend des bons Prêtres, qui sont les Anges de Dieu, ainsi qu'assurent le Prophete, & l'Apôtre, & ils operent plus en levant les mains au Ciel, que les efforts du fer, & du feu ; jusques-là qu'ils font le corps du Seigneur, par la force de leurs paroles, & portent déja la Couronne sur la tête pour marque du Royaume, qui les attend.

*Sacerdotes conficiunt corpus Christi.*

Il est vray que s'ils ne sont Saints, comme il leur est Ordonné (*Sancti estote quia ego sanctus sum*) ils ne sont plus des lumieres éclairantes : mais des astres obscurcis, & des tâches du Firmament, & quoyque les operations de leur Caractere soient toûjours les mêmes, nonobstant leurs vices, ils font en cela comme le flambeau, qui se consume pour éclairer.

*e Leuit.11.*
*Des mauvais Prêtres.*

*Détachemēt de l'ancienne Eglise.*
*Des biens de la terre.*
*f. Ch. 1. ep.1.*
*Sa mission des Lais.*

Leur Ancien d'étachement des biens de la terre, témoigne bien l'attachement qu'ils avoient à ceux du Ciel (*in rore cœli, & non in pinguedine terræ,*) car ils n'avoient nulle portion dans les immeubles au temps des Apôtres, *f* au pied desquels, les Lais même portoient leurs facultez pour en distribuër aux Pauvres ce qu'ils desireroient, ne voit-on pas dans la Loy écrite, que Levi n'eût nulle portion dans le partage des Tributs, *g* mais les affaires temporelles de l'Eglise,

*g Nombr.1.*
*Ie... & 18.*

l'accroi

Part. I. Liu. I. Chap. VIII.

l'accroissement de ses besoins temporels, & la necessité de la deffendre de ses ennemis, ont invité les Lais de luy donner des biens temporels, & elle de les accepter, ce qui commença particulierement sous Vrbain premier de ce Nom Pontife de Rome. *Aquisitions de l'Eglise.*

Ces bien-faits se sont étendus à des fiefs, & même à des Souverainetez indépendantes qu'elle possede comme font les gens du monde les leurs ; d'où sont nées quelques Iurisdictions, & plusieurs mêmes attribuent aux Lais la concession de toutes celles qu'elle exerce. *a* *l'Eglise à des fiefs & des Royaumes. a l'Oyseau des Seign ch. 11. Peleus en ses q. illustres, q. 1 d. e Moulin.*

Outre les droits accordez à l'Eglise par la pieté des Lais, elle a encore vne Iurisdiction naturelle touchant les affaires de l'ame, & même sur ceux que nous appellons Clercs, pour leurs affaires personnelles, où la temporalité n'êt pas mêlée, c'êt la distinction fraternelle qui s'observe en Savoye, comme en France, & qui empéche les desordres, & les confusions des deux puissances. *De la Iurisdiction Ecclesiastique, & en quoy elle consiste. Vsage de Savoye.*

*Diuisum Imperium cum Ioue Cæsar habet.*
*Reddite Cæsari quæ sunt Cæsaris, & quæ sunt Dei, Deo,* b tellement que comme dit Mr de Marca, l'Homme ayant deux parties essentielles, qui sont l'ame, & le corps, l'Eglise juge les affaires de l'ame, & les Seculiers celles du corps. c *b Matth. 22.*

Quant aux Clercs la même Eglise a plus de Iurisdiction sur eux à cause que leur caractere leur a imprimé plus de spiritualité, que n'en ont les Lais ; mais quand ils sont demandeurs ils suivent *forum rei*, & la realité leur fait obeïr à ceux qui en sont les Iuges. *c Liure de l'ab. 15. Des Clercs, & de la Iurisdiction que l'Eglise a sur eux.*

Il y a aussi des crimes, d & des cas qui les assujetissent aux puissances temporelles, & ils le sont toûjours quand il s'agit du repos public comme estants membres de la Republique. e

C'êt pour ce sujet qu'ils sont taxez aux reparations des

*a l. ad Instructiones Cod. de sac. Eccl. can. pervenit 11. q. 1.*
*b Div. Aug. epist. 48. Exemples.*

Ponts, & murailles, *a* & que les appellations comme d'abus sont introduites n'étant pas vne impieté, ny chose nouvelle, que les Ecclesiastiques soient sous sa puissance, & le Iugement des Lais ; Saint Augustin assure, *b* que Constantin le Grand connoissoit des appellations des Evêques, & Saint Athanase le demanda pour Iuger l'accusation que les Heretiques luy avoient suscitée. *c*

*c Athan. in apol. 2.*

Les Prelats des Conciles d'Arles, & de Megonce confesserent leur dépendance de Charlemagne, & nous avons des constitutions de Iustinien, aussi bien que des Edits de nos Souverains en divers endroits, touchant la Police, & les affaires de l'Eglise ; *Omnis anima*, dit l'Apôtre, *subdita est potestatibus sublimioribus, & si Evangelista fuerit, Apostolus vel Sacerdos. d*

*d Paul. in epi. ad Rom. ubi Chrysost.*

Des crimes Ecclesiastiques.

Les crimes des clercs sont regulierement Iugez par l'Eglise ; mais comme cela souffre des exceptions il est à propos de les distinguer, & d'en examiner la nature.

Division des crimes Ecclesiastiques.

Les crimes commis par les clercs sont ou Ecclesiastiques, desquels l'Eglise seule a droit de connoitre où les privilegiez ; qui sont de la Iurisdiction seculiere, ou communs & mixtes, qui sont de celle des deux, & sujets à prévention, *e* c'êt à dire que la connoissance en reste au premier qui y met la main.

*e Voyez Feur. de l'abus, lib. le Prêtre, cent. 1. c. 10.*

Crimes privilegiez.

La distinction de ces crimes est assez difficile, neantmoins, Févret veut que, le rapt, la force publique, l'inceste, la sodomie, l'homicide, le duël, port d'armes, fausseté, incendie, infraction de Sauvegarde, & la violence aux executions soient privilegiez, & même ne peut souffrir que nos connoissances fondées *in corpore iuris* soient dites exceptées,

Des delits communs & prevention.

puisque ce dévroient être celles des Ecclesiastiques, qui même nomment leurs droits immunitez, & privileges, connoissants

noissants qu'ils ne sont qu'vne exception de la régle generale qui fait pour la Iurisdiction seculiere, & temporelle. *a*

Les delits communs selon le même Autheur, sont l'Heresie, le blaspheme, scandale, adultere, la simonie, & l'vsure, Papon veut même qu'en cas de concours de Iurisdiction la temporelle prévaille comme plus ancienne. *b*

Le plus seur pourtant, est de Iuger conjoinctement en crimes communs, & même en crimes atroces il seroit à propos s'ils ne sont privilegiez notoirement ( comme d'être trouvé en habit seculier, *c* & en cas de crime de léze Majesté ) de renvoyer au Iuge d'Eglise sauf le cas privilegié. *d*

Ie voudrois pourtant, en cas de prévention du seculier, toûjours instruire le procés, & ordonner en cas de renvoy, qu'il sera jugé sur les mêmes actes, *e* comme aussi qu'on s'emparât en crimes atrocissimes du clerc delinquant, sauf de le remettre aprés à son Superieur, *f* & s'il y avoit des difficultez entre plusieurs Ecclesiastiques pour la Iurisdiction, il la peut adjuger à qui elle appartient, *g* avec exhortation de proceder contre l'accusé, adjoûtant quelquefois que ce sera à l'assistance d'vn commissaire Laïque, tout cela fut observé contre vn Prêtre accusé d'inceste, ( que je ne veux pas nommer pour l'interêt de luy, & de sa famille ) Monsieur le Senateur Duclos, êtant commissaire, & assisté de Monsieur le Procureur General du Crest. *h*

Enfin si deux personnes de differente Iurisdiction se trouvent compliquées dans le même crime ? leurs Iuges naturels font châcun leur procedure, comme il fut fait à l'égard de la Religieuse avec laquelle l'inceste dont j'ay parlé estoit soupçonné avoir êté commis. Laquelle fut jugée par le Vicaire de Citaux son Superieur.

Que s'il se trouve dans la procedure vn Lay, & vn Ecclesiastique

*a Feuv. Voyez du Luc en ses Arr. liu. 12. Voyez Chopin de doman. liu. 2. Baquet des droits de Iustice c. 6.*

*b Couarr. en ses qu. prat. c 34. Papon en ses Arr. liu. 1. tit. 5. art. 3. Advis de l'Autheur.*
*c Mr le Prêtre en sa cent. 1. c. 10. Guyd. Pap. cons. 110. c. 12. de sent. excom. in 6.*
*d Fab. def. 19. C de ep. & cler.*
*e c. at Clerici de indic. Soci. in tract. reg. 4.*
*f Guyd. Pap. q. 73. Banny liu. 2. c. 3. en sa prac. canonique.*

Le Lay régle les differents touchant la Iurisdiction.
*g Fab. def. 6. Cod. de appell. tanquam ab abus.*
Exemple.
*h Arr. du 28. Iuin 1664.*
Châque Iuge connoit sur son juricdiciable.
Préjugé Art. susdit.

Comme o 1 p: o. ede q:il

fiastique qui soient complices, le Senat renvoye le dernier à son Iuge, lequel il exhorte de proceder à l'assistance d'vn des Seigneurs du corps, & fait le procés à l'autre ; *a* cela fut ainsi jugé à l'égard d'vn Curé d'Ery au rapport de Monsieur le Senateur Demerandes, & contre vn Curé de saint Mauris à celuy de Monsieur le Senateur Gaud. *b*

Il y a peu d'autres régles pour ces matieres que nôtre vsage, & l'opinion des Docteurs François, *c* fondés sur les anciens privileges de l'Eglise Galicane, dont la Savoye joüyt presque en tout, êtant bien juste que les Princes temporels qui sont protecteurs des saints Canons ; du repos de leurs peuples, nourriciers de l'Eglise, & la tête du corps politique, empêchent ce qui trouble la tranquilité.

Ie serois pourtant d'avis d'observer toute sorte d'exactitude pour la conservation des droits de l'Eglise. *Si peccatum enim est hominis vnctio tamen est diuinitatis, & cauendum ne dum peccatum hominis percutitur, oleum Dei feriatur*, *d* ce fut pour ce sujet que Valentinian refusa à quelques Evêques d'en nommer vn pour l'Eglise de Milan, & que Constantin le Grand ne voulut juger les differents de quelques autres, disant vous êtes des Dieux, vn Homme vous doit-il juger ? *e*

Quand aux Iurisdictions Ecclesiastiques elles sont toutes originaires du saint Siege, *f* & en presque aussi grand nombre qu'il y a de dignitez dans l'Eglise ; on peut appeller de tous sauf du Pape, *g* & il faut vuider trois appellations ; avant qu'être hors d'affaires, mais aprés trois Sentences definitives conformes, & deux interlocutoires, il n'êt plus permis d'appeller, *h* ny aprés vne interlocutoire par le concordat, *i* en France, je parleray au livre des peines, & supplices, de celles que l'Eglise est en coûtume d'imposez aux clercs.

Le

## Part. I. Liu. I. Chap. VIII.

Le Pape donc Iuge Souverainement des choses spirituelles, est maître des Benefices comme Vicaire de IESVS-CHRIST, & successeur de saint Pierre. *a* Il concourt avec tous autres Prelats en toute Iurisdiction, *non per viam accumulationis, sed iure principatus, & tanquam omnia continens, iuxta illud; omnia Cæsar erat.* *b* Il ne peut être accusé d'aucun crime sauf d'Heresie, *c Non debet enim esse caput, qui noluit esse membrum*, & son authorité est si relevée qu'elle passe celle des Saints. *d Idem enim est Christi, & Papæ tribunal e, & est omnium Ecclesiarum Princeps f, & salutis totius mundi arbiter, habétque potestatem à Deo g, quem repræsentat in terra.*

Les Cardinaux *quasi cardines Ecclesiæ h*, sont les membres du Senat de toute l'Eglise, les gonds sur lesquels ses interests roulent, & les colomnes qui soûtiennent cét édifice éternel basty de la main de Dieu.

Ils y ont aujourd'huy le second rang, *i* quoyque jusques au temps de Clement V. & de Iean XXII. Ils fussent moins que les Evêques, ce qui changea sous Boniface VIII. & il fut permis de joindre l'Episcopat à cette éminente Dignité; Ils ont maintenant trois titres differents, de Diacres, de Prêtres, & d'Evêques, & Iurisdiction dans leurs titres. Ils gouvernent l'Eglise, *sede vacante*, & ont des pouvoirs fort étendus dans leurs Legations, qui sont de trois especes, *aut enim sunt nati, aut missi simpliciter, aut à latere* ; & jamais ils ne sont reçus en France au préjudice des privileges de ce Royaume, *k* ny sans presenter leur pouvoir au Parlement de Paris, comme le premier, & plus Auguste de France.

Les Patriarches sont tous Archevêques, *l* & ont plus d'élevation qu'eux, ils sont quatre celuy de Constantinople, d'Antioche, de Ierusalem, & d'Alexandrie.

Ils ont aussi des Archevêques, Evêques, & autres dépen-

Du Pape premier Evêque de l'Eglise.
a *Matth. 16. traditio enim clauium possessioné inducit l. 74. ff. de contr. empt.*
b *Loter. q. 9. Bald. & alij.*
c *Clar. so. hæresis.*
d *c. de libellis 20. dist.*
e *Hostiens. in cap. omnes 21. dist. 22.*
f *Koninch distinct 3. de ministro pœnit.*
g *Gloss in c. execrabilis in extr com.*
Des Cardinaux, & qu'éce qu'ils sont dâs l'Eglise.
h *Ioan. Andr. & immol in cap. sacris de pœnit. in 6.*
i *Ioan. Andr. in c. cum aliquibus de r. script. in 6.*
Titres des Cardinaux, & de leurs employs.
Diverses especes de Legats.
k *Placito Paris. 5. Septembris 1519.*
Le Parlemêt de Paris à préeminence sur tous ceux de France.
Des Patriarches.
l *l. 14 C. de sacr. Eccl.*

F

*Estat de la Iust. Eccl. & Sec. du pays de Savoye,* dants d'eux, & vne Iurisdiction fort ample.

Ils doivent reconnoitre le S. Siege, quoyque le Schysme de l'Eglise Grecque leur fasse vsurper l'indépendance. Venize, Moscovie, & quelques autres Estats veulent le titre de Patriarche en la personne de quelques vns de leurs Prelats.

Les Primats sont au dessus des Archevêques, & les Archevêques, & Metropolitains des Evêques, toutes ces Dignitez sont fort engageantes, *qui enim ad Episcopatum admittitur, non ad principatum vocatur, sed ad seruitutem totius Ecclesiæ, a factus principatus super humerum eius, b & debet Episcopus esse in Ecclesia, quod in curru rector, in naui gubernator, in exercitu dux, cuius quàm perniciosa ad sequentium lapsum ruina, tam contra est vtilis, & salutaris, cum fratribus in religione se præbet imitandum.*

Les Evêques ont la Iurisdiction ordinaire dans leur Diocese, le droit de conferer les Ordres, & d'administrer les Sacrements, de donner les Benefices *via ordinaria*, & enfin de toute la spiritualité que le saint Pere n'a pas reservée, comme il peut faire selon les Docteurs. *c* Ils doivent être éleus dans trois mois, *d* & confirmez trois aprés. *e*

Toutes ces hautes dignitez de l'Eglise, sont des caracteres de sa grandeur, & de sa puissance, elles resident dans les personnes que Dieu a choisies pour la gouverner, *f* sous les enseignes de son Epoux, qui sont la Croix, & l'Humilité.

La jurisdiction spirituelle du saint Pere est veritablement plus ample que celle des Evêques, qui ne l'ont que dans leurs Provinces, & dépendante de luy *g* (que le Concile de Calcedoine nomme œcumenique, c'èt à dire Superieur vniversel de toute l'Eglise, *h* comme en estant le Chef visible,) mais la dignité, & l'ordre Episcopal, viennent de Dieu, l'Evêque, & autres Prelats sont établis pour soutenir la Foy, instruire,

---

*Quatre Patriarches. Dependances d'iceux. Ils relevent du Pape du moins de iure.*
*Des Primats. Des Archevêques & Evêques.*
*a Orig. in psalm. hom. 7.*
*b Isaye 9. v 6.*
*Evêque n'èt fait pour la principauté, mais pour servir à l'Eglise.*
*Engagemēts De l'Episcopat.*
*l'Evêque doit prêcher par ses actions. Droits des Evêques habēs ea quæ sūt ordinis, & iurisdictionis.*
*Ils ont la spiritualité dans leurs Dioceses.*
*c Sot. sur le 4. des sent. Bas. Pontius lib. 6. Diana p. 5.*
*d c. Postquam dist. 50.*
*e. quoniā quidam dist 75.*
*e Matth. 6.*
*f c. Ita Dominus dist. 19.*
*g Caiet. tom. 1 de ses Opuscul Medina, Xoninch disp. 8. de ministro, &c.*
*h c. neut. Calced. sess. 16.*

### Part. I. Liu. I. Chap. VIII.

ſtruire, & faire enſeigner les ignorants, aſſiſter les pauvres, édifier châcun, adminiſtrer les Sacrements par eux, où par ceux qu'ils ordonnent, punir, établir, retrancher, *a* & faire au ſpirituel tout ce que le bien, & le ſalut des Ames leurs inſpirét, y ayāt des Sacremēts qui ne peuvēt être adminiſtrez que par eux mêmes comme la Confirmation, & le Sacerdoce.

Ils ont deux juriſdictions la neceſſaire, & la volontaire, & elles ſont preſomptives ſur tous ceux de leur Dioceſe, s'ils n'ont privilege pour s'en exempter, comme ont preſque tous les Moynes, & Reguliers faiſant Chapitre, & College, & cela afin que leur diſcipline interieure aye ſes libertez, ſes ſecrets, & ſes franchiſes.

Les Evêques pourtant ont droit de connoitre de l'adminiſtration des Sacrements à leur égard comme deleguez du S. Siege *b* ( cela toutefois ne ſeroit pas s'ils ne les adminiſtroient à des ſeculiers étans ſous leurs charges, ) l'Evêque juge les exempts en matiere de Religion, & de Foy, *c* & s'ils ſont notoirement excommuniez, *d* auquel cas il les peut dénoncer afin qu'on les évite.

Que ſi dans ſix mois les Superieurs Reguliers ne font leur devoir contre vn criminel de leur dépendance aprés vn avis, les Ordinaires en connoiſſent comme deleguez du S. Siege. *e* Ils choiſiſſent les Curez tirez des Moynes, & ont droit de régler les Prédicateurs ſi bon leur ſemble, étans Iuges des affaires de la Foy, & les arboutans du Chriſtianiſme.

Outre ces actes de juriſdiction volontaire que le dioceſain peut exercer dans ſa Province, il pouvoit anciennement établir des Tuteurs, & diverſes autres choſes, *f* que l'uſage des Lays luy leve aujourd'huy, ne ſe mélant plus du tēporel deçà les Monts, *g* pas même de celuy des Prêtres, *ne mittat falcem in meſſem alienam*, ce qui n'êt pas juſte, ſinon que ce fut en action perſonnelle.

---

*Office des Evêques.*
*a Cardin. Ptolee. de regim. Eccleſ.*

*L'Evêque à deux Iuriſdictions la volontaire, & la contētieuſe.*

*Exception touchāt l'exēptiō des reguliers.*
*b Conc. Trid. ſeſſ. 21. ch. 11. & le decret de S. Gregoire de 16. 22.*
*c c. 9. de hæret.*
*d Io. Andr. in c. 1. de priuil. in 6. Barboſa liu. 1. du droit des Eccleſiaſt. chap. 43.*

*Cas notable de devolut. de juriſdiction.*
*e Conci. Trid. ſeſſ. 21. c. 8.*
*Tous Curez doivent être établis par l'Evêque, & ſes Prédicateurs approuvez.*

*Autres droits anciens des Evêques.*
*f c. nouit. 13. de iud. c. contingat de forō compt. C. de epiſc. aud. vl. paſſim*
*g du Moulin, Peleus Flou. Tob. l. maître & alij.*

F. 2

*Des synodes, & visites des Evêques.*

L'Exactitude des Evêques les doit occuper au réglement de la discipline Ecclesiastique par des synodes, & par des visites, les assemblées synodales sont où generales de toute l'Eglise, où provinciales, par ordre du Metropolitain, où Episcopales, dont est icy question, & elles sont tenuës par tous Ordinaires même Primats, & Metropolitains, quand ils n'assemblent pas des Evêques, car en ce cas on les nommeroit provinciales.

*Des synodes. a Conc. Trid. sess 24. cha. 3. bc. 17. diss. 18.*

Le Concile ordonne d'assembler les Curez tous les ans pour les affaires du Diocese, *a* & autrefois les Abbez, Diacres, & Chapitres y assistoient, *b* selon le Concile de Tolede, le Pere Lupus cité au Iournal des sçavans à traité parfaitement bien la matiere des synodes où je renvoy les curieux.

*Des visites Episcopales, & leur but.*

Quant aux visites Episcopales elles se font pour consoler les peuples, les instruire, voir l'état des Benefices, & la conduite des beneficiez, elles sont de droit divin, & humain, & ordonnées par les Conciles. *c*

*c Conc. Trid. sess 7. c. 2. En cas d'empêchement le Prelat depute. d c. 15. de off. ordin.*

Que si l'Evêque où autre Prelat ne les peut faire, il luy est permis en ce cas de députer selon les Conciles, & les Canons, *d* son Vicaire où Official.

*De la dépense, & frais des visites. Eloge de Monseign. le Camus Evêque de Grenoble.*

Au régard de la dépense, elle dévroit être supportée par le Visiteur, puisqu'aussi bien se nourriroit-il en son domicile, cette conduite des-interessée à fait admirer l'Illustre Evêque de Grenoble, qui dans sa Visite faite à ses frais, & d'vne maniere ou l'exactitude, & les admirables productions de zéle, d'éloquence, & de Doctrine, ont étez accompagnées de l'Humilité evangelique, à fait voir que la pieté s'apprend aussi bien dans la Cour des grands Roys (comme celuy de France où ce Prelat à fait figure bien avantageuse) que dans les Célules, & dans les Cloîtres ; qu'enfin les talents qui servent dans le beau Monde, sont admirables

quand

## Part. I. Liu. I. Chap. VIII.

quand ils font fanctifiez dans la Chaire, par la parole de Dieu.

Toutes-fois l'vfage régle cette difficulté ; car de droit les Lays n'y contribuent point ; mais les Curez *in fignum fubjectionis.* a

Il fera prudemment de ne furcharger pas les contribuables par la grandeur exceffive de fon train devant confiderer qu'il eft Pafteur non pas Roy, & qu'il a la Haulete en main, & non pas vn Sceptre.

Celuy qui procede à la vifite Epifcopale, à jurifdiction *in cognofcendo, & inquirendo* feulement, b il doit la faire intimer deux mois d'avance. c

Il peut envoyer quelques Prêtres pour y difpofer le peuple, il fait fon entrée dans l'Eglife voit le Sanctuaire vifite l'Autel ( fait quelque exhortation. )

Il voit tout ce qui eft deftiné au fervice Divin, & aux fonctions curiales notamment les fonds Baptifmaux, & quoy qu'il ne doive ordonner fur le temporel. Il peut pourtant le faire touchant les neceffités de l'Eglife, pourveu qu'il dife *in genere* que telle reparation fera faite.

Le Vifiteur doit s'enquerir s'il y a des concubinaires, vfuriers publics, des des-vnions entre mariez, enfin s'il n'y a point d'abus contre la Religion dans la Paroiffe, même de fcandale du Curé, des revenus des Benefices qui y font s'ils dépendent de luy, il y a quelques autres ceremonies qui ne font rien à mon fujet de tout, quoy le vifiteur dreffe fon verbal en forme.

La Iurifdiction neceffaire, & contentieufe, ( qui eft celle laquelle a vn contradicteur, & qui s'exerce *in inuitos,* d ) n'êt aujourd'huy laiffée aux Evêques que pour le fpirituel, &

*a Gloff. in c. 1. de cenfibus in 6. Azor. lib. 3. c. 42. abus c. veniunt bni de cenfibus Concil. Trid. feff. 2. c. 3.*

Formes de la vifite.
*b Vide Bertachin. in fuo repert.*
*c Salodius de vifit. chap. 6.*
Ce qu'il faut vifiter.

Ce que peut le Vifiteur touchant les neceffitez de l'Eglife.

L'Evêque doit reformer les abus concernãt le fpirituel.

Qu'êt-ce que jurifdiction contẽtieufe.
*d Inter ftipulantis paragr.*

46 *Estat de la Iust. Eccl. & Sec. du pays de Savoye,*
touchant les actions pures personnelles des clercs, ils n'afectent pas les droits temporels suivant même le dire de S. Bernard, *eriguntur super gentes, & Regna, sed ad administrandum, non ad regnandum, & dominandum,* a & Origene veut que l'amour, & non la crainte soit les Armes de l'Eglise, *principatus eius in dilectione subditorum.* b

Aussi sa plus rigoureuse peine est l'excommunication, la prison, & les macerations sans jamais la porter à répandre le sang de ses enfans, *Ecclesia enim non nouit sanguinem.*

Les Evêques ont toûjours des Vicaires generaux, des Officiaux même forains, les Officiaux ayants l'exercice de la Iurisdiction contentieuse, & les Vicaires de la gratieuse, l'apel desquels va au Superieur immediat du Prélat qui la leur a donné, *c ne liceat tertiò prouocare quod iuri repugnat.*

Ils la doivent exercer en personne, ou bien déleguer *in partibus, & non vltra duas diætas,* d vn Gradué, & ayant dignité si le Pape delegue, mais toûjours vn clerc le doit être.

Le Iuge d'Eglise doit observer les réglemēts, e ne peut excommunier pour affaires temporelles sur tout les Lais, f executer à cry public, ny rescrits étrangers sans permission du Senat, g il ne peut non plus évoquer, h n'y enfin executer sans imploration du bras seculier, i les Iugemens qu'il aura donnez, du moins hors de l'enclos de son Tribunal, où de son Palais. *Quia Ecclesia non habet territorium neque fiscum,* k *nemo autem deorum Regnat extra cœlum.*

Outre les charges Ecclesiastiques dont nous venons de parler, il y en a quelques autres comme celles des Curez, Vicaires perpetuels, ( quant aux Prêtres seculiers ) de Prieurs claustraux, Gardiens, Recteurs, Premiciers, Prevosts, Archidiacres, (quant aux Regulier.) Colleges, & Religieux, qui sont responsables à Dieu, & à leurs Superieurs, des Ames qui leurs

Part. I. Liu. I. Chap. VIII.    47

leurs sont commises. Je ne parleray pourtant icy que des Vi- | *Employ des Curez est important, & perilleux.*
caires perpetuels, & des Curez, dont l'employ est aussi dan-
gereux qu'important à la Republique Chrestienne, & dans
la Hyerarchie de l'Eglise.

L'Histoire Sacrée nous apprend que IESVS-CHRIST vou- | *Institution du Sacerdoce dans la Loy de Grace. Institution des Apôtres. Institution des Disciples de IESVS-CHRIST.*
lant operer la conversion du Monde, comme il luy avoit
ouvert le Ciel par ses souffrances, aprés avoir institué le Sacerdoce éleut douze Evêques pour lier, & délier, qui furent
ses douze Apôtres, puis soixante, & douze Prêtres, & Curez,
qui ont gardé le nom de Disciples, lesquels tous il envoya
pour prêcher l'Evangile, & travailler à sa moisson, afin dit
Origene, qu'il y eut quelque ressemblance aux enfans d'Aa-
ron, qui n'avoient que le simple Sacerdoce. Aussi voyons- | *Des deux puissances de l'Eglise.*
nous dans l'Eglise deux sortes de Iurisdiction; sçavoir celle
des clefs qu'ont les Prélats, & celle de l'Ordre, qui reste aux
simples Prêtres, ayants charges d'Ames.

Les Curez donc (qui sont des petits Evêques dans leurs | *Qualitez requises aux Curez.*
Paroisses) doivent avoir, la capacité, la pieté, le zéle, l'experience, & pour cét employ si plain de danger, & d'engage-
ment.

Ils ne doivent être établis que dans la rigueur du con- | a *Fab. def. 35. Cod. de Episc. & Cler.*
cours par les Ordinaires, auxquels cette charge les soumet
de quelque ordre qu'ils dépendent, enfin l'Evêque est Iuge
de tous Prêtres non privilegiez de son Diocese, *habet juris-
dictionem fundatam in corpore juris. a*

Les fonctions des Curez doivent être faites aux heures | *Des fonctiós curiales.*
réglées par les Synodes (où ils vont comme les Evêques dans
les Conciles) ils sont obligez de veiller aux malades, aux
baptesmes, & aux scandales de leurs Paroisses, comme aussi | *Des registres des Curez.*
de tenir quatre livres soit matricules, des baptesmes, des dé- | b *Rebuff var.*
cez, des mariages, & des pauvres afin de les assister au besoin *b* | *tract. de desim. q. 2.*

n'étant

48 *Etat de la Iust. Eccl. & Sec. du pays de Savoye,*
n'êtant pas à eux, mais aux freres de IESVS-CHRIST qui sont les pauvres.

De la portion congruë.

Or comme il faut que le Curé travaille incessamment dans la vigne du Seigneur, il doit vivre de son travail, & avoir du moins sa portion congruë pour laquelle il a son intention fondée *in corpore juris, a* & peut obtenir du Iuge Lay la maintenuë sur les dîmes jusques à son établissement, par l'Ecclesiastique, *b* qui en est le veritable Iuge. *Ne alimentorum penuria cogatur religionis cultum descrere, c* dans laquelle portion ne sont imputées les obventions, *d* qui ne peuvent être ascensées à prix certain, & asseuré, *e* cette portion congruë se prend même sur les dîmes Laïques faute qu'il y en ait d'Ecclesiastiques. Ainsi qu'il fut jugé à mon rapport pour le Curé de Montoux contre le Seigneur dudit lieu. *f*

a *id cod.*
b *Fab. def. 21. & 22. Cod. de Episc. & Cler. c. Principes seculi q. 5. c. extirpanda de prabind.*
c *Fab. def. 12. C. de sacr. Eccl.*
d *Fab. def. 18. C. de iurisd. om. iud. Brod. sur Loüet.*
e *F. lin. c. ad aures de rescript. arg. l. ait prator ff. de re iudic.*
f *Arr. de 1664*
Où le Iuge doit exercer sa charge.
g *Cassiod. li 6. formul. praf. pret.*

Celuy qui exerce la Iustice Ecclesiastique, le doit faire non seulement dans son Tribunal à certains jours, & heures ordonnez avec toute la décense possible, tant exterieure qu'interieure étant le Iuge élevé, & assis, comme dit Cassiodore, *g vt locatus in excelso, ibi nihil humile abjectumque cogitet, consideret quid debeat dicere quod à tantis excipitur.*

h *e qualitér de accusat.*
Il faut observer les formes en instruisant & jugeant le procés.
Parties du procés tant Seculier que Ecclesiastique.
Lays jadis n'accusoient les Clercs.
i *Can. sacerd. 2. q 7.*

Il faut observer les formes (du moins quant aux subalternes) *h* tant pour l'instruction que pour le Iugement du procés, elles sont en beaucoup d'endroits de même nature aux cours Ecclesiastiques, & Seculieres.

Enfin pour établir vn legitime Iugement il faut en toutes deux le demandeur, où l'accusateur, le deffendeur où accusé, & le Iuge, les noms sont à la verité vn peu differents, car l'accusation parmy les Ecclesiastiques s'appelle dénonce, l'accusateur public promoteur, & les peines sont nommées censures.

Il étoit autrefois deffendu aux Lays d'accuser les Clercs, *i*
non

non aujourd'huy, *a* au contraire, plusieurs entr'autres Iean Auboux, taxent de peché ceux qui dissimulent, & n'accusent pas le scandale des gens d'Eglise.

La plainte se doit faire devant le Iuge, ou au Promoteur pour l'interesser à la poursuite, laquelle il fait souvent seul en matieres importantes, & publiques ; que si la diffamation du clerc est préssante ? ou son crime évident, & notoire ? le Iuge peut enquerir sans accusateur. *b*

Il faut qu'il procede s'il le peut, ou commette pour ce sujet, reçoive le serment, & dépositions des témoins secretement, separément, & subtilement ; *Vos opportet*, dit saint Gregoire écrivant au Clergé de Naples, *cum omni subtilitate perquirere*. Il ne faut oublier d'enquerir de la cause de science, & de la connoissance que le témoin doit avoir des parties pour rendre sa déposition valable. *c*

Autrefois les Lays ne pouvoient nullement déposer contre les clercs, *d* mais aujourd'huy ils y sont admis, & les témoins étants ouys, le Iuge ordonne les provisions qu'il croit à propos après avoir examiné la nature du crime, la personne de l'accusé, & la force de la preuve, étant à remarquer que comme la peine corporelle s'inflige rarement par l'Eglise, il ne doit pas facilement laxer prise de corps, ny ayant nul danger de fuite, afin de ne deshonnorer pas le saint Caractere des Prêtres, par le bruit, & le scandale des captures, qu'il faut éviter à leur égard.

Aprés qu'ils sont *in vinculis* l'Office, & le devoir du Iuge est de les interroger personnellement avec douceur, attention, & exactitude sans oublier aucune chose essentielle soit pour la justification, soit pour la conviction de l'accusé, enfin la maniere de proceder en criminauté est au long à la suitte de cét œuvre dans le procés des personnes seculieres.

*a cap. quapropter 2. q. 7.*
Celuy qui n'accuse le scandale peché.
Ou il se faut plaindre.

*b c. evidentia de accusat.*
Cas ou le Promoteur agit seul.
Comment il faut proceder & par qui.
Témoin doit connoitre les parties.

*c. cum causâ de testib.*

*d c. de cætero de testibus.*
Chacun peut déposer s'il n'êt des exceptez par le droit.
Des provisions criminelles des Ecclesiastiques.
Ne faut que rarement laxer prise le corps contre les Prêtres.

De l'audition de l'accusé.

G

50 *Est.u de la Iust. Eccl. & Sec. du pays de Savoye,*

Le Iugement de mort étant rendu contre vn clerc par le Seculier aux cas privilegiez, ou de prevention l'on étoit en coûtume de le renvoyer à l'Evêque pour le dégrader, ce qui ce fait avec solemnité, & publiquement à la maniere, & suivant ce qu'en prescript Boniface VIII. *a* étant revêtu Pontificalement, il dépoüille le criminel des habits Sacerdotaux, dont il doit avoir êté revétu auparavant, selon l'ordre qu'il avoit, on luy rase sa couronne, en luy disant *tibi auferimus, &c. quia te indignum reddidisti*, on luy oste le calice, & la chasuble s'il étoit Prêtre, en luy raclant les mains avec vn coûteau, *b* ou du verre il y a encor quelque formalitez que je tais puisque le crime atrocissime degrade aujourd'huy.

Que si le Iuge d'Eglise estime le crime digne de mort ou de mutilation, *quia iudicium Ecclesiæ semper fuit incruentum, c Ecclesiasticus Reservat vindictam regiæ potestati, d & tradit Curiæ seculari, e Rogans tamen vt citra mortis periculum circa cum sententia moderetur. f* Mais auparavant que de le livrer, il doit ordonner qu'il sera degradé, *g* aussi bien qu'au cas dont je viens de parler, il y en a pourtant qui ont crû que les crimes degradent sans autre êtans fort énormes, & atroces, *h* & cét la plus saine opinion des Docteurs François.

Comme nous avons parlé de l'Official, & Vicaire s'ils sont amovibles *ad nutum*, la question quant au premier à des soutenans de part, & d'autre; de moy je crois qu'étant vn Office non de l'Evêque : mais de l'Evêché, il ne devroit être destitué sans cause, *i* il y a vne infinité de préjugez des Parlements de France sur ce sujet, n'y ayant de raison de douter qu'à cause de l'Arrest rendu entre les Sieurs Vibert, & Meyer, & l'opinion de Rebuffe, & de quelques autres ; mais la pluralité l'emporte, & cét Arrest a eu des motifs particuliers,

en

Part. I. Liu. I. Chap. VIII.　51

en forte qu'il ne m'ébranle nullement d'autant plus que le changement d'Officiers eſt contre l'vtilité publique. *a*

En forte que l'Official n'êt deſtitué ſans delit, *b* quand il eſt à tiltre onereux, & c'êt la plus ſaine opinion *c* ; hors dequoy regulierement, il eſt amovible à plus forte raiſon le Vicaire general qui n'êt que procureur, & mandataire.

*drad. conſ 4. Alexan. conſ. 216. Lud. Gomez. ad reg. cane de non toll iuſ quæſi. Papon en ſes notair. lu 1. Guill. Bened. in c. Raynu°. Maynard & tous les DD. François vny Bordenave & Auboux a l. 13. ff de vac. & exc. mun.*
*b d'Olive 9. not. c. 37.*
*c Auboux dãs ſa Theorie pratique.*

## CHAPITRE IX.

### *Des Crimes Militaires, avec quelques remarques de la Guerre, & des Soldats.*

Es douceurs de la paix ( qui fut l'Heritage de IESVS-CHRIST ; *pacem meam do vobis*, ſont trop connuës pour laiſſer des raiſons en faveur de la Guerre. L'Apôtre deſire la paix auſſi bien que le Prophete *pax* dit Balde, *Removet diſcordias, tranquillam dat quietem, honeſtatem offert, divitias parat, honores ſervat*, *a* en forte que Numa avoit établi le College des Feciaiens pour être gardes de la paix, & juger des cauſes de commencer la Guerre, *b Vbi*, dit Tertullien, *omnis duritia, imbonitas, & inſuavitas conſiſtit*, *c* & *ſudore omnia conſtant*.

*Et ferrum pro lege fuit.*

Neantmoins la Guerre étant le ſoûtien de toute la Nature, elle doit être eſtimée vn bien neceſſaire, & rencontrer vne place dans le procés criminel, pour régler les peines de ceux qui violent ſes Loix, & ſa Diſcipline.

En effet n'êt-ce pas par vne Guerre perpetuelle : & vne

*De la paix, & de ſes avantages.*

*a Bald in tit. de pac. conſtant.*

*b Plutarque.*

*c Tertullie.ˢ*

*Incommoditez de la Guerre. & ſes avantages. Elle eſt le ſoûtien de la Nature. Ratio metro. chant la Guerre.*

G 2

opposition irreconciliable des élements, & des qualitez, que les corps sublunaires se maintiennent? les Cieux ne rencontrent-ils pas leur incorruptibilité dans leur mouvement, & la terre son soûtien dans ses contrepoids? les choses vegetatives croîtroient-elles si merveilleusement, si l'humidité, & la chaleur n'y contribuoient par leur mélange? enfin rien n'êt engendré que par la corruption de quelque substance, & par le conflict des contraires.

*Tout subsiste par opposition & Guerre.*

*Exemple.*

*Raisonnement philosophique.*

Et certes l'Orateur, *a* avoit bien raison de se moquer de Sulpicius qui méprisoit l'Epée, *Te gallus*, disoit-il, *ex plurimis suscitat, at militem buccina, tractationes instruis, miles aciem, tu de regundis finibus tractas, milites de propagandis, tu caves ne consultores tui capiantur, miles ne vrbes, tu arces aquam pluviam, miles hostes arcet*, c'êt ce qui faisoit dire à vn Ancien *b* parlant de la Guerre, que le courage étoit la chose la plus agreable, & la plus approchante de Dieu, & à vn autre que la force est la plus grande, & plus vtile des vertus, *c* Cassiodore comparant l'Epée avec les Lettres, & la Robe, parle ainsi : *Verba tantum diriguntur à præsulibus, à militibus autem postulatur effectus, ita quod à judicibus breuiter dicitur, ab ipsis militibus officio famulante completur, pulchrumque mori succurrit in armis*; Les Cymbres, & Celtyberiens estimoient ignominieux de mourir dans leur lit; Aussi voit-on que Cesar entrant dans le thresor de Rome répondit à ceux qui luy opposoient des Loix qu'elles cédoient a la force de l'Epée. *d*

*a Cicer. pro murena.*

*Parallelle du Soldat, & de l'Homme de Robe.*
*Eloge du Soldat.*
*b Apuleius.*
*Eloge du courage.*
*c Arist. in rhetor.*

*Autre parallelle.*

Il est vray aussi qu'on a toûjours bien récompensé les Soldats parmy les Anciens; car les Grecs leurs dressoient des Statuës, des Pyramides, des Arcs, des Obelisques, des Colosses, & faisoient leurs apotheoses : *Eos quasi adscriptitios ciues in cœlum receptos putauit antiquitas*, *e* Les Empereurs leurs donnoient des Chesnes d'or, des Brasselets, Colliers,

*Recompenses diverses des Soldats.*
*d Silent inter arma leges vey Appian.*
*Tite Live.*
*Recompenses des Soldats chez les Grecs.*
*e Cicer. lib. 3. de nat. deor.*
*Recompenses des Empereurs envers es Soldats.*

Capa

Caparaſſons, Chevaux, Feſtons, Trophées, Couronnes, Muralles, Cyniques, obſidionales, &. même des fiefs comme fit Sylla *a*. Ils avoient les premiers Rangs d'honneur, *b* & étoient nommez Compagnons, par le Prince, *Petrus Crinitus* aſſure que les Romains n'enſeveliſſoient que les Soldats dans les murs de leur Ville, & Plutarque dit qu'il n'étoit permis d'écrire ſur le Tombeau d'aucun, qui ne fut mort à la Guerre.

Ie ne veux pas icy parler des Privileges de leurs Teſtaments, *c* ſuffiſant de dire que les Soldats ſont les veritables cauſes de la tranquillité publique aux endroits, où la Guerre regne ; comme les Magiſtrats le ſont, pendant la paix, *d* & ainſi avoüons que le bon-heur d'vn Eſtat trouve ſa ſurté dans la prévoyance des Loix, & dans la force des Armes.

Les circonſtances qu'il faut obſerver en faiſant la Guerre ſont d'avoir des alliances, de l'argent, & de la conduite : mais ſur tout qu'elle ſoit juſte à l'égard du Prince ( ſuffiſant au Soldat qu'il ſerve ſous vn Prince legitime *f* ) & la Vertu procure les Victoires, plûtôt que la Valeur, & le nombre des combattans, Gedeon par l'Ordre du Ciel, ne garda pour combattre que trois cens hommes des vingt & deux mille, qui le ſuivoient, *g* dont le reſte eſtoit chargé d'abominatiōs. *Nō eſt difficile Domino ſaluare in multis, vel in paucis*. Reg. c. 14.

L'Obeyſſance des Soldats, & la conduite des Chefs ſont les deux colomnes, ſur leſquelles tout le ſuccez du combat ſe fonde, les chefs doivent ſçavoir commander, châtier, & recompenſer ; mais ſi la diſcipline qu'ils établiſſent, n'êt pas obſervée ? Tous leurs ſoins ſeront inutiles, & ſuivis d'vne déroute du tout infaillible. Alexandre en étant perſuadé caſſa vn Soldat à la tête de ſon Armée parce qu'il adjuſtoit ſon Iavelot au temps même qu'il dévoit combattre, *g* & le Con-

*Divers noms des preſens fait aux Soldats.*
*a vt rura ſua deffendentes attentius militarents. Voy Mr Bernard. b V. 10. de ver. inv. cuius l. Chaſſan.*
*Divers privileges des Soldats.*
*Epitaphes jadis n'étoient accordées qu'aux Soldats.*
*a tot. tit. C. & ff. de milit. teſtam. & de teſt. militiæ.*
*Les Magiſtrats, & Soldats ſont la tranquillité publique.*
*d l. 4. in proœmi iuſt.*
*Ce qu'il faut obſerver pendant la Guerre.*
*e Voy la Perrierr en ſon miroir polit. Bodin en ſa rep.*
*f l'Oyſeau des Seign. & Offic.*
*g Iuges 7.*
*La vertu à toujours Dieu de ſon party.*
*L'Obeïſſance & diſcipline militaire eſt auſſi importante que l'experience des Chefs. Exempl.*

*a Plutarque dans la suite not. des Roys.*

ful Torquatus fit triompher fon Fils, pour avoir vaincu, & décapiter aprés, pour avoir combatu fans ordre, difant que, *fatius erat patrem forti filio quam patriam difciplina militari carere*, l'on voit même dans l'Hiftoire de Moyfe, que le malheureux Acham fut lapidé pour avoir dérobé l'interdit en guerre, b & qu'vne goutte de miel prife par Ionathas brûlant de foif, faillit à luy coûter la vie parce qu'il avoit violé l'ordre, & les deffences ; *Guftans guftaui paululum mellis, & ecce morior* : dit ce jeune Prince au 14. de Samuel.

*b Iofu.*

Mais fi la défobeyffance eft fi rigoureufement punie que ne doit-on pas dire de ceux qui refiftét à leurs officiers. Leur peine eft toûjours de mort Naturelle, jufques là que nous trouvons dans les Loix du Digefte que le Soldat qui feulement auroit rompu la cane de fon Capitaine, étoit puny du dernier fupplice.

*c l. omnis, ff. de re milit.*

La foy n'êt pas peu importante au bon fuccez d'vne guerre, ny ayant rien qui en décrie les chefs que le manque de parole, & l'inobfervation des traitez. Il y eut trois ans de famine dans Ifraël, d par la perfidie des enfans de Saül, & il n'y a rien qui reffente mieux la trahifon que l'infidelité, & le violement du droit des gens.

*Il faut que les Chefs gardent la foy promife.*

*d 3. Reg. c. 21.*

Enfin le nerf de la guerre confifte dans les finances, & fon fuccez dans des mefures judicieufes, que ceux qui l'entreprennent doivent tenir, en connoiffant particulierement leurs forces, & celles de leurs Ennemis, vfant de Capitaines experimentez, & de bons, & vaillants Soldats ; mais pour vne caufe jufte, autrement ce feroit plûtôt vn vol qu'vne guerre, dont le Prince répondroit à Dieu.

*Ce qu'il faut pour commencer la Guerre.*

Or comme Nous avons deffein de traiter des crimes Militaires, il eft bien de fçavoir ce qu'ils font, & ceux qui ont droit de les punir.

Ces

## Part. I. Liu. I. Chap. IX.

Ces delits sont proprement ceux qui sont commis par les Soldats contre leur devoir, & l'art Militaire, qui choquent la discipline de la Guerre, enfin qui violent les deffences, & le ban que les chefs ont fait publier, & que le Soldat commet, en qualité de Soldat.

*Des delits militaires & quels ils sōt.*

Leurs principaux cas sont, d'avoir rompu les rangs, combattu sans ordre, quitté son poste, deserté, & enfin violé les deffences, & les bans comme Nous avons dit, où j'adjoûte la resistance aux Officiers qui merite toûjours la mort; aussi bien que l'espie, ou celuy qui va servir l'Ennemy. La peine des deserteurs n'êt pas moindre, sauf qu'ils joüent quelquesfois leur vie s'ils sont plusieurs, aux dez ou à des billets, auquel cas tous ne meurent pas : mais celuy que le sort condamne: au lieu qu'il ny a ponit de grace pour les autres.

*Cas des crimes militaires.*

*Peines des rebelles, épies, deserteurs. Expedient pour conserver les Soldats.*

Les peines imposées aux Soldats par le conseil de Guerre, sont quelquefois de degradation ( que les Latins nomment *exauchorare,*) d'être mis aux ceps, de l'estrappade, & quelquefois de mutilation de membres, enfin de passer par les Armes, & d'être pendus. Il ny a point d'appel de ses Iugemens quand il est en marche, & vn arbre est souvent ses patibulaires aussi bien que des Prevosts des Mareschaux en France, envers les voleurs.

*Peines militaires.*

Le Senat juge presque tous les Soldats des garnisons, & qui font residence dans l'état, du moins quant aux crimes qui peuvent être commis par autres que par des Soldats, & qui ne regardent pas la discipline, & fonctions militaires, & cela même en suite de plusieurs edits, *a* outre sa jurisdiction présomptive dans son ressort.

*Soldats jugés souvent par le Senat.*

*a Edit de la Iatrice, reg. Am. g.n. de 10 May 1566. Edit du R. Aoust 1591. même au jul. Exemple.*

Ie fus deputé par cét Auguste corps pour informer contre vn nommé du Chesne soldat accusé d'vn homicide, lequel fut conduit aux prisons du Senat, & jugé par iceluy,

aprés

56 *Eſtat de la Iuſt. Eccl. & Sec. du pays de Savoye,*

aprés que je l'eus tiré des mains des Officiers de guerre, auſquels Monſieur le Marquis de Livournes, commandoit dans la Ville de Remilly.

*Autres exemples.* Le même Senat jugea des concuſſions faites à Maglans, par des Officiers en ce même temps, au Rapport de Moſieur Demerandes, & auparavant d'vn Homicide commis dans le Château de Montmillians, en la perſonne du Sieur de la Trinité, par vn Soldat. Il députa auſſi Monſieur Dunoyer pour informer d'vne violence faite par vn nommé Barrillit au feu Sieur de Quintal dans Miolans, par où l'on peut voir qu'il a juriſdiction dans les places, & préſides auſſi bien que dans Chambery ſauf pour les affaires de la guerre.

*Zéle des Armes, & Soldats de Savoye.*
*Leur intelligence avec la Iuſtice.*
*Comparaiſōs curieuſes.*
Il eſt vray que ſon zéle, & celuy des Gouverneurs de places, pour le ſervice du Souverain, maintiennent entr'eux vne intelligence parfaite & harmonique, qui conſerve leurs droits & prérogatives, ſans alterer ſa juriſdiction, & ſon pouvoir, & quoy qu'il ſemble que les Lettres, & les Armes ſoient oppoſées dans leurs employs? Toutesfois, elles ſont pour ſervir le Prince, en Savoye comme les divers tons de la Muſique, qui quoyque differents s'vniſſent pour charmer nos oreilles, & ne compoſent qu'vn ſeul concert, où plûtôt ainſi que nos nerfs, leſquels après des applications diſtinctes, & ſeparées dans châque endroit de nos corps ou ils paſſent, s'vniſſent aux approches du cerveau, pour ſervir à ſes admirables fonctions.

CHAPITRE

## CHAPITRE X.

### Des Crimes publics.

**L**Es Crimes publics, comme j'ay dit cy-devant sont ceux où chacun a quelque interest, & qui offencent le Prince, où la République, & enfin qui troublent le repos des gens de bien par des moyens atroces, & scandaleux à la République.

Autrefois leur nombre étoit reglé, & determiné, *a* aussi bien que les Formules des actions, *b* & même l'accusation en étoit permise à toute sorte de personnes ( ce qui les faisoit nommer populaires ) mais à present il y a peu de crimes graves, & atroces qui ne soient de ceux, & que l'accusateur public a droit de faire châtier, & de poursuivre, même contre le gré des parties, qui ne peuvent pas traiter de son interest. *Nemo Dominus membrorum suorum, nec nobis solum, sed reipublicæ nati sumus*, dit Ciceron en certain endroit.

*Qu'ét-ce que crime public aujourd'huy.*

*a Instit. de publ. iud.*
*b tot. tit. de formul. & impetr. act. subl.*

*Les parties ne peuvent pas traiter de l'interest de l'accusateur public.*

## CHAPITRE XI.

### Des Crimes de leze Majesté.

**E**Ncor que le chef soit toûjours interessé à la punitiō des criminels, & qu'ils ressente toutes les offenses, que les membres du corps auquel il preside peuvent souffrir, neantmoins il est plus sensible aux atteintes qui

*58* *Eſtat de la Iuſt. Eccl. & Sec. du pays de Savoye,*

s'adreſſent directement à luy même qu'à celles d'autruy, auſſi les nomme t'on crimes de léze Majeſté, cét à dire offencée.

Dieu, & le Prince étants les Chefs, l'vn de toutes choſes, & l'autre de l'Eſtat qu'il tient du premier, ils vengent plus ſeverement l'injure qui s'en prend à eux ( comme firent les Geants de la fable, *a* quand ils voulurent décrôner les Dieux) que celle qui eſt faite aux autres; tellement qu'ils exercent des rigueurs impitoyables contre les mains ſacrileges qui les attaquent, comme la même fable aſſure de Iupiter quand il foudroya ces hommes rebelles. *b*

Ie traiteray briévement châque eſpece de ces crimes deteſtables, & en ſuite je paſſeray aux autres crimes publics, puis à ceux que le droit appelle privez, qui pourtant ſont des êtres mixtes, & changez par les circonſtances, comme le Cameleon par les couleurs qu'il approche.*c* Où comme le Protée de la fable qui prenoit des formes differentes, tout autant qu'il s'en preſentoit. *d*

*Marginalia:*
l'Offenſe faite directement à Dieu ou au Prince eſt plus atroce.
Que veut dire léze Majeſté.
Dieu eſt maître de tout, & le Prince le repreſente dãs ſon Eſtat.
a *Ouid metamorph.lib.1. fab.5.*
La fable des Geãts rebelles eſt le hyeroglyphe des criminels de léze Majeſté Divine.
b *Ouid metamorph cod.*
Suite, & ordre que l'Auteur veut tenir.
Les crimes privez deviẽnent publics ſelon les circonſtances, & ſont cõparez au Cameleõ.
c *Plin. hiſt. nat.*
d *Metamorp. fab.10.*

## CHAPITRE XII.

### De L'Hereſie.

LE Crime qui eſt le premier parmy ceux de léze Majeſté Divine, étant vne revolte obſtinée contre Dieu, & ſon Egliſe, *a* dont il deshonore la face, & la ſainteté, eſt ſans doute le principal objet de ſon indignation; puiſqu'il attaque ſes veritez, & les principes du Salut des Hommes, qu'il deſire ſi vniquement.*b*

*Marginalia:*
Definition de l'hereſie.
a *l.6.C.Theodoſ.l.1.4.auth. ge ʒaros de hære. ʒ vegetis de hær. in 6.*
b *ʒ. ſolemnes ſalutes ſuos.*

Cette

Part. I. Liu. I. Chap. XII.   59

Cette Eglise étant le Roc, plein de fermeté, dont parle Saint Matthieu, où le Saint Esprit, *a* présidé toûjours, & l'Arche de salut, comme fut celle de Noë au temps du Déluge; il faut s'y tenir sans hésiter; par la Foy, & par les œuvres, *b* puisqu'elle est fondée sur le dire des Prophetes, la parole, & le merite de IESVS-CHRIST, & la force de l'Antiquité, qu'elle est soûtenuë par la pureté de ses Doctrines, le zéle de ses Ministres, & la Grandeur de ses Miracles, & comme elle fut éternelle dans l'idée de Dieu, elle a été inébranlable au monde dépuis que IESVS-CHRIST y en a jetté les fondements, sans qu'elle ait jamais été cachée, & sans des operations visibles, comme veut Calvin, *c* & les mauvais qui s'y sont trouvez n'en ont point alteré la Sainteté.

*a Ioan. 14. Il n'y a point de salut hors de l'Eglise.*
*b Diu. Iacob. Fondements arboutans de l'Eglise.*
*l'Eglise n'a jamais été invisible, & sans operations*
*c Calvin lib. 4 instit.*

Toutefois comme il n'y a point de Tableau sans ses ombrages, aussi falloit-il la difformité, & la nuit de l'Heresie, pour réhausser les beautez de l'Eglise Romaine, & les lumieres dont ses veritez réplendissent. *Oportet hæreses esse*, & comme, il n'y a point de Nations si barbares qui n'ayent adoré quelque divinité, aussi n'y a t'il point de Religion qui n'ait eu des profanateurs, qui ont fondé sur la ruine du culte Divin vne liberté déreglée: Ovide *d* les a merveilleusement exprimez dans la fable des Mineides, où ils sont changez en souris, qui ne sont ny rats, ny oyseaux: & qui ne cherchent que l'obscurité, & les tenebres.

*L'Ombrage rehausse les couleurs.*
*L'Eglise éclate par l'opposition des heresies.*
*d Ouid. metamorph. Comparaison des impies aux souris.*

Les Heretiques ont toûjours suivy ces mouvements dans leur impudence, & dans leur révolte; leur inclination à la liberté de tout faire, avec arrogance, opiniâtreté, & vn amour aveugle de leurs propres sentiments, font les principes de leur croyance, ils prennent la qualité d'agresseurs sans rien prouver, & tournent en ridicule la religion de leurs propres parents, ils veulent que la Foy, & la Nature mar-

*Conduite des heretiques.*
*Ils attaquent sans armes, se moquent des choses saintes.*

H 2

chent sous des demonstrations pareilles ; enfin ils ne tendent qu'au rélachement, & sous des prétextes simulez, ils supposent que les erreurs, & les abus de l'Eglise les en separent, pour en composer vne à leur mode, & non pas à celle de Dieu, & comme s'il falloit assommer le corps qui a quelque membre malade, ils attaquent celuy de l'Eglise, parce qu'elle a eu chez elle des méchants.

Mais la fin veritable de ses Viperes ingrates, est de déchirer les entrailles de cette Mere commune, d'vsurper ses authoritez, & ses biens, & d'en éviter les austeritez, en embrassant le libertinage : ils sécoüent même l'authorité temporelle avec celle de l'Eglise, comme il se voit en divers endroits : Mais ils se trouvent toûjours en arriere, quand on leur demande *quis vos misit* ? Et ne peuvent établir leur mission, que dans l'vsurpation, & dans leur caprice.

Aussi tous leurs raisonnements faux, & captieux ressemblent à ces vermisseaux, qui de loin ont mine d'étoiles, quoy qu'ils soient des chetifs insectes, où a ce bois qui réluit la nuit, dont la clarté est le veritable charactere de sa corruption : car leurs érreurs se détruisent par leurs contradictions, parce qu'elles n'ont d'autres principes, que l'imagination, & la fraude, dont les égarements sont infinis.

*Video meliora proboque deteriora sequor.*

Les premiers Autheurs de l'Heresie furent Cerinthus, & Ebion, qui nioient la Divinité de IESVS-CHRIST, & faisoient confusion de la Loy de Moyse avec celle de Grace, à quoy fut opposé le premier Concile, où les Apôtres abolirent la Loy ceremoniale des Iuifs, laissant la morale, & la judicielle pour servir à la nôtre, & aux veritez de l'Evangile, à qui même l'Histoire prophane, & la fable font souvent le même office, & y sont sanctifiées.

Les

Les Nicolaïtes, & les Gnostiques, troublerent l'Eglise dans le second Siecle par leurs impudicitez, Marcion se joignit a eux, Mannes nia le franc arbitre, Sabellius les trois personnes, les Novatiens la remission des pechez en terre, & Montanus se disoit le Saint Esprit, par vne extravagance ridicule.

Quelque temps aprés vient vn Prêtre d'Alexandrie homme sçavant, nommé Arrius qui nia l'omousion, infecta tout l'Oriént de ses érreurs, ce qui obligea l'Eglise de le condamner dans le Concile de Nicée, comme elle fit Macedonius, ( qui disoit le S. Esprit n'être pas Dieu) dans celuy de Constantinople.

Pelagius, & Vigilantius niants les Suffrages des Saints, & en improuvants l'invocation furent condamnez dans Ephese.

Et Nestorius niant la maternité de la Vierge, & Eutyche confondant les deux Natures, le furent dans Calcedoine, par deux Conciles œcumeniques.

Ie passe sous silence les autres Conciles moins importans, & moins celebres, & plusieurs héresies notables, dont le nombre est présque infiny, jusques là que Saint Augustin qui vivoit déja au quatriéme Siécle, dit que de son temps il y avoit déja quatre cent héresies rémarquables, d'où l'on peut juger de leur accroissement dépuis ce temps là, par celuy de l'infidelité, & de la tiédeur.

Vn Prêtre d'Angers nommé Berenger commença il y a environ six cents ans, d'ataquer la réalité du Saint Sacrement de l'Autel : mais il réconnut son érreur par vne abjuration publique, a aprés que plusieurs Conciles Nationaux l'éurent condamné, & rendit par ce moyen la verité victorieuse, & triomphante des ennemis de l'Evangile.

Wiclef Prêtre Anglois, & Iean Hus Boëmien, puis vn

*Suite d'heresies Nicolaïtes, & Gnostiques. Marcion. Manichéens. Sabellius. Les Novatiés Montanus. Arrius. Concile de Nicée premier des 4. grands, & œcumeniques. Macedonius. Deux grand Concile premier de Constantinople. Pelagius, & Vigilantius. Nestorius. Eutyche. Deux autres grās Cōciles Calcedoine, & Ephese. Il y a eu dix huit Cōciles œcumeniques. Remarque de S. Augustī touchant le nombre des heresies. Berengarius premier opposé à la réalité de l'Eucharistie. Sō abjuratiō. a Guillaume de Malines. Voyez Mr. Arnauld en sa perp. de la Foy de l'Euchar. & allatius in creyghten. appar. Wiclef Iean Hus.*

*Religieux abominable nommé Martin Luther, se souleve-*

**Luther.**
**Livres abominables de Luther.**
**Leur mauvais effet.**

rent contre l'Eglise Romaine, il y eut des Libelles pour décrier sa monarchie, ses sacrements, ses pardons, & le cœlibat des prêtres, d'où fut infectée partie de l'Allemagne, & des Royaumes du Nort.

**Zuingle.**
**Calvin.**
**Motifs de ces heretiques.**

Zuingle perdit beaucoup de la Suisse, & Calvin ceux de Genéve : mais l'esprit de vengeance, & de libertinage, joint à l'interêt ayant êté l'ame de ces révoltez. Dieu, & les soins des Prédicateurs ramenent insensiblement dans la Bergerie

**Decadence des heretiques.**
**Heretiques bannis de Savoye.**

ces pauvres Brebis égarées, que les ministres d'enfer avoient corrompuës ; la force même des Roys leur rogne les ailes, sur tout en Savoye, où nos Souverains n'en admettent point.

**Du Iansenisme.**

La France a souffert dans nôtre Siécle quelques révolutions par le Iansenisme, où la grace, la liberté, & la fin des souffrances de IESVS-CHRIST sont limitez contre le sens de Saint Augustin par Iansenius Evêque d'Ypres, dont les sen-

**Iansenisme condamné par l'Eglise.**

timents ont êté condamnez par l'Eglise, à l'ayde de l'Esprit de Dieu dont elle puise ses Oracles toûjours assurez, & infaillibles.

**Des Schismatiques.**

Non seulement ceux qui ont des sentiments opposez aux décisions de l'Eglise Vniverselle sont héretiques ; mais encor ceux qui n'en réconnoissent pas le Chef, comme sont

**Des 4. Patriarches de l'Eglise d'Orient.**

les Schismatiques, notamment les Patriarches Ierusalem, de Constantinople, d'Antioche, & d'Alexandrie, outre divers Prélats particuliers que je tais pour n'être ennuyeux. Ie diray

**Premiers Schismatiques Grecs.**

seulement que les prémiers Autheurs du Schisme Grec furent les Patriarches, Photius, & Cercularius, ainsi que dit Leo Allatius dans l'Apologie qu'il a fait contre Lapparat de Creygthon sur le concile de Florénce.

**L'Eglise doit avoir vn chef visible.**

L'Egalité de tous les Prélats est vn monstre dans l'Eglise, qui

Part. I. Liu. I. Chap. XII.

qui étant vn corps Mystique doit avoir vn Chef visible, qui tienne place de IESVS-CHRIST, comme fit d'abord le Prince des Apôtres, étant certain que Saint Pierre en fut prémier Chef, aprés luy Line, Clement, Clete, Anacléte, & ainsi successivement les Papes jusques aujourd'huy, ont eu le Gouvernement de l'Eglise, comme Vicaires de IESVS-CHRIST. *Idem est Christi, & Papæ Tribunal, & Ecclesia Romana est aliarum nutrix, caput, & fundamentum extra quam nulla est salus.* a Aussi Saint Paul assure, b t'il que sans la foy qu'elle enseigne, il est impossible de plaire à Dieu.

Quant à ses Miracles, & à ses Veritez, elles sont infaillibles, & ses Miracles infinis, & incontestables, jusques là que rien de prodigieux ne se fait (pas même par le Démon) sans le sécours de ses éxorcismes, qu'il est contraint d'émployer, pour marque qu'elle a, & le pouvoir, & le glaive, aussi bien que la douceur ; aussi n'y a t'il ny Animaux, ny Elements, qui ne luy rendent obeyssance, quand elle vse de l'Authorité que IESVS-CHRIST luy a inféodée, jusques là que ses Prêtres. *Virtute divina, & mirabili transsubstantatione conficiunt* c *Corpus Christi,* & comme dit vn sçavant Poëte. d

*Officio vinxere Deum : quibus ipsa potentis,*
*Numina, accendit castam, præsentia mentem.*

Son Antiquité ne peut étre mise en doute sans vser de chicanerie, & combatre les principes de la verité, & ses saintes traditions.

On ne peut nier, que les Apôtres, & IESVS-CHRIST même n'ayent célebré la Messe, e & quoy qu'on ne se servit pas de tous Nos ornements, aux prémiers temps de l'Eglise naissante, pas même de chandelles allumées, n'y de tant d'Oraisons; c'étoit pourtant le même Sacrifice, de qui la consecration, f & la manducation font l'éssence. Les Anciens Chrétiens ne s'étu

Saint Pierre premier Pape Suite des Pontifes.
L'Eglise Romaine est le Chef des autres.
Il n'y a nul salut hors d'elle.
a *Matth.*18.
b *Paul. ad Hebr.* 11.
Des veritez, & miracles. de l'Eglise.
Nul glaive ne tranche, que celuy de l'Eglise pour les choses surnaturelles
Tout obeït à l'Eglise.
Puissance de l'Eglise par ses Prêtres.
c *Dis Marc. epist. ad Burdegal. c re vera de consecr. dist.* 3.
Antiquité de l'Eglise.
d *Manil. lib.*1. *a`ron.*
e *Luc.*12. *Ioan. Huang. cap.*18.
*Matth c.*26. Iesus Christ, & le A; ò res ont dit la M ie.
f *L-o allatia in steraras. Cris h ni ad hist Concil Florent.*
Essence de la Messe.

s'étudioient pas tant à se parer d'ornements exterieurs, comme à se revétir au dedans des Vertus, & de la pieté, & a dépoüiller le viel homme des vices, & du peché, plusieurs Papes accreurent les cerémonies pour accroître la dévotion, Estienne I. Ordonna divers ornements, & habits, & Sergius *l'Agnus Dei* à la Messe, Vitalian permit d'y chanter, & le *Credo* qui s'y dit, fut composé dans le concile de Nice, enfin la pieté à insensiblement augmenté, *a* les prieres de la Messe, & les cerémonies que nous y venerons : mais JESUS-CHRIST la instituée comme Sacrifice, & comme Sacrement.

L'Vsage des Sacrements, les prieres pour les Morts, (ainsi qu'on voit dans les Machabées) le cœlibat, l'abstinence, & l'invocation des Saints ont êté observez dans la naissance de l'Eglise, & traduits legitimement, par les Apôtres, & mêmes marquez en beaucoup de passages de l'Ecriture, il ne faut que lire Saint Ierôme, Saint Anastase, Saint Augustin, Saint Damas, Saint Chrysostome, & Saint Germain le Patriarche ; ensin ce qu'en a écrit Arnaud Dandilly, *b* ( ce Grand personnage de nôtre temps ) pour être convaincu de l'ancienneté de l'Eglise.

Tellement que la Réligion Catholique, (que nous proféssons en Savoye,) est non seulement fondée sur les prophésies, sur l'écriture, la tradition, les miracles, l'antiquité, & cymentée par le Sang des Martyrs, comme elle est le prix de celuy de IESVS - CHRIST : mais encor sur la vray semblance, & la raison. Il ne faut que jetter les yeux sur les Doctes écrits du Sçavant l'Evêque de Belley, *c* pour en rester convénant, où il manifeste à châcun que son génie plein de pieté, & de sçavoir, répond à l'élevation de sa prélature, ce Grand personnage dit que si bien la Réligion que nous proféssons est au dessus de la raison, elle ne luy est pas contraire, que si l'on

l'on peut faire des objections contre la Foy, on en fait bien  *Arguments philosophiques.*
de plus fortes contre la composition du contenu, le mouve-
ment local, & l'angle de contingence, dont l'éxistence est
pourtant certaine.

Il prouve la Trinité par le genre physique, auquel il n'y a *Risonnemēt de Mr. Bellin sur le Mystere adorable de la S. Trinité.*
qu'vn infiny, parce que comprénant tout, s'il y en avoit plu-
sieurs ? pas vn ne seroit infiny ; enfin il a merveilleusément
accommodé l'élevation de nos Mysteres avec les principes
de la Nature, & de la raison, & témoigné, la force de son *Eloge de Mōseigneur de Belley.*
esprit, & l'étenduë de ses connoissances.

La peine de l'Héretique est d'éxcommunication quant à *Peines canoniques de l'heretique.*
l'Eglise, & selon les Loix canoniques, de privation de sépul-
ture s'il meurt obstiné, *a qui enim est paratus doceri non est hæ-*  a *l. 4. C. de Apost.*
*reticus,& tunc Ecclesia cuius spiritus clemens est lapso subveniet,*
*& comburet eum igne charitatis*, elle condamne l'Apostat à *Peines de l'Apostat.*
perpetuelle prison.

Le Magistrat Séculier punit de mort l'Apostat, & celuy *Peines civiles.*
qui dogmatise,*b* & souvent le feu consume leurs livres avec  b *l. culpa C. de malef. clar. in sso.ba-*
leurs corps.

Outre les heretiques,& schismatiques, il y a des Nations, *tesis versic. sed quaro.*
qui n'ont nulle croyance en IESVS-CHRIST, tels sont les Iuifs, *Des principales religiōs du monde, outre la Chrétienne qui est la veritable.*
Payens,& les Mahométans, mais l'Eglise ne les punit point,
comme étans hors d'elle, sinon par l'éxcommunication generale qu'elle fulmine tous les ans à Rome.

L'on a veu encor des mal-heureux reduits à ne croire *Des Athées.*
rien de l'autre monde, que nous appellons Athés, ils don- *Croyāce des Athées est de ne riē croire.*
nent tout au caprice de la nature, & ne croient rien au des-
sus d'elle, ils disent que l'ame meurt avec le corps, comme *Aristote prouve l'éxistēce de Dieu & l'immortalité de l'āme par le mouvement.*
celle des brutes, & que Dieu est vne supposition imaginai-
re, & fabuleuse, qu'enfin il n'y a ny paradis, ny enfer, ny
point d'ésperance d'autre vie, tel fut le detestable Lucilio qui

I

*Raison naturelle pour persuader l'étre des étres qui est Dieu. Cœli enarrāt gloriam Dei, & opera eius annūciat firmamentum.*

mourut au milieu des flammes, l'éxperience ruine bien cette opinion detestable par la cymetrie des corps, l'ordre des saisons, la grandeur, & le mouvement des globes Celestes, & enfin toute la Nature qui manifeste la grandeur de Dieu, & l'immortalité de nos Ames.

## CHAPITRE XIII.

### *Du Blaspheme.*

*Le blaspheme est le moins profitable des crimes.*
*a D. Thom. Il est pourtāt celuy qui s'attaque mieux à Dieu.*
*b D Chrysost. Psalm. 95.*
*Manieres de blasphemer à l'égard de Dieu. On blaspheme aussi contre les Saints. Difference à faire entre blaspheme. jurement, & c l omne delictum, ff. de re milit. clar. in ff. blasphemia. d arg. can. si quis iratus 2. q. 3. e l. si nō cōnicij C. de iniur.*

L y a peu de crimes moins vtiles à leurs autheurs que le blaspheme, quoyque plus entreprenant contre la Majesté de Dieu, *Qui enim peccat*, dit Saint Thomas, *a legem transgreditur, qui autem blasphemat contra Deitatem agit.* Aussi Saint Chrysostome assure que rien ne déplait tant à Dieu que le blasphéme. *b*

Il se commet en ôtant à Dieu ce qui luy est deu, où en luy attribuant ce qui ne luy convient pas, ce qui se peut aussi faire à l'égard des Saints, qu'il faut honnorer comme ses amis, & domestiques, *Glorificantes me glorificabo.*

Tous jurements ne sont pas des blasphemes, ils sont mêmes ordonnez quand la necessité les exige, *Iurate in judicio, &c.* Mais s'ils sont proferez en vain, & mal à propos, outre le peché contre le Decalogue, *Non assumes nomen Dei tui in vanum*; il y a des peines contre les imprecations superfluës.

Il est vray que l'yvrésse, *c* la colére, *d* & l'habitude, *e* peuvent diminuër la peine, & du jurément, & du blasphéme, quoyque Pittacus soit d'avis de punir doublement l'yvrogne parce qu'il a commis deux crimes.

Celle

Celle des blasphemateurs est de mort naturelle, quand il y a mélange d'hérésie, *a* Nôtre Edit la réglée a des amandes, puis à la fin à avoir la langue percée d'vn fer chaud, *b* il y en a des autres, qui condamnent aux galeres, à la quatriéme récidive ; mais si le blasphéme étoit dans l'excez, on peut ordonner le dernier suplice.

*a Papon en ses Arrests tit. 2. art. 1 c. sta nimus ext'r. de maledic.*
*b Edit du 16. May 1586.*

La Loy de Moyse faisoit mourir les blasphemateurs, *c* & les Canons les excommunient avec anatheme, il est vray que la peine est moindre, quand le blasphéme regarde les Saints, Papon assure pourtant, qu'vn blasphémateur qui avoit offencé la Mere de Dieu par des parolles injurieuses, & pleines de mépris fut puny de mort étant bien juste d'honnorer, & de déffendre la Gloire de ceux que Dieu aime, sur tout de la Médiatrice du salut des hommes, & de la Reyne de tout l'Vnivers.

*c Leuit. 24.*
Peines diverses du blaspheme.

Blaspheme côtre la Mere de Dieu est puni de mort

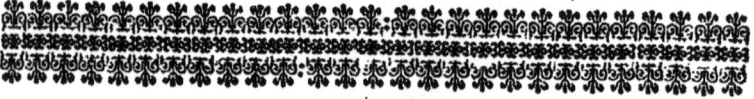

## CHAPITRE XIV.

### De la Simonie.

LA Simonie fille de l'avarice, & de l'impieté prend son nom d'vn Simon Magicien, qui vouloit achépter le don du Saint Esprit, elle s'appelloit auparavant gyesie, à cause du serviteur interessé d'Elisée qui receut récompense, de Naaman que ce Prophete avoit guery de la Lépre, *a* par la vertu qu'il en avoit de Dieu, avec le don de Prophétie.

Causes de la simonie. son étymologie.

*a Reg. 4. c. 5.*

Simonie veut dire secte, & tient fort de l'herésie, elle est vn trafic volontaire, où réel des choses spirituelles, & saintes

Definitió de la simonie.

*Sa division. Moyens de l'induire, & prouver.*

avec les profanes, ce qui la fait diviser en conventionelle, virtuelle, & mentale, la matiere, les personnes, & les circonstances en sont les preuves, & les arguments.

*Sa matiere.*

Les prieres, la faveur, la récompense, & la sainteté de la chose, dont il s'agit, sont la matiere de la Simonie ; n'étant pas permis de récompenser les services rendus en benefices,

*a cum sunt nō nulli l. q. t*
*b * Ma. bæus de simon. t. & instructiones eod.*
*c c. quoniā de simon Greg.*
*Pap. d. cif 80.*

a n'y de prendre pour l'administration des Sacrements, pas mêmes pour les Ordres, b n'y pour les entrées en réligion, sinon *pro vtilitate Ecclesiæ*, encor selon Saint Thomas seulement, c on peut pourtant recevoir les honnoraires, & la dépense qu'il a fallu supporter, *citra simoniæ labem, nemo enim propriis stipendiis militare cogendus est.*

Il est déffendu aux Curez de vendre les Sepultures, &

*Voyez Doliues act. forens, act. 3 p. rt. 5. & se limitations.*

autres choses de leur Office, ne le pouvants sans simonie, & sans vsurper le bien de Dieu. Le Cardinal Damian crie contre les clercs qui attendent proffit des sepultures, pendant que les Payens abhorrent ce gain illicite, *hi respuunt pecuniam cum offertur, isti impudenter exigunt.* Aussi les Conciles, & les Canons condamnent d'abus l'vsage contraire.

*Circonstā-es de la simonie*

Quant aux circonstances, la parenté, & la possession par confidence, font soupçonner la simonie, qui seroit formelle si on se réservoit pension sur le benefice resigné sans l'authorité du Saint Pere, l'Evêque ne la pouvant établir, que

*d Voyez Cyrus de pe sion. Barbo a, & Gonzal. s. c c. t o nssit de cō. ff rub. Le Pap ne peut déroger au droit Divin mais au positif.*

*ad tempus*, où bien *in caput beneficiarij*, ainsi qu'assurent les Docteurs, & d encor *ad coæquandos fructus pro bono pacis.*

Que si le Pape (qui ne peut déroger au droit Divin, e mais seulement au positif) retiroit de l'argent des benefices, il commetroit simonie, aussi ce que l'on paye à Rome pour l'éxpedition n'êt que frais de Chancellerie, & vn salaire, non vn prix, *quia in spiritualibus nulla estimatio est.*

Il est vray qu'il a quelques droits, comme des annates à l'imita l'imitation du grand Prêtre parmy les Hébreux, mais ce sont des devoirs, & non l'éffet d'vn trafic, qui est opposé aux Loix de Dieu, & à la sainteté de son Ministere.

La peine du simoniaque n'êt pas certaine dans nos Loix, comme elle est dans les Canoniques, qui joignent à l'éxcommunication l'incapacité de tous benefices, & la restitution des fruits *b* perceus, sans que l'ordinaire en puisse absoudre si ce n'êt en petits benefices, *cum noua collatione*, *c* il est vray que tous Prêtres remettent les pechez sans réserve, dans le dernier moment de la vie.

*Ce qui est donné pour l'expedition des benefices n'êt pas vn prix, mais vn salaire, où vn devoir.*
*Peine des simoniaques. a s. quicunq; de si.....*
*b auth. c. &c. l. de simon.*
*Peine Canonique.*
*c nobis, & ibi gloss. de elect.*
*Pouvoir sans limite en faveur des mourans.*

## CHAPITRE XV.

### *Du Sacrilege.*

PVISQVE selon l'Ecole, *sacrum est res dicata Deo*, *a* le Sacrilege est justement appellé violément des choses Saintes, & Sacrées, il est souvent mêlé avec des autres crimes; comme avec le larcin, *b* mépris des Loix *c* force aux Eglises, *d* & aux Prêtres : enfin tout ce qui viole les choses Divines, & l'authorité des Princes, ou leurs droits pourroit être nommé Sacrilege, particulierement des Souverains.

Mais prenant ce crime dans son individu, il regarde singulierement les choses Saintes, & Sacrées à Dieu, suivant le dire de Martian, & de Sévere, *d* tellement que celuy qui auroit pris des choses non sacrées en lieu sacré, seroit seulement puny comme larron, ainsi qu'il fut jugé à mon Rapport touchant vne nommé Gabrielle Arnaud, *e* laquelle fut condamné au foüet, & à être flétrie, pour avoir derobé di-

*a Inst. de ver. diuis. latiu. ff. ff. si lib. 7. tit. at. lib. 1. de religion.*
*Definition du sacrilege.*
*b l. 9. ff. ad l. Iul. pecul.*
*c l. de crim. sacrileg.*
*d c. in antiquis 12. q. 2.*

*Qu'èt ce que sacrilege.*

*el diui. ff. ad l. Iul. pec.*
*Peine des petits & legers sacrileges.*
*f Arr. st au 5. Iuin 1673. Exemple.*

verses fois dans l'Eglise de Saint Iean de Maurienne, des choses non sacrées quoyque destinées à son ornement, & à ses Autels.

*Peine des sacrileges. Exemple.*

La peine des sacrileges à toûjours êté sévere, Ælian rapporte qu'vn jeune enfant de sept ans, fut puny de mort, pour avoir enlevé vne tablette d'or du Temple de Diane. *Sacrilegi*, dit la Loy, *capite puniuntur*, a & Claudian, b ne met point de difference, *Vtrum agatur de subreptione rei sacræ in loco non sacro, non sacræ in loco sacro, & sacræ in loco sacro,* Mais Clarus, c & les autres Docteurs asseurent, qu'il y en faut beaucoup observer, le Iurisconsulte Paul en la Loy *sacrilegij,* dit que ceux *qui publica sacra, compilauerint capite puniuntur, at qui priuata sacra, aut ædiculas incustoditas tentauerint, amplius quam fures, minus quam sacrilegi merentur,* d Vlpian amy de l'équité, veut qu'on examine les personnes, le temps la chose dérobée, & les autres circonstances, enfin Martian reste indeterminé pour la peine du sacrilege. e

*a l. sacrileg. ff. ad l. Iul. pecul. 1.*
*b l.16. ff. de pœn. Cic.2. de legibus.*
*c Clar. in §o. sacrilegium.*
*Circonstances sont à observer.*
*d di.§.l.sacril.*
*e l.4. ff.ad l. Iul. pecul.*
*Opinion de l'Autheur.*

Quant à moy quoyqu'elle puisse être au dessous de la mort Naturelle, je crois qu'en cas de prophanation de l'Eucharistie, & autres choses sacrées, & importantes, la peine iroit jusques là, ainsi qu'il a été jugé diverses fois, & mêmes l'on fait coupper le poing au sacrilege, qui est en ce cas condamné à l'amande honnoraire, & puis brûlé, comme il fut fait touchant vn nommé Nicolas Molard, au Rapport de Monsieur Duclos, *summa enim ratio est quæ pro religione facit.*

*Exemple.*

*Peine du simple sacrilege.*

Mais s'il n'y a rien que le larcin des choses servants à l'Eglise non sacrées le foüet, & le bannissement semblent suffire, & en cas de reïteration la flétrissure, & même la galere pour vn temps.

CHAPITRE

# CHAPITRE XVI.

### *Du Crime de peculat, & de Reliqua.*

LE peculat eſt vn larcin de l'argent ſacré, Réligieux, où Public, & vne fraude, qu'on y fait, par ſoy où par autruy. *a* Ciceron appelloit *verres* ſacrilege, pour avoir volé les deniers publics, & ce crime en étant vne vraye eſpece, il eſt logé bien à propos en cét endroit.

Le peculat régarde ceux, qui ont l'adminiſtration des déniers publics, comme ſont les Financiers, Thréſoriers, Recéveurs, & autres, qui ont en main la fortune publique. *b*

La peine du peculat eſt de la mort quant aux Officiers, & d'infamie au régard des mediateurs, *c* outre celle du quadruple pour le fiſc, qui eſt encor en vſage en ce cas, *d* la France a laiſſé l'exemple d'Enguerran de Marigny, & celuy de Monſieur Fouquet, & de ſes Agens touchant ce crime, deſquels le premier fut pendu au gibet qu'il avoit fait élever, comme Aman au temps d'Aſſuere, & l'autre eſt confiné en priſon dans Pignerol pour le reſte de ſes jours.

Le reliqua approche fort le peculat, *e* mais il eſt moins criminel, & eſt vn employ contre l'intention du Maître de ce qu'il a donné en maniément, où bien vne rétention ſans en compter.

La peine du reliqua public eſt du triple, & quelquefois d'infamie, *f* mais toûjours de la reſtitution avec dommages intereſts, quant au particulier, comme les Tuteurs, *g* contre qui on a le ſerment en plaid.

*Qu'êt-ce que peculat.*
*a l.1. & 9. ff. ad l. Iul. pec. & l.9. ff. ad l. Corn. de falſ.*
*Perſonnes capables du peculat.*
*b l. ſacrileg ff. ad l. Iul. pec. Peine du pecular.*
*c l. vn. C. de crim. pec. Pap. en ſes Arreſts, liu.22. tit.2.*
*d l. aufertur de iur. fiſci. Exemples.*
*e l.2. ff. ad l. Iul. pend.*
*Du reliqua. Qu'êt-ce que crime.*
*Peine du reliqua. f l.4. ff. ad l. Iul. pec. g tot. tit. C. de adm. tut.*

Les

72   *Estat de la Iust. Eccl. & Sec. du pays de Savoye.*

Les deux actions de peculat, & de reliqua affectent l'héritier, quant a la peine civile, *a* comme font les autres affaires d'interêt, & qui concernent la bourse, *quia tunc hæres repræsentat defunctum.*

<small>a *l fin. ff. ad l. Iul. pecul.* Peines pecuniaires vont contre l'héritier.</small>

### CHAPITRE XVII.

*De l'Art magique sortileges, & enchantements.*

<small>Raison de la digressiō touchāt les Arts, & Sciences.</small>

Voyque mon intention ne soit pas de sortir de la sphére, que je me suis préscrite, neantmoins avant que parler de l'Art magique je crois que, sans passer pour Rapsodiste, je puis toucher vn mot des Arts, & Sciences, & que cette digression ne déplaira pas, sur tout aux esprits du temps, qui veulent sçavoir toutes choses.

<small>En quel état l'Hōme viēt au monde.</small>

Plusieurs ont voulu blâmer la nature d'injustice, envers l'Homme, se pleignans de sa conduite à son égard, attendu, disent-ils, qu'on voit clairément que jusques aux insectes les plus imparfaits, tous les êtres vivants naissent avec quelques déffences naturelles, au lieu que ce Chef-d'œuvre des mains de Dieu, n'apportet en naissant, qu'vne nudité honteuse, & des passions déreglées, accompagnées de pleurs, & de larmes.

<small>L'Industrie supplée à la nature.</small>

<small>Effets de l'invēntion.</small>

Mais ils ne considerent pas que les défauts, & les foiblesses qui suivent le corps, trouvent des sécours abondants dans les lumieres de l'entendement, qui luy suggere tant d'admirables invéntions pour reüssir de tout ce qu'il veut; jusques là, qu'il domine les Animaux les plus farouches par la force, & par l'addresse, qu'il ouvre jusques aux plus profonds abysmes

*Part. I. Liu. I. Chap. XVII.* 73

mes de la terre, rend le chemin battu sur les mers, & opere les effets du tonnerre, & du foudre par ces machines merveilleuses, son esprit se proméne dans vn moment jusques aux limites du monde, & aux voûtes du firmament, & tout cela par ses admirables invéntions que nous appellons Arts, & Sciences desquels nous touchérons deux parolles fort succinctement avant que parler du sortilege, & art magique, qui sont le sujet de ce Chapitre.

Chacun sçait la difference, que les Logiciens apportent entre l'art, & la science, ils assurent que le premier est moins noble, & à plus de pratique, que de spéculation, & qu'il laisse des marques exterieures de ses operations; au lieu que la seconde n'a presque rien que de l'esprit, tirant ses effets d'vne cause certaine, & pour l'ordinaire démonstrative, mais parce que souvent ces deux admirables attributs de la raison ont des operations communes, on confond quelquesfois leurs noms dans les sujets, la même chose étant appellée art, & science, parce qu'elle est vn être mixte, & qui a de la nature des deux, mais aussi la science bien abstraite, de l'art, à des characteres tout à fait sensibles pour l'en distinguer. *Difference entre l'art, & science.* *L'Art est appellé science.*

Les Arts, qui approchent plus de l'esprit, & de la science sont appellez liberaux, comme la Grammaire, la Rhetorique, la Logique soit Dialectique, & la Mathematique. *Des arts liberaux.*

La Mathematique à diverses especes renfermées dans son sein; a sçavoir l'Astronomie, l'Architecture, la Chronologie, la Musique, & l'Arithmetique, les Arts liberaux sont compris dans ce vers éxametre. *De la Mathematique a Voy Nottagel in fasji Math.*

*Lingua, Tropus, Ratio, Numerus, Tonus, Angulus, Astra.*

Les Arts mechaniques sont l'Agriculture, la Chasse, la Guerre, la Chirurgie, la Navigation, les Fabriques, & Métiers, comme on voit aussi par ce vers pentametre. *Des arts mechaniques.*

K

*Rus, Nemus, Arma, Faber, Vulnera, Lana, Rates.*

**De la Grammaire.**

La Grammaire qui forme le discours, & la plume, quoy-qu'elle soit la premiere Mere des Lettres, & la nourrice des jeunes esprits, néantmoins elle n'êt pas peu considerable, par sa cause, & par ses effets, puisque l'entendement ayant été privé (par la prison du corps qui le renferme) de la liberté de ses fonctions (qui seroient sans cela, comme celles des intelligences,) cét art semble étre vn second Thesée qui, l'en veut tirer par l'expression, qu'vn air battu, & articulé porte à nos oreilles, où les characteres produits par la plume, à nôtre veuë, & à nos yeux.

La Grammaire régle nos parolles par la belle methode des mots (dont la premiere invéntion fut hyeroglifique, & tirée des figures Celestes) par les syllabes, les dictions, & les periodes, que nous exprimons par la main, où par la voix, & appellant à son secours les humanitez, & les éruditions, elle forme l'homme en ce qui le distingue des brutes (dont le langage est muët) & le rend propre au doux commerce de la vie civile, qui est la seconde idée de son étre.

*a l.10. ff. de vacat muner.*

Cette veuë à inspiré à nos Loix, *a* d'éxempter les professeurs de cét art : des charges publiques, & Denis le Tyran se voyant chassé de Syracuse n'en méprisa pas l'occupation, étant pour ainsi dire vne seconde generation des jeunes gens, & vn insigne vtilité au bien public, & toutes les sçavantes productions du monde dont elle est le berceau, sont autant de langues qui en font les éloges, & l'apotheose.

**De la Rhetorique.**

*a Voyez Laurmia la prxi oratoria, & Gueret.*

La Rhetorique à quelque chose de la Grammaire, mais ses idées se portent plus haut par vne élevation, & vn raffinement de son énonciative : *b* car elle apprend les moyens d'enchanter l'esprit par les trois stils, & la persuasion par ses figures. Son genre démonstratif (qui contient le panegyric,

soit

soit éloge, & l'invéctive) à ses genethliaques, ses épitalames, & ses lustriques. Le déliberatif persuade, où dissuade, & le judiciel accuse, où déffend, & c'ét l'éloquence du Bareau, elle a vn stil fort different de celuy de la chaire, pour l'action, pour le ton de voix, & pour les figures, où il faut plus de moderation, & de réserve, jusques là que Monsieur Gueret Ecrivain de ce temps, défend à l'Advocat l'vsage du pathetique, le Iuge ne devant point étre persuadé par autre principe, que par celuy de la verité, & par les mouvemens de la justice, sans que la pitié, & la commiseration le doivent toucher, non plus que l'artifice de l'Orateur. *Differences entre le Bareau, & la Chaire.* *Nō misereberis in iudicio.*

Cét art divin, & admirable renferme la craye, & ses huit parties, aussi bien que les quatre de la harangue, qui sont l'éxorde, la narration, la confirmation, & l'épilogue, il a ses lieux pour amplifier, qui sont extrinseques, où intrinseques, & sa force est si grande, que Pyrrhus asuroit de Cyneas, qu'il avoit plus gagné de Villes par son éloquence, que luy par la force de ses armes, Ciceron appelloit fléuve d'or celle d'Aristote, & interrogé quelle des harangues de Démosthene luy plaisoit mieux, répondit que c'étoit la plus longue, aussi veut-il que les Armes cédent à la Robe par les vers qu'il fit quand il désarma la justice d'Auguste, & qu'il luy fit tomber vn Arrest des mains. *De la Craye.* *De l'Oraisō.* *Exemple.*

*Cedant arma togæ concedat laurea linguæ.*

Quant a la philosophie, elle est cōposée de quatre parties, de la Logique, Physique, Metaphysique, & Morale. La Dialectique est la science, où l'art de l'homme, dont la Nature est de raisonner, son vtilité est si grande qu'elle sert à toutes les sciences, jusques là que le syllogisme composé des deux autres operations de l'entendement, fait distinguer l'homme des autres creatures, puisque les Anges agissent par des actes *De la Philosophie.* *Du syllogisme.*

individus, & les brutes pouſſez par l'inſtint qui les meut, & les determine, ſans raiſonnement.

*De la Phyſique.*

La Phyſique (qui contemple les corps naturels, & en examine les cauſes, les parties, les effets, la ſubſtance, & les accidents,) nous apprend, que le Monde n'êt pas éternel, & qu'il n'y a rien d'infiniment parfait que Dieu, nous connoiſſons par cette ſcience aydée des Mathematiques, les mouvements des êtres, l'éxiſtence virtuelle des Elements dans les corps mixtes; les cauſes des productions vniverſelles, des Meteores des Phenomenes, des couleurs, l'origine des Fleuves, & les cauſes de leurs débordements. *a*

*Le Monde n'êt eternel. Dieu eſt le ſeul infiny.*

*a Mr. de la Chambre du débordement du Nil.*

Cette ſcience a donné les moyens à l'homme de la tranſmutation des Metaux, par vne eſpece de creation nouvelle, par la ſpagirique, metallurgie, & autres régles curieuſes de la Chymie, *b* & quoyque je n'eſtime pas moralement poſſible la pierre que nous appellons Philoſophale, ce n'êt pas le défaut de la Nature, n'y de l'art, mais de nos lumieres.

*De la Chymie, & pierre Philoſophale b Beckerius in aàipe chimico glauberus in lumin. chimico.*

*Du concours.*

La Philoſophie naturelle dont les principes viennent de Dieu, rétourne juſques à luy même, en éxaminant les cauſes, & la neceſſité du concours, & côme la liberté phyſique ſubſiſte toûjours, elle s'oppoſe aux hereſies qui la combattent, par la force des raiſonnements, elle montre que l'ame des plantes, & leur augmentation *c* viennent de certaines particules qu'attire le Soleil de dedans la terre, que entrant par les pores, ſelon leur diſpoſition elles les groſſiſſent, & y ont les effets que nous y voyons, que leurs couleurs viennent de leur diſpoſition à récevoir la lumiere, & que l'ame ſenſitive vient des eſprits envoyez par la circulation, & les mouvements du ſang, qui cauſent le battement du cœur, tout de même, dit Monſieur Cordemoy en ſon diſcernement du corps, & de l'ame, qu'vne matiere ſubtile entrant dans les pores

*De l'ame vegetative. c Veyez Honorat. fab. de plantis.*

*De la ſenſitive. d Veyez Grimalii. ae lum. in phyſicomathis.*

pores de l'acier cause le mouvement d'vne montre par les efforts qu'elle fait pour en sortir.

Ors comme le raffinement des choses va augmentant avec les experiences naturelles, la Physique ( qu'Aristote à mal a propos accommodée à la Logique, au lieu de faire le contraire, ne devant pas assujettir la fin aux moyens, comme dit le Chancellier Baco dans ses œuvres ) fournit tous les jours de nouvelles découvertes, par ses baroscopes, hygrocospes, & barométres, qui apprennent même à pézer l'air, & à sonder la mer sans corde. *b* {.sidenote}

*Erreur d'Aristote.*
*Raffinement de la Physique.*
a *Mr. Bode, Galilée, Toricelli, Petit, Paschal, & Merjenne.*
b *Cok.*
*Du mouvement.*

Les Philosophes les plus clairvoyants condamnent diverses érreurs dans les opinions anciennes, ils ne veulent pas que la generation d'vne substance soit toûjours la corruption d'vne autre, mais attribuënt les changements à la matiere, & au mouvement local sans plus vouloir ouyr parler des formes substantielles, ils veulent que les Agens de la nature soient l'occasion, & non la cause du mouvement, auquel l'vnion du corps, & de l'ame, *d* & la sensation sont attribuez.

*Des formes substātielles.*
c *Voyez Cordemey Lambert.*

Enfin il ny a rien de merveilleux comme est la Physique de nos temps, qui a foüillé les abysmes pour nous en découvrir les sécrets. Les causes des vents, des embrasements du mont Ætna, & du Vésuve, du flus, & réflus de la Mer, & des tremblements de Terre, *e* ne surprennent plus nos Philosophes, ausquels rien n'êt plus caché dans la vaste étenduë de l'Vnivers.

d *Voy Athanase Kircher de mūdo subterraneo.*

Bien plus tout ce qu'il y a de bon, & d'vtile au monde à bésoin des sécours de la Physique, la Medecine y rencontre ses remédes, & l'Astrologie ses lumiéres, & comme Dieu à fait la nature, aussi nous est-elle vn thrésor pour y puiser ses sécrets, & y admirer ses Grandeurs ; Mais je ne prend pas garde qu'au lieu défleurer le mérite de la Physique, je m'en-

*Vtilitez de la Physique.*

gage au détail de cette belle sciéce, & que je suis entrainé par ses douceurs, & par ses charmes, je parleray donc de celle qui est sa Sœur aynée, que nous appellons Metaphysique.

*De la Metaphysique.*

Elle passe au dessus des connoissances physiques, & porte ses curiositez jusques à la raison, & aux intelligences celestes, nous en apprenant l'être merveilleux par des illations, & par des convictions infaillibles, elle parle même du premier être autant qu'il est possible d'en parler selon les forces de l'entendement humain, & la capacité de la raison: étant vne Theologie présque naturelle, à qui nos sens ne repugnent pas.

*De la Morale & des passions Voy M. de la Châbre. Arist. en ses ethyques.*

La Morale qui est la derniere partie de la Philosophie, comprend la Monastique qui régle nôtre conduite particuliere, nous rendant maîtres de nos passions, & de l'amour propre. (*Omnia iure tenebis*, dit Claudian, a *cum poteris Rex esse tui.*) L'œconomique, qui régle les affaires des familles, & enfin la Politique, qui concerne les Princes, les Estats, & le Gouvernement, dont nous avons parlé au commencement de cét œuvre. *b*

*a Claud. de 4. consulibus.*

*b part. 1. c. 1.*

*De la Mathematique.*

La Mathematique est vne science remplie de connoissances curieuses, elle nous enseigne l'Histoire de l'vnivers, & la combinaison des temps par la Chronologie, les merveilles des Cieux par l'Astronomie, la grandeur de la Terre par la Geographie, la mélodie par la Musique, les nombres par l'Arithmetique, les régles de bâtir par l'Architecture, & celles du Commerce par la Navigation.

*De la Chronologie.*

La Chronologie (où je comprens toute l'Histoire) peutêtre justement estimée, puisqu'elle est, selon Ciceron, le témoin du temps, & la lumiere de la verité, elle nous fait rémonter jusques au berceau du Monde, & voir tout ce que nos

*Effets de l'Histoire.*

## Part. I. Liu. I. Chap. XVII.

nos Peres ont fait, afin que nous formions nos idées sur leur conduite, & qu'en imitant leurs vertus, nous ayons en horreur leurs vices. *Declina à malo, & fac bonum.*

C'ét la Chronologie, qui nous a donné l'établissement des jours, des mois, & des années elle nous apprend, que les Romains régloient les temps par cycles, épactes, indictions, & périodes, les jours par les calendes, nones, & ides, & que les époches étoient les désignations pour les compter sur quelque évenement rémarquable, comme la Naissance de IESVS-CHRIST parmy nous, & anciénnement la fondation de Rome, où bien les Olympiades. *Des époches.*

Pour reüssir à l'intelligence de la Chronologie, & de l'Histoire, on nous enseigne que les indictions sont l'espace de quinze ans, & qu'elles commencérent en 332. sous l'Empereur Constantin, que le cycle est de huictante ans, l'épacte d'onze jours desquels l'an Solaire surpasse le Lunaire, que la période Iuliéne est de 7098. ans, qu'énfin les caléndes étoient le prémier jour du mois, les nones le neufviéme, & que les ides le partageoient. Ors comme il n'y a rien de curieux ou l'Histoire n'ait quelque part, aussi luy atribuë t'on la conduite des Romains, & l'agrandissément de leur vaste Empire. *Des indictions. Des cycles. Des epactes. Période juliene. Des calendes. Des nones. Des ides.*

*Suitte des effets de l'Histoire.*

*Moribus antiquis res stat Romana viresque*, dit Ennius. Le droit même qui fait mon sujet, n'êt sans l'Histoire que tenébres, & confusion. *Vetustatem contemnere perniciem affert*, dit Iustinian. Enfin quoyque la grace n'ait bésoin d'autre sécours que de nôtre corréspondance à ses sémonces, & à ses caréssés, néantmoins elle se sert de l'Evangile, qui est l'Histoire de nôtre Rédemption, pour nous rendre dignes d'elle. En sorte qu'on peut donner à la Science des temps, & des choses passées, vn rang des plus honnorables dans la cathegorie des autres. *Qu'ét-ce que l'Evangile. Noblesse de l'Histoire.*

L'Astro

80 *Eſtat de la Iuſt. Eccl. & Sec. du pays de Savoye,*

*De l'Aſtronomie.* L'Aſtronomie n'a rien que de rélevé dans ce qu'elle enſeigne, juſques là que ſon objet comprend les Aſtres, les mouvéments Céleſtes, les Planétes, & les conſtéllations, on luy peut attribuër, les périodes Iuliénes, les cycles, les indictions, les épactes, & les époches, l'invéntion des caléndes, des nones, des ides, & des nombres, elle méſure la grandeur, & l'éloignément des étoiles, éxamine leurs qualitez, & leurs influénces naturélles.

*Vtilitez de l'Aſtronomie* Cette ſcience ſert à l'Egliſe, pour marquer les fêtes, les auſtéritez, & les années, à la Médecine pour ſes rémedes, & pour juger les accidents futurs, & les ſymptomes, comme auſſi à l'Agriculture pour ſémer, & l'Architécture pour bâtir, & on voit que l'Egliſe à loüé l'vtilité des cycles, de harpale, & meton, qui marquoient les mouvements du Soleil, & de la Lune, avant l'vſage des Ephémerides.

Enfin elle émploit la Phyſique, pour ſervir à ſes fonctions quand il s'agit des phénoménes des météores, & des autres cauſes, & productions naturélles.

*De l'Aſtrologie judiciaire. Ses prédictions ſont réprouvées quand elles ne ſont naturelles.* L'Aſtrologie judiciaire, qui s'amuſe à des vanitez, & prédictions: n'ét pas récéuë par l'Egliſe, quand elle paſſe les limites de la Nature, tellement que les horoſcopes, & autres jugements qui fixent les avantures de l'Homme, ſont condamnés par les gens de bien, comme fautifs, ſuperſtitieux, & ridicules.

*a Virgil. La prévoyãce des maux les redouble.* *Neſcia mens hominum fati, ſortiſque futuræ.* a

*Miſerum eſt,* dit Ciceron, *ſcire quod futurum eſt quandoquidem ſi certò venturum ſit? vitari non poteſt, ſi non ſit futurum? miſerrimum eſt vexari ea re quam dubium eſt num venturū ſit? quin & ſi malum impendeat? miſerrimum eſt duplici affici malo nempe venturo, & timore venturi.*

Les Aſtrologues ont imaginé douze maiſons au Soleil
la

la prémiere de la vie, la féconde, des biens, la troisiéme des freres, la quatriéme des parens, la cinquiéme des enfans, la fiziéme des maladies, la feptiéme de la femme, la huitiéme de la mort, la neufviéme de la réligion, la diziéme des honneurs, la onziéme des amis, & la douziéme de la prifon, & triftéffe. Ils attribuënt fept dignitez aux planétes, l'éxaltation, la maifon, le triangle, le terme, le thrône, & la perfonne. Ils obfervent cinq afpects pour le point de la naiffance: enfin l'on peut dire, que cette fcience eft des plus rélevées, & des plus fubtiles, dont l'invéntion de l'Homme ait été capable, & qu'elle peut-étre innocente, & fans crime, *a* quand elle fe tient dans les pures régles de la Nature, en qui Dieu à écrit de fa main les chofes futures particuliérement dans les corps céleftes (dont les proprietés qui influët fans néceffiter) font employées, & réglées pour fa gloire, & pour l'vtilité des Hommes, comme le refte des creatures.

*Obfervatiõs Aftronomiques. Maifons du Soleil felon les Aftrologues.*

*Dignitez des Planetes.*

*Des afpects.*

*Elevation de l'Aftrologie. a l'oy Hecrit. mot. celeft. ephem. & Mr. Gaffedi en fes limites licites.*

Auffi permet-on de juger du tempérament par la Phyfionomie, & même par les linéamens des mains, foit Chyronomantie pourveu que ce foit fans fuperftition, j'admétrois pourtant rarément la derniére à caufe de fes dangers. Difons donc que la condénation de l'Aftrologie, qui eft fans fuperftition, & fans vanité, vient pour l'ordinaire, de la bouche des ignorans, qu'elle paffe par l'élévation de fon objet, & de fes connoiffances, & ils attribuent à Magie, & à des Sortiléges, ce qu'ils ne comprénnent pas, comme fi la Nature étoit criminelle, parce qu'ils en ignorent les fécrets.

*De la Phyfionomie. Voy le Sieur de Billig dans fa l'hyfiration. De la Chyromantie.*

*L'Ignorance blâme ce qu'elle n'entend pas. L'Aftrologie n'eft point criminelle.*

Quant a la Cofmographie, elle peut renfermer l'Aftrologie, & la Phyfique dans fa défcription vniverfelle du Monde: Mais je la confidére particuliérement touchant celle de la terre, que nous appellons Geographie, laquelle nous apprend qu'elle a 7500. lieux de tour, quatre parties, en y com-

*Cofmographie.*

*Geographie.*

L

prenant le nouveau monde, qu'elle consiste en terre ferme, & en isles que l'Europe, quoyque moindre en étenduë, en fait la meilleure, & la plus Noble portion, comme Présidant par ses Princes au trois autres presque entièrement. Aussi est elle jugée par Ovide, digne des amours de Iupiter dans ses Metamorphoses, *a* & les mœurs de ses Habitants font le prototipe de ce qui doit former les belles ames, selon les principes de la Vertu, & les maximes de la raison.

La Musique est aussi vn surgeon des Mathématiques, dont les douceurs ont charmé les bêtes, & les rochers, selon l'éxpression de la fable d'Orphée, *b* & même les Démons, qui tourmentoient Saül, ainsi qu'on voit dans la Bible, *c* lesquels furent arrêtez par la douceur de la Lyre de David.

C'ét Art à mille belles méthodes, & agreéments, qui viennent de l'intelligence de ses parties, & de ses concérts. Il a ses clefs, ses modulations, diminutions, ses notes, ses systémes, ses diaises, & sémitons, ses tons joniques, lydiens, & doriens, ses plainchants, & ses vnissons. Il s'éxprime par les instruments, & par la voix, & comme ses productions ne sont qu'ésprit, & vn air ménagé par les organes, aussi n'y a t'il rien çà bas qui approche plus les plaisirs, dont sont capables les intelligences célestes, selon la portée de nos idées, je excepte les douceurs de la grace qui est le commencement de la gloire, comme la gloire la consommation, & la plénitude de tous les bonheurs.

L'Arithmétique est infiniment vtile au public par ses régles dans les quantitez, & dans les comptes, elle a ses libréts, ses additions, multiplications, ses partitions, ses chiffres, & ses nombres, & s'il y a de la facilité à l'apprendre, il y en a encore plus à l'oublier.

L'Architecture qui régarde l'œconomie des constructions

&ctions, fut inconnuë aux prémiers temps, jusques a ce qu'à l'imitation des Hirondélles l'on commença à faire des maisons de fange, & de bois tracez, l'industrie en a insensiblement raffiné les moyens, par les machines, & les ordres, qui sont aydez de la disposition soit diathesis, de la convenance, symétrie, & décoration, où la philosophie, la jurisprudence, l'arithmetique, l'astrologie, la peinture, la medecine, & la musique sont des secours necessaires châcun en son endroit, ainsi qu'assure Marc Vitruve Pollion dans son architecture. *a* {Origine de cét art. Choses necessaires à l'Architecture. a Vitru. poll. de l'Architecture.}

L'Architecture qui est publique où privée à trois parties, l'édification, la régularité, manufacture, lichnographie, & se sert des niuellements, machines tractatoires, &c. jusques là qu'Archimédes se vantoit de remuër le globe de la Terre par la force de cét art, où il fut si admirable, aussi bien que Thesbias, Eratosthénes, & Archytas.

La Loy des XII. Tables avoit réglé la dépense des maisons, *b* suivant l'éxemple des Grecs, qui l'avoient même fait touchant les sepulchres, *c* & il n'êt permis à qui que ce soit de préjudicier à ses voisins n'y de deformer l'aspect des Villes. {b Cicer.2. de legib. c Cuius in l. fin.ff.fin.reg.}

La structure des arcs triomphaux, des porteaux, & fassades, à cinq ordres, le dorique, toscan, jonique, le chorintien, le composé, & plusieurs termes de l'art, comme les plat-fonds, soubassemens, pieds destaux, gorgerins, chapitaux, frizes, architraves, moleures, corniches, tympans, triglyphes, modillions, consoles, denteléures, soupantes, volutes, pilastres, obelisques, baussés, réliefs, & l'on peut ranger icy l'art de dresser le plan d'vne place, des bastions, demy-lunes, éperons, contre-éscarpes, courtines, octogones, pentagones, & enfin l'éspece des Mathematiques, qu'on nomme des fortifications, dont la science est fort propre aux Capitaines, & {Ordres de l'Architecture. Cinq ordres de l'Architecture. Ses termes. Des fortifications.}

L 2

84 *Eſtat de la Iuſt. Eccl. & Sec. du pays de Savoye*, aux perſonnes de naiſſance, & de commandement.

*De la navigation. Ses dangers. Ses effets, & deſtinations.*

La Navigation eſt aſſurément vne invéntion fort ancienne: mais ſurprénante, puiſqu'elle rend l'Homme maître d'vn élément, qui ſemble dévoir l'engloutir, quand il s'y engage, & n'être deſtiné que pour les animaux aquatiques, & marins.

*Choſes neceſſaires à la navigation.*

La bouſſole, la charte, l'aſpect des ports, & des aſtres, la connoiſſance de la terre qui eſt ſous l'eau de ſa profondeur, des dégrez, des clymats, des vents, des météores, & des ſaiſons, ſont importantes ſelon les memoires de Hook, à la navigation, cét art qui brave la nature, & rend l'eau habitable comme la terre à procuré mille belles dé-

*Ses profits.*

couvertes, & richeſſes, aux nations qui s'y ſont attachées, comme on peut juger des Portugais, & des Eſtats des Provinces Vnies, il a porté la Loy de grace, & l'authorité des Europans dans toutes les contrées du monde, & fait connoître l'Amerique, que Saint Auguſtin, & Ariſtote ont creu n'être pas poſſible.

*De l'optique. Comment la lumiere opere. Qui eſt accident, & non ſubſtance. Elle trompe ſouvent, voy la magie naturelle d'Albert le grand, & la micrographie de Mr. Hook honor fabri tractat. duos.*

L'Optique eſt vne ſcience merveilleuſe touchant les objets, & la lumiere, que les Opticiens aſſurent ſe répandre par réflexion, réfraction, & en ligne directe, & qui ſelon Ariſtote eſt vn accident, & non pas vne ſubſtance, elle contient mille inventions pour tromper la veuë en approchant, éloignant, où changeant les eſpeces, qui vont à nos yeux, ce que les ignorants croyent ſouvent être magie.

*De la guerre.*

La guerre eſt ſans doute vn bel art, quand la diſcipline y eſt obſervée, & ſes maximes, pour former les ſieges, & pour les ſoûtenir, pour ranger les batailles, attaquer, & deffendre, ſont des plus admirables productions de la prudence des Hommes, j'en ay parlé en paſſant au Chapitre des crimes militaires outre qu'elle n'eſt pas propre à mon ſujet, dont elle

trouble

trouble l'ordre, & l'œconomie, *silent inter arma leges.*

Quant à l'occupation champêtre, & l'Agriculture elle est assurément le plus necessaire de tous les arts, le plus innocent, & le plus ancien il est vray qu'étant fort pénible Dieu s'en est serui pour vn châtiment.

*De l'agriculture.*

Ce fut celuy que Dieu ordonna à Adam aprés qu'il eut perdu le répos ( que son innocence creé luy eut conservé sans sa prévarication criminelle, a ) Caïn fut fait Laboureur par vn rédoublement de peine, b & l'impie Fils de Noë encourut le même châtiment, pour s'être moqué de son Pere.

a *Gen. c.2.*
b *Gen. 4.*

Ce n'êt pas que l'Agriculture soit honteuse, Zacharie se déclare Agriculteur à ceux qui le qualifient Prophete, c & Horace appelle heureuse la vie champêtre par ces vers.

c *Zach. c 13.*
Les Prophetes ont voulu être appellez agriculteurs.

*Beatus ille qui procul negotiis.*
*Vt prisca gens mortalium.*
*Paterna rura bobus exercet suis.*
*Nec excitatur classico miles truci.*
*Nec horret iratum mare.*
*Forumque vitat, & superba civium.*
*Potentiorum limina.* d

C'ét la sérieuse rétraite qui nous apprend les sécrets de la Nature par les productions dont elle charme nos yeux, & rémplit nos mains, & nos gréniers. Les sciénces y vivent dans vn répos qui ne se trouve dans l'alcoue, dans la ruélle, ny parmy le tyntamarre des carrosses.

d *Horatius lib. epodon. od. 2.*
Douceurs de la campagne.

*Studia secessum studentis, & otia quærunt.*

Ce fut aux champs où Ciceron composa ses Philippiques, & Pétrarche ses beaux vers, y ayant peu d'ouvrages curieux qui ne soient deûs a la vie champêtre, & à ses innocentes libertez, jusques là qu'elle a été le theatre des plus grandes merveilles de la grace.

Aussi voyons-nous que les Indiens donnoient aux Agriculteurs le sécond rang parmy les Sages, que les Philosophes ont présque toûjours quitté les Villes, & que l'Eglise révere particuliérement la vie rétirée des Anachorétes, & des solitaires. D'où il faut conclurre que tous les bonheurs se rencontrent dans la vie champétre, & tous les avantages dans l'Agriculture.

*Des Anachorétes.*

La Peinture à quelque chose d'aprochant de Dieu, puisqu'elle en imite les ouvrages, & ce n'ét pas sans raison qu'vn Ancien l'a nommée copiste de la Nature, & invéntion Divine, puisqu'elle est imitatrice des ouvrages de Dieu, & de cette mere commune.

*De la Peinture.*

Les principales parties de la Peinture, sont le déssein, la composition, & le coloris. Cét Art excelle tantôt en désseins, tantôt en copies, dont la fidelité vaut quelquefois l'invéntion des originaux, *a* & il y a des talents pour peindre au naturel où la Nature à beaucoup de part, & la Sculpture n'ét pas tout a fait distincte de la plate peinture, l'Ecriture est aussi vne invéntion bien vtile au public, & aux affaires de la vie, son ame, qui est l'ordre que nous luy donnons, est renfermée dans la Grammaire, & les charactères qui l'expriment aux yeux du corps, ont place dans les Méchaniques. La postérité doit à l'Ecriture tout ce qu'elle sçait de grand, & de curieux des Anciens, & des merveilles de la Nature, & méme de la Loy de Dieu, enfin les principes de la Foy, & de nôtre salut sont vénus à nous par la grace, & par le sécours de l'Ecriture.

*Parties du Peintre.*

*a Voy M. Felibic dans ses entretiés des Peintres.*
*De la Sculpture.*
*De l'Ecriture Distinction touchant l'Ecriture.*

*Vtilitez de l'Ecriture.*

Sa maniére a été diverse parmy les Anciens; car les Parthes écrivoient sur le drap par forme de brodérie, les Romains sur de l'écorce, & sur du plomb, sur l'yvoire, & l'airain, puis sur le parchemin, qui ayant été inventé à pergame

*Anciéne maniere d'écrire Invention, & étymologie du parchemin dit pergame.*

en

## Part. I. Liu. I. Chap. XVI P.

en porte encore le nom, ainsi que nous lisons dans Polydore.

Enfin le papier qui fut inventé lorsqu'Alexandre fit bâtir la Ville qui porte son Nom, sert aujourd'huy de planche, & de fonds pour l'expréssion des pensées, & les touches, cannes, & roseaux ont cédé aux plumes dont nous vsons; étant à rémarquer que quasi dans tout le Lévant on tire les lignes de la dextre à la gauche, au lieu que les Europans imitans les Grecs font le contraire.

*Premiere invention du papier.*
*Dequoy on écrivoit jadis*
*Commét on tire les lignes en Oriét*

Les signes du Ciel enseignérent aux prémiers Hommes l'invéntion de s'éxprimer par des charactéres hiéroglyphiques, comme firent dépuis Hésdras, les Iuifs en partie leur masore, *a* & l'on écrivoit jadis par lettres vniques, étans tels écrivains nommez singulaires.

*Premiere invention des lettres.*
*a Vty Baxterf in tomm. masor.*
*Des singulaires.*

C'ét sans doute l'invéntion dont s'ét vanté l'Abbé tritéme de laquelle traite le Pere Schot parlant de sa Steganographie. Cette curieuse maniere de parler, & de se faire entendre par figure, à fait soupçonner à tort ce prémier de magie par les ignorants, ainsi que le même Schot déclare dans son traité Steganographique, où il établit par des solides raisonnements, vne possibilité physique de tout ce qu'enseigne l'Abbé Tritéme.

*Erreur touchant l'Abbé Tritéme.*

Outre ces maniéres décrire, l'ésprit de l'Homme en a inventée vne aussi merveilleuse que commode ; Car vn Allemand nommé GVTTEMBERG, trouva L'IMPRIMERIE en mil quatre cent quarante, dont l'vtilité ét si grande, qu'elle fait par vn seul Homme plus de Livres, que la plume de dix mil écrivains n'en féroit pas, outre sa beauté, & ses ornements.

*De l'Imprimetie, son inventeur. Son vtilité.*

C'ét Art rémplit nos Bibliothéques de Livres, qui seroient vuides s'il n'y avoit autre que des manuscrits, & donne

moyen

moyen à châcun d'apprendre avec vne facilité de trouver ce qu'il nous produit.

Il y a plusieurs autres arts, & invéntions de l'ésprit humain, que je passe sous silence pour n'être de mon sujet; d'autant plus que j'ay parlé allieurs de la guerre, *a* & de la chasse, *b* qui sont des plus rémarquables, & plus importantes.

*a Eftat de la iuft part 1. chap*
*b eod. chap.*

Ie rétourne donc aux sciences, & parleray de la Theologie qui est la plus Sainte, & plus rélevée de toutes à cause de son objet.

*De la Theologie.*

Elle s'attache aux grandeurs de Dieu, à ses mysteres, à ses operations spirituelles, & à ses merveilles, aussi bien qu'à nôtre salut.

L'Ecole luy donne trois parties, comme la divinité à trois personnes, la positive contient le vieux, & nouveau Téstament, la Morale, *c* traite des Loix, des péchez, des vertus, des contracts, des dismes, du vœu, des téstaments, du serment, & des Indulgences, & la scholastique, de Dieu, des Anges, des actes humains, de la grace, & des Sacrements.

*Parties de la Theologie.*
*c Voy Göflius in syntax. moral. vinc. baron.in theo. moral.*
*Leurs traitez particuliers.*

Les principes de la Theologie sont établis, sur l'Ecriture, les traditions que les Iuifs nomment masore, *d* les Canons, & les Conciles, *e* & comme le merite de IESVS-CHRIST, la simplicité, les miracles, & le sang des Martyrs fonderent l'Eglise, & la déffendirent parmy les persecutions, il faut que la doctrine, & le raisonnement la nourrissent, *f* pendant la paix avec les sécours de la grace.

*d Voy de la Masore Buxtorf.*
*Principes de la theologie.*
*e Voy Vincen. Baron.in manuditione ad theolog.*
*f M.de Belin en ses preuves du Chriftian.*
*De la iurifprudence.*
*Ses vtilitez.*

La jurisprudence qui approche fort la Noblesse de la Theologie, & qui sert à la justice (qui est l'atribut de Dieu,) apporte des grandes vtilitez à la République dont elle régle les interests, & les differents.

*Obiet de la iurifprudéce.*

Cette science, (qui est souvent appellée art à cause du droit

*Part. I. Liu. I. Chap. XVII.* 89

droit qu'elle exerce ( regarde les choses divines, & humaines, publiques, & privées. Elle empéche les désordres, & les usurpations par la force de ses discernements, & est justement nommée la veritable Philosophie ( *Nos veram non fictam philosophiam affectantes*, dit l'Empereur. *a* ) Ce qui fit dire à vn Pere de l'Eglise que les Royaumes sans Iustice sont cavernes de brigands, *b* aussi est-on averty dans la Loy écrite qu'il faut combattre pour elle jusques à la Mort, *c qui diligit justitiam* (dit l'Esprit divin) *magnas habent virtutes labores eius, d* Ell'est le flambeau que Dieu ordonne devant sa face, (*Iustitia ante eum ambulabit*, dit le Prophete Royal,) & toutes ses œuvres, & celles des hommes nous en inspirent les sentiments, la Nature, d'élever nos enfans, la Loy, de ne faire à autruy pire qu'à nous, l'Evangile, de servir Dieu, & d'aymer le prochain, les Canons, d'observer l'ordre pour les affaires de l'ame, d'obeïr à Dieu, & à son Eglise : enfin le droit des gens nourrit la societé, le civil, maintient l'ordre politique, & tout concourt à l'observation des Loix, & aux interests de la Iustice.

La Medecine ( qui suit de prés la Iurisprudence ) est vn des plus grands biens de la République, dont elle conserve les membres par la force de ses rémedes, de ses secrets, & de ses connoissances.

Elle a trouvé la maniere de réduire toutes les maladies, presque infinies, à trois principes, aux fluxions, solution de continuité, & épuisements, & les rémedes en vniversels, & particuliers qui guerissent, préservent, où addoucissent par leur application, où par leur prise.

L'Vtilité de cét Art est si grande, que Galien appelloit les médicaments les mains des Dieux, & Ménecrate se disoit du nombre, quand il guerissoit les malades, *b* Pline, *c*

Ses effets.
Ses qualitez.
*a in l.1, ff. de iu,1. & iur.*
*b D. August.*
*c Eccles. 4.*
*d Sapient. 8.*
Tout inspire la justice aux Hommes.

La medecine. Ell'est vn grãd bien a t monde.
Trois principes de maladies.
Des remedes.
*e De Hypocò. opera.*
Voy Galien, Hypocr. la patholog. de Fernel. & la therapeutique de Lornius, Marchant, Schenkius observ.
Divers Autheurs de la Medecine.

M

nomme les Medecins, *Imperatores ægrotantium*, & ils sont faits Comtes d'Empyre aprés certain temps comme les Iurisconsultes. *a*

Il y a divers ordres parmy eux ; car les vns ont la science speculative, & le droit d'ordonner, les autres l'office de la main, qui sont chymiques, où Chirurgiens. Les premiers préparent les rémedes, & les autres les appliquent, l'on peut leur joindre certains Operateurs, qui guerissent sans raisonnement, par la seule connoissance des simples, que Nous nommons Empyriques, & dont l'éxperience fait tout le sçavoir.

Les Medecins doivent éviter vn engagément inconsiderée dans cette importante profession à cause du dommage qu'ils peuvent causer par leur ignorance, *b occidit enim qui causam mortis præbuit*, *c* & les Canons leurs deffendent de donner les rémedes temporels sans qu'aupréalable les spirituels ayent précédé, chose qu'il est fort important de faire observer en ce pays de Savoye, attendu que la crainte d'étonner le malade en luy persuadant le secours, luy cause bien souvent la perte de l'ame, & du remede que les Sacrements procurent au corps. Les Matrones tiennent vn rang fort important dans la Medecine, & font foy touchant la grossesse, virginité, & impuissance, *e* quoyque pourtant la preuve contraire, *f* soit recevable, *Major enim probatio minorem vincit*.

La Poësie peut faire figure dans la Cathegorie des Arts, & sciences, parce qu'elle tient des deux, la Grecque, & la Latine sont de plus grande réputation, que celles des autres langues, & ont beaucoup de régles assez difficiles. Il y a des examétres, pentamétres, des hiambes, troquées, & comme aussi le nombre des syllabes, & des pieds qui sont anapestes

anapestes, dactyles, où spondées, & ses cesures, ses briéfves, longues, &c. Et vne infinité de maximes que je passe sous silence.

Quant aux vers François leur facilité est si grande, que souvent l'oreille seule les inspire, lorsque la Nature n'y repugne pas, ils sont où alexandrins, où lyriques, où communs, ils ont leurs masculins, & féminins, leurs pieds, leurs cadénces, & leurs cesures, il y a des odes, des quatrains, sizains, sonnets, & elegies, & plusieurs autres distributions en la poësie. *Vers François, & leurs diverses sortes des devises.*

Outre tous ses arts admirables, les François ont inventé celuy des devises, que les Italiens ont perfectionné, desquelles la figure ne doit étre, ny ridicule, ny funeste, ny énigmatique, ny basse. *Des devises.*

Elles figurent l'état des personnes par leurs mysteres, ornent les ouvrages publics, les tombeaux, & les écussons, ayant cy-devant désigné la qualité, & le courage des Champions, & des Heros qui mésuroient le succez, où la fatalité du combat, par leur signification, & énergie. *Employ des devises.*

Les emblémes, & énigmes ont beaucoup de commerce avec les devises, & en font bien souvent le prix, & la beauté, ainsi qu'on peut voir au traité qu'à fait le Pere le Moyne, de l'art des devises où je renvoy le Lecteur, n'étant pas mon dessein d'occuper ma plume à des digressions étrangeres, (quoyqu'elles ne soient pas inutiles sur tout au Iurisconsulte qui doit tout sçavoir, & aux Esprits du temps qui se contentent la plusspart défleurer les sciences,) j'entre donc en matiere touchant la Magie, & Sortilege qui sont le sujet de ce Chapitre : Mais comme la plusspart des Doctes n'en concedent pas l'éxistence, & la possibilité, il est important de les en éclaircir ce que je tacheray de faire par le Chapitre suivant. *Des enigmes & emblemes.*

# CHAPITRE XVIII.

*S'il y a des Magiciens, & Sorciers, & du commerce entre les esprits, & les hommes.*

**Fecondité de Dieu.**

LA fécondité de Dieu l'ayant invité à des generations exterieures, il voulut qu'elles se ressentissét du principe d'où elles venoient, & comme elles furent tirées du néant quant aut sujet, il les rendit admirables par leur nombre, & par leur diversité. Bien d'avantage il voulut être plus abóndant en la création des plus parfaites: car la terre fut moins étenduë que la surface des eaux, & l'air eut sa sphére beaucoup plus restreinte que celle du feu, comme le Ciel empyréc est infiniment plus grand que le firmament, & celuy des Astres. Les Naturalistes confessent qu'il ny a point d'espece d'animaux en terre si nombreuse que celle des Hommes.

**Dieu à plus abondé en la production des meilleures choses. Exemples.**

**L'Espece des hommes est la plus nombreuse.**

Ors comme les esprits furent plus parfaits qu'eux (*Minuisti eum paulo minus ab Angelis*, dit le Psalmiste.) Aussi leur nombre a êté infiniment plus grand que celuy de tout ce qui devoit naitre d'Hommes au monde, cét le sentiment du Docte Grenade dans son guide des pecheurs, & de S. Denis en sa Theologie Mystique.

**Il y a plus d'Anges que d'hommes.**

L'Etat des esprits créez à trouvé des opinions diverses pour son veritable discernement: car plusieurs ont cru, que Dieu avoit fait des esprits célestes pour la beatitude, & pour l'adorer sans cesse, l'aymer, & le contempler, comme font les trois Hierarchies, & neuf Ordres des Anges, des autres pour remuer

**Des creatures incorporelles. Opinions touchât leurs emplois.**

**Des Anges, &**

remuer les Globes du firmament, qu'ils nomment intelligences, les autres pour présider à leurs influences, & effets, qu'ils appellent esprits dominateurs, & préposez aux planétes, on a même cru qu'il y avoit des esprits en l'air sans fonction, dont la Nature étoit vagabonde, comme sont ceux qui habitent les vielles maisons, & que le vulgaire nomme esprits folets, Orpheus n'a pas apprehendé en son commencement des Hymnes, de soûtenir que tout étoit rempli d'esprits dans la vaste étenduë de l'Vnivers.

*Opinion qu'il y a des esprits vagabonds.*

*Des esprits folets.*

Cét ce qui a inspiré tant de fausses divinitez dans le paganisme, comme des faunes, satyres, & autres esprits malheureux que nous appellons démons, qui obsédent quelquefois les hommes foibles, où les possédent en suitte de quelque malefice, où peché comme on lit du Roy Saül.

*Des faunes, & satyres.*

*Des obsedez, & possedez, par les démons.*

La difficulté est a present de sçavoir si aprés avoir supposé avec l'Eglise qu'il y a des bons, & des mauvais Anges, ils ont commerce avec nous en terre, & s'ils y font tout ce qu'on en dit.

*S'il y a commerce avec les esprits.*

On ne peut pas douter que nous ne l'ayons avec nos bons Anges, puisque IESVS-CHRIST assure que chacun en a vn pour le garder, comme il a vn démon qui le veut perdre, *Angelis suis mandauit de te*, &c. Et si bien ils ne touchent pas nos sens, la foy est plus infaillible qu'eux : mais la difficulté est touchant les actes sensibles des diables, qui n'étants qu'esprit ne peuvent pas si semble operer rien de corporel, comme on dit touchant les Magiciens, & Sorciers. Saint Agobard Evêque de Lyon a écrit contre la croyance de l'existence du sortilege, & les malefices qu'on luy impute. Ericus Mauritius dit que la pluspart des Philosophes se sont moquez de cette opinion, attribuants les choses surprenantes, à la malice, à l'imposture, ou à l'adresse, plûtôt qu'aux en-

*Des bons Anges.*

*Raison de douter que le diable ait pratique avec les corps.*

M 3

chantemens, *Erasme Rotherodam* se rit des forces magiques, & *Ericus* de la marque que l'on trouve sur le corps des accusez: disant que c'ét vn effet de l'endurcissement de quelque partie dont les esprits naturels, & vitaux sont détruits, & épuisez, comme on voit aux paraletyques. *Rogerius Bacco* en son traité *de nullitate magiæ*, adjoute que cét vne foiblesse, & vne ignorance de chercher des causes étranges quand elles peuvent étre physiques, on romp vne pierre avec vn doigt, & vne corde quoyque grandes, & des herverts amolissent l'or comme l'ayman attire le fer, & l'ambre la paille, le Basilic tuë par sa veuë au dire de Pline, & le Loup fait perdre la voix, comme assure Virgile dans ces vers.

*——Lupi mœrim videre priores.*

Quelques esprits du temps condamnent avec ces grands Hommes la pensée qu'il y ait des sorciers au monde: assurant que toutes les choses extraordinaires, & les visions confessées en justice par certains idiot, sont des songes de vielles, & datrabilaires dont l'imagination est facile à troubler, où du moins l'éffet des tourments, & des tortures, *quædam magis videntur quam sint*, dit vn Ancien, *& quædam magis vera sunt quam videantur.*

D'autant plus qu'au régard de la magie (que l'Eglise condamne) étant vn pouvoir de commander au diable, & vne science pleine de superstitions, & de crimes.

Le méme *Bacco* ne peut pas d'abord souscrire, à la croyance qu'étant si plein d'orgueil il obeïsse à vn simple homme, & qu'il luy parle n'ayant point de corps ny d'organe.

Ie sçay qu'on pourra dire, qu'il se soumet pour le tromper, & qu'à tout évenement les oraisons, & les parolles l'y contraignent, comme l'éxorcisme de l'Eglise, à qui IESVS-CHRIST a donné l'authorité, jusques sur les portes de l'enfer: mais

Part. I. Liu. I. Chap. XVIII    95

mais ces raisons ne sont pas convaincantes si l'on considere, que les parolles characteres, & oraisons ne doivent pas operer hors des mains des Ministres de l'Eglise, qui ont droit d'employer leur force, & qui sont legitimes dispensateurs de ses authoritez, & au régard de cette soumission interesseé, elle ne peut étre volontaire en luy, puisqu'ayant été creé dans la grace avec obligation de meriter la gloire, *a* il est incapable de changer l'état d'orgueil & de vanité ou il se trouva au temps de sa chute, & plusieurs ont cru que cette nature immuable a empéché qu'il fut compris dans la rédemption du monde autant que son ingratitude, qui l'a rendu plus criminel que l'homme quand il a peché, parce qu'il avoit plus de force, & plus de lumieres.

a *Voyez Gautruche en son hist. sainte chap. 1.* Nature immuable du démon. Raisons pour lesquelles Dieu n'a racheté les démons.

Le Sortilege aussi semble étre dans ses préstiges quelque chose d'imaginaire, & des adresses dont se servent ceux qu'on en croit atteints pour étre estimez sçavants, & extraordinaires, ou bien afin de cacher les secrets de la nature, comme les gens de theatre, & bateleurs font les leurs, *Homines*, dit Hypocrate *multa fingunt, vt plusquam cæteri scire putentur*, *b* & on voit tous les jours des personnes feindre des parolles, & méme des dévinations pour découvrir les larcins, en intimidant ainsi ceux qui les ont commis, & les obliger à les rendre, Zoroaste (que Berosius, *c* dit mal à propos étre Cham fils de Noë) se servit de ses vers pour amuser les crédules, & passer pour homme divin aux yeux du peuple, on en dit autant de Cardan, de Tritéme, & méme du méchant Agripa.

b *Plutarq de sacr. morbo.*

c *Perys in 1. cata. de orig.*

Nonobstant toutes ces raisons l'éxperience, & l'Ecriture méme en divers endroits nous apprennent qu'il y a des sorciers au monde, & que les démons y ont commerce avec les hommes par des actes corporels sensibles, & positifs, qui sont fort

Adveu du 5. me de du diable avec l'homme. d *J y Delrio disqui magic. Botts in monumam.*

fort dangereux, & toûjours à fuïr, & à craindre plus que la Mort méme.

En effet nous voyons dans Viues, Olaus, *a* Bodin, Arnulanus, & Delrio, des choses étonnantes, les deux prémiers assurants qu'on a veu des génies jadis, qui étoient sociables, & qui parloient à leurs clients, leurs découvrant les sécrets, & les grandes affaires qui les concernoient, ainsi que fit celuy de *Brutus*, qui au rapport de Plutarque, luy parla avant sa mort, *b* comme fit le diable à Thélemanchus, selon Homere,*c* Cardan,*d* méme assure que son pere avoit des esprits familiers dont ils disposoit pour l'avancement de ses affaires, & les Anciens donnoient leur confiance touchant l'état au genie qui le protégeoit, *forsan*, dit Eurypide *in tragœdia dabit victoriam dæmon qui est nobiscum*.

Ie laisse à part ce qu'on écrit des faunes, qui attaquoient les accouchées, & obligeoient pour les en déffendre à mettre des gardes à la porte de leurs maisons, *e* ainsi qu'on lit dans Isidore.

Non seulement les démons peuvent avoir commerce avec les hommes : mais encor ils en réçoivent souvent la Loy, comme ils font des magiciens, ils commandent pourtant aux sorciers plus ignorants, & plus abjets que les autres, il est vray aussi qu'on les a toûjours eu en horreur, la Loy de Moyse s'arme contre ces pestes publiques, *f* aussi bien que celle de Grace, dans le neufviéme de l'Apocalypse, & Hérodote assure que les Scythes les punissoient sevéremét, d'où il est incôtestable qu'il y a des sorciers n'étant pas possible moralement que toute la terre se soit trompée, & que tant de Peuples, & de Nations ayent établi des Loix rigoureuses contre vn chymere, & vn étre de raison. Delrio, Damouderes, Bodin en sa démonomanie, & Monsieur Favre ont laissé des

des écrits tres doctes sur l'éxistence, & possibilité du sortile- ge, & les Régistres du Senat de Savoye sont remplis de plus de huit cents Arrests de Mort rendus contre des sorciers, aprés des procédures qui lévent toute sorte de doute, qu'ils ne fussent entachez de ce malheureux peché y ayant des preuves en bonne forme, d'éffects surnaturels, comme de maladies sans augmentation de la médecine, ny diminution: mais toûjours dans vn état pareil, ce qui est contre les régles. *Raisons convaincantes.*

Aussi n'y a t'il rien de plus surmontable que les raisons, de douter que je viens d'avancer : car Saint Agobard écri- voit en vn temps auquel il falloit désabuser vn peuple irrité, par les mauvaises saisons, & par ses malheurs, qui dans le moindre desastre s'en prénoit aux pauvres idiots en les ac- cusants d'en étre les Autheurs, & la cause ; à quoy ce Saint personnage s'opposa par son Livre qui nioit les effets que l'on attribuë au sortilege. *Solution des objections.*

Quant aux characteres, figures, & invocations, le démon leur donne des effets prodigieux, & surprénants pour étre cru Dieu, côme dit Clement, *a* vsant de tous ses efforts pour vsurper ses droits, & son Empyre par des pactions ouvertes, où implicites, au moyen desquelles il engage à la perdition ceux qui s'éxposent à écouter ses amusements par des im- pietez ouvertes où par des curiositez indiscrétes, & tout cela est vn effet de la malice des hommes, & de la permission de Dieu sans quoy le diable n'a nul pouvoir au monde, comme assure S. Augustin, & tous les Sçavants. *a Clem. lib. 2. recognit.* *Le diable n'a nul pouvoir sans la permission de Dieu.*

98  Eſtat de la Iuſt. Eccl. & Sec. du pays de Savoye,

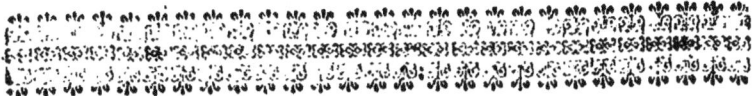

## CHAPITRE XIX.

### Qu'eſt-ce que Magie, & Sortilege, & de leurs genres, & maleſices.

Etymologie de la Magie, & du Sortilege.

I l'on ſe tenoit à l'étymologie des mots, Magie ſeroit ſageſſe, & Sortilege hazard, & incertitude: Mais comme rien n'êt ſi mauvais que la corruption des bonnes choſes : ce qui étoit anciennement vertu, où indifference n'êt dans nos temps qu'abomination, & malice, & qu'vne vanité, & curioſité criminelle.

Eſtime ancienne de la Magie.

La ſageſſe des Anciens étoit appellée Magie, mot tiré de la langue Grecque qui ſignifie cét attribut.

a Iuſt. lib. 37.

Les Perſes ne diſtinguoient point les Magiciens des Philoſophes, & Iuſtin dit que Ioſeph l'étoit, *a* enfin les Roys Adorateurs du Berceau de IESVS-CHRIST furent nommez Majes.

b Diogenes, Laërtius in prœmio, Plin. hiſt. 30.
c l. 4. Cod. de malef.
Magie jadis permiſe.

Bien plus la Magie criminelle après les cent mille vers de Zoroaſte, & les obſervations curieuſes des Chaldéens fut enſeignée publiquement au dire de Laërtius, *b* & méme tolerée par les Loix civiles, ſinon qu'elle fut *ad finem mali*, *c* juſques à ce que l'Egliſe, en ayant découvert le vénin, & les ſuperſtitions, l'a condamnée ſans diſtinction à cauſe du danger ou elle expoſe.

Genres de Magie.

Choſes vſitées en fait de Magie.

Cette ſcience à quatre genres qui ſont, le dévinatoire, l'amatoire, le venefique, & le nugatoire, elle ſe ſert des élemets, des ſimples, des parolles, des mannes des trépaſſez, du cryſtal, des notes, cercles, figures, & auſteritez : étant appellée

ſelon

selon les choses dont on s'y sert, par leur dérivation, comme Nécromantie, Léconomantie, Catoptromantie, Butonomantie, Cosciomantie, Crystolomantie, Nesciomantie, & autres mots, enfin il y a peu de creatures dont le démon ne suggere l'vsage aux Magiciens, & Sorciers, pour l'éxecution des maleficces qu'il leur inspire, & comme il ne peut rien de luy-méme (n'ayant pas à disposer de la vie d'vn Mouchéron, n'y d'vn poil d'herbe de nos campagnes,) il faut qu'il agisse *applicando actiua passiuis*, par le ministere, & le consentement de l'homme, qui est le Maître de la terre ( *Terram autem dedit filiis hominum,* ) & parce qu'il ne peut pas connoitre ses pensées, il exige des actes exterieurs de sa volonté par des parolles superstitieuses, où autres expréssions ou le fortilege est attaché, qui sont à la verité d'elles mémes des actes indifferents, & sans energie. *Ces noms. Impuissance du diable. Il ne peut rien en faire sans l'homme. Le démon ne peut connoitre l'interieur sans des actes exterieurs.*

La malice du démon va bien plus avant : car il se sert de circonstances specieuses, & masquées de pieté, comme de jeunes, d'oraisons, du signe de la croix, & autres semblables choses ; afin de mieux décevoir les ames dévotes & crédules, & emploit le secours des hommes, se sert de la voix humaine pour moins étonner sçachant bien que s'il paroissoit avec la figure afreuse que les Peintres luy donnent, personne ne le voudroit suivre, ny donner croyance à ses illusions. *Cõparaison. Hypocrisie du démon. Son adresse.*

Il vse des choses les plus saintes de nôtre Réligion, & les tourne en ridicule, faisant quelquefois servir la tres Auguste Eucharistie aux impiétez du sabath, & célébrer la Messe dans les synagogues, comme on lit dans l'Histoire de Gofrédi, afin que la haine, qu'il a contre celuy qui l'a damné, & contre l'Homme qui en est l'image, se trouve assouvie, par le mépris qu'il fait du prémier, & par les désastres qu'il procu- *Ses impietez. Intention du démon.*

re à l'autre, en le rendant compagnon de ses abominations, & de ses malheurs, l'obligeant après de dire avec le Poëte.

*Ille ego miser tristi quoque sydere natus.*
*Qui meritò infelix tanta pericla subit.*

<small>Doute curieux.</small>

Quelques Curieux se sont étonnez qu'il se soit trouvé des Sorciers dans le Paganisme, & qu'il y en ait hors de l'Eglise, puisque n'y ayant nul salut pour eux le démon n'a que faire d'augmenter leurs crimes par le Sortilege, n'y de se tourmenter pour ce qui est sien ; Mais ils ne doivent pas en étre surpris ; car il a toûjours beaucoup de plaisir d'accroître les crimes de la terre, & de voir attaquer la grandeur de Dieu par des attentats de cette nature, d'autant plus qu'y ayant des cas où son Amour extréme peut baptizer, & sauver, il tache d'en prévenir les transports, & d'en rendre l'esprit incapable, par les ordures, & abominations du sortilege.

<small>Pourquoy le diable tente les personnes qui sont hors de l'Eglise?</small>

<small>Il y a trois baptêmes du sang, de l'amour, & de l'eau.</small>

<small>Qu'ét-ce que devin?</small>

Les dévins (qui sont ceux lesquels prédisent les choses futures, & ou je comprens les faux prophetes,) ont eu beaucoup de crédit dans l'esprit de l'Antiquité, ils étoient ainsi nommez, *quasi Deo pleni*, parce qu'ils se vantoient de ce qui n'appartient qu'à Dieu, & d'étre remplis de luy, & de ses lumieres.

<small>Etymologie de ce mot.</small>

*Est Deus in nobis agitante calescimus illo,*
*Sedibus æthereis spiritus ille venit.*

<small>Des transports, & fureurs des dévineresses.</small>

Et pour le mieux persuader, ils faisoient paroître en eux mille désordres, & contorsions, comme Iustin écrit dans son Histoire, de la femme de Faunus, & comme nous lisons des Anciennes dévineresses, qui étoient en prophétizant transportées de fureur accompagnée de mille actes emportez, & frénetiques causez par les démons qui s'emparoient d'elles.

Cc

## Part. I. Liu. I. Chap. XIX.

Ce n'êt pas que les prénotions de l'avénir soient toûjours criminelles, Hypocrate, Dalibrey, *a* & Aristote, assurent que le don de Prophétie peut être naturel, & que l'Homme peut, étant l'image de Dieu, l'approcher plus en vn attribut, qu'en vn autre puisque dans la distribution qu'il a fait des avantages, il se trouve des personnes plus excellemment partagées, & plus approchantes de luy par la connoissance des choses futures, aussi voyons-nous des prédictions que tout le monde ne condamne pas, quoyque leurs Autheurs ne soient pas des Saints réconnus, dont Nostradamus est vn exemple.

*Il n'êt pas toûjours mal de predire.*
*a Dalibrey en l'examen des esprits de Iean Huart.*
*Le don de prophetie peut être naturel.*
*Raison de cela.*

Il est vray encor qu'il y a des prophéties miraculeuses, comme ont êté celles de Hénoch, Hélie, Hélisée, Hiéremie, Natan, & Ezechiel.

Lesquels par des graces extraordinaires lisoient en Dieu toutes choses, & prédisoient ce qui devoit être avec autant de certitude, que nous assurons les choses passées, aussi n'êt-ce pas ma pensée de condamner ceux qui puisent leurs prévoyances dans l'esprit de Dieu : mais seulement les curieux indiscrets qui récourent à celuy du diable, qui ne pouvant rien sçavoir que par conjéctures, ny parler qu'en contre-temps, & en mensonge les trompe toûjours.

*Des propheties veritables, & saintes.*

Il ne s'est pas contenté de se servir des Hommes pour débiter ses mauvaises marchandises, il a employé les oiseaux, & les choses inanimées dans le Paganisme, ce qui étoit appellé, augures, auspices, & oracles.

Les augures, & auspices, qu'on mésuroit du chant, & du vol de certains oiseaux, firent la décision en faveur du fondateur de Rome, & présque la résolution de toutes les prémieres affaires de son vaste empyre, *Ita vt nihil inconsultis auguribus ageretur* disent *Cassius*, & *Verres*, *omnium magistra-*

*Des augures, & auspices.*

N 3

*tuum augurium auspiciumque esto*, jusques là qu'il y avoit le Sacerdoce des augures, & des Magistrats pour en juger.

**Des oracles.**
Les oracles n'ont pas eu moins de vogue dans le Paganisme que les augures, & rien n'étoit tant estimé que l'oracle de Delphe parmy les Anciens. Ils trompoient par leurs réponses ambiguës, *si oracula non fuissent ambigua oracula non essent*, & le succez ne pouvoit manquer dans le probléme.

Mais IESVS-CHRIST a fait taire ces faux prophetes, & ces organes animez de la voix du diable, *Nunc princeps huius mundi eijcietur foras*. a Aussi ont-ils été tenus pour sortilege, ainsi qu'on peut lire dans Horace, *de arte*.

a Ican c 12.

——*Sortilegis non discrepuit sententia delphis.*

Aujourd'huy la prédiction de l'avénir, qui n'êt purement naturelle, ou vne infusion de la grace est à fuïr plus que la Mort méme.

*Et genus humanum damnat caligo futuri.*

N'étant pas aux hommes de s'informer des sécrets de Dieu, *diuinæ enim mentis* dit Maffée, b *numen atque consilium fide potius venerandum, quam indagandum, & ventura præscire* dit Tertulien, *est hæresis, quia est auferre Deo quod ei debetur*, c'êt ce qui a fait condamner le sort, qui semble n'avoir rien de criminel, par vn Pere de l'Eglise, c quand il tend à sçavoir des sécrets de quelque maniere qu'on en vse, *si qui*, dit-il, *paginis euangelicis sortes legunt etsi optandum sit vt id potius faciant quam ad dæmonia consulenda concurrant : tamen ipsa mihi displicet consuetudo ad vitæ huius commoditatem oracula velle conuertere.* (l'excepte pourtant le sort qui est employé pour la décision des partages, & autres affaires difficiles, & douteuses.) C'êt ce qui a fait condamner les preuves qui se faisoient par l'eau, par le feu, & par les combats, (que le droit Canon à

b Maff. en l'hist des Indes. Du sort.
c D. August. in ep. 119 ad Ianuar.

nommées

nommées vulgaires,) lesquelles exposoient au hazard la vertu, & l'innocence à la force.

Quant aux empoisonnements, & sortileges venefiques, ils se font, ou sur les choses inanimées, ou sur les plantes, ou sur les animaux, ou sur les hommes, ors comme le diable n'a pas perdu ses connoissances quoyqu'il ait perdu la félicité, & la grace, il n'ignore pas les vertus des choses creés, & s'en sert *applicando actiua passiuis*, pour émouvoir les passions, troubler l'entendement, tuër, guerir, faire haïr, & aymer, avec des merveilleux effets que les sorciers s'attribuënt.

*Des empoisonnements.*

*Hæc se carminibus promittit soluere mentes,*
*Quas velit, ast aliis duras immittere curas.* a

Le démon opere des choses prodigieuses, & étonnantes par le moyen des especes qu'il change à nos yeux, & par l'vsage qu'il sçait faire des elements, il emprunte même souvent des corps phantastiques, ou selon quelques-vns, des damnez pour reüssir de ses préstiges, & maléfices. En sorte qu'on a veu des Magiciens faire paroitre des foudres en l'air (comme fit Simon) des armées, des spectres, & mille autres choses éfroyables, & horribles.

a *Virgil. 4. Æneid.*
*Des prestiges.*

Voy Hilton en son histoire des sarmates.

*Sistere aquam fluuiis, & vertere sydera retro,*
*Nocturnosque ciet manes: mugire videbis,*
*Sub pedibus terram; & descendere montibus ornos.* b

Ovide en parle en ces termes.

b *Virgil. 4. Æneid.*

*Illa reluctantem cursu deducere lunam,*
*Nititur, & tenebras addere solis equis.* c

La Magie nugatoire est ainsi nommée à cause des niaiseries ou elle s'amuse, comme à faire paroitre des spectacles, ou noüer l'éguillete, cét à dire à empécher la consommation des Mariages, à enclorre, & charmer contre les attaques des ennemis, guerir par parolles, & à plusieurs autres operations

c *Ouid. ad ibst.*
*Magie nugatoire.*

tions de cette nature, que j'estime fort criminelles, *Nihil enim potest esse bonum*, dit l'Ecriture, *a quod ex arte dæmonis nascitur* : Cét encor la pensée de Tatius en son Livre contre les Grecs, aussi voyons-nous en Saint Matthieu, *b* que Iesvs-Christ fit taire les diables lors qu'ils publioient sa Divinité dans le corps d'vne energumene. Ce n'êt pas à eux, ny à nous d'entrer dans les secrets de la providence, qui n'a besoin que de son seul bras pour le gouvernement du monde. Il faut avoir soin de nôtre vie, & laisser celuy de nôtre mort à Dieu.

*a Deut. 18.*
*b Matth. c. 5. & 8.*

Les effets detestables du Sortilege sont trop connus dans nos temps pour avoir besoin d'étre exprimez en détail, & par des exemples, il y a encor dans Chambery des personnes qu'vn nommé Perruqua rendit mostrueuses dans vne heure étants encor jeunes, & les Archives du Senat sont remplies des formalitez faites contre divers Sorciers, sur des preuves certaines, & incontestables, notamment contre vne Matronne execrable, qui tuoit les enfans qu'elle recevoit, pour leur dérober l'eau Salutaire, & les benedictions du Saint Baptesme, & contre le fameux Aveugle nommé Claude, qui alloit dans deux heures de Chambery à Paris, prendre l'aumône, & se trouvoit (partant au matin) de rétour pour diner avec sa famille, le Poëte parlant de pareils prestiges dit.

Effets de sortileges tous exemples.

*Hanc ego nocturnas vius volitare per vmbras.*
*Suspicor, & pluma corpus anile tegit.*

Fin des Sorciers.

Tous ces infames sectateurs de Sathan ont finy leur vie dans les flammes, & autres circonstances d'vn honteux supplice, j'ay assisté à divers Arrests donnez contre des Sorciers convaincus par des arguments insurmontables, & par des circonstances qui passoient les ordres de la Nature.

Convictions du sortilege.

Les

Les Sorciers qui font esclaves du diable, le font aussi de ses volontez, il les emploit à causer les tempêtes, les foudres, & les sécheresses, par des parolles, & des battements d'eau, étant à rémarquer avec Pline que celle des fontaines ayant des vapeurs plus fines, elle'st aussi plus propre à ces malefices, il peut, Dieu le permettant, causer les éclairs, & les foudres par l'éffort que font les exhalaisons renfermées dans les nuës, & les grèles par la condensation des exhalaisons déja réduites en cette matiere spongieuse, que nous appellons néige, déviennent des petits globes glacez par les oppositions, & par l'antiperistase, & enfin les playes par des vapeurs rafroidies dans la moyenne région, comme aussi des sécheresses en dissipant les vapeurs.

*Les Sorciers sont esclaves du diable.*

*Remarques curieuses.*

*Causes naturelles des éclairs, & des foudres. Cause des gresles.*

*Causes des pluyes.*

Il n'êt pas hors de propos d'éxaminer la raison pour laquelle les malefices ont plus d'efficace sur les enfans, & sur les idiots que sur les personnes de cœur, de force, & d'vn âge meur, les Sçavants assurent que les esprits corrompus qui sortent des herbes, & autres choses empoisonnées par le sortilege trouvent plus de facilité dans les corps tendres, & délicats pour les corrompre, & le diable moins de résistance auprés des personnes ignorantes, & faciles, quelques Theologiens y ont adjouté qu'ayants vne foy envers Dieu plus maigre, & rapante quant aux ignorants, & seulement habituelle par le Baptéme quāt aux enfans, elle pare moins les atteintes des maléfices, que celle des adultes bien instruits, qui est accompagnée des actes, & que Saint Iacques nomme foy vive, comme il appelle morte, & languissante celle qui n'êt pas soûtenuë par les œuvres.

*Raisons pour lesquelles les enfans sont plus sujets aux maléfices.*

*Qu'est-ce que foy vive, & foy morte.*

Enfin le demon qui n'ignore aucun des sécrets de la Nature, l'a fait agir par les endroits, qu'il croit propres aux effets qu'il desire d'elle à l'admiration des ignorants, il trompe

O

*Le diable fa-tigue la veüe & trouble l'ordre des choses pour tromper.*

mème souvent nos yeux, en mêlant des matieres parmy l'air qui changent, & contréfont les especes, comme font quelques miroirs ; & même certaines lumieres, & autres secrets curieux qu'on peut lire dans la Magie naturelle d'Albert le grand, qui n'êt point déffenduë par l'Eglise.

*Des Loups garoups.*

Iusques-là que l'on assure des Sorciers marcher en forme de Loups pour dévorer les hommes lesquels le vulgaire nomme Loups garoups ; Mais j'estime qu'il n'y a de changé que la disposition de ceux qui les voyent, si tant est qu'il s'en soit trouvé, *multa contingunt quasi sint quæ non sunt*, disent Cardan, & Suëtone.

*Des rochers enchantez, & Romans.*

Enfin comme l'éxistence réelle du sortilege trouve encor des gens qui en doutent, je passeray dans leurs esprits pour vn fabuleux, & qui fait révivre les rochers enchantez des Amadis, & les Romans de nos peres ; Mais les personnes qui ne mésurent pas tout selon l'étenduë de leurs connoissances, & que l'Ecriture, les Loix, l'Histoire, & l'Experience rendent convaincuës, n'improuveront pas ce que je viens d'écrire, du sortilege, pour en découvrir l'énormité, & la laideur, puisque Dieu le permet pour punir les pechez du monde.

## CHAPITRE XX.

*De la procedure, & peines touchant les Magiciens, & Sorciers.*

L ne suffit pas de sçavoir qu'il y a des Magiciens, & Sorciers, qui sont capables de divers malefices ; il faut encor éxaminer les moyens de les connoître, & d'en punir la malice.

Il n'y a rien de plus difficile à juger que l'interieur de l'Homme, l'Eglise méme ne l'entreprend pas, *Ecclesia non judicat de occultis*, c'ét pour cela que nos Loix ne condamnent les crimes, *quæ sunt animi*, qu'aprés qu'ils sont advoüez par la propre bouche des accusez, parce que Dieu seul s'ét réservé de foüiller dans les cœurs des Hommes, *Deus scrutator cordium*.

*Dieu seul juge nos cœurs.*

Le Sortilege (dont les signes sont suspects, & équivoques) est veritablement fort odieux, puisque les Sorciers sont nommez ennemis du bien commun, *a* esclaves du diable, & les pestes de la République ; *b* Mais comme l'accusation n'en fait pas la preuve, il faut vser de grandes précautions quand on en fait la formalité, *c* se pouvant faire qu'vne inimitié en ait suscité l'accusation, & le bruit infame. Il ne faut pas abandonner à vne severité indiscrete l'accusé parce que le titre de son accusation est abominable, *si sufficit accusari quis innocens?* & je trouve la pensée de Monsieur Favre vn peu dangereuse, lorsqu'il veut qu'on bannisse ceux qui en ont été ouvertement soupçonnez, *Ne* (dit ce grand Homme,) *scandalo aliis sint*, *d* au moins faudroit-il qu'il y eut des raisons convaincantes pour l'établissement de ce méchant bruit; car le malheur d'y être exposé n'ét pas vn scandale tel que celuy dont parle la Loy *congruit*, ou ce grand Homme se fonde, qui doit étre l'éffet du crime, & son préjugé n'ét pas vne Loy, Imbert en allegue vn du tout contraire *legibus non exempli judicandum*.

*Sortilege fort odieux.*
*a l. 9. Cod. de malef.*
*b ead.*
*Il faut vser de precautions dans la formalité des Sorciers.*
*c l'oy Mr. Favre en son C. de mal. dis. 3.*
*Injustice de l'opinion de Mr. Favre.*
*d c sub. d. sit. de malef.*

*Ericus Mauritius* en sa dissertation *de denuntiatione sagarum* (aprés beaucoup de raisons de douter touchant la possibilité des Sorciers,) conclut pour l'affirmative avec Speringuer, & parle fort serieusement dans les deux dernieres parties de son Livre de la maniere dont on doit faire leur pro-

*Conviction de l'existence des Sorciers. Maniere de faire le procés aux Sorciers.*

cez, il veut des présomptions vrgentes pour le commencer, & des indices encor plus préssants pour l'emprisonnement, attendu que la moindre marque de soupçon en pareils crimes, cause vn déshonneur irréparable, & qui ternit la réputation des familles sans résource.

Quant à la preuve, elle se fait par la question, par les ménaces, lorsque les effets s'en sont ensuivis, par le bruit commun, & par les complices ; Mais il faut plusieurs indices pour y appliquer au dire du même *Ericus*, & comme la peine du sortilege est fort rigoureuse, aussi faut-il vser de bien de précautions pour y exposer ceux qu'on en accuse. La preuve s'en faisoit par l'eau pendant la vigueur des preuves vulgaires ; Mais Saint Agobard, & Speringuer réjettent dans leurs écrits ce moyen de preuve, Depeysses, & Servin, en font autant en quelques endroits. *a*

La preuve défsinitive du sortilege doit être tirée de la confession de l'accusé, parce que n'êtant pas *facti permanentis*, comme sortilege, quoyqu'il le soit, comme homicide, venefique, sodomie, & autres pechez qu'il peut renfermer, il faut que l'adveu en établisse la conviction, concourant pourtant avec les accusations, & indices, étant à rémarquer que les complices, & la déclaration des diables, qui sont dans les corps sont des preuves fort foibles, & même sans poids s'il n'y a rien de plus pour les ayder. *b*

La peine des Sorciers à toûjours êté fort rigoureuse : car déja les Scythes, au rapport d'Hérodote, *c* les faisoient brûler, & non seulement la Loy de Moyse leur imposoit le dernier supplice, comme on peut lire dans le 22. de l'Exode: Mais encor à ceux qui les consultoient ; *Qui declinauerit ad ariolos, & magos, ponam faciem meam contra eum, & interficiam de medio populi mei.* Ils sont encor ménacez de l'enfer dans le 9. de l'Apocalypse.

Les

Les Loix de l'Eglise ( qui défaprouvent tout ce qui passe nos lumieres, & les ordres de la Nature, quand sa permission,& ses authoritez n'y concourent pas *a*) punissent le Sortilege de dégradation en la personne des Clercs, avec privation de tous benefices, & d'excommunication en celle des Lais. *b* Ce crime est parmy nous privilegié, & de la jurisdiction seculiere, ainsi que j'ay dit ailleurs. *c*

Quant aux peines du droit civil Diocletian,& Maximian furent les prémiers qui en établirent contre la Magie, *d* ordonnants que les livres en seroient brûlez, *e* & la mort est ordonnée contre ceux qui ont adoré le diable, assisté au sabath, causé les gréles,& mortalitez des personnes, où du bétail;ainsi qu'asseurent Tertullien *de anima*, & Monsieur Favre dans son Code. *f*

Iustinian à continué à faire des Loix contre l'art magique, lequel si bien il n'a pas été en horreur, comme le Sortilege à trouvé par la suitte des temps dans nos Loix, & nôtre vsage, des peines pareilles, c'ét à dire de la mort.

Ors si bien tout ce ou le démon entre en societé, est fort criminel, toutefois la peine de ceux qui vsent de ses secours n'ét pas égale : car celle de la Magie nugatoire n'ét que de mort civile, au lieu que les adorateurs du diable, les autheurs des tempêtes, & de la mort des hommes, & du bétail par l'ayde du diable sont punis du feu, *g* aprés avoir fait amende publique, en chémise?tête,& pieds nuds?la corde au col,& en chémise.

Monsieur Depeysse *h* veut que tous les prognostics, explications de songes, & superstitions soient punies de mort, ce qu'il fonde sur vn texte *i* : Mais je ne serois pas indistinctement de cette opinion en choses legeres, & sans notable préjudice, & je crois cette Loy mal interpretée par cét écri-

Peines Ecclesiastiques contre les Sorciers.
Peines civiles.
a *c.1. & si. de sortileg.*
b *cap. 26. q. 7. c. si quis etiam los,&.c. si qui clericus.*
c *par. 3. de l'état de la iust. chap. Feur. de l'abus.*
d *l.1. Cod. de malef.*
e *C.Theod. in l.11. de ep. &.d.*
f *C.fab.d f. 2. de malef.*

g *ex l. nemo C. de malef. ean. si audieritis 23. q. 5. capitaliũ. ff. de pœn. l. 15 de exi m.*
h *Depeysse par r. 12. de cauş. crim.*
i *l. 7. Cod. de malef.*

vain, & qu'il s'écarte du chemin de l'équité *summum autem jus summa injuria*: car il est dit sur la fin de ce texte par l'Empereur Constantius *perferat proprio dignas facinore*, j'advouë que l'ancienne distinction, *a* entre ceux qui enseignoient les Sortileges, & ceux qui en avoient simplement connoissance, & qui s'y addonnoient est levée par les Empereurs Valens, & Valentinian, *b* & que toûjours le feu doit consommer les Livres qui en font leçon suivant même les constitutions de Theodose. Mais les verges, où le bannissement sont seulement ordonnez pour les legers Sortileges, & les simples superstitions sont rarement punies par le droit civil, sauf qu'elles causassent du scandale, & du desordre dans la République : Mais comme elles ont quelque ressemblance au Sortilege, je n'estime pas qu'il soit hors de saison d'en toucher deux mots au Chapitre ou nous allons entrer.

*a Ruffi 1. c. 15. collat. legum.*

*b Iul 8. c. de malif.*

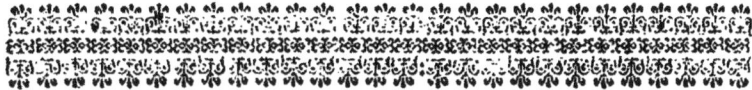

## CHAPITRE XXI.

### Des Superstitions.

*Origine de la superstition.*

LA malice, & la haïne implacable qu'ont les demons contre Dieu, & les hommes ( qui sont ses images, & les objets de l'incarnation du Verbe, font

*Comparaisõ du Diable avec le chasseur.*

comme le chasseur, qui ne pouvant venir à bout du gibier par le bruit d'vne battuë, le surprend au moyen de l'adresse, & de l'espere : car voyant que la figure horrible du peché, le rend odieux parce qu'il déplait à Dieu, où parce qu'il damne, il masque ses attaques de la figure de la Vertu, & gaigne souvent, par le scrupule ce qu'il n'a peu r'emporter par
les

### Part. I. Liu. I. Chap. XXI.

les amorces du vice, & du rélâchement.

Et parce que la modération est toûjours environnée des deux extrémes vicieux, c'ét à dire du déffaut, & de l'excez, la crainte de mal faire est bien souvent demesurée, & criminelle ; empéchant des actions bonnes, ou du moins indifferentes dans les ames tendres, & délicates que le démon prend par le scrupule qui est leur foible.

*Du scrupule.*
*Le scrupule est le foible des devots.*

Il est toûjours accompagné d'opinions ridicules, & superstitieuses, & tombe volontiers dans l'esprit du sexe, *a* la curiosité, & la foiblesse attirent même souvent le malheur du Sortilege, aussi voit-on que le diable se servit de la femme pour perdre l'Homme dans le prémier Siécle du monde, *b* & que les femmes ont succombé aux abominations du Sortilege toûjours plus facilement que les hommes.

*a Rabin. præcept. Decorax. Les femmes sont plus attachees aux superstitions, & pourquoy. b Gen. 1.*

Il n'y a superstitions dont elles n'ayent êté atteintes dans le Paganisme, & la fable dit des choses étranges de Circé, Medée, & de Meduse, aussi que l'Histoire des Bachantes, & des Prétresses des Idoles.

*Exēples historiques, & fabuleux.*

Nous voyons encor aujourd'huy des femmes de nos temps s'amuser à cent choses ridicules, comme à des jours heureux, & malheureux ( dont certains impies attribuënt l'observation au Saint homme Iob ) des autres font scrupule de filer, & coudre dans certains jours, & croyent que le chant du Coq avant minuit, ou d'vne Pie, & autres oyseaux qu'elles nomment lugubres, soient les présages infaillibles de quelque désastre, aussi bien que la rencontre des enterrements, & des enfans non encor baptisez.

*Superstitions de plusieurs femmes du temps. Touchant les jours qu'on suppose heureux, & malheureux. Touchant le travail à certains jours. Touchant le chant du Coq, & des autres oyseaux nōmez lugubres.*

Non seulement la superstition à trouvé de la disposition pour elle dans l'esprit des idiots, & des vielles femmes : Mais encor dans celuy des hommes, & même des Sçavants, & des Héros de l'Antiquité, qui ont eu récours aux dévins, aux
oracles,

oracles, aux augures, & aux songes, comme faisoient les Roys de Perse, & d'Egypte en toutes leurs affaires.

*Superstitions des Anciens sur tout des Roys.*

Nous avons déja parlé il n'y a pas bien de temps des dévinations, de leurs moyens, & de leurs peines, il n'êt pas même permis aux faiseurs d'Almanach, d'éxceder dans leurs pronostications les termes de l'Astrologie licite, & les Roys de France ont pourveu contre eux dans leurs Ordonnances, en plusieurs temps, ainsi que rapporte Monsieur Depeysse, *a* le Droit Romain qu'on suit en Savoye, ou les Ducs ny ont dérogé par leurs Edits qui en sont les Loix naturelles, n'a rien oublié pour exterminer le Sortilege, & l'Eglise ne faisant gueres de difference entre luy, & la Magie les punit d'éxcommunication, & *b* d'anathéme.

*a Mr Depeysse du sortilege part. 1d. ses œuvres.*

Les prédictions tirées des choses Célestes, comme sont les météores, & les phénomènes, ont encore quelque crédit dans l'esprit des ignorants, & des crédules, qui s'imaginent que rien ne paroit d'éxtraordinaire sur nos têtes, qui ne présage l'advénir, & souvent l'ire de Dieu, ou le changement des Estats, & des Gouvernements, ils ont compté sur les parhélies, les cométes, les éclypses, & les autres météores.

*Superstitions touchant les phénomènes, & productiōs imparfaites des vapeurs, & exhalaisons, & autres effets naturels.*

—— *Et ardentes superum circumtulit iras.*

Iules Obsequent, *a* à ramassé vne infinité de prodiges dont il a observé les funestes suittes, s'attachant même pour des présages aux tremblements de terre, & à la naissance des monstres, dont il suppose les funestes suittes.

*b Iules Obseq. des prodiges.*

*Monstrum visu horrendum dictuque tremendum.*

Mais comme l'Office de la Iustice est plûtôt d'ôter que de punir les crimes, je crois de son interêt (qui est ma seule veuë) d'éclaircir le vulgaire, en expliquant succinctement les causes naturelles de ce qui les étonne par la crainte de l'advénir faute de les sçavoir, *quæ fruitio boni*, dit S. Irené *apud eos qui ignorant illud.*

*Melius est vitia tollere quā punire.*

*Nihil volitū quin præcognitum.*

le

Ie suis persuadé que plusieurs voudront censurer mes digressions, touchant ce qui n'êt pas purement du Droit; mais je les estime fort vtiles, & pour la fin de cét ouvrage, & pour le délassement du Lecteur; d'autant plus que la Philosophie, & l'Histoire qui en sont presque toûjours les matieres servent infiniment au Iurisconsulte. — *Raisons des digressions.*

Ce sera donc la Philosophie naturelle qui dissipera l'aveuglement de ceux lesquels ont cru que rien d'extraordinaire n'étoit sans présage sur tout touchant les Cométes. — *Erreur ancienne.*

—— *Nullus impunè visus Cometes.*

Et commençant en general par les causes qui produisent ces corps imparfaits, & prodigieux même sur nos têtes ; il faut supposer avec la Physique que la terre produisant des vapeurs, & l'eau des éxhalaisons la nature s'en sert pour satisfaire à ses inclinations fécondes, & que les élevant elle en forme des corps ou ignez, ou aqueux, ou lumineux, d'où naissent les cométes, les parasélenes, les parhelies, les foudres, les grêles, les néiges, les pluyes, les feux folets, & autres météores, & phénomenes. — *D'où viennent les météores. Division des météores & especes.*

En effet les cométes qui font plus naitre de crainte dans l'esprit des Hommes, ne sont autre, selon Aristote, que des vapeurs, & éxhalaisons enflammées qui composent des corps selon les formes que nous leur voyons, quelquefois au dessus de la Lune, & d'autre fois au dessous ; mais presque toûjours d'vne si prodigieuse grandeur qu'elle passe celle de la terre, Eluelius *a* croit que les Astres produisants aussi des vapeurs en forment au dessus d'eux, & Monsieur Petit en ses dissertations des cométes, veut qu'ils soient creés avec les globes Célestes; mais qu'ayants leurs mouvements deréglez, ils sont visibles à mesure qu'ils nous approchent plus, & suivant la differente inclination de leur disque. — *Des cométes. Leur nature. Leur situatiõ. Leur grãdeur. a Eluel. in prodrom. cometic. Opiniõ touchãt la generation des cométes. Leur mouvemẽt deréglé. Leur inclinatiõ & disque.*

P

*Des paraselenes.*
*Des parhelies.*
*Parhelies remarquables.*
*De la verge du Dragõ volant couronné.*
*La Chévre sautelante.*
*La pyramide.*
*La lance.*
*Le feu Saint Helme.*
*Des foudres, tempêtes, pluyes, & néiges.*
*Leurs causes.*

Les paraselenes ne sont autre que l'impression de l'image de la Lune sur vne nuée, comme les parhelies de celle du Soleil, plusieurs en ont tiré les présages des schysmes, & binarchies, & les cinq Soleils qui parurent à Rome l'an 1629. & les quatre qu'on vit à Chartres, ont occupé la plume des Ecrivains, comm'ont peut lire dans les Chroniques, & dans les œuvres d'Estienne, & de Bossu, les verges, le Dragon volant, la couronne, la chévre sautelante, la pyramide, la lance, & les feux foulets, appellez castor, & pollux, ou feu S. Helme, ne sont aussi que des vapeurs allumées ou des éxalaisons, comme la foudre, les tempêtes, les pluyes, les néiges, les frigmats sont formez dans certaines régions de l'air par des oppositions, & antiperisthases diverses, ainsi que nous avons expliqué ailleurs.

*Des éclypses.*

Plusieurs ignorants les causes naturelles des éclypses en ont auguré des funestes conséquences, ce que les Doctes ne font point : car ils sçavent que celle du Soleil vient de l'interposition de la Lune entre ce pere des lumieres, & la terre, comme l'éclypse de la Lune l'est de la terre entr'elle, & le Soleil ; Monsieur Grandamy explique fort bien cette matiere dans son Livre des Eclypses aprés vne infinité de grands Hommes, & fait voir que tous Astres peuvent souffrir deffaut, & parce qu'il arrive souvent des mortalitez aprés les cométes, & éclypses il est à propos d'en dire les raisons pour désabuser le vulgaire que ces effets passent la nature.

*Eclypse du Soleil, & de la Lune.*

*Raisons touchãt les mortalitez qui suivent.*

*Cause des mortalitez, qui suivent les cométes, & éclypses.*

Le monde peut souffrir des alterations dans son grand corps, comme nous en pouvons ressentir dans les nôtres par la solution de continuité, ou par l'empéchement des fonctions naturelles.

Or est-il que les cométes étants des corps nouvellement formez selon l'opinion commune ils causent du désordre dans

dans l'air, & en suite dans la santé des hommes, les éclypses aussi particulierement du Soleil, empéchants ses influences, & l'envoy de ses rayons, il peut arriver de la corruption dans nos corps,& dans les plantes, d'où naissent les mortalitez,& comme les Princes sont pour l'ordinaire plus délicats que les peuples, ils ressentent plûtôt ces mauvais effets, j'adjoute que leur mort étant mieux rémarquée on en fait aussi plus de bruit quand elle arrive.

Vne des plus incurables superstitions est celle qui vient des songes, parce que plusieurs choses ont êté prédites dans le sommeil même dans les textes Sacrez, il est dit en Ioël, que les enfans prophétizeront, & que les jeunes gens verront des songes, *a* le Saint homme Iob, *b* assure que Dieu y donne souvent les connoissances des choses futures, comme nous lisons du Patriarche Ioseph, *c* & avant luy d'Abraham son ayeul, le Pere putatif de IESVS-CHRIST, fut averty en songe de la Vertu de sa Sacrée,& chaste Epouse; Mais comme le discernement des bons, & des mauvais songes vient de leur division il importe d'en toucher deux mots. *Des songes.*

a *Ioël c.2.a§.*
*Apost. c.2.*
b *Iob. 33.*
c *Gen. 37.*
& 41.
Exemples.
Especes de songes necessaires à sçavoir.

Les Philosophes restent convenants que les songes purement naturels ne sont autre que des vapeurs que la nourriture pousse au cerveau, & qui forment des differentes especes à l'imagination, qu'enfin les personnes mélancoliques,& d'vn sang aduste y sont plus sujettes: mais comme il y a des temps ausquels ces causes ne sont pas pareilles, il faut sçavoir qu'il y a des songes Angeliques des autres diaboliques, & des autres naturels toutefois comme il y a du danger d'y donner croyance, le plus seur est de n'en éxaminer pas le sens que certains Ecrivains, *d* veulent être souvent mysterieux, & allegorique.

Causes des songes.
Division des songes.
Il ne se faut amuser aux songes.
d *Caudas.*

P 2

An habent somnia pondus. a
Somnia terrores magicos, miracula sagas,
Nocturnosque mures portentaque thessala Rides?

*a Ovid. lib. 9. metamorph.*

*Des revelations, & exthases. Exemples.*

Il y a à la verité des songes divins qui sont souvent des révelations, & des exthases, comme fut la vision de Iacob, l'Apocalypse de Saint Iean, & le ravissement de Saint Paul au Ciel empyrée; Mais ces bon-heurs n'arrivent qu'aux personnes selon l'esprit de Dieu, & d'vne Vertu consommé.

*Il faut abhorrer la superstition.*

La superstition donc ne doit point échauffer nos curiositez pour l'avénir, ny causer nos craintes par la veuë des œuvres de la Nature, ce qui est indigne de la fermeté d'vn homme, & de la vertu d'vn Chrêtien.

Nam veluti pueri trepidant, atque omnia cæcis,
In tenebris metuunt : ita nos in luce timemus.

*b Hier. 10.*

Aussi est-il déffendu par le Prophéte, b de craindre les Astres, & Signes du Ciel, qui ne peuvent rien sur nos libertez.

*Des thalismans.*

J'adjoûte aux observations que je viens de faire touchant les surprises du diable, les thalismans, & la poudre de sympathie.

*De la poudre de sympathie.*

La derniere à fait naitre vne opposition des sentiments parmy les Philosophes, & même interesse la Theologie, & quoyque ses guerisons surprénantes soient attribuées aux esprits attachez au sang récuilly de la playe, qui sont portez au malade dans vne certaine distance, néantmoins j'estime ce rémede suspect, & dangereux quelque sentiment qu'en ayent Digby, Deschartes, & de la Forge.

*Des thalismans.*

Les Thalismans ont aussi quelque chose de suspect par les effets qu'on leur attribuë, étant extraordinaire dans l'ordre de la Nature que des images, & figures puissent agir par la vertu que les Anciens superstitieux ont cru leur avoir été

impri

imprimée dans leur formation par l'astre, ou la constellation qui y dominoit, ainsi qu'on peut lire dans Gaffarel.

Ie sçay que des Naturalistes ont attribué leur vertu aux esprits qui en sortent, croyants que tout en produit jusques aux pierres, Monsieur de la Chambre, & les autres Philosophes du temps soutiennent que les passions nous sont causées par ceux que nous récevons, jusques-là qu'ils croyent que la plus grande quantité étouffant la moindre, elle procure la passion d'amour, où de haïne. *Tout se fait au môle à la trasmigratiō des esprits selon quelques-vns. Causes de l'amour, où de la haïne.*

Les impies ont attribué les effets de la Verge de Moyse, & du Serpent d'airain à la vertu des Thalismans, qu'ils disent operer sans miracle, & dit des choses étonnantes des trois pommes d'or qui sont à Maroch, & des figures de la Ville de Fessa. *Opinion estouée.*

Vn genre de vagabonds qui se font nommer Boëmiens, lesquels se vantent de prédire les avantures, & amusant le vulgaire de cette croyance, ils tachent d'avoir de l'argent, & souvent de couper la bourse des Niais, qui vont récourir à leurs réveries, & comme ces diseurs d'avantures, sont presque toûjours des femmes, on les a nommées fées, où fatelieres mot dérivé de Fatua femme d'vn Roy nommé Faunus, dont parle Iustin au quarante-troiziéme de son Histoire. *Des boëmiés & diseurs d'avantures. Des fées ou fateliéres.*

On a veu des personnes rédouter ces voyes, que l'air des concavitez produit, & qui répetent les nôtres, que nous appellons écho, Lauizarius, selon Cardan, le crû vn démon, & il étoit vn Dieu dans le Paganisme. *De l'écho, & ce qu'c'est qu'echo.*

Il n'èt pas hors de propos de parler icy de la plus abominable de toutes les superstitions qui est l'idolatrie, & le culte des fausses divinitez, & dire qu'il n'y a point d'offence plus horrible, & plus désagreable à Dieu qui prend le nom de jaloux de l'adoration que nous luy dévons, *non habebis* *De l'idolatrie.*

P 2

*Deos alienos adorabis Dominum Deum tuum*, &c.

*Se;chai.imés.*

*a Paralip. c. 36.*
*b Reg. 3.*

*c .Exod. c. 30.*

Aussi lisons-nous que les plus horribles châtiments qu'il ait envoyez à son peuple, ont èté causez par ses idolatries, sa captivité en Babylone, la destruction, & prophanation du Temple, *a* la division des Tributs, *b* en sont des preuves incontestables, châcun sçait les malheurs qui arriverent dans Israël aprés l'adoration du Veau dor, *c* que Iosuë, & Caleb seuls parmy ce grand nombre, entrérent dans la Palestine, & que ce crime fit égorger trente, & deux mille personnes par ordre de Dieu, Nabuchodonosor même fut condamné pour sept ans de vivre parmy les bêtes sauvage, pour avoir fait faire vne idole d'or, *d* enfin il faudroit des Volumes pour exprimer les funestes effets causez par l'idolatrie, *summus saculi reatus*, dit Tertullien, *est idolatria*. e

*d Daniel 4.*

*e Tertull. trait. de idola.*
Regne de l'Idolatrie.

Cette abomination à duré dans la plus grande partie de la terre, jusques à la venuë du Messie, étant à présent bannie de l'esprit des Nations tant soit peu raisonnables.

Touchant l'honneur qu'on rend aux images des Saints.

Quant à nous? si bien nous honnorons l'image des Saints parce qu'elles réprésentent les amis de Dieu, & qu'elles luy sont voüées, cela n'êt point vne idolatrie puisque tout cét honneur s'en va à Dieu par leur moyen, comme les esprits allants au cerveau passent par les nerfs qui s'vnissent pour les y porter.

Saint Augustin au Livre siziéme de la cité de Dieu, & Monsieur le Févre dans sa version ont assez écrit touchant la superstition, outre ce qu'on voit dans Plutarque touchant celle de l'antiquité pour me dispenser, d'en dire autre chose en renvoyant les curieux à la lecture de leurs œuvres.

Raisons pour laquelle à été traité de tout ce que dessus.

Ie ne crois pas m'être écarté de mon sujet encor que je me sois vn peu étendu sur ces matieres ; j'ay même estime à propos de le faire afin de désabuser le vulgaire des erreurs qu'il qu'il pourroit avoir faute de sçavoir les choses, & d'instruire le Iurisconsulte pour en faire le discernement.

## CHAPITRE XXII.

### *Du Crime de léze Majesté humaine.*

COMME le Prince Souverain est le chef du corps Moral, & Politique, loinct du Seigneur, *a* son Image en terre, *b* l'on peut facilement conclurre de l'énormité du Crime qui attaque ses authoritez, à plus forte raison sa Sacrée Personne, où celle de sa Femme, & Enfans, & des Princes de sa maison.

<small>a Paul ad Rom c. 13
b D.Greg ep.i. 64.lib.2. Reg. i.</small>

Et certes il y auroit bien du désordre dans l'économie du corps naturel de voir soûlever les membres contre la tête qui en a toute la conduite, & de voir le troupeau se s'élever contre son pasteur, *Nullum animal in pastorem insurgit*, & quand même le Prince séroit méchant, ce n'èt pas au sujet d'en connoître n'y d'en murmurer ; mais plûtôt de soûmetre à ses Ordres comme établi par la Divine providence, dont les sécrets sont merveilleux, aussi lisons-nous que David fit métre à mort celuy qui se vantoit d'avoir tué Saül, quoyqu'il fut son plus grand ennemy, il ne volut point tremper ses mains dans son sang Royal le voyant réduit en vn état auquel il le pouvoit tuër sans résource. *c* Ce motif obligea le Prophéte, *d* d'écrire aux Iuifs pour la longue vie de Nabuchodonosor leur persécuteur, & le plus méchant Prince de son Siécle. Enfin il fut Ordonné par IESUS-CHRIST même de réverer les Pharisiens, parce qu'ils occupoient la place de Moyse.

<small>Paralele du che fles hômes avec celuy des Estats.
Il faut hônorer tous Princes.

Exemples.

c Samuel 24.

d Hier.c.2.97.</small>

Que s'il faut respecter le charactere Royal en la personne de tous les Princes, que ne doit-on pas à nos propres Souverains? qu'vn texte dit être Dieu en Terre, *a* aussi voyons-nous dans l'Exode, *b* que celuy qui les méprise s'en prend à Dieu ce qui est confirmé par l'Apôtre, *c Oleum suum deffendet Deus*, *d* qui peut être innocent, disoit David à Abisay, en mettant la main sur l'oinct du Seigneur? aussi la Loy compare ce crime aux plus détestables sacriléges. *e*

Les Docteurs ont établi trois principaux chefs du Crime de léze Majesté, *f* le prémier est celuy qui attaque la personne du Prince, sa famille, & son Estat, *g* & qui en trouble le repos, *h* en affaires de grande importance à la République.

Le second chef de ce Crime est lorsque l'on tuë, où maltraitte les Gouverneurs, Magistrats, & Iuges des compagnies Souveraines, selon nos Docteurs, *i* quoyque Depeysse, & le Brun assurent qu'en France on ne punit le meurtre commis contre vn Officier du Prince, que comme vn simple homicide, sinon qu'il fut de sa Cour ou Conseiller au Conseil d'en haut.

Mais je suis d'autre opinion qu'eux, nonobstant ce qu'en dit Ferrer. sur Guy Pape, *k* & crois avec la Roche Flavin, *l* & le texte même, *m* que ce crime offence la Majesté du Prince, qui les nomme portions de son propre corps, *pars corporis mei estis*. *n* Il est vray qu'étants révêtus des habits de Magistrats où faisant leurs charges, le crime est augmenté, & peut tomber au prémier chef par l'interêt qu'à le Prince à vn tel outrage.

En effet les Magistrats, ainsi nommez à *Magistrando*, qui sont dépositaires de l'authorité Supréme du Prince, doivent pour ce sujet être honnorez, *honorabitur ille quem Princeps*

---

*Marginalia:*

Respects deus aux Souverains par leurs sujets.
a *in l. 1. Somnus Cod. de sacr.*
b *Exod. 22.*
c *Petr. 17. ad Rom.*
d *Reg. 24.*
Atrocité de ce crime.
e *Depeysse par. 1. sect. 22.*
f *l. 1. ff. ad l. Iul. maiest.*
Prémier chef
g *ff. 3. Inst. de publ. Iud.*
h *l. 1. 2. & 3. ff. ad l. Iul. maiest.*
Second chef.

i *Bacco tract. rec. num q 7. gal. in stil. cur. parif.*
Punition du crime de léze Majesté au second chef.

k *Guid. Pap. q. 444.*
l *La Roche en ses Parlem. liu. 10.*
m *l. 1. ff. ad l. Iul. maiest.*
n *l. 5. Cuod.*

Respect deu au Magistrat, & só elevatió & employ.

*ceps volucrit* la Loy *oratia* fut jadis de *Sacrosanctis Magistratibus* pour montrer que leur charactere est Sacré, & inviolable. Le troisiéme chef régarde les infractions de Sauvegarde, & de Ban, des l'obeïssance aux Arrests, & violence aux éxecutions publiques. Enfin le crime diminuë par l'éloignement de l'interêt public. *Troisiéme chef du crime de léze Majesté.*

La peine du crime de léze Majesté humaine, est le plus souvent de la mort naturelle, & même de la rouë, & démembrement, elle fut ainsi réglée en France contre Roux Macilly quant à la rouë, & à l'égard de Ravalliac quant à l'autre, le dernier ayant été tiré à quatre chévaux, aprés son abominable parricide, on emploit les ténailles ardentes, & même l'huile boüillante. *Peine du crime de léze Majesté. Exemples. Especes de supplices.*

Les Romains eurent toûjours vn soing tres particulier pour la punition de tels délits, & le Roy *Seruius* s'étant désembarrassé de la connoissance des crimes, se réservât de juger ceux qui attaquoit sa Sacrée personne, où la seureté de l'Etat.

L'on rase aussi bien souvent les maisons des criminels, comme il fut observé dans Lyon, contre le Sieur de la Veuë convaincu d'avoir fait maltraitter vn nommé Lanchenu, en haïne de quelques Ordres du Roy de France, dont il étoit l'éxecuteur, on voit encor à présent l'endroit vuide de sa Maison démolie dans la même Ville. *Démolissemét des maisons des criminels. Exemple.*

Les peines de ce crime engagent non seulement les coupables a celle que les Loix ordonnent ; Mais encore leurs descendants, *a* qui sont inhabiles à tous honneurs, & charges publiques, quelquefois ils sont châtrez, où confinez dans vn cloître ils ont même été mis à mort parmy les Anciens, ainsi qu'on lit de Sejan au temps de Tybere : car on égorgea ses enfants, jusques-là que sa fille destinée auparavant *Peines de ce crime passées aux enfans. a l.5.ff. ad l. Iul.ma¹gt. disperss¹part. l.liu.22. des crimes. Exemple de Sejan.*

Q

à être femme du fils de l'Empereur, fut la proye impudique du bourreau, & aprés égorgée publiquement sur vn échafaut.

*Raisons pour n'étendre les peines hors des enfans.*

Car si bien il semble injuste, *parentum scelera pœnis filiorum puniri*, comme disent Ciceron, *ad brutum*, Saint Augustin en sa huictiéme question, & l'Ecriture dans le vingt-quatriéme du Deuteronome, neantmoins le crime de léze Majesté ne prend pas fin à la mort du délinquant, jusques-là que son héredité est confisquée, *a Natura* dit le grand Valere, *b fatum impleuit, lex vero secura vsque ad inferos persequitur*, & rien ne peut favoriser des pareils crimes, comme assure Seneque au quatriéme des benefices, y ayant peine d'infamie contre ceux qui en sollicitent le pardon, *c* lors qu'ils sont compris au prémier chef.

*a l.5. C. ad l. Iul. maieſt. Depeyſſ.par.1. tit. 22. des crim.*
*b Valer. max. lib. 6 c 1.*
*Il n'est licite d'interceder pour les criminels de léze Maieſté.*
*c l.5.ſſo. denique, C. ad leg. Iul. mai.*
*Suite des peines des criminels de léze Majesté.*
*d l.5. eod.*
*Peine du silence.*
*e Rebuſſ. in proem conſt. reg.*
*f Boër. in tractat. de sedit.*
*Exemples.*

C'ét pourquoy les biens du criminel sont confisqués avec son honneur, & sa vie *d*, ne restant pas seulement le titre de Nobles à ses descédants, s'ils l'avoient eu avant sa conviction, il est vray que Depeysse ne croit pas que la peine dure aprés la mort s'il ne s'agit du prémier chef, ny même qu'elle doive passer aux enfans, suivant le sentiment de Rebuffe, *e* & de Boërius, *f* il faut observer que la Loy récōpense ceux qui le découvrét, l'histoire de Vindicius en est vne preuve qui récouvra la liberté, & fut fait citoyē de Rome, parce qu'il avoit accusé les enfans de Brutus, qui vouloiét rétablir les Tarquins sur le thrône au préjudice de l'Etat, la mort du Président de Thouz, décapité à Lyon faute d'avoir accusé Monsieur Défiat qui luy avoit confié ses intentions, ét vn exéple de la rigueur qu'on exerce envers les personnes qui n'accusent pas ceux qui entreprennent contre le Prince, où contre l'Etat.

I'observe qu'il faut moins de preuve en ce crime, quoyque pourtant il n'en faille pas admétre l'accusation sans des
fortes

fortes apparences *a* , tous privileges en ce crime sont inutiles, & aneantis ( *delinquentibus non seruatur honos* ) & l'on fait le procés à la memoire du criminel , & à son cadaure lequel est trainé puis pendu, où jetté sur vne rouë, & même souvent déterré pour ce sujet, comme fut Gromvel il n'y a pas long-temps en Angleterre, pour être ses os enterrez au pied d'vn gibet.

*a l.famos. ff. ad l.Iul.tai.ai.*

## CHAPITRE XXIII.

### *De la Trahison, Infidelité, & Félonie.*

CE Crime est vn des plus opposés à la bonté d'vne ame, & à son élevation, il s'appelle infidelité envers les égaux, prodition, quãd vn étrãger trahit vn Estat, & trahison lorsqu'il est sujet, ce fut le motif qui évita la rouë au nommé la Forcade, & à ses complices dans la distinction qu'on fit de sa qualité d'étranger, quoyqu'il fut à la verité dans le service lors qu'il se rendit digne du gibet, où il fut pendu par Arrest du Senat.

Diverses especes de trahison.
Qu'est-ce qu'infidelité.
Qu'ět ce que prodition.
Qu'ět-ce que trahison.

Les épies sont vn genre fort infame de traîtres, ou de proditeurs, pour lesquels il n'y a jamais pardon ; mais toûjours vn honteux supplice.

Des épies.

La peine des traîtres, proditeurs, & épies, est de mort, sous quelque difference, quand aux supplices, qui sont quelquefois du feu. *Si quis facultatem in ciues deprædandi dederit viuus comburatur*, *a* d'autrefois aussi le gibet, & la rouë sont le salaire de leurs lâcheté.

Peine des susnommez.
*a l 9. ff. de re milit.*

Ils sont si détestables, & si odieux, que quoyqu'ils ayent

On se sert de la trahison, &

servi ceux qui les employent dans leur negotiation honteuse, & criminelle intrigue, ils n'vſent jamais de leurs perſonnes, bien qu'ils le faſſent de leur trahiſon, dont la fable (qui cache des ſolides veritez ſous l'apparence du menſonge) nous rend témoignage touchant Sylla, & Minos, dans les Metaphormoſes d'Ovide, auſſi bien que l'Hiſtoire des Turcs, concernant celuy qui trahit Rhodes.

*non pas du traître.*

*Exemples fabuleux, & hiſtoriques. Ovide en ſes Metam. fab. 1. livre 8.*

Quant a l'infidelité aux particuliers ? la confuſion, & les remords, font ſon ſupplice plus cruel que celuy des autres trahiſons: car les traîtres aux amis réſſentent inceſſamment le ver piquant de la ſynderéſe qui eſt vn impitoyable bourreau, dont les réproches ſont les verges, & le glaive.

*De l'infidelité aux amis.*

*De la ſynderéſe de l'infidelle amy.*

Le ſouvenir de ſa faute fait la conſommation de ſes malheurs, & la méſure de ſes inquiétudes, il eſt le vautour, qui le dévore ſans ceſſe, & la furie qui le tourmente, en ſorte que ſa penſée eſt ſon ſupplice, comme ſon déshonneur eſt ſon enfer.

*Ses ſupplices internes.*

En effet qui a t'il de plus honteux, que d'abuſer de la confiance qu'on nous donne ? & que le violement de l'amitié dont ell'eſt le gage, & le charactere, comme la fidelité en eſt le ciment, & la joye ? *Nihil tam oblectat animum,* dit Seneque, *quam amicitia fidelis, quid dulcius* (adjoute Ciceron) *quam habere cum quo omnia audeas ſic loqui vt tecum ?* Auſſi la Loy aſſure celuy qui agit en la préſence de ſes amis, *amicorum præſentia ſecuritatis teſtimonium eſt,* a Iob n'a rien tant à cœur dans ſes afflictions, que leur ingratitude, & abandonnement injuſte, le Proverbe dit auſſi qu'on ſe peut mieux garentir d'vn ennemy déclaré que non pas d'vn lâche, & d'vn traître, *magis occidit qui veneno quam qui gladio.*

*De l'amitié fidelle, & de ſes douceurs.*

*Amicorū præſētia ſecuritatiū teſtimonium eſt. a l. 15. Cod. de tranſact.*

*Exemple.*

I'advouë, que la Savoye a peu de pareilles gens, & que la franchiſe y a banny la diſſimulation même, (qui eſt aſſez en vſage

Part. I. Liu. I. Chap. XXIII.

vſage au Siécle ou nous ſommes,) non pas que ſes habitans ayent la Niaiſerie naturelle (comme a dit aſſez mal à propos l'Autheur des Eſtats, & Empyres *a* quand il en a parlé) ils ſont ennemis de tout ce qui trompe, où qui amuſe, ils ſont animez en cela, comme ils ſont en tout du moins les perſonnes honnêtes, par vn principe d'honneur, & de conſcience, cette Nation étant dans vn païs temperé, elle tire du climat, & de l'air bénin qu'elle reſpire, les ſémences naturelles du bien, & de l'obeïſſance à ſon Prince, & à ſes Magiſtrats; outre que la Savoye étant vn des plus fameux paſſages des Gaules en Italie, ſes habitans ſe forment tous les jours mieux, par la veuë des Grands qui paſſent, comme ils corrigent leurs défauts lorſqu'ils en ont ſur la laideur des vices des étrangers qui en font paroitre, tellement qu'il n'y a lieu au monde, ou l'amitié ſoit plus ſincere, & mieux cultivée qu'elle eſt en Savoye parmy les honnêtes gens : ce qui fait vne des prémieres félicitez de cét Eſtat.

*Fidelité, & franchiſe des Savoyſiens. La diſſimulatiõ eſt bãnie en Savoye, quoyqu'elle ſoit le vice à la mode.*
*b Dauity au traité des Eſtats de Savoye.*
*Raiſon de la douceur, & bonté des Savoyſiens.*

En effet qui a t'il de plus doux au monde que ce commerce ? & comme dit l'Orateur Romain, *habere cum quo loqui poſſis vt tecum*, Seneque concourt à ce ſentiment lorſqu'il aſſure que rien n'êt ſi réjouïſſant qu'vne amitié pure, & fidelle, auſſi rémarquons-nous que rien ne fut plus affligeant au prototipe de la paience que le mépris, & le délaiſſement de ſes amis.

*Douceurs de l'amitié.*

C'êt ce qui obligea Alexandre de Macedoine à laiſſer Compaſpe à ſon amy *Appelles*, quoyqu'il en fut extraordinairement amoureux, & qui luy fit abbatre les créneaux des Villes en ſigne de ſon régret extréme de la mort Depheſtion, dont il avoit êté homicide dans le vin.

*a l.3 c. de tranſact.*
*Exemples.*

La Félonie a quelque réſſemblance à la trahiſon : mais

*De la félon*

comme elle concerne les fiefs, je renvois le Lecteur à l'endroit où il en est parlé dans la fin de cét Ouvrage, & à la pratique de Masuërus, enfin aux anciennes Constitutions feudales, & à ceux qui les ont traittées.

## CHAPITRE XXIV.

### De la Sedition, & Révolte.

Effet de la sédition.

IL y a rien qui trouble là paix publique, & l'économie du Gouvernement, c'êt la rébellion, & le soulévement des peuples, d'où naissent les violements, les parricides, & les sacriléges, c'êt la révolte des Anges rebelles, qui a creusé l'enfer ; & fait l'étrange metamorphose de leur état, enfin personne n'ignore que l'obeïssance plait mieux à Dieu que mille victimes.

L'on sçait assez les malheurs des guerres intestines, qui naissent le plus souvent des rebellions, ausquelles il ne se faut point engager *nec te civilibus insere bellis.*

La peine de la sédition est régulierement de mort naturelle contre les chefs, &, quand il ny a point de distinction des délinquants, il ny a point aussi de difference touchant la peine, l'on cite les Syndics selon Depeysse, & Charondas, qui sont ouys, & exposez à la confrontation, & autres procédures, sans pourtant encourir aucune peine, & en cas de contumace, le Iuge établit un Procureur pour les déffendre, & rarément la Communauté est condamnée à aucune peine, ainsi qu'assure le même Depeysse.

Il est vray que si le délit n'a été fait par déliberation de la commu-

commune ; mais par châque particulier la peine fuit les autheurs, ainsi qu'on lit au troisiéme des réponses de Charondas dans les Arrests de Papon, & chez Berger son commentateur.

Il me semble pourtant que l'on peut châtier les communautez en corps, où en démantelant leurs Villes, où en abolissant leurs priviléges, où enfin en les chargeant d'impôts, & j'ay veu dans les memoires de feu mon Ayeul, qu'il y eut pareils châtiments exercez, lorsqu'il avoit l'Honneur d'être Ambassadeur en Suisse.

Il me souvient aussi qu'étant vn de mes prédecesseurs Sécretaire d'Etat, il luy resta des memoires d'vne amende publiquement faite aux Commissaires du Senat, que ceux de la Valdaoste avoient insultez faisants leur charge.

La sédition est moins punissable en la personne des femmes, & des mineurs, quoyque l'innocent soit souvent châtié avec le coupable, *Omne enim magnum exemplum habet aliquid ex iniquo quod publica vtilitate compensatur*, comme il fut dit en plain Senat par *Cassius*, voulant persuader la mort de quatre cent Esclaves dont on avoit tué les Maîtres.

Pour éviter les séditions, & les désordres populaires, les assemblées sont déffenduës en ce pays, quand elles sont des communes sans les Officiers locaux, où des particuliers avec armes s'ils passent le nombre de vingt personnes, *a* jusques-là que les armes à feu sont déffenduës, sauf aux Nobles, aux Marchands, & autres que le negoce oblige de voyager.

*a Edit du 2x. Septem. 1598. Arrest du 21. Iuin 1576.*

CHAPI

## CHAPITRE XXV.

*Des détracteurs du Prince, & du mépris fait à ses Images.*

**P**VISQVE le Prince est Dieu sur Terre touchant les choses temporelles qu'il luy a laissées pour sa portion.

*Divisum Imperium cum Iove Cæsar habet.*

<small>Il ne faut en aucune maniere offecer le Prince. Il faut hônorer tout ce qui porte memoire du Prince.</small>

Il ne faut pas seulement retenir nos mains ; mais aussi nos parolles, nos pensées, & tout ce qui peut l'offencer, où en sa personne, où en ses Images vivantes, qui sont ses Magistrats, où enfin à l'égard de ses copies inanimées, comme sont ses figures, ses armes, & tout ce qui porte son authorité, & son Nom.

<small>Si la médisance du Prince est pardonnable. a *l.vn. Cod. si quis imp. maledix.* Charactere du Chrétien. b *e inter quere.'es 14. q. 4.* c c. *Apost. 55.* Le public ne doit dissimuler l'injure faite au Prince. Peines de ceux qui médisêt de luy. Exemple.</small>

J'advoüe que Theodose, & Valentinian attribuants, où à folie, où à des autres foiblesses, la médisance qu'on feroit d'eux, la pardonnent dans vne Loy, *a* & que rien ne marque plus la bonté, & la generosité d'vne ame Chrêtienne, que le pardon des offences, *b* ( *Amicos diligere* dit Tertulien *omnium est : inimicos vero Christianorum* ) neantmoins le public qui est interessé à l'injure que souffre son Chef, ne la doit point dissimuler: l'Eglise *c* même interdit le Clerc qui médit du Prince, & excommunie au même cas les personnes séculieres, le Droit civil porte quelquefois la peine au dernier supplice lorsque les parolles choquent le charactere, & par conséquent l'Etat, aussi David vn des meilleurs Princes de son temps, puisqu'il êtoit selon le cœur de Dieu même, le prioit de confondre, & d'aneantir les ennemis de son Etat,

*Disper*

*Disperdes omnes inimicos meos*, pour montrer que rien n'attaque les Princes, & leur charactere sans crime. L'exemple de Sejan, que Tybere fit précipiter des échelles gémonienes, pour des parolles insolentes, & de Paconian qu'il fit étrangler en prison à cause de quelques vers Satyriques, fait bien voir qu'il ne faut pas médire des Princes, & que nous leurs devons consacrer, aprés Dieu, nos parolles, & nos propres vies. *Principi non maledices* a, *qui enim provocat regem peccat in animam suam* b, *ne medis point du Roy*, dit encor l'Ecclesiaste, c *pas même en ta propre pensée: car quelque animal ayant des aisses en pourroit rapporter la voix, & les parolles.*

Exemples.

Passages remarquables.
a *Exod. 22.*
*act. ap. c. 23.*
b *Prou. 17.*
c *Eccl. 10.*
*vers. 10.*

Les images, & autres monuments de la grandeur des Princes sont si sacrées qu'elles étoient anciennement des aziles aux criminels, comme les Autels, & le Sanctuaire, jusques-là que les Esclaves maltraitez sans mésure ny moderation par leurs maîtres y r'encontroient vn réfuge : car ils ne leurs étoient point rendus sans des grandes promesses, même assermentées d'arrêter à l'avénir leurs emportements, où s'ils ne vouloient pas jurer, ils étoient contraints de s'en défaire, & de les vendre.

Respect deu aux images du Prince. Elles étoient jadis dés aziles.

*ss. domincr̄.*
*Instit. de his*
*qui sui vel*
*alien.*

J'ay veu étant à Lyon executer cinq personnes à mort, pour avoir abbatu de la Doüane, l'image du Roy de France, qu'ils jetterent dans le feu en haïne de quelque nouvel impost.

Exemples.

Enfin le Prince, quelque bon qu'il soit, ne doit point retenir les foudres de ses ressentiments à l'égard de ceux qui offencent son Charactere, y ayant bien de la peine de faire précision de sa personne pour la considerer comme privée non plus que de celle de ses Magistrats, puisque la dignité les suit par tout, *Et si privati Princeps contemnat injurias* d *in lucem pœnam injuriarum bono reipublicæ profert.* Il

Le Prince ne peut disposer de sa Sacrée personne pour l'abandonner aux injures, & au mépris ny être cōsideré sans son charactere.
d *tot. tit. Cod.*
*si quis*

R

faut honnorer le Prince comme l'image de Dieu, & il est nommé par Ioseph au Livre de *sectis Iudæorum* Sacré, & inviolable.

## CHAPITRE XXVI.

*De L'infraction de Sauvegarde, & désobeyssance aux Ordres du Prince, & du Magistrat.*

*Tout doit céder au Prince & à la Iustice.*

AVTHORITE' du Prince, & de ceux qu'il a étably pour en être les dispensateurs est assurément le grand principe du répos des peuples, comme celle de l'entendement fait la parfaite économie de nôtre conduite, & rien ne la maintient si fortement que l'obeyssance, à la Iustice, & la fermeté de ses Décrets, ausquels tout doit céder dans la république pour en soutenir la durée.

*Peinture remarquable.*

Du Tilliet, & Depeysse ont rémarqué vn embléme curieux dans le Palais de Paris pour expliquer ma pensée, on y voit vn Lyon peint, & artistement élabouré, ayant la tête, & la queuë entre les jambes, pour montrer que point de force ne peut résister à la Iustice.

*Des lettres de Sauvegarde, & autres de justice.*

Le Prince qui s'en est déchargé en partie sur ses Magistrats, en exerce encor les plus hautes fonctions, comme est la concession des Lettres de Sauvegarde, qu'il accorde pour la maintenance des Décrets des Iuges, & pour empécher qu'on ny resiste, aussi sont-elles nommées Lettres de Iustice, & plusieurs autres rescrits, qu'on ne réfuse à personne, & qui s'accordent dans les Chancelleries attachées aux Cours Souveraines.

Les

*Part. I. Liu. I. Chap. XXVI.*

Les infracteurs de Sauvegarde offencent la Majesté du Prince par le mépris qu'ils font de sa protection, comme les violateurs des Décrets du Magistrat, où du Iuge, les offencent par celuy qu'ils font de leurs Ordonnances, & décisions. Prenant donc les choses par ordre, il faut commencer par la Sauvegarde, & les saufs conduits. *Qu'êt-ce qu'infraction de Sauvegarde? Des rebelles à Iustice.*

La Sauvegarde est quelquefois signée du Prince, dans la grande Chancellerie, comme j'en ay veu il ny a pas long-temps vne presentée au Senat ; mais cela est fort extraordinaire. Quant a celle dont je veux parler, il faut qu'elle soit intimée aux personnes interessées, & que l'on apprehende, ce qui se fait par Huissier, où Sergent Ducal, on s'en peut servir pour tous ses biens, & famille, & la faire publier au peuple assemblé deuëment, auquel cas châcun est présumé l'avoir sceuë, j'ay veu pourtant faire difficulté au Senat de pourvoir contre ceux qui n'étoient nommez dans l'exploit, *quia vox præconis paucis innotescit*, c'êt pourquoy le plus seur est de parler à ceux que l'on doute, & de faire inserer leurs Noms aux exploits. *De la Sauvegarde ses especes. Só intimatiō. Par qui est faite. Intimation publique. Cōseil vtile.*

On fait afficher les Armes du Prince pour mieux faire sçavoir sa protection, & c'êt ce que Nous appellons affiction de pénonceaux, & s'il y a opposition l'on renvoit les parties pardevant les Iuges Ordinaires comme aux autres rescrits de Chancellerie. *Des pénonceaux, & affictiō d'iceux. Des oppositions, & renvois.*

Mais s'il ny a nul empéchement, l'on châtie d'amendes les infracteurs, & s'il y a mépris notable corporellemẽt, aprés les informations, & autres procedures accoustumées en fait de délits, étant à remarquer que les Iuges Ducaux en ont connoissance, où le Senat, & non les subalternes, parce que c'êt vn crime de léze Majesté, autant en est des violateurs, des saufconduits, qui doivent avoir été passez au Senat pour *Peines des infracteurs de Sauvegarde qui & en connoit. Des saufconduits.*

R 2

132 *Estat de la Iust. Eccl. & Sec. du pays de Savoye,*
avoir effet suivant les Edits, on accorde en temps de guerre des Sauvegardes aux Marchands, & autres, & quelquefois des personnes ayants la livrée du Prince.

*Les peines sont attachées au ban.*
*a Edit du 3. Sept. 1596. an stil.*

Quant aux Edits, & Décrets du Magistrat ils ont presque toûjours des peines exprimées dans leurs déffences, comme elles sont *a* touchant l'éxtraction des bleds avec confiscation, qui sont quelquefois de la mort, lorsqu'il s'agit d'interêt d'Etat en choses notables.

*Denrées dôt la distraction n'est permise.*

La Savoye (quoyque abôdante en denrées, autant qu'ell'est pauvre d'argent l'étant mieux en vin qu'en bleds,) l'on en a pu jusques à present extraire le vin; mais non pas les bleds sur tout le froment, *b* non plus que les bois, *c* étant même depuis déffendu d'en oster l'écorce, & ceux qui coupent ceux de haute futaye sont punis de grosses amandes, & sans distinction ceux qui sortent les bois de l'Etat s'ils n'ont permission de le faire. *d*

*Distraction du bled défendue.*
*b Arr. de 1594.*
*c Arr. general du 30. May 1672.*
*d Arr. du 8. Mars 1594. au stil.*
*e Edit du 12. Aoust 1586.*
*f Edit de 1560.*
*Des gardes du Sel, & du bled.*

Il y a aussi pareilles déffences touchant les poudres, & salpétres, *e* de même qu'au régard des armes, *f* mais les dernieres ne sont obsérvées, qu'en temps de guerre? & à l'égard des ennemis de l'Etat.

Il y a des gardes pour empécher l'introduction du Sel étranger, & la distraction des bleds, qui sont creus dans leur office autant qu'vne information de plusieurs témoins, l'on défend aussi souvent l'introduction des vins étrangers, en ce pays, & toûjours le défrichement des montagnes, *g* qui causent des éboulements, la diséte des bois, & l'abandonnement de la plaine, sous prétexte d'vn profit présent qui abuse les Laboureurs, & qui les ruïne par ce qu'il ne dure que trois ans.

*On croit à leurs déclarations.*
*g Arr. gen. du 9 Dec. 1559.*
*Abus touchant les esforts.*

*Désobeissâce au Magistrat est punissable*

Ors j'estime que la désobeyssance aux Ordres du Magistrat, particulierement du Senat, est toûjours vn crime, & j'ay

veu

veu châtier rigoureusement vn nommé Eustache Vullermet, au rapport de Monsieur du Noyer *a* pour avoir méprisé vn Arrest.

*a Arr. du 10. Dec. 1666.*

## CHAPITRE XXVII.

### Du Crime de faux.

COMME il ny a rien qui soit plus essentiel à Dieu que la verité ; aussi ne peut-on s'imaginer aucune chose qui luy soit plus opposée que le mensonge, & la fausseté qui sont les attributs du démon, *falsus homo non est homo*, disent les Docteurs. *a*

Dieu est la verité, & le diable le mensonge.
*a arg l 2.C. de fid. instr.*

Les faussetez ont toûjours êté detestées, même dans la Loy de Moyse, où les faux témoins, & les faux prophétes étoient lapidez, *testem fallacem odit Dominus*, dit l'Ecriture au siziéme des Proverbes, Dieu en a parlé expressément dans vn article du Décalogue ; mais on ne voit pas qu'avant le dictateur Sylla on eut établi des questions publiques touchant les faux actes, ce qu'il commença contre les personnes qui fabriquoient des faux testaments, *b* où qui écrivoient les liberalitez qu'ils y récevoient. *c* Du dépuis l'vtilité qui venoit de cette séverité la fit étendre à tous actes publics sans distinction.

Peines de tout têps cõtre les faussaires.
Commencement des accusations du faux.

*b Appian. in l. bell. cin.*
*c tot. tit. de his qui sibi adscr. in testa. l. 6. ff. ad l. cor. de falf.*

Il est vray que le faux n'êt pas punissable s'il n'êt nuisible, *d* & qu'il faut encor aujourd'huy vser d'inscription pour en opposer, quoyqu'elle ne reste plus aux autres accusations, non plus que la peine du talion, qui avoit détruit la punition des crimes par la cessation des poursuittes causée par la crainte de cette rigueur.

*d Bart. in l. Lucius, & l. qui falsam. ff. de falf. Bacco q. 7. Depeysse du faux.*
De l'inscriptiõ du taliõ.
Peine du talion est abolie.

**Divers cas de faussetez.**

L'on peut commetre fausseté en plusieurs cas, comme en Sentences, actes judiciels, & extrajudiciels, où comme Iuge, où comme Gréffier, Actuaire, Notaire, témoin, où enfin étant la propre partie tant en actes publics que privez, déquoy nous parlerons avec ordre.

## CHAPITRE XXVIII.

*Des fausses Sentences, lettres, & autres actes judiciels, & de Chancellerie.*

**Le Iuge doit être au dessus de toutes bassesses.**

PERSONNE n'ignore que la prévarication ne soit plus odieuse dans les personnes publiques, que dans l'esprit des particuliers, & que les Iuges étants employez aux choses les plus importantes de la République ils ne doivent aussi étre au dessus de toutes bassesses, & lâchetez, *mauvais Iuges*, dit Isaye, *à qui aurez-vous recours quand vous serez devant Dieu? Videte*, disoit Iudas, *quid faciatis non hominis sed Dei iudicium exercetis*.

**Son employ, & danger.**

**Des faux Iuges.**
a *Pap. lin. 22. Arr. 1.*
**Exemple.**
**Des fausses lettres, & actes.**
b *Ang. in l. 5. Cod. de bon. vac. lib. 10. Bal. in l. nullum C. de te. stibus Bacco quæs. 16.*
c *c. Ad auditiam de crim. falsi.*

On en a pourtant trouvé, qui ont donné des faux jugements fondez sur des raisons supposées, où des faits imaginaires, crime qui est fort odieux & puni de mort, *a* Valere Maxime rapporte que Cambises Roy de Perse, fit écorcher vif vn méchant Iuge, & pendre sa peau sur son Tribunal, & Aristote dans ses politiques dit qu'il ny a pire animal au monde.

Quant aux lettres, & autres actes falsifiez, tant de Chancellerie, que du Gréffe le Iuge lay punit les clercs sans aucun renvoy ny dégradation, *b* il est vray que plusieurs se restraignent

gnent a la falsification des Bulles du Pape, & des Lettres des Souverains comme est le nôtre, quoyqu'il en soit? la dégradation n'êt plus en usage, comme nous avons dit ailleurs, laquelle n'étoit pas peu utile à l'exemple : car ces céremonies donnoient plus de terreur que l'éxecution à mort du criminel.

La peine de telles faussetez est souvent du dernier supplice: mais toûjours d'amende honnoraire, & du bannissement, ou des galeres, avec laceration publique de l'acte faux, ainsi qu'on voit dans Papon *a*, & quoyque l'on ne marque plus les criminels sur le visage, comme on faisoit les calomniateurs, & l'esclave fuyard, neantmoins il se fait souvent en France à l'égard des Iuges, & autres Officiers de justice, attaints de fausseté selon Papon. Boyer, *b* & Salycet, rapportez par luy soutiennent que la falsification des lettres d'un Souverain merite la mort, quoyque le même Papon allegue un Arrest rendu contre Simon Salomon, qui fut fouëté, & puis marqué sur le front d'un fer chaud, & enfin banny du Royaume à jamais, par Arrest du Parlement de Bourdeaux, aprés avoir crié mercy à Dieu, au Roy, & à Iustice, la torche en la main, l'accusation qu'institua Taboüé contre Pelisson, & quelques autres du Parlement de Savoye, lesquels il chargeoit de treize faussetez, est un exemple de la rigueur qu'on observe en ce cas ; il est vray qu'il fut luy même condamné à Paris, comme calomniateur, parce que partie des accusez firent voir leur innocéce. Quoyque la peine du faux ne soit pas reguliérement de mort naturelle, *d* neantmoins un nommé Maréchal Procureur fut pendu en 1566. pour avoir falsifié un Arrest, ainsi que rapporte Papon *e* en quelque endroit : étant certain que le Iuge peut porter les peines au dernier supplice quand elles sont arbitraires, comme est regulié

*imper. maled. Pap. lin. 22.*

Il seroit encor à propos d'observer les solēnitez *ad terrorem.*
Peine de ces faussetez.
a *Papon eod. Arr. 1.*
On marque en France les faux Iuges au front.
b *Boyer. dec. 82.*
c *Le Prêtre cent. 2. ch. 52.*

Exemple.

d *l. 1. Cod. de falf. Luc. de pen in l. siquis C. vi nemo ait suum patroc. lib. 11. Papin Depcysse.*
e *Papon l. 22. Arr. 1. art. 3.*

*La peine du faux est arbitraire, & va souvent à la mort.*
*Cas ou le faux est puni de mort.*

reguliérement celle du faux si les circonstances l'éxigent; ainsi à plus forte raison dans les cas, ou les Loix, & les Edits l'ont ordonnée comme à l'égard des faux monnoyeurs des faux témoins, & des faux notaires.

## CHAPITRE XXIX.

### Des faux Notaires, & Témoins.

*Causes de l'usage des Notaires, & témoins.*

SI la mauvaise foy, & la mort ne faisoient perdre souvent les preuves: il n'y auroit besoin ny de Notaires ny de témoins : car les crimes seroient bannis du monde, les promesses executées aussi bien que les liberalitez, & l'on verroit la Iustice regner sans obstacle comme au temps qu'on appelloit le siecle d'Or, que la fable dit avoir êté sous le regne de Saturne en Italie : *a* Mais la corruption des siécles ayant fait naître la necessité des preuves, les Notaires ont êté ordonnez pour marquer la volonté des mourants, & les actes que le commerce exige, & les témoins afin d'en certifier, & de convaincre les criminels en Iustice.

*a Denys Halycbern.*

*A quoy servent les Notaires, & témoins.*

Les Notaires,(ainsi appellez *quod notis expedirent*)sont personnes publiques, ne pouvants réfuser de faire leur charge, *b* & leur employ êtoit si relevé qu'anciennement, selon le dire de Bernard, les Roys de France s'appelloient souvent, *Notarij. Notariorum* : Aussi voit-on en plusieurs endroits, comme en Avignon qu'ils sont des principaux de la République, & ils êtoient il ny a pas plus d'vn siécle présque tous Nobles, & Docteurs en Savoye ; mais leur grand nombre,

*Etymologie du Notaire.*
*b Bald. in l. mouendam, ff. de postul.*
*Office du Notaire.*
*Sa dignité.*
*Des 4. Notaires d'Avignõ,*
*Notaires anciens de Savoye.*

leur

## Part. I. Liu. I. Chap. XXIX.

leur ignorance, en ravale bien l'état au temps, ou nous sommes.

Leur dévoir est aussi indispensable qu'il est important, ils sont les dépositaires de nos fortunes, comme ils sont confidents de nos sécrets, c'ét pourquoy ils doivent être personnes de probité, de bon sens, & d'vne capacité médiocre ce qui est de la cōnoissance de ceux qui les réçoivent, & qui les éxaminent. Anciennement leurs provisions étoient addressées par le Prince ( qui seul à droit de les créer en Savoye, ) aux Iuges Majes, où à Monsieur le prémier Président ; mais dépuis quelque temps l'on les addresse au dernier, comme plus clair-voyant, & plus infaillible. *Devoir des Notaires. Qualitez necessaires aux Notaires. Par qui sont créés, & examinez.*

Le Notaire doit récevoir les actes dans des lieux honnétes, & non dans les Cabarets, *a* au milieu des désordres, que le vin y cause présque toûjours ; il doit vser de papier net, *b* & se conformer en tout à la volonté des parties, qu'il est obligé d'écrire mot à mot en leur présence *c*, ny ayant rien de si dangereux, que d'vser d'imbréviatures, quoyque cela se puisse, pourveu que rien ne soit adjoûté dans le *transumptum* que les clauses ordinaires, & solites, & encor par le seul qui l'a réçu, comme dit Bavo. Il doit écrire luy même s'il n'ét empêché, & toûjours signer au pied des actes, qu'il réçoit suivant l'Article 374. du Stil, & Réglement de Savoye, sans qu'il les puisse coucher qu'en Langue vulgaire, afin que les parties, & témoins les entendent, *d* la même chose se pratique en France, suivant l'Ordonnance de François prémier, de l'an 1538. Etant à remarquer que la Langue Françoise est la vulgaire en Savoye, du moins parmy les Personnes de lettres, & civilisées, étant bien juste que la conformité qui est entre ses deux Nations pour les mœurs, luy soit aussi dans l'idiome. *Obligation des Notaires. a Stat. de Savoye liu. 3. c. 10. Où ils doivent stipuler & comment. b Nouel. de tabel. stat. li. 3. c. 17. stil. art. 367. c stil. art. 372. & 373. De l'imbreviature, & transumptû. d Cod. fab. of. 18. de fid. instrum Faut ecrire eu langue vulgate et il art 170. Qu'elle est la langue vulgaire du païs de Savoye.*

S

Le Notaire doit certifié des parties qui l'employent, comme aussi des témoins, *a* & faire signer les vns, & les autres en cas qu'ils le sçachent faire, où charger sa minute qu'ils n'ont peu, où sçu écrire, *b* étant croyable, comme tous autres, dans l'office, *c* sinon que tous les témoins deposassent contre son fait. *d* Que si les contrats ne sont écrits de de sa main il est obligé de le declarer. *e*

Les minutes sont de fort grande importance, & ont obligé nos Princes à établir des Tabellions, & Garde-Notes pour en empécher l'alteration, & la perte, qui arrivent souvent, où par la négligence, où par la malice de ceux qui en sont saisis, c'ét ce qui fait que les Magistrats les abergent, & commettent pour les expeditions aprés la mort des Notaires, & l'on ne pourroit jamais rien imaginer de plus necessaire, comme l'observation exacte de ces choses, & la maintenance des Tabellions, & Garde-Notes, comme on fait en France, & plusieurs endroits, au dire Papon, & de quelques autres.

Il y a obligation à tous Notaires de remétre de trois en 3. mois, aux Fiscaux de la Province, ou ils habitent, vn roolle des ventes, & affranchissements qu'ils auront reçus, à peine de privation d'Offices, & de cent livres, par Edit du 20. Mars 1582. à cause des droits du Prince.

Comme les Notaires sont dépositaires des choses les plus importantes des familles ils doivent étre sécrets, & fort réservez, & comme dit Horace. *f*

*Arcanum neque tu scrutaberis vllius vnquam,*
*Commissúmque teges, & vino tortus, & ira.*

C'ét pourquoy les Edits *g* leur défendent d'éxhiber leurs minutes sauf aux interessez, & de reïterer les expéditions sans ordre du Iuge, *h* particulierément les obligations pures,
&

& simples. J'ay parlé par occasion du devoir du Notaire, afin qu'il puisse éviter en le sçachant le châtiment qui est ordonné contre luy quand il y péche, étant à rémarquer que suivant l'Article 366. du Stil que les actes reçus par Notaires de Cour d'Eglise sont nuls en choses prophanes.

La peine des faux Notaires est selon les Edits de nos Princes, d'avoir le poing coupé puis d'être brûlés vifs, ainsi qu'il fut jugé par le Senat contre vn nommé Depalma, & precedemment contre vn nommé Adornier, *a* Bavo rapporte qu'nv faux Sergent nommé Martin fut pendu, pour avoir fait vn faux exploit, *b* cette peine est toûjours ordonnée, ainsi qu'assurent le Prêtre, *c* & Depeysse, *d* contre les faux Notaires, & témoins dans le Royaume de France.

L'on peut impugner de faux vne écriture privée desquelle a été réconnuë; comme assurent Expilly, *e* Bouvot, *f* & Depeysse; Je ne suis pas pourtant bien de l'avis du dernier, ny de Charondas, qu'il cite au vingt-septiéme Article du faux, lorsqu'ils excluënt la preuve contraire de l'accusé, en cas que l'accusation ne soit accidentelle; mais principale, s'ils n'exceptent pas la justification, & la preuve qu'on en doit admetre quand l'accusé nomme des témoins.

Les faux témoins ne sont pas moins dangereux, & à craindre que les faux Notaires; car ils sont les prémiers juges des affaires qui sont commises à leur foy, & à leur dire, & des veritables homicides, *falsus testis homicida est.*

L'Exactitude est fort importante en fait de témoignage, tant au régard de celuy qui le rend que de celuy qui le reçoit, ou le silence de la verité n'ét pas moins, vne fausseté que l'allegation du mensonge *h*, & suivant le Salycet *i*, dans la Loy derniere du Code au Titre des preuves, vn témoin qui n'ét assigné, ou produit, n'a nulle croyance en justice *k*, non

*Il ne peut expedier 2. fois sinō par extrait.*
*Raison pour laquelle a été parlé de l'office des Notaires.*
*Peine des faux Notaires.*
a *Stil. art. 375.*
b *Arr du 30. Aoust 1603. voy Bavo. q. 12. tract. ́reat.*
*Peine des faux Notaires vsitée en France.*
c *Le Prêtre cent. ch. 51.*
d *Depeysse sect. 2. art. 9. des crim. s.*
e *l. 21. & 23.*
ff *ad l. corn. de falf.*
f *Expilly en ses Arr. ch. 8.*
g *Bouvot tom. 2 q. 5. erreur de quelques Docteurs.*
*Des faux témoinages.*
*Exactitude à observer en fait de preuves par témoins.*
h *l vlt. C. de probat. Depeysse.*
*Les faut assigner ou produire.*
i *Salycet. in l. sin. C. de prob. alex. conf.*
k *Guid. Pap. q. 211.*

plus que celuy qui ne donne raison de son dire, *a* Mais il suffit que le témoin ait été produit pour faire preuve, encor qu'il n'ait été assigné, nonobstant que plusieurs veulent l'vn, & l'autre.

Lorsqu'vn témoin a quitté la personne qui l'entend, il ne peut plus changer à ce qu'il a déposé, s'il y a eu vn notable interstice, *b* & quoyqu'il puisse expliquer sa déposition (s'il n'a été ouy par vn gradué,) il ne peut pas absolument la changer, ny démentir le Iuge, où Commissaire sans qu'il y ait fausseté ; mais il est difficile de la preuver, & peu de gens se hazardent à vn tel danger, dont Taboüé a fait l'épreuve, dans la fameuse procédure touchant Pelisson, Crassais, Rozet, dont Papon fait mention au 19. Livre de ses rapsodies d'Arrests.

La foy des Notaires, & autres peut être diminuée par la contradiction vnanime de tous les témoins, & en ce cas on ordonne la résomption des Notaires, & témoins, selon ce qui est *extra*, au dire de Depeysse, souvent on décerne prise de corps, comme j'ay veu juger au Rapport de Monsieur Duclos au mois de Novembre 1673. Neantmoins il faudroit toûjours s'inscrire en faux, quand il s'agiroit d'vn Gradué.

Celuy qui dépose le faux, ou qui seduit, & corromp les témoins merite la mort, *c* étants les faux témoins condamnez aux feu par les Edits de Nos Souverains, *d* & après qu'ils sont connus tels, on ne les réçoit plus à déposer. *e* Ie parleray plus au long du témoinage dans vn autre endroit, je fais seulement observer au Lecteur, que la déclaration du Iuge, du Notaire, ou du témoin, d'avoir agy faussement en faveur de quelqu'vn, ne luy peut nuire quand ce seroit aux derniers moments de leur vies.

CHAPI

Part. I. Liu. I.er Chap. XXX.                    141

## CHAPITRE XXX.

### Du Crime de fausse Monnoye.

IL est vray que la monnoye soit la signification de tous les biens selon les Iurisconsultes, *a* & le dire d'Aristote : il ne faut pas douter que le droit de luy donner la marque, le poids, & la valeur ne soit fort considerable, & digne de l'empressement des Princes, aussi s'en reservent ils par tout le pouvoir, & le priuilége.

Les monnoyes étoient peu connuës dans les prémiers temps, & tout le commerce consistoit à des permutations d'espece à espece ; mais comme on n'avoit pas toûjours des choses proportionnées à la valeur de ce que l'on desiroit, & à la volonté de ceux avec lesquels il falloit traitter l'on inventa certaines pieces (qui étoient des signes du prix) tantôt rondes, tantôt quarrées, Iustinian, *b* & Wolphangus, *c* ont parlé l'vn des pieces de bois arondies, & l'autre, de *quadratis*, en divers endroits.

Le prémier des Romains qui fit marquer les monnoyes, fut le Roy *Seruius*, lequel y fit peindre, & graver la figure des animaux, comme Hyerogliphes des richesses ; car si bien *Numa*, & méme *Romulus* avoient fait distribuër des pieces de fer, d'airain, & de cuir, au dire de *Suidas*, & Abraham payé son sepulchre de bonne monoye, comme il est rapporté au 23. de la Genese : Neantmoins il n'êt pas dit qu'il y eut aucune marque, ny charactere. *d* Ie sçay bien que l'invéntion de la monoye est présque aussi ancienne que

*a l ff. de côtrá emp. Plin. 33.*
Importance des monoyes

Histoire des monoyes.
Formes de l'ancien cómerce.

Cause de l'invention, ou vsage des monoyes.
*b ff. de exact. trib. in auth.*
*c Vuolp. Lazi. lit. cómment. de rep. Rom. c. 3.*
Premiers qui ont fait marquer l'argét, & de quelles figures ?
Monoyes de cuir, & d'airain.
Premiers inventeurs des monoyes.
*d Leonard. de Pont. lib. 1. de sestertio.*

S 3

le monde, si nous croyons Ioseph Iuif ; car il l'attribuë à Caïn, au prémier Livre de ses Antiquitez ; mais celle de la marquer est deuë quant à l'état de Rome, à *Quintus Fabius*, qui le fit faire cinq ans avant la prémiere guerre punique, *a* on forma soixante ans après les écus, du plus noble des Metaux. *b*

Les Estats bien policez, comme est la Savoye font réflection à trois circonstances touchant les monoyes, qui sont la matiere, le poids, & la figure *c* soit charactere.

Quant à la matiere elle est aujourdhuy, ou de cuivre, ou d'argent, ou d'or, la bonté de l'argent pur est de 12. deniers, le denier de 24. grains, & les grains de 24. carats ; celle de l'or est appellée obryzon composé de 24. degrez soit carats: mais quand il y a de l'alliage, leur valeur va diminuant à proportion du plus grand mélange d'autres Metaux, & s'il excéde la moitié on nomme l'argent en ce cas impur, & de billion. Ors comme on ne peut travailler l'or, ny l'argent purs ; il y a vne régle touchant l'alliage appellée aloy, ou ligature.

Au régard du poids, il est aussi réglé par la Tariffe, & ce qu'en porte la decace.

Reste à parler du charactere, & figure des monoyes, qui dépendent de la volonté des Princes lesquels sont en coûtume d'y faire imprimer leurs Images, l'explication de leurs Victoires, de leur fortune, & de leur Grandeur.

Il n'y a gueres de Potentats au monde qui en ayent fait batre de plus curieuses, plus nobles, & plus expressives de leur magnificence, & pieté, que Nos Souverains, dont les personnes opulentes, & curieuses font l'ornement de leurs Cabinets, & la plus belle matiere de leurs thrésors. Guichenon en écrit fort au long dans l'Histoire de Savoye ; où je renvoy le Lecteur.

*Marginalia:*
Caïn vsa de monoyes.
*a Alex. ab Alex. genial. dier. lib. 4.*
*b Plin. lib. 33. c. 3.*
Trois circōstances touchant les monoyes.
*c l. ff. de contr. empt.*
De la matiere des monoyes.
De l'argent pur, des deniers, des grains, des carats, de l'alliage.
De l'argent de billion.
De l'aloy, ligature, soit alliage.
De la tariffe, & poids.
Du charactere, & figure.
Monoyes curieuses de Savoye.

Il y a eu en Savoye quelques changemens à la valeur des monoyes causez par des raisons politiques, dequoy Spectacle Gaspard Bally, *a* à fait vn petit Traitté, qui est vtile en plusieurs choses ; mais Covarruvias à écrit mieux que tous sur cette matiere. *b*

Seulement diray-je pour régle generale, que le renfort, & diminution des monoyes, sont de l'essence des payemens lorsque l'espece n'ét pas stipulée ; mais la valeur, *c* & que les dommages interests en sont deus, comme il fut jugé par le Senat au Rapport de Monsieur Carron, en faveur de Monsieur de Lechereine, qui remplit avec honneur, & merite la Charge de sécond Président en la Chambre des Comptes de ce Païs.

Nous avons dit cy-devant que le Prince Souverain à aujourd'huy le droit de faire batre monoye, de leur donner la valeur, & la marque à l'éxclusion de tous autres *d* ( méme de certains Seigneurs, qui ont prétendu des priviléges pour ce régard, ainsi que Depeysse assure étre observé en France. )

Il faut maintenant éxaminer le crime, & la peine de ceux qui fabriquent la fausse monoye, où je comprens la bonne, lorsqu'ils sont batre, & marquer par vsurpation, & attentat.

Le préjudice qu'ils causent au peuple n'ét pas vn leger motif pour leur châtiment, puisqu'ils sont vne guerre sécrete aux gens de bien sous le Nom, & sous l'Authorité du Prince, qu'ils vsurpent, & quoyque plusieurs ayent diminué la peine des fabricateurs de fausses monoyes, quand elles sont basses, & voulu qu'il n'y eut présque point de crime de forger de bonne matiere ; Neantmoins les Edits ne distinguent point non plus que les Loix Civiles, & les Empereurs *Arcadius & Theodosius*, les qualifiént criminels de léze Majesté

Rabais, & augmentation monoyes.
a *Du rabais, & renfort des monoyes.*
b *Couvar. var. resol.*

Cas notable.
c *arg. l. si quando, ff. de leg. 1. Bart. in l. Paulus de solut.*
Exemple. Eloge de M. de Lechereine.

Le Prince seul fait batre monoye.
d *Ioan. fab. ad §um. 1. instit. quibus mod. tol. oblig. Boër. decis. 327. l. 2. de vet. cusum. potest.*

Peine des faux monoyeurs.

Préjudice des fausses monoyes.

Toutes monoyes sont fausses quád l'authorité manque.
e *Lib. 9. C. Theod. tit 21. l. 2. de falf. mon.*

*Eſtat de la Iuſt. Eccl. & Sec. du pays de Savoye,*

jeſté au prémier chef, *a* & Solon ne diſtinguoit point la peine des faux monoyeurs de celle des prophanateurs des Loix, ainſi qu'on lit dans Horace contre Timocrate.

La peine des faux monoyeurs eſt de mort avec confiſcation de biens tant du droit civil, *a* que du municipal de Savoye, *b* ainſi qu'il fut jugé à mon Rapport contre Thomas Mouche, *c* & du dépuis contre Thomas Paris, à celuy de Monſieur du Clos, *d* on tranche la teſte aux Nobles, comme il fut executé contre vne perſonne de Remilly, moy étant Rapporteur de ſon procez, l'execution ne fut pourtant qu'en éffigie non plus que de Thomas Mouche, pour avoir tous deux pris la fuite.

La méme peine de mort naturelle eſt ordonnée contre ceux qui débitent la fauſſe monoye ou autrement prétent ayde à ceux qui la fabriquent, pourveu qu'ils l'ayent fait ſciémment, *e* ſans que le Magiſtrat la puiſſe addoucir.

Le crime de fauſſe monoye eſt ſi grand, que l'on punit ceux qui l'ont ſçu ſans le decéler, *f* quoyque moins ſeverement, & la maiſon ou ell'a été fabriquée doit être confiſquée, ainſi qu'aſſure Depeyſſe, *g* & le texte méme ſi le proprietaire le ſçavoit?

Non ſeulement les fabricateurs de fauſſe monoye, ou qui la font bonne ſans ordre du Prince, ſont puniſſables ; mais auſſi ceux qui la rognent, & qui la rendent en fonte du fort ou foible, enſemble les billonneurs ; c'ét à dire ceux qui l'achétent à vil prix pour la révendre plus cher, étant le droit des monoyes de régale, ainſi qu'aſſurent Lomeau en ſes maximes, le Bret au Livre de la Souveraineté, Guy Pape en ſes queſtions, & Grimaud en ſon traité des monoyes.

Tellement que nul aujourd'huy n'en peut faire batre que le Princes ; ſuivant ces mémes Docteurs citez par Monſieur Depeyſſe,

Depeysse, & l'on voit que IESVS-CHRIST prit occasion d'Ordonner l'obeyssance à César, parce que son Image étoit empreinte sur la monoye, *a* que les Iuifs luy présenterent, pour nous apprendre que ce droit est vn argument de l'authorité supréme.

Quoyque la peine établie contre ce crime soit des plus séveres, étant du feu avec confiscation de biens (selon Constantin, César, & les Loix du digeste *b*;) Neantmoins la minorité, *c* & l'ignorance la diminuent, *d* à plus forte raison l'inéxecution, & le repentir, *e* le Senat la jugea sur ces principes à mon Rapport touchant vn nommé Estienne Gabriël d'Aygueblanche, qui fut absous pour s'être repenty du dessein qu'il avoit formé de fabriquer la fausse monoye, quoyqu'il eut déja donné à forger, & à marquer des trousseaux, & fait complot avec plusieurs autres, pour en reüssir, *f* & à l'égard d'vn nommé Noël Anthoine, qui ne fut condamné qu'aux galeres, parce qu'il n'avoit que vingt-vn an, & qu'il étoit idiot, & vn peu Niais.

Enfin quoyque l'on soit obligé d'accuser en ce crime ceux qu'on sçait en être attaints, toutes-fois on excepte les enfans à l'égard de leur pere, les pere à celuy du fils, & les femmes touchant leurs maris; c'est l'opinion de Faber, *g* & de Depeysse fondée sur les principes de la Nature, & de la raison. *Nemo enim tenetur proprium sanguinem tradere nec portionem sui ipsius.*

Les formalitez en ce crime se font comme s'ensuit, l'on fait informer contre les accusez sécretement, & saisir les pieces soupçonnées, comm'aussi les personnes qui en sont saisies sur tout lorsquelles sont suspectes de fuite, *h* l'on est en coûtume de condamner la piece aprés l'avoir fait reconnoître à l'accusé, les expers déclarent sa qualité, & matiere,

Moralité curieuse.
a *Matth. c. 22. Luc. c. 20.*
Faux monoyeurs sont brulez avec confiscation.
b *Vlp. in l. quicumque.*
Minorité, & ignorance excusent à *tanto.*
c *Farin q. 16. n. 6. l. auxilii de min.*
d *l. ferò de reg. iur. vbi Doctores.*
e *l. qui falf.* Repentir excuse.
Exemple touchant le repentir.
Exemple au regard de la minorité.
f *Arr. du 19. Fevr. 1671.*
Autre exemple.
Tous ne sont tenus d'accuser en ce crime.
g *l. Fab. def. 15. de falf. mon.*
Persones qui ne sont obligées découvrir le faux monoyeur.
Formalitez contre les faux monoyeurs.
h suivant l'*Arr. du 7. Septem. 559.* inseré au stil.

146 *Eſtat de la Iuſt.Eccl.& Sec.du pays de Savoye,*

On fait le procés à la piece fauſſe aprés que l'accuſé l'a reconnuë.
La Chambre fait ſouvent le procés à la piece quoyque le Senat le puiſſe.
Qui donne cours aux monoyes, ou le leurs leve.

ce qui peut étre par ordre du Senat, qui eſt juge de ces choſes ſuivant Monſieur Favre ; mais il laiſſe le plus ſouvent juger la fauſſeté en préſence de ceux que la Chambre députe leſquels en dreſſent verbail en forme.

 Elle condamne aprés la piece,& la fait déformer,& rompre avec les inhibitions accoûtumées ; car quoyqu'elle ne counoiſſe pas du crime de fauſſe monoye , elle peut pourvoir touchant ſa valeur, & la débite qui s'en fait riére le reſort de Savoye, & autres Provinces déçà les monts, comme étant vn interêt de la Couronne,& du Domaine.

a *l.5.16.17. vlt. C. ad l. Corn. de falſ. Depeyſſe, du faux.*

 Anciennement on avoit le choix de pourſuivre civilement les fauſſetez, *a* mais aujourd'huy, on ne le peut ſans s'inſcrire, en quoy le Préſident Bavo s'ét infiniment trompé lorſqu'il aſſure le contraire , afin de lever la facilité d'entreprendre la foy publique , j'en traiteray en détail en vn autre endroit en parlant de la conduite des formalitez criminelles; n'étant icy mon deſſein de parler d'autre que de la Theorie , & de préparer par ce moyen les Praticiens à l'application juſte des choſes dont ils auront la conduite , & la confiance.

## CHAPITRE XXXI.

### *Du changement de Nom.*

V o y q v e les Noms (qui ſont, ou propres, ou appellatifs, & inventez , *ad deſignandos homines*) ſoient des accidents qui peuvent ſe ſéparer de l'Homme

a *l.vnic.C.de mut. nomin.*

ſans crimes, *a* & ſans en alterer l'état, que méme il ſoit licite,

&

*Part. I. Liu. I. Chap. XXXI.* 147

& quelquesfois honnorable de les changer, comme on voit encor en la creation des Papes, *a* & en quelques Réligions, (ce qu'ils font *ad induendum nouum hominem* à l'imitation des Apôtres, ) Neantmoins il y a plusieurs cas ou le changement de Nom est vn crime s'il est fait avec dol, *mutans nomen*, dit vne Loy, *c falsarius est*, & Tertulien assure que changer le Nom à vne chose c'ét en changer l'état.

La peine de ceux qui le font à dessein de décevoir est réglée par le préjudice qu'ils portent, & peut aller jusques à la mort, comme on lit de Iean du Thyl, se disant étre Martin Guerre, dont Monsieur Décorax a écrit l'Arrest de mort, & la procédure par luy faite, comme son Commissaire, & Rapporteur, déja au temps de Sylla Trebellius Calca perdit la vie pour avoir vsurpé le Titre de fils de Claude, Monsieur Favre a écrit dans son Code *de mutatione nominis*, vn préjugé remarquable touchant vn Bourreau, qui avoit pris le Nom d'vn Homme d'honneur, lequel fut condamné au fouët par le Senat, & s'il eut quelque honneur à rendre il auroit fait amende honoraire à la personne offencée, & de qui cét infame se disoit étre parent proche.

*On peut changer de Nom sans crime.*
*a Platina.*
*Exemples illustres du changement de Nom.*
*Changemét fait par dol, est châriable.*
*b l. 13. ff. de falf.*
*Peine de ceux qui changét leur Nom pour tromper. Exemple.*

*Exemple.*

## CHAPITRE XXXII.

*De la supposition de part, & exposition d'enfans.*

POVR juger du mal que font ceux qui introduisent des enfans étrangers dans les familles, il ne faut que bien comprendre l'amour que Nous avons pour les nôtres, & l'empréssement que chacun a de conserver ses

*Enormité de ce crime.*

T 2

biens dans sa famille, aussi commettent-ils vne des plus horribles faussetez, & des plus detestables larcins du monde.

*Qui en peut accuser. a l. 30. ff. ad leg. Corn. de f. l.f.l. 10 eod. b l. 1. C. ad l. Cor. de falf.*

L'Accusation de ce crime n'appartient qu'aux parents, & à ceux qui y ont interêt, *a* elle peut être instituée avant la puberté, *b quia publicè interest vt familiarum dignitas, ordoque servetur;* Ovide parle ainsi.

*Inseris æacidis alienæ nomina gentis.*

*Combié dure l'accusation de ce crime.*

Cette accusation selon Cujas, & Depeysse dure 20. ans, & même aprés la mort de la femme criminelle ; car si bien elle n'êt plus punissable, ces complices le seront encore, selon Accurse.

*Sa peine. b Iul. Paulus recept. senten. Corn taci lib. recept. sent*

La peine de ce crime est des galeres à l'égard des hommes, & du bannissement quant aux femmes, *c* sur tout lorsque cette imposture offence des familles Nobles, & Illustres y ayant des exemples ou la peine a êté de mort naturelle.

*De l'exposition d'éfans. e tot. tit de infant. exp f.*

Quant à l'éxposition des enfans ; Elle a toûjours êté châtié fort sévèrement, *d* étant vne espece d'homicide qui quelquefois tuë l'ame, comme il arrive souvent lorsque l'on porte les Bastards dévant les Hôpitaux, les maisons, & même dans le milieu des chémins, par vne cruauté detestable, ainsi qu'il est arrivé icy il ny a pas long-temps.

*Cruauté des expositions.*

*De l'Hôpital proche Saint François, fin de son fondateur.*

La Ville de Chambery à l'imitation de celle de Rome à vn Hôpital destiné pour les enfans illégitimes ; Il est vray que celuy de Chambery, est pour ceux desquels le pere n'êt point connu ; car s'il étoit ? on l'obligeroit à nourrir l'enfant exposé, & à payer les frais, & nourriture, que cette maison Charitable auroit supportée, ( comme il fut jugé à mon Rapport par forme de Réglement, publié par les carrefours de Chambery, portant ma Commission generale informer des contraventions.) J'ay veu foüeter publiquement vn quidam pour avoir porté vn enfant la nuit dévant

*Réglement.*

*Exemple.*

vant l'Hôpital, & afin de faire mieux connoitre au public la cause de son supplice on luy attacha vn berceau au col, & il est de la prudence des Iuges d'éxprimer dans la peine autant qu'ils peuvent les crimes qui l'a luy font ordonner, afin qu'elle fasse plus d'exemple.

*Il est bō que le supplice explique les crimes.*

## CHAPITRE XXXIII.

### Des fausses Armoiries.

L'AMBITION des Hommes est si excessive qu'ils ne se contentent pas de réchercher les grandeurs, les honneurs, & le crédit; ils en affectent méme les apparences par des voyes indirectes, & déraisonnables; car les vns s'authorisent du Nom des puissants, & de leurs enseignes, les autres prénent des Titres qui ne leur appartiennent pas, les autres supposent des armoiries sans qu'ils en ayent la concession du Prince, ny la qualité de Gentilshommes, ou Nobles pour en vser suivant les Edits. *a*

La peine de ceux qui vsurpent des droits qui ne leurs appartiennent pas est arbitraire au Iuge, *b* étant à rémarquer que les Bastards, *c* ne peuvent prendre les armes des legitimes sans les barrer, s'il n'ont leur advéu, & consentement.

*De l'vsurpatiō des titres, & armoiries.*

*Deffences pour l'empécher.*

*a Edit du 5. Nov. 1598. inséré au stil. Peine de ceux qui vsurpent des armes.*
*b l. eos Cod. ad leg. Corn. de fals. l. Martianus, ff. ad l. Iul. majest.*
*c Edit du 5. Nov. 1598. stat. l. 3. c. 3.*

## CHAPITRE XXXIV.

### Du crime de Stellionat.

LE Stellionat étant vn genre de fausseté il peut étre rangé dans cette suite de matieres.

**Etymologie du stellionat.**
Ce mot prend son etymologie d'vn Lézard malicieux nommé *Stellio*, comme a rémarqué Pline au huitiéme de son Histoire lequel est si envieux que pour empécher qu'on ne se serve de la peau dont il se dépoüille, la mange quand il la quitte.

Ce crime qui n'a point de Nom propre garde celuy de cét animal, *a quod enim in privatis judiciis est de dolo actio, hoc in criminibus est stellionatus persecutio, & vbi titulus criminis deficit, illic stellionatus obijciemus, sicut in civilibus actio in factum aliarum subsidiaria est.*

a *l. stellionatus, ff. de crimin. stell.*

**Qu'ét-ce que stellionat.**
Le Stellionat est commis par celuy qui donne en payement vne chose qu'il avoit auparavant hypothéquée, ou qui suppose des maauvaises marchandises. b

b *l. 1. ff. 1. ff. eod.*

**Observatiōs sur le stellionat.**
Ie rémarque pourtant que l'hypothéque generale, c où la vente qui ont précedé le contract deceptif, & frauduleux, n'établissent pas vn crime de stellionat, ainsi qu'on peut lire dans la Pratique de *Nouvellus*, d & méme dans le texte des Loix, e ce qui me fait croire que le Brun, qui dit le contraire s'est manifestement trompé, *qui enim duobus vendit; & tradit* disent Balde, & Bavo, *falsum, verè committit* f *non stellionatum.*

c *Ang. in l. 1. de crim. stell.*
Erreur du Brun.
d *Voy Depeyss. du stellionat.*
e *l. qui duobus, C. de falss.*
*l. ex empt. ff. de act. empt. & vend.*
f *Bal. in l. 15. C. de rei vin.*
*Bav. q. 28.*

L'Action du stellionat peut étre jointe aux ordinaires, & à
plusieurs

*Part. I. Liu. I. Chap. XXXIV.*

plusieurs cas particuliers, comme si le creancier étant payé avoit répris de son débiteur l'instrument de sa créance pour en éxiger vne seconde fois le payement, *a* ou si dans vne hypothéque vne chose avoit été donnée pour vne autre, *b* c'ét aussi vn cas dont parlent les Docteurs notamment Depeysse.

La peine de ce crime est extraordinaire, *c* & reguliérement du bannissement, *d* & quelquesfois des galeres au régard des personnes viles. *e*

Le stellionat étant presque toûjours vne espece de larcin on en peut poursuivre civilement le dommage interêt, & rarement il porte infamie, ainsi qu'a rémarqué Depeysse, quelque condemnation qu'on en ait soufferte, sinon que le Iuge l'eut déclaré.

a *l. 16. & 36. ff. de pig. act.* Cas particuliers du stellionat.
b *l. 29. ff. mand.*
c *l 5. & 36. ff. de rim. stel.* La epeine.
d *l. 5. ff. de cri. stel.*
e *eod. ff. vis.*
f *eod.* On peut poursuivre civilemēt le stellionat.

## CHAPITRE XXXV.

*De l'interceptation, & decachetement des letres missives.*

IL semble que ce crime ne doive pas étre mis dans vn Titre à part, puisqu'il ny a gueres de Docteurs qui en parlent, & que je veule r'encherir sur eux; Neantmoins, comme il contient le larcin la fausseté, & souvent la perfidie je crois à propos d'en parler separément.

Ceux qui attendent les Messagers pour arrêter leurs paquets, sont fort criminels, & puniz quelquefois de la mort méme, sur tout lorsque cela est fait au préjudice du Prince, & de l'Etat.

De ceux qui arrestent les letres. peine.

Que

*Eſtat de la Iuſt. Eccl. & Sec. du pays de Savoye,*

**De ceux qui arrêtent les miſſives des particuliers. Leur peine.**

Que ſi on a intercepté des miſſives de quelque particulier pour en arrêter le ſuccez, & la fin cette action eſt châtiée à proportion du préjudice qu'elle porte, & s'il y a violence, & préméditation la peine peut être Capitale.

Ce crime fut vn des principaux chefs de la condemnation aux galeres, donnée par le Senat contre vn nommé Rufinoz dit ſaint Orange, au Rapport de Monſieur Caſtagnery.

**De ceux qui ouvrent les miſſives.**

Quant au décachétement malicieux des letres miſſives, cette curioſité eſt toûjours criminelle, principalement, lorſque celuy qui les ouvre s'en eſt chargé, auquel cas il eſt

**Leur faute.**

châtié, comme violateur d'vn dépos fort important puiſqu'il contient ſouvent les ſecrets, & les plus grandes affai-

**Leur peine.**

res des familles, tellement qu'il y a toûjours lieu à punir ces ſurpriſes, & ces perfidies infames ſelon la prudence, & l'arbitrage du Iuge, ou du Magiſtrat.

**Cas ou il eſt permis d'arrêter, & ſaiſir les meſſagers.**

Il faut pourtant excepter ceux qui ſurprennent les épies, & autres portants des letres contre le bien de l'Etat; leſquels ſont plûtôt récompenſez que punis, *Omne enim magnum habet exemplum ex iniquo, quod aliqua publica utilitate compenſatur*, ainſi que dit la Roche en ſes Parlements après Caſſius, outre que rien n'êt injuſte lorſqu'il tend à la préſervation de la République.

CHAPITRE

## CHAPITRE XXXVI.

### Du transplantement de Bornes.

Evx qui rémuënt frauduleusement les limites, qui bornent, & séparent les possessions, commettent vn genre de fausseté fort punissable, & qui implique en soy vn larcin, & même vne violence, & trouble de la paix publique. *Ne remuë point la borne ancienne que tes Peres ont mise, & maudit soit celuy qui remuë la borne de son prochain*, dit l'Ecriture. a

<small>a *Deuter.*19. & 17. *Proverb.* 22.</small>

Ce crime fut puni diversement par Nos Peres ; car il étoit Capital chez diverses Nations, & César fit vne Loy qu'il nomma *Agraria*, qui condamnoit ceux qui transplantoient les bornes à dessein de nuire à cinquante écus d'or, outre les dommages interêts, des personnes qui s'en pleignoient.

<small>Peine de ce crime.</small>

Aujourd'huy la peine de ce délit est le bannissement, avec la restitution de ce qu'on a vsurpé, & la réparation du préjudice, a l'vsage de France est qu'ils soient battus de verges par la main du bourreau ; ce que l'on pourroit sans scrupule ordonner en Savoye, outre le bannissement eu égard à l'énormité de ce crime pire que le simple larcin.

<small>Peine du transplantement de bornes. b *l. divus. ff. de termin. mot.*</small>

Nerva fit contre luy vne Loy Capitale, & déja la peine du fouët étoit ordonnée par les Loix Civiles sur la fin de la Loy 2. *ff. de termino mot.*

Ce sont les décisions civiles, & canoniques, conformes aux Loix de Dieu, & aux lumieres de la raison.

V

## CHAPITRE XXXVII.

*De la Chasse, & Péche, & de leurs deffenses.*

<small>Qu'èt ce que chasse, *in genere generalissimo*.

a *Gen. 10.*
De la chasse des hômes.</small>

SI Nous considerons la chasse dans le genre le plus haut ? Ell'êt vn moyen de décevoir, d'opprimer, & de tromper, ce fut le sens veritable, & l'étymologie de Nemrod, qui veut dire chasseur robuste *a*; mais cette sorte de chasse n'êt pas celle, dont je desire parler puisqu'étant opposée a la bonne foy, & à la societé civile, elle n'êt qu'vne tyrannie au régard des Princes, & qu'vne fraude criminelle à l'égard du peuple; aussi voyons-nous dans la Loy de Dieu, qu'elle défend la tromperie envers son prochain, *b alteri non feceris quod tibi fieri non vis.*

<small>b 1. *ad Thess.*
La franchise, & la charité sont le partage du Chrétien.</small>

La fraude êt plus l'occupation d'vn démon que d'vn Chrétien, dont les mesures ne doivent tirer leur force, que des loix de la charité, & de la franchise, *homo fallax non est homo.*

<small>Deux gentes de chasse côtre l'homme. c *sup. p. 1d. 1.* de ce traité de l'Etat de la Iust. Guerre, & flaterie sont les deux chasses côtre l'homme.
Qu'èt-ce que flaterie.
d *l. sin si quis aliq. test. prohib pluar. de discr. adulat.*</small>

Sous cét espece de chasse d'hommes, l'on y peut renfermer la guerre (dont Nous avons parlé au Traité des crimes militaires, *c* qui êt la chasse tumultuaire, & avec bruit,) & la flaterie (qui êt celle qui se fait sans bruit, & avec addresse à l'égard des mémes hommes) plus dangereuse à la verité que la fureur des Soldats, & que les efforts du feu, & du fer.

Ce dernier moyen êt vne complaisance injuste, & aveugle produite par l'interêt, accompagnée de loüanges, même pour le vice, & ce qui ne les merite pas. *d* L'Orateur Romain

main-estime la flaterie étre la peste de l'amitié, *a* & Platon compare le flateur au démon, *b* puis au sorcier, & empoisonneur, par le vénin que ses dissimulations fardées porte dans l'esprit.

En effet châcun est bien aise d'étre trompé par des loüanges, lors méme qu'il en est indigne,*c* sur tout par vn amy.

*Nihil hominibus natura perniciosius inuenit,*
*Homine simulante veram amicitiam,*
*Quia eum non ut inimicum praecavemus, imo diligentes,*
*Vt amicum, in eo amplius ladimur. d*

Les flateurs sont presque toûjours comme le Lierre, qui embrasse la muraille pour l'abbatre, & pour la ruiner ; où comme la Syraine, qui chante pour dévorer ceux qui l'écoutent, aussi David en parle dans ces termes, *Et qui laudabant me adversum me jurabant. e* Etant certain que le flateur médite souvent la perte de celuy dont il feint le Panegyre, par la dissimulation de ses faux éloges.

Cette chasse mortelle ne se contente pas d'attaquer le vulgaire, elle porte ses addroites pratiques bien souvent, jusques à la Cour des Roys, & au Sanctuaire de la Justice ; car les grands sont plus sujets à ses atteintes criminelles, parce qu'il y a plus à esperer d'eux.

Elle y trouve mille secours dans l'ambition, qui leur est naturelle, & dans les mouvements de l'amour propre, & l'on remarque que leur élevation, & la crainte qu'on à de leur déplaire produisent la dissimulation,& la complaisance.

Il est vray que la vertu des grands Princes y doit résister, Pline ne loüe rien tant en l'Empereur Trajan que la liberté, que la verité trouvoit dans sa Cour ; & l'horreur qu'on y avoit pour la flaterie, sçachant que *Regum opes sapius assentatio, quam hostis evertit. f*

*a Cicer. in lælio.*
*b Plato in phædro.*
La loüange trope agreablement.
*c Plutar. in vita am. blæditia, cum reijciuntur placet seneca.*

*d Lucian. in anthologia.*
Hyeroglifes de la flaterie.

*e Psal. 101.*

La flaterie aborde les gräds plutôt que les autres.

Raisõs pourquoy la verité est bannie de chez les grands.

Exemple.
*f Voy. M. Favier traducteur de gienglaris en l'academie de la verité.*

*Estat de la Iust. Eccl. & Sec. du pays de Savoye,*

**De la chasse des bestes. S. permissió par tous les droits.**

Quant a la chasse des bestes sauvages ? son invention est plus legitime, ses moyens plus supportables, & son succez moins criminel ; car le droit naturel la permet, *concessus homini*, dit Aristote, *dominatus in belluas, & quæ nullius sunt cedunt occupanti*, le divin en fait de même, *præerit bestiis vniversis*, a *omnia subjecisti sub pedibus eius, oues boues vniversas, volucres cœli, & pisces maris*. b Il est vray que dépuis la prévarication d'Adam, le pouvoir absolu qu'avoit l'homme sur les animaux, & sur toute la terre, trouva de la resistance, quoyqu'il fut toûjours pareil, il fallut qu'il força cette mere commune des vivans à faire l'office que la Nature inspire pour les enfans, en la cultivant de ses propres mains, & luy ouvrant les entrailles par le soc de la charruë.

a *Gen. 9.*
b *Psal. 8.*

**Causes de la perte des droits de l'homme. La mere commune des hommes les doit nourrir.**

**Causes de l'invétion de la chasse.**

Il fallut contraindre les animaux devenus rebelles à servir à son vsage, par les addresses, & la force de la chasse s'il ne fut présque pas plûtôt homme qu'il fut criminel, & par consequent contraint de chasser, & de labourer la terre, pour la subsistance de sa vie.

**La chasse est exercée par les brutes.**

Cét art luy fut même commun avec les brutes, qui par des oppositions naturelles, se font incessamment la guerre, & vont à la chasse l'vne de l'autre, l'Eprevier court aux Perdrix, le Renard aux Liévres, la Baleine aux autres poissons, & le Loup présque à tous les animaux terrestres poussé de la fin qui le dévore.

**Chasse desinteressée, & artificielle desanimaux.**

Et non seulement les animaux chassent pour leur propre interêt ; mais encore pour celuy des hommes, cela se voit dans l'vsage des chiens, & des oyseaux de proye, que nous élevons.

**Des motifs, & especes de la chasse.**
c *Xenoph. in rep. Lacon.*

La chasse à divers motifs, aussi bien que plusieurs especes ; elle fut permise, & ordonnée aux Soldats pour les accoûtumer à la guerre, c ( dont vn Ancien l'appelle l'ombre,

&

*Part. I. Liu. I. Chap. XXXVI.*

& la ressemblance, ) comm'aussi aux personnes de qualité, pour leur ôter en les occupant l'occasion de malfaire, que l'oysiveté engendre toûjours. *a* Et c'étoit le principal employ des aynez, ainsi qu'on peut voir en l'Histoire d'Esaü à qui a la verité elle fut bien fatale, puisque la faim qu'elle luy avoit causé, luy fit vendre son droit d'aynesse, & la benediction paternelle.

Nous voyons que les motifs de la chasse ne sont pas seulement vtils ; mais quelquesfois absolument necessaires, *Horus* le fit bien voir, en purgeant par ce moyen vn pays des monstres qui le désoloient, *b* aussi bien que le vaillant Thesée par la défaite du Taureau de Maraton, & le brave Hercule par celle du Lyon de Nemée.

*Amerarius* dans l'Histoire d'Angleterre, qui est moins fabuleuse, Nous apprend, que la chasse du Loup y fut ordonnée sous des récompenses, qui l'ont netoyée de ces bestes malfaisantes, & cruelles. *c*

Enfin Platon défend de troubler le Noble exercice de la chasse au Livre septiéme de ses Loix, & Dion loüé Trajan, parce qu'il s'y occupoit, comme font encor aujourd'huy Nos Princes.

Mais s'il y a des raisons pour permetre, & même ordonner la chasse, dont parle Tiraqueau, il s'en trouve aussi de bien pressantes pour la deffendre, ou pour l'interêt des Princes, dont elle fait le plaisir, ou pour la conservation des especes, ou pour celle des fruits de la terre, ou enfin pour l'interêt de l'agriculture, & de la paix publique, que ses confusions pourroient alterer, *d* & Nous voyons que Platon, & Aristote l'appellent souvent brigandage, à cause de ses désordres.

Aussi est-elle défenduë en Savoye aux laboureurs, aussi

*Chasse ainsi ordonnée.*
*La chasse est l'ombre de la guerre.*
*a Eurip. in hipolid. ouid. in epist. phædr.*
*La chasse étoit l'occupation des aynez de maison.*
*La chasse est quelquefois necessaire.*
*b Parthen. in eratic.*
*Exemples.*

*c Philip. Camerarius l. 1. de ses medit. hist. chap. 8.*

*Des deffenses de la chasse. Leurs raisons.*

*d l. 1. C. de pace tenenda Fachin. controu. c. 1.*

*La chasse n'êt permise aux païsans.*

*Estat de la Iust. Eccl. & Sec. du pays de Savoye,*

bien que le port des armes, *a* à la réserve de celle des Loups, Ours, Sangliers, & autres animaux nuisibles, *b* j'ay veu qu'vn nommé Iean Sylvestre convaincu d'avoir tué vn Cerf fut à la veille d'avoir le fouët, s'il n'eut obtenu grace du Prince tant il est vray que le Senat est exact pour l'observation des Edits, & de tout ce qui maintient la tranquilité publique.

Les Canons la défendēt aux Cleres, sauf qu'elle fut quiéte, & sans bruit, *c* pour leur vsage seulemēt, l'Eglise ne souffrant rien en ses Ministres qui ressente le sang, & la cruauté, outre qu'ils se mettent en danger de quelque blessure, qui empécheroit l'exercice de leur Sacrées fonctions; si importantes à la République Chrétiene, ce qui fait nommer la chasse *artem néquissimam* à l'Oracle de l'Affrique. *d*

La chasse au temps de la prise est défenduë, *e* sans exceptions aux endroits ou ell'est pendante, à quoy le Senat pourvoit tous les ans, par la publication qu'il fait faire des Arrests, qui la défendent, & souvent des peines, ny ayant, ny Seigneur, ny autre, qui puisse ruïner impunément le bien des particuliers, sous quel prétexte que ce soit; pas méme entrer dans leurs fonds contre leur gré sans encourir l'action d'injure.

Que si le gibier est en conteste la Loy de la chasse le donne au poursuivant, & non à celuy qui l'a tué sans l'avoir mis sur pied, où qui s'en est emparé d'autre maniere.

Quand aux défenses generales de la chasse, il y a des certes anciennes qui en ont le droit du Prince. Ceux qui sont en possession de les faire s'y tiennent aussi; mais je douterois si ce droit est préscriptible après l'Edit de 1509, qui s'oppose aux préscriptions des droits Seigneuriaux, cependant il se peut faire qu'elles operent, contre tous autres, que le Souverain

---

*a* Edit du 21. Sept. 1598. inseré au stil. *b* stat. de Sav. l.3.c.11. Arr. general du 7. Sept. 1560. Exemple.

*c* tot. tit. de Cler. venat. Les Canons défendent la chasse aux Cleres, &c. pourquoy.

*d* D. Aug. in e. qui venatoribus dist. 86. La chasse en tēps de prise n'est permise à personne. *e* Arr. general du 22. May 1568. inseré au stil. On ne peut nuire au prochain sans injure.

A qui appartiēt le gibier *f* ss. venatio iust. de rer. div. Si les Seigneurs suzerains peuvēt défendre la chasse. Si ce droit est préscriptible, &contre qui.

verain dont l'Authorité ne préscrit jamais.

Il y aura pourtant, bien de la prudence aux Seigneurs Bannerets, de ne s'ériger pas en Souverains sur la Noblesse, qui est dans leurs Terres ; mais de conserver vne intelligence parfaite, puisque telles authoritez sont présque toûjours des effets des biens de la Fortune, au lieu que la qualité de Noble vient du temps, & de la Vertu. Ce qui fait que la Noblesse est difficilement soumises à ses semblables, sous prétexte de quelques fiefs, sinon qu'il s'agisse du service, & de l'interêt du Prince, & de la Iustice, où l'obeyssance est indispensable comme la respiration de l'air. *Les Seigneurs doivēt se ménager avec la Noblesse. Raisons pourquoy.*

Quant aux especes, & genres de chasse ceux qui en ont traité scolastiquement la divisent en tumultuaire quand elle est avec bruit de chiens, & d'armes, & quiéte quand elle se fait avec filets, & addresse, on l'éxerce ou sur la terre, & elle garde le nom de chasse, où sur l'eau, & pour lors on l'appelle péche; l'vne, & l'autre ont leurs inventions, leurs addresses, leurs régles, & leurs Loix, comme le reste des affaires de la vie. *Divisiō de la chasse. En quiete, & tumultuaire de la chasse, & de la péche.*

La plus grande Loy de la chasse, & de la péche, est celle de la raison, & de l'Evangile, qui est de ne faire tort au prochain, ny à ses biens, tellement qu'on ne peut point chasser dans les parcs, & garénes, tuër les animaux doméstiques, ny ceux, qui ont coutume de révenir, comme les Pigeons, ce qui est inhibé par Nos Edits, à peine des galeres, & de cent livres. *a* *Alteri ne feceris quod tibi non vis fieri.* *On ne peut chasser dans les parcs, & garénes. a Arr. general du 2. Octobre 1559. au stil.*

On nè peut non plus pécher dans les réservoirs, & étangs, *b* ny enfin dans les fléuves publics, ou la péche est infeodée, *c* & celuy qui empoisonne les eaux pour faciliter la capture des poissons est rigoureusement puny par Nos Loix municipales, *d* comme destructeur des especes, & par consequent *On ne peut pécher in aquapriuata. bl. 2. ff. ne quis in loc. publ. cl. 7. ff. de diu. & temp. præsc. l. fi C. de fud. patr. l. 11.*

de

*Estat de la Iust. Eccl. & Sec. du pays de Savoye,*

**Des empoisoneurs de rivières.**
**Pêche de l'ameçon.**
a *Le Bret de la souueraineté.*

de la pêche, qui est d'vne vtilité, & d'vne necessité publique.

Enfin comme il y a des cas où la chasse est toûjours permise aussi y en a t'il touchant la pêche aux riviéres publiques, quand ell'est pratiqué avec l'ameçon.

## CHAPITRE XXXVIII.

### *Du Rapt, Violement, Force privée, & Publique.*

**Eloge de la liberté.**
**Ce qui la choque est odieux.**
a *l. 4. C. de oper. libert.*
b *Cic. phi. 10.*
**La force à deux espèces.**
c *Rip. in l. 1. ff. quod. met. cauf.*
**Force publique qu'èt-ce.**
d *Cic.*
**Qu'èt-ce que force priuée.**
e *l. extat. ff. quod. met. bauz.*
**Peine des deux forces.**
f *l. 1. & fin. ff. ad leg. Iul. de vi publ.*
g *leg. 1. ff. ad leg. Iul. de vi publ.*
**Qu'èt-ce que rapt, & sa peine.**

COMME la liberté est la maîtresse dont tous les Hommes sont amoureux au dire de César, il n'y a rien de si ennemy de la vie civile, que ce qui entreprend sur ses franchises, a que Ciceron déteste plus que la Mort. b

Et il ne faut pas douter que la force qui en est l'ennemie déclarée ne soit vn crime, *vis in populo abesto* disent les 12. Tables *habet enim necessitatem impositam contrariæ voluntati.* c

Ell'est ou publique, faite avec armes, ou privée (*quam cicero quotidianam appellat.* d ) Lors qu'aucunes armes n'en ont été les aydes, & les instruments. e

La peine de la force privée est d'infamie, & de confiscation du tiers des biens ; f mais celle de la force publique, est de la galere, qui a succedé aux déportations. g

La force publique comprend le Rapt, & enlevement, lequel est définy dans l'école, comme cy-aprés ; *Raptus est violenta abductio alicujus, libidinis causâ;* Il est puny du dernier supplice, h sans que le mariage addoucisse la peine i selon le Texte ; Papon est pourtant d'opinion contraire au 27.
de

Part. I. Liu. I. Chap. XXXVIII.    161

de ses Arrests, ceux qui sont opposez à son sentiment disent que *non punitur matrimonium sed illicitus modus matrimo. ij.*

Le rapt est si odieux, que quoyque les Canons permettent le mariage au ravisseur avec sa proye, le droit civil ne le souffre pas *a*, bien plus l'entréprise est punie, comme l'éffet même, *b* & les aydes autant que l'autheur. *c* Quoyque la peine de l'entréprise soit moindre, & fort legere, *si non fuerit secuta, & copula* au sentiment de Cépola, & de Bavo, on est en coûtume de bailler Commissaire pour sçavoir la verité, comme il fit à l'égard des Démoiselles Nicolier, & Salladin, lesquelles furent sequestrées, & mises en lieux d'assurance, pendant que la formalité se faisoit.

Cette précaution, qui est vn effet de la prudence du Iuge empêche que la volonté, si necessaire dans le mariage, ne soit pas forcée par des ménasses, où par des priéres, & ouvre le chémin à la verité que l'interêt public éxige de la personne ravie, à laquelle aprés son serment toute croyance est donnée en haine de cét attentat sur ses libertez, & sur la paix, & le répos des familles. *d* Cette formalité fut observée contre les Sieurs freres de Verace, & quelques autres touchant l'enlévement de la même Démoiselle Salladin, de Genéve, duquel S. A. R. leur fit grace au Rapport de Monsieur Castagnery.

Le Rapt est si odieux qu'il empéche le mariage par le droit civil, quoyque les Canons le permettent, *e* & quelque consentement qu'vn fils de famille, où autres adstrints à la puissance d'autruy puissent donner, il n'en excuse pas les autheurs qui tous sont sujets à la peine du dernier supplice, sur tout quand la violence est publique, & avec armes, *voluntas enim coacta non est voluntas, quia si habet in cortice volitionem, habet in medulla nolitionem inanisque est voluntas*, dit Balde *cui juris potentia non assistit*.

*Raptoris vltimū suppliciis salarium est. a l. raptores, & l. si quis, C. de ep. & cler. Conatus puniur. Papō le Brū. Auxiliatores. b Guyd. Pap. q. 555. c l. vn. C. de rap. virg. Prevoyance du Sénat en cas de rapt. On sequeste la ravie.*

*Raisōs de ce que dessus.*

*On croit la ravie dās son serment. Exemple. d Bal. l. in c. t. de Apast. Cardin. in c. extr. de adulter.*

*Si le mariage est permis entre le ravisseur, & la fille enleuée. e c. vit. de raptor. Peine de Mort. Volonté forcée, & contre le droit n'est point volōté.*

X

*Quelques Docteurs ausquels j'ay peine d'adhérer disent que le ravisseur est moins punissable, si la personne enlevée n'êt pas dépendante d'autruy, comme sont les enfans de famille, les pupils qui ont Tuteurs, & autres semblables.

Il est vray que si la fille ravie étoit putain publique la peine seroit beaucoup moindre *in meretricem enim*, dit la Loy, *non fit raptus* a, & l'on considereroit son enlévement, comme vne autre violence.

La peine comme Nous avons dit est de la Mort, contre tous ceux qui ont eu part a la violence *b* tant par le droit civil que par l'Ordonnance de Blois,& autres en France,Nous observons le même en Savoye, jusques-là qu'elle enveloppe les receptateurs. *c*

Et ce n'êt pas en la personne des particuliers seulement, que le Rapt est châtié, l'Histoire du Roy Tarquin,& de celuy de Sichen, fait voir que ce crime n'exempte pas de sa peine, les grands, & les Têtes couronnées, aussi voit-on que la fable la cru propre du Dieu des enfers, dans le huitiéme des Metamorphoses. Ce fut le rapt qui détruisit la Tribu de Benjamin, *d* & qui fit la désolation des Troyens, aussi voyons-nous que les Empereurs, & autres Princes ont toûjours rigoureusement châtié les violences faites par les principes de l'impureté, témoin *Opilius Macrinus* qui fit coudre deux violateurs d'vne femme, dans le ventre de deux Beufs, la tête restant déhors, ainsi qu'on lit dans l'Histoire de sa vie.

*Marginalia:*
La peine est moindre quand la personne est libre. L'Enlévement des putains n'ê pas vn rapt. a *l verum, ff. de furti sariit. q.14 de del. carn.clar.l.5. sent.*

Peine du rapt. b *l.vnic.C.de rap. virg ss. item lex Iulia inst. de pub. iud.* c *Bans q.1? tract. reat.* Exemple. De la peine du rapt en la personne des Roys.

Exemple. d *Iuges 19. & 20.*

Exemple.

CHAPITRE

# CHAPITRE XXXIX.

*Des crimes d'Impureté, & Luxure.*

LE crime de l'Impureté est le plus infame de tous les autres, étant la soüilleure de l'Ame, & la ruïne de la santé du corps par des raisons purement physiques ; car il abrutit l'entendement, dissipe les esprits, & l'humide radical, en sorte que l'Homme luxurieux devient vne matiere presque inanimée, abysmée dans les ordures, dans les inquiétudes, & dans les maladies, cette beauté qu'il tiroit de l'innocence du Baptême, se trouve défigurée par la laideur du peché, & comme dit le Poëte. *Le crime de luxure est le plus infame de tous les autres. Effets funestes la luxure.*

——— *Nulla reparabilis arte.*
*Læsa pudicitia est.*

La paillardise, par la Loy de Dieu est vn crime plus grand que le larcin, puisqu'elle dérobe l'honneur du prochain, & la sainteté au corps, qui est le Temple de Dieu jusques-là que cette crainte, dont parle Tertulien lors qu'il dit que, *nullum malum sine formidine*, & la honte étants étouffées, il ny a plus rien qui ne semble être licite aux Luxurieux. *Omnium malorum principium libido est.* *La luxure est vn larcin. La luxure est l'origine de tous vices.*

Il y a cinq especes de luxure, sçavoir la simple paillardise, l'adultere, l'inceste, la sodomie soit bougterie, & la bestialité, la premiere espece contient la fornication (qui souvent est vn concubinage,) & le stupre, le tout peut être fait avec violence. *Divison de la paillardise.*

X 2

## CHAPITRE XL.

### De la simple Paillardise.

**Qu'ét-ce que fornication.**

LA simple Paillardise, qui se fait entre personnes non mariées, est nommée fornication, & lors qu'elle est avec vne Vierge on l'appelle Stupre ; Mais si elle ne l'étoit pas c'ét vne fornication, & s'il y a cohabita-

**Qu'ét-ce que concubinage.**

tion, & communication de lit, & de feu, pour lors on nomme cela concubinage.

La femme est avec sujet, nommée vn deffaut de la nature, la tentation de l'Homme, *a* & son veritable appauvrisse-

**a S. Hyerome. La femme impudique appauvrit. Exemple.**

ment, *qui alit scortum perdet substantiam*, l'avarice qui est vn principe inséparable d'elle ( *Mulieris genus avarissimum,* ) luy inspire mille inventions pour dépoüiller l'Homme de ses biens, ainsi que Nous apprenons en l'Histoire du Prodigue, de l'Evangile, ce qui a fait dire dans l'Ecriture que la méchanceté de l'Homme n'êt point tant à craindre, que les caresses d'vne femme, *Mulieris,* dit Balde au Chapitre premier

**Importunité de la femme.**

*de constitutionibus, est gravis importunitas quæ opportunitatem habere nequit.*

**Exemple.**

Ce fut par là que la belle Agnes Maîtresse de Charles VII. Roy de France, enrichit ses parents du gain de ses impuretez, & que Phryné dont parle Quintilian offrit le rétablissement des murailles de Thébes, qu'Alexandre avoit fait abbatre, & à l'Idole d'Appollon, vne statuë d'or massif avec ces mots *ex græcorum intemperantia,* d'où j'infere la necessité d'éviter les occasions des femmes, & leurs attraits, ce qui

Nous

Nous est signifié par l'avanture d'Acteon, qui pour avoir veu Diane nuë fut changé en Cerfs, symbole de la vitesse, pour montrer qu'il falloit fuïr, & éviter la veuë, & les approches des femmes, comme enseigne la Morale sainte.

La peine des simples paillardises étoit dans le droit civil de confiscation de la moitié des biens à l'égard des Nobles, & de châtiment corporel joint au bannissement envers les personnes abjéctes. *a* La Loy de Dieu veut que celuy qui a couché avec la fille Vierge l'épouse où la dote, *b* à quoy les Canons ont adjoûté vne commination de peine, *c* Depeysse rapporte vn Arrest du Parlement de Grenoble, par lequel vn nommé Chappelat fut condamné à épouser vne fille enceinte de son fait sous peine de la vie, le Senat Ordonne seulement au déflorateur de donner dot à la fille qu'il a corrompuë, si mieux il n'ayme l'épouser, & laisse au Iuge d'Eglise la question du mariage.

Que s'il y a des enfans vivants, le pere les doit rétirer, & méme l'ayeül, sauf de l'imputer dans la legitime du paillard.

Le Senat est en coûtume de juger ainsi, comme il fit contre vn nommé Arbareste, & aprés par vn Arrest celebre donné en Robe rouges le 19. Octobre 1662. & on croit au serment de la fille Vierge contre son déflorateur, laquelle jure entre les mains du Iuge, où d'vn Commissaire, qu'elle l'étoit quand il la connuë; *d* Mais il faut que l'homme ne soit pas marié; car s'il l'étoit, la Vierge ne seroit croyable côtre luy *ne facilè turbentur matrimonia*, non plus que si la fille qui se dit déflorée n'êt pas enceinte, autre est en cas de force, & de violence aprés deuë visite.

Et certes les Loix ont bien eu de raison de sécourir la foiblesse des femmes, que les hommes trompent si souvent.

Peine de la simple luxure.
a *ff. item lex Iulia insti de publ iudic.*
b *Exod. c.21. Deut. c.2.*
c *5.1. extr. de adulter.*
Exemple. Vsage du Senat de Savoye touchant la fille declarée.

Concernant les bâtards.

Exemple. On croit la fille en son serment si elle étoit vierge, s'il ne s'agit d'vn homme marié.
d *C. fab. def. 18. de probat. bour. 9. decis. 299. Depeysse part.1. tit. 12.*
e *C. fab. def. 49. de testibus arg can 15. q.3.*
Foiblesse des femmes.

*Illa fuit veterum semper natura virorum,*
*Fallere fœmineum credula corda genus.*

<small>La simple luxure n'êt regulierement punie.</small>

Ce n'êt pas qu'il faille authoriser le peché par des impunitez, & indifferences; car si bien les putains ne sont pas châtiées, non plus que ceux qui les connoissent charnellement; Neantmoins si elles font scandale ou corrompent, &

<small>Exception.</small>

infectent la jeunesse, on est en coûtume de les chasser, ce qui a fait que l'Ecriture les nomme étrangeres, suivant ce qu'observe Depeysse, au Titre de la luxure.

## CHAPITRE XLI.

### De la Fornication.

VOYQVE. Nous ayons déja parlé implicitement de ce peché; Neantmoins, comme il y a quelques subdivisions touchant la simple paillardise. Il est a propos d'en traiter spécifiquement dans cette suite.

<small>Qu'êt-ce que fornication. Etymologie de ce mot. Lieux infames chez les Romains.</small>

La fornication est ainsi nommée *quod sit formæ necatio, lapsa enim pudicitia*, dit Saint Hyerosme, *omnis forma ruit*. Ceux qui ont foüillé dans l'Histoire, tirent sa dérivation *à fornicibus* à cause que les bordels, & lieux infames, chez les prémiers Romains étoient construits en forme de voutes.

<small>Definition de la fornication.</small>

Ce crime qui est commis avec la fille non Vierge est le moins punissable de tous ceux de l'impureté, ne l'étant nullement au-fore externe, s'il n'y a du scandale, auquel cas on

<small>Exemple.</small>

fait fustiger les putains, comme le Senat l'Ordonna contre vne nommée Catherine, & contre deux autres putains de de Dauphiné. Il y a quelques années, au Rapport de Monsieur Duclos.

## CHAPITRE XLI.

### Du Concubinage.

 OMME le Concubinage est vn criminel imitateur du mariage, L'Ecriture Sainte Nous en a laissé quelques monuments touchant nos prémiers Peres dans le vieux Testament, qui n'étoit que l'ombre de la pureté du Christianisme. Côcubinage anciennemēt permis.

Et les Payens ont ambrassé cette liberté avec des sentiments moins mysterieux; car les Patriarches de la Loy, ont admis la pluralité des femmes, & l'vsage des Concubines afin que le monde fut plûtôt peuplé d'hommes, au lieu que les idolatres ne l'ont fait que pour l'assouvissement de leurs lâcivetez, motif qui dure encore parmy les Orientaux, en tant d'endroits, & qui fait la subsistance, des maximes ridicules de Lalchoram, comme il est l'obstacle principal de l'entiere conversion du nouveau Monde. Raisons de l'ancienne polygamie. Raisons des payens. Polygamie de ceux du nouveau monde, ses malheureux effets. De Lalchorā.

Quant a Nous le Concubinage est abhorré, comme criminel, scandaleux, & opposé aux Loix de l'Eglise, qui n'authorise les œuvres de la chair que par la sainteté du Mariage, sans lequel elles sont défenduës, sans exception, & Nous punissons la polygamie, comme adultere, attendu qu'elle en est vne veritable espece, comme je diray bien-tôt. Le concubinage est detesté dans la Loy de grace. Peines de la polygamie.

CHAPITRE

## CHAPITRE XLII.

### Du Stupre, & Violence.

**Cas du stupre.**

LE Stupre, dont Nous avons déja parlé, peut être commis, non seulement avec la personne *quæ est capax coïtus*, ( & c'êt la défloration moins punissable, ) si non que ce fut avec vne fille impubere, auquel cas la violence est toûjours comprise, s'il y a fracture, & la mort naturelle en est souvent le châtiment.

**Peine du stupre avec incapables de l'acte. Exemples.**

L'on punit ce crime des galeres, & même quelquefois du dernier supplice comme j'ay dit, le Senat à condamné il y a 20. ans aux galeres perpetuelles vn Maître d'écriture, qui avoit forcé vne jeune fille de Chambery, & en 1673. vn nommé Pignerole, lequel fut auparavant battu de verges publiquement, pour avoir commis violence en la personne d'vne fille de cinq ans, l'Arrest fut donné au Rapport de Monsieur Carron.

**Circonstances augmentent la peine.**
*a Guyd. Pap. q. 448. C. fab. def. 2. de custod. reor.*
*b Voy Depeys.*

Enfin quelquefois les circonstances portent à la mort, le supplice du luxurieux, quand elles sont aggravantes, comme si le Geolier, *a* corromp la prisonniere ou le Iuge sa partie, ou le Tuteur sa pupille. *b*

Il y a des observations à faire sur ce que dessus, comme si la prisonniere étoit putain publique.

## CHAPITRE XLIII.

### De l'Adultere.

SI la fidelité du Mariage étoit par tout conforme à la sainteté de ce grand Sacrement? Il n'y auroit pas besoin de parler de l'Adultere, & de ses peines: Mais comme on ne voit plus gueres de Didans, Darthémises, de Machrines, & de Sophonies (quant aux femmes,) n'y de Cephales, au régard des hommes, refuser les amours d'vne Nymphe pour leur procris, *a* il se trouve dans la tiédeur, & dans la sensualité de nos Siécles quelquesfois des infidelles, & des violateurs du plus important lien qui soit sur la terre.

Nous lisons dans Pline, que la Tourterelle ne se donne qu'a vn seul, & l'experience Nous enseigne que l'émeraude, & le diamant se brisent plûtôt que de changer de forme, il faudroit que les adulteres apprissent par là la fidelité que le Mariage éxige d'eux, afin qu'il soit l'imitation du Mariage Mystique, qui est noüé entre IESVS-CHRIST, & son Eglise, *Femmes*, dit le Sçavant Tertulien, *b vous ne devez plaire qu'a vos maris, ausquels aussi vous ne devez pas paroître desagreables:* Mais comme ce côseil n'êt pas toûjours suivy, il faut sçavoir que l'adultere viêt des mots *ad alterum ire*, il est la corruption d'vn des mariez, au temps ou nous sommes, quoyque anciennement, *non vir conjugatus corruptus sed vxor conjugata corrupta adulterium faceret quia mulieris non est thorus sicut viri.* Aussi les Loix de Romule n'êtoient selon Plutarque,

*Sainteté du Mariage.*

*Exemples de fidelité.*

*a Metamor. d'Ovide.*

*Côparaisons.*

*b Tertul. lib. de cut. fem.*

*Etymologie de l'adultere. Anciennement les hômes ne commettoiêt pas l'adultere. Peines des femmes adulteres.*

établies que contre les femmes adulteres, qui étoient lapidées parmy les Hébreux.

*Obligation à la fême d'etre chaste plus qu'à l'homme.*

En effet les femmes adulteres sont bien plus criminelles que les hommes quant au fore externe ; parce qu'elles souillent le lit de leur mary, & introduisent des faux successeurs à son Nom, & à ses biens, ce qui est vn des plus sensibles de tous les régrets, eu égard à l'affection que chacun a pour son sang.

*Detestation de l'adultere.*
*a Iob.*
*b Lact. de ira Dei.*

L'Adultere étant vn crime qui est opposé à la paix publique étant appellé peste de la societé civile par le Saint homme Iob, *a* & par Lactance vn fleau detestable, *b* enfin comparé à l'hérésie par Saint Clement IV. Evêque de Rome ; Il ne faut pas s'étonner si toutes les Nations ont armé leurs Loix de censures, & de peines pour anéantir ce peché *ex quo* comme disent Salycet, & Angelus, *omnia ferè mala veniunt*.

*Peines anciennes de l'adultere.*

En effet il étoit puny de lapidation dans le prémier âge, & du feu au temps d'Ozée, *omnes adulterantes tanquam clibanus succensus : erit pars eorum in stagno ardenti*, dit l'Apocalypse, *Oppilius Macrinus* faisoit brûler les deux adulteres attachez ensemble, Zeleuque leur faisoit créver les yeux, & Aurelian ordonnoit qu'ils seroient pendus, en Egypte on coupoit le Né a la femme, *c* & les Testicules à l'homme, &

*c Nouel. Leon. 32.*

Strabon assure que les Arabes en punissoient même le soupçon, je ne veux pas icy rapporter toutes les peines anciennes des adulteres, dont il y en a même de ridicules, comme étoit celle de leurs arracher le poil de laquelle Aristophone fait mention en son Livre *de nubibus*. Il me suffit de dire que les Loix civiles les punissent de Mort, *d* sans qu'il soit permis de transiger de ce crime. *e*

*Sa peine selõ le droit civil.*
*d Inst. de pub. iud. ff. it. lex Iulia l casti tuti Cod. de adult.*
*le Brû, Papõ. e l. transigere C. de trãsact.*

Ce n'ét plus le temps auquel Solon permettoit aux impuissants de récourir aux autres pour avoir enfans, ny des
Thyrre

Part. I. Liu. I. Chap. XLIII.

Thyrreniens qui avoient leurs femmes communes, *a* auſſi bi.n que les Nicolaïtes, & quelques autres Héretiques, Ovide, *c* en parle aſſez à propos dans ce vers.

*Non benè cum aliis regna venuſque manent.*

Outre que Dieu ne donna qu'vne femme à Adam, & qu'vn mary à Eve, *d* & point de conjonction charnelle n'êt permiſe que celle du Mariage.

L'Adultere donc qui en trouble la paix, & la ſainteté, eſt ſi odieux qu'il a conſervé le droit de Mort, levé aux peres en tous autres cas, à ceux qui trouvent leurs filles dans l'a-cte, *e* pourveu que ce ſoit dans leurs maiſon, & qu'ils tuent l'vn, & l'autre. *f.*

Bien plus quoyque le mary, comme moins judicieux, & plus facile à croire en ce cas ait moins de pouvoir, & qu'il faſſe ſouvent des injuſtices, dans ſes emportements pleins de jalouſie ce qui a fait dire au Poëte. *g.*

*Ne cito credideris quantum cito credere lædat.*
*Exemplum vobis non leue procris erit.*

Neantmoins Papon, & Bavo donnent des exemples d'impunité touchant les nommez Martin, & Monteoleoti, & jamais le mary qui tuë ſa femme en adultere n'êt puny de mort naturelle comme aſſure Depeyſſe, & le Texte méme. *h*

La raiſon de telles impunitez eſt fort naturelle; Car comme dit Caſſiodore, *i pro amore pudicitiæ ferrum mariti porrigere, non eſt leges calcare, ſed colere.* On eſt pourtant en coutume de bannir les autheurs du meurtre, quelque impudique qu'ait été la femme, il y eut vn Arreſt au Rapport de Monſieur Craſſus en 1672. qui ordonna ſeulement l'éxil pour vn temps contre vne Mere qui avoit fait aſſommer l'adulterant avec ſa fille, *iuſtus enim dolor pœnam minuit.* Il faut pourtant obſerver quelques circonſtances, & que cela n'êt

*a Athen.l.11. dipno. c.5.*
*b Tertul.lib. 1. contra Marcion.*
*c Ovid.3. de arte amand.*

*d Gen.3.*

*e l. nec in ea & l. quod ait lex. ff. ad leg. Iul. de adult.*
*f Ovid. de art.amandis*

*g l.1.ff ad l. Corn.de ſicc. l.38.ff.ad leg. Iul. de adult.*

Raiſons.
*h Caſſ.lib.1. var.ep.37.*
Il y a toujours quelque peine contre l'homicide de l'adultere, mais legere.
Exemple.
*i c.1. de reſcript.*
Il n'êt permis ſelon Dieu de tuër.

Y 2

172 *Eſtat de la Iuſt. Eccl. & Sec. du pays de Savoye,*

<small>a ea inter ba.<sup>e</sup> 33. q 2.</small>

point permis *in foro conſcientiæ,* a n'y quand l'adultere eſt de qualité, où que ce n'êt *in domo patris,& in actu.*

<small>Peines de la Loy Divine.</small>

Les peines de l'adultere ont êté diverſes, ſelon l'opinion des Nations, dans ce bas monde; Mais à l'égard de la juſtice de Dieu, elles ſe ſont étenduës même contre la ſeule penſée, *Non concupiſces uxorem proximi tui, qui viderit mulierem ad concupiſcendam eam jam mœchatus eſt in corde ſuo quàmobrem* ( diſoit le Seigneur à David, aprés ſon adultere avec Berſabée) *adulterium commiſiſti non recedet gladius de domo tua in ſempiternum* Auſſi ne vit-on plus dans ſa maiſon, que des fratricides, & des inceſtes ſuivant ce qui eſt porté dans le troiſiéme de la Sageſſe, *Filij adulterorum in conſummatione erunt, & ab iniquo toro ſemen exterminabitur,* la femme paillarde, dit l'Eccleſiaſte, ſera foulée aux pieds comme la fiente de la voye.

<small>peines d'aujourd'huy. a *Le Brun de l'adultere.* b *Depeyſſ. p. t. tit. 22. Boer. dec. 297. n. 12.* c *Papon l. 22. tit. 9.* Adultere preſque impuny en France.</small>

La peine des hommes adulteres qui n'étoit ancunement établie dans les Loix de Romule, qui eſt de Mort ſelon le droit civil, n'êt en France que bien legere ſelon Clarus, & Farinaceus, la plus ſevere eſt de banniſſement, & d'amende honoraire, où quelquefois pecuniaire ſeulement, ainſi qu'aſſurent le Brun, *b* Depeyſſe, *c* & Papon, juſques-là que Rebuffe dit dans ſon proëme des Conſtitutions Royales, que *in gallia adulterium reputatur induſtria,* & vn autre que *irridetur potius quam puniatur,* c'êt l'impunité de ce crime qui obligeoit Iuvenal à s'écrier *vbi nunc lex Iulia dormis?* Il eſt vray que l'inégalité des conditions porte quelquefois la peine au dernier ſupplice, ainſi qu'on peut voir dans Papon au 22. livre de ſa rapſodie, & récueil d'Arreſts, *Ioannes Lucius lib. 12. placitorum* rapporte vn Arreſt de Paris de 1551. qui con-

<small>Cas ou il eſt puny de mort. Exemple.</small>

damna vn Serviteur a être pendu pour avoir couché avec ſa Maîtreſſe, & les Eſclaves étoient brûlez en pareil cas par la

diſpo

disposition du droit civil, leurs Dames dévenants de leur condition encore qu'il n'y avoit nul adultere. *a*

La peine de Mort est encore ordonnée, quand l'adultere a été commis par force, où avec parents, où bien par dol, & sans le consentement de la femme ; ainsi qu'il fut jugé contre vn valet de Boulenger, qui avoit connu dans le sommeil la femme de son Maître, & contre Arnoult du Thil, lequel abusa pendant trois ans de la femme de Martin Guerre, feignant d'étre son mary, comme on peut voir dans Décoras, *b* qui a commenté l'Arrest du dernier, & dans Papon, *c* touchant l'vn, & l'autre.

Quant aux Clercs adulteres l'Eglise les dépose, & les fait renfermer dans vn Monastere pendant leur vie. *d*

L'Adultere commis par les femmes est plus séverement puny que celuy des hommes, à cause qu'il est préjudiciable aux familles, & plus opposé au dévoir qu'elles ont à leurs marys de qui l'Evangile veut qu'elles dépendent aussi bien que la Loy écrite ; d'autant plus que la chasteté est plus essentielle à ce sexe même selon la Nature, *e* Pline authorise cette verité par vne observation fort curieuse, il dit que les corps Morts des femmes jettez dans l'eau flottent le ventre sur l'eau, & le dos en haut, & que ceux des hommes sont tout le contraire, *quasi pudori defunctarum parcentia*.

La peine des femmes attaintes de ce crime est d'étre séparées de leurs marys qui gaignent leurs dots, *f* & profits nuptiaux sauf qu'il y eut des enfans du prémier mariage ; car pour lors, *vnam tantum partem pro numero liberorum lucrantur*, *g* autre seroit des biens adventifs, qui appartiendroient aux enfans, où à leur défaut au Convent, *h* ( *qui loco liberorum esset* ) dans lequel elles doivent étre récluses pour y vivre par force en habit séculier aprés avoir été razées, & fu-

*a tot. tit. de mul. qua pr. vr. sarn. se funxerunt.* Autres cas.

Exemple.

*b Decoras en son Arr. du faux martin.*
*c Pap. liu. 21. tit. 9.*
*d can. sicut clericus 81. distinct.*

Fémes adulteresses plus punissables que les hômes.

Féme sujette au mary.

*e Plin. liu. 7.* Observation curieuse.

Peine de la femme adultere.
*f Novel. 134. c. 10. & 12. auth. sed hodie C ad l. Iul. de adult. farin. q. 141. part. 1.*
*g Bald. in l. hac edict. C. de sec. nup.*
*h Le Brun de l'adult.*

stigées, *a* que s'il ny a point de Monastere qui s'en veüille charger, ny de Maison de répenties? on les renferme dans vne prison avec ordre à ceux qui ont leur dotes, & profits nuptiaux, de leur fournir pour vivre, & si les marys ne les retirent aprés deux ans? elles ne leurs sont plus renduës; Mais sont révétuës de l'habit de Nonains, ne pouvant plus sortir si elles sont dans vn Convent qui les veüille recevoir.

*Le mari peut retirer sa femme pendant deux ans.*

L'Interêt qu'a le public à la paix des Mariages fait qu'on permet au mary de retirer sa femme accusée, où convaincuë d'adultere; Mais s'il y a jugement donné contre elle, il n'en peut point empécher l'éxecution par cette réconciliation, quoyqu'il le puisse auparavant, *b* pourveu qu'il n'y ait autre que son interêt, & que le scandale, l'inceste, où autres circonstances aggravantes ne rendent ce crime public. Ie dis public parce qu'il n'êt plus réputé pour tel selon Clarus, & les autres Docteurs, quand il n'a rien qui en augmente l'énormité n'étant pas au pouvoir de l'accusateur public d'en accuser seul. *c*

*b Papon, Chareda, Chenu, la Roche, Depeyss le Brun. L'Adultere n'êt plus crime public.*

*e Pap le Brü.*

Aussi ne peut-il étre poursuivy pendant la vie du mary sans son consentement, *d* comme étant le seul Iuge des actions, & déportements de sa femme, ainsi qu'il est dit dans le Canon *sicut causa 7. quaest. 1.* Aussi est-il préferé au pere, comme le pere l'êt aux autres parents, & son silence, où pardon, *e* font cesser l'accusation, & la peine, *f* si non qu'il fut complice.

*d l.26. ff. ad leg. Iul. de adult. On ne peut accuser la féme contre le gré de son mary. e Peletus. f l.40.ff.eod.*

Les parents du mary offencé par l'adultere de sa femme, sont récevables à joindre leurs poursuites aux siennes aprés la séparation selon Depeysse, Corbin en ses plaidoyers, & le Prétre en ses Centuries, & méme retenir le dot à cause des débauches qu'elle aura faites dans l'an de deüil, *g* Monsieur Faber ne parle que de l'augment en sa définition 7. *de iure*

*Cas ou les parēts peuvēt accuser la féme adultere. a Le Bret en ses deci. liu. 1. chap. 13. Brodeau sur Louët letre l. cha. 4. Robert rer.iud.cap.*

Part. I. Liv. I. Chap. XLVII.    175

*isre dot.* Ils peuvent continuër les poursuites commencées pendant la vie du mary, *a* Mais non pas accuser l'adulteresse aprés sa Mort, ny poursuivre les impudicitez qu'elle a commises avant qu'elle fut mariée, non plus que celles du mariage si son mary ne s'en étoit pas plaint pendant sa vie, *b* Depeysse en allegue vn préjugé notable du Parlement de Tholoze, où les héritiers du mary furent déboutez de l'accusation, *c* nouvelle qu'ils avoient faite aprés sa Mort.

Le mary ne peut plus accuser la femme d'adultere passez cinq ans, *d* ny aprés l'avoir r'appellée dans sa maison dépuis l'accusation instituée, *e* bien moins s'il est adultere comme elle, où s'il la connuë charnellement dés qu'elle en a été convaincuë, *paria delicta mutua compensatione tolluntur.*

J'advouë que si bien la Loy du pardon invite les Hommes trahis par la déloyauté de leurs femmes, à les rétirer, ( *tu fornicata es cum amatoribus multis,* dit Ieremie, *tamen revertere ad me.* ) Neantmoins les Loix d'honneur ne souffrent pas qu'ils rétiennent auprés d'eux ces infidelles que Caton assure étre présque toûjours disposées à donner du poison à leurs marys, comme elles leurs fournissent des Cornes, & du dés-honneur.

———*Tunc pauper cornua sumit.*

Salycet ne peut souffrir cette honteuse dissimulation en la personne d'vn mary offencé de cette maniere, & dit que les hommes sont aveuglez, & qu'ils érrent lourdement quand ils dissimulent l'adultere de leurs femmes, Nous lisons dans les Textes méme que *Claudius Gorgus,* homme de marque fut déclaré Maquereau pour avoir retenu en ce cas la siéne, *f* étant vne pratique infame de dissimuler les impudicitez d'vne femme sur tout quand elles sont notoires & scandaleuses, *g* autre seroit si elles étoient sécretes ? auquel

*a Imbert in enchi. Bonqui & lctr. A. chap. 3.* Prohibitiōs.
*b l. si uxor. ff. ad l. Iul. de adult Alex. cons.* 189.
*Pan. de Cast. in l. 1. ff so!. matr.*
*c Depeyss.p.1. tit. 12. sect. ar. 4. de la luxu.* Cas ou le mary ne peut plus accuser.
*d l. adult. C. ad l. Iul. de adult.*
*e l. quas ff. eod.* S'il est bien de retenir sa femme adultere.

Exemple.

*f l. 2. ff ad l. Iul. adust.*
*g l. athleta ff. de his qui nof. infam.*

quel cas Tiraqueau est d'avis, *adulteras esse retinendas, & corrigendas*, & Depeysse allegue le Proverbe qui dit, *que les Sages portent leurs cornes dans l'estomach, & les badins sur le front.* Leur sentiment est bon pour éviter vne legere, & inconsidérée accusation ; Mais non pas pour souffrir à ses côtez vne femme déloyale, & impudique qu'vn homme d'honneur ne doit retenir, & Démosthéne *in næram* nomme ce silence ignominie, & adultere, *quia matrimonium contemnit*, en sorte que celuy qui a connu sa femme la sçachant attainte de crime, ne peut être admis aux Ordres Sacrez sans dispense.

Nous avons dit que le mary gaigne les droits dotaux de la femme convaincuë d'adultere ; Mais il faut excepter le cas auquel il l'a tuée sur le fait. *a* Bien plus elle n'êt point punissable, s'il la retirée avant le jugement, où s'il ne la veut pas accuser, sauf qu'il y eut des circonstances aggravantes, comme je viens de dire, où le scandale, & le désordre publics fussent mélez.

La femme adultere est excusable auprés du mary, si luy méme en est la cause, *b* si elle a été trompée, où forcée, *c* comme fut Lucresse par Tarquin, d'où vient que Saint Augustin dit, qu'vn seul commit l'adultere, quoyqu'ils fussent deux, si enfin le mary est son maquereau, où adultere, comme elle, *d* ainsi que Nous avons déja dit.

Ce crime est encor moins châtiable lors que l'impuissance du mary, où de la femme, où bien le réfus du dévoir conjugal, en sont la cause, il n'êt pas pourtant exempt de peine sur tout devant Dieu, non plus que celuy qui contrevient aux Loix du mariage.

Quant aux droit de la femme contre son mary adultere ? il est selon la Loy de Dieu de l'en pouvoir accuser, comme on lit dans le premier aux Corinthiens, *a* & dans les Canons de l'Eglise, *iniquum enim est ut quisque de alio judicare velit, & judicari de se nolit, tu exigis ab vxore*, dit le Canon, *c quod vxori reddere non vis, & cum debeas in virtute præcedere, tu victius jaces*. Neantmoins comme la jalousie est naturelle aux femmes, étant pour celà plus capables d'accuser sans sujet, & de troubler la paix du mariage legerement, la Loy ne leur permet pas d'accuser leur mary d'adultere, *d* outre que luy étants sujettes, & soumises, *e* & luy le chef de la famille, l'accusation à son égard est mal seante dans leur bouche, *vocem familiarium amputari potius volumus quam audiri*.

Ce n'êt pas pourtant que la condition des femmes les prive du droit de se plaindre, auquel cas leur douleur seroit trop cruelle.

*Strangulat inclusus dolor* dit Ovide *de trist*.

Car elles peuvent agir *ad separationem tori*, *f* & méme selon *Novellus*, & *Marsilius*, demander les donations à cause de nopces dont elles ne jouyroient si tôt sans ce crime.

Estant à remarquer, que l'adultere peut étre condamné par le Iuge séculier, & par l'Ecclesiastique, & que au dire d'Expilly, & de Depeysse, *g* il y a lieu à prévention comme aux autres crimes mixtes.

son mary adultere.
*a ad* 1. *corint. c.* 7.
*b can. præcep.* 19. *caus.* 32. *q.* 5.
Raisõs pour l'affirmative.
*c can. vlt. caus.* 32. *q.* 6.
Raisõs pour la negative qui est la saine doctrine.
*d l.* 1. *Cod. de adult*. Papon, le Brun, Depeyss. & *passim omnis*.
*e Gen. c.* 3.
Quelle action peut intenter la fême côtre son mary adultere.
Qui est jugé de l'adultere.
*f Expilly en ses Arr. c.* 64.
*g Depeyss. tit.* 12. *sect.* 2. *art.* 4.
*Bart. in tit. de sep. viol. arg. l.* 1. *ff de off. præf.*

※※※※※※※※※※※※※※※※※※※※

## CHAPITRE XLIV.

### Du crime de Bigamie.

QVOYQVE l'on puisse étre Bigame, & méme trigame sans crime : c'êt à dire avoir eu plusieurs femmes en temps divers, & aprés la Mort des prémieres:

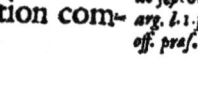
Bigamie peut étre innocente.

*Eſtat de la Iuſt. Eccl. & Sec. du pays de Savoye,*

**Bigamie criminelle eſt adultere.** Neantmoins il ſe peut faire que par vne lubricité déteſtable on en épouſe deux ou trois vivantes à méme temps, auquel cas il n'y a de legitime copulation qu'avec la prémiere;étant commis avec les autres des perpetuels adulteres, *a* autant en eſt des fémes qui épouſent pluſieurs marys vivants à méme temps, leur peine ſelon le droit eſt au deſſous de la Mort, quoyque le Brun aſſure qu'en France ce crime eſt puny du dernier ſupplice tant à l'égard des hommes qui épouſent pluſieurs femmes, que de celles qui ſe marient avec plus d'vn homme, à méme temps.

*a c. 17. q. 1. c. nupti de bi. Alex. conſ. 165 I eum qui duas C. de adult Peine de la bigamie. Peine des François.*

**Raiſons pour authoriſer la polygamie.** Ie ſçay bien que les libertins allegueront la polygamie de nos Peres dans la Loy de Moyſe, comme on lit *d'Agar, & de Cetura,* touchant Abraham, *de Bala & Zelpſa* à l'égard de Iacob, & celle qui eſt encor en vſage parmy les Orientaux, & les Nations Barbares, comme en Numidie, Mauritanie,

**Solutiõ pour les abbatre.** & en Perſe ou l'on peut épouſer pluſieurs femmes, & tenir concubines autant que l'on veut;Mais les genereux le faiſoient pour le peuplement de la Terre, (outre qu'ils n'avoient qu'vne ſeule femme qui eut réçu l'Agneau nuptial,) & les derniers comméttent des impietez criminelles par cette lâcive conduite, dont il ne faut pas étre les imitateurs, outre que la Loy écrite n'avoit que les maximes de la chair, à la réſerve des révelations, au lieu que Nous dévons vivre dans celle de Grace, ſelon les régles de l'eſprit de Dieu ; qui n'a pour ſon Epouſe qu'vn Egliſe, comme l'Egliſe n'a que IESVS-CHRIST pour ſon ſeul Epoux. *Homini* dit Saint Ambroiſe *vnam vxorem decreuit Deus vt cum ea benedicatur;*auſſi voit-on que Dieu châtia plus ſéverement la polygamie de Lamech, que le fratricide de Caïn.

*b Ambr. ſuper 4. ad Timoth.*

**Excuſe touchant les bigames.** Nous venons de dire que les perſonnes qui ont, où deux femmes, où deux marys à méme temps, comméttent adultere,

## Part. I. Liu. I. Chap. XLIV. 179

tere, il faut pourtant éxcepter ceux qui font en juſte ignorance, comme on lit dans Décoras, touchant la Derols trompée par du Thil, *a* & les enfans en ce cas ſont légitimes, *quia error vnius ex coniugibus facit filios legitimos*, comme rémarque le méme Autheur, aprés Bartole, *b* quand méme vne femme auroit eu des enfans d'vn Prétre par elle épouſé le croyant homme lay, *c* & les enfans qui naiſſent de tels mariages héritent au Pere, & à la Mere ſelon ce qu'en dit dans la gloſe d'Accurſe, *d* & le méme Décoras touchant ceux qui étoient nez pendant que du Thil, & la Derols furent enſemble.

Ors comme les mariez abſents l'vn de l'autre ne ſont pas tenus à vne éternelle chaſteté.

*Longa mora eſt omnis quæ gaudia differt.*

La Loy leur avoit permis aprés cinq ans de convoler à des autres nopces. *e* Car comme dit Tertulien, *actus virtutis eſt bonus modo ſit voluntarius.* Il eſt vray que les Nouvelles de Iuſtinien, & les Canons de l'Egliſe ne veulent pas méme le permetre aprés 30. ans s'il n'y a bruit, où preuve par atteſtation de la mort de l'abſent. *f*

Suëtone rapporte que ſelon la Loy *Papia* les fiancez ſe pouvoient dédire aprés le laps de deux ans, ſi les nopces ne ſuivoient pas; ce qui eſt auſſi traité par Dyon en ſon Hiſtoire; Mais ſi l'homme épouſe malicieuſement, où contre l'ordre preſcrit par les Loix, plus d'vne femme à méme temps? où la femme plus d'vn mary, ils ſont dans vn perpetuel adultere, où concubinage.

L'Homme qui a eu deux femmes, & qui a épouſé vne Véfve, ne peut étre admis aux Ordres ſans diſpenſe, *g* non plus que s'il a connu ſa femme, qu'il ſçavoit avoir commis adultere, *h* tant il eſt vray que rien d'impur ne peut plaire à Dieu ny a ſon Egliſe.

*Exemple.*
a *Decoras en ſon arr. mem. de Tholoze.*
b *Bart. in l. Paulus, ff. de ſtat. hom.*
Erreur d'vn des mariés rend les enfans legitimes.
c *Bald. in l. qui contra C. de inceſt. & iun. nupt.*
d *accurſ. in d. l. qui contra.*
Exemple. Circonſtances pour ſe remarier en cas d'abſence.
e *l. vxores, ff. de divort.*

f *Novell. col. inſt. collat. 7. vt liceat matrim. & auic.*
Fiançailles ne doivent étre déſerées paſſé deux ans.

Bigame n'eſt ordonné.

g *c. 1. 2. & 3. de bigam.*

h *ex conc. caſ.*

## CHAPITRE XLV.

### Du crime d'Inceste.

*Etymologie du mot inceste.*

INCESTE a pris son Nom d'vne ceinture appellée par les Anciens Grecs *cestus*, laquelle n'étoit accordée qu'a ceux qui étoient legitimement conjoints, *a* & jamais aux faineants, & aux lâches, ce qui fit dire au Poëte touchant vn oysif.

*a l. si quis, ff. de q. grilland.*

*Non pudet ad morem discincti viuere nate.*

*Definition du crime d'inceste.*
*b c. lix, illa 24. q 1. c. si quis 22. q. 2.*
*c August. de adult.*
*Horreur de l'inceste.*
*Ses malheurs.*

Ce crime, qui est vne cohabitation charnelle avec ceux qui Nous touchent de sang, de spiritualité, où d'affinité, *b* est si odieux, que Saint Augustin le tient plus énorme que l'adultere, *adulterij malum*, dit ce Pere de l'Eglise, *vincit fornicationem, sed vincitur ab incestu.*, *c* & les prémiers Chrétiens privoient de la Communion les incestueux, méme au dernier moment de la vie, ainsi qu'assure Fardoël dans ses œuvres. *Statius in tæba* décrit amplement les malheurs qui suivirent l'inceste d'*Ædipus*, & de *Iocastes*. *Biblis* se pendit de désespoir après qu'elle eût été connuë par son frere *Caunus*, *Ruben* fut maudit pour son inceste *maledictus Ruben à patre Iacob, quia patris cubile ascendit*; *d* enfin la fable qui cache sous l'oinbre du mensonge les veritez les plus solides, nous représente la noirceur du crime de l'incestueuse Nyctiméne, par sa Metamorphose en vn Hybou pour avoir commis des impuretez avec son Pere Nyctée.

*d Gen. 35.*

*Fable touchât l'inceste de Nyctimene avec son pere Nyctée.*
*Division de l'inceste.*

L'on divise le crime d'inceste en naturel, & spirituel,
comme

comme il peut violer le parentage, qui vient de Dieu, & celuy qui vient du sang, ou de l'alliance.

La peine de l'inceste a toûjours êté fort rigoureuse, l'on enterroit vives les Vestales à Rome, lors qu'elles en étoient soüillées. *Peines anciennes de l'inceste.*

*Sanguine adhuc vivo terram subitura Sacerdos.* a
Et jamais ce crime n'a trouvé grace parmy les Anciens, *Caparonia* fut penduë pour ce sujet, *b* & *Livius Cantilius* mourut sous les Verges pour l'inceste par luy commis avec *Floronia* laquelle ne fut pas exempte des rigueurs ordonnées par les Loix contre les Vestales impures. *a Iuuen. Satyr. 4. b liu.b.l.maced. Exemples.*

Les Canons punissent les Clercs incestueux de déposition, les Lay d'éxcommunication, *c* & les Réligieuses de jeûnes, & de prison perpetuelle, parce que l'Eglise abhorre le sang, étant à noter que celuy qui est voüé à Dieu, étant corrompu cause l'inceste en la personne de son corrupteur. *Peines canoniques. c can.si quis 27. q.1. ex sexta Synod. Qu'êt-ce qu'inceste spirituel.*

Le droit civil punit l'inceste de Mort, & méme du feu s'il est entre parents au prémier dégré, *d* Bavo rapporte vn Arrest du Senat de Savoye, rendu le 12. Octobre 1602. par lequel vn nommé Verdan fut brûlé à Chambery pour avoir eu la compagnie charnelle de sa mere, & plusieurs Histoires font mention de la Mort honteuse d'vn frere, & d'vne sœur qui couchoient ensemble lesquels furent décapitez en Gréve nonobstant qu'ils fussent d'Illustre famille, & ils ne furent pas brûlez à cause de leur jeunesse, & minorité: étant toûjours la peine du feu ordonnée contre l'inceste au prémier dégré de parentage, comme on lit dans la Roche en ses Arrêts, & dans Depeysse au Titre de la luxure, *incestum* dit la Loy des 12. Tables *supremo supplicio sanciunto, e* & l'Authentique *incestas Cod. de secundis nuptiis* adjoûte la confiscation des biens de ceux qui contractent des nopces incestueuses, *f* *Peines civiles. d Depeysse de la luxur. La Roche en ses arr. l.2. Exemple. e Cic.2. de leg. f Boyer. decis. 64. le Brun. Depyss. de la luxare* enfin celuy qui connoit vne Nonain, & autres perſonnes voüées à Dieu, merite la Mort, *a quia ſponſam Chriſti corru-* ^(a l. vnic. C. ſi quis eam cu-ius fuer. tut. corrup.) *pit.* Bavo en dit autant touchant le Tuteur qui couche avec ſa pupille, dans la Queſtion 7. de ſa pratique ; Mais le droit Romain ne va qu'au banniſſement avec confiſcation de biens.

## CHAPITRE XLVI.

### Du crime abominable de Sodomie.

**Horreur de la Sodomie.**
LE crime de Sodomie qui fait horreur aux Anges, & aux Hommes, eſt juſtement appellé peché contre Nature, parce qu'il en viole l'ordre, & les droits, il a porté méme ſa malice juſques aux étres incorporels, puiſque les Habitants des Villes malheureuſes qu'il fit abyſmer demanderent à Loth d'abuſer des deux Anges, que Dieu avoit envoyé à ce Patriarche, *omnium malorum peſſimum eſt* dit Saint Auguſtin contre Iovinian *quod contra naturam fit*, il eſt nommé Sodomie à cauſe qu'il fit perir la malheureuſe Ville de Sodome.

**Etymologie.**

**Intention du diable inſpirant la ſodomie.**
La malice du démon n'ayant point de voye plus aſſurée pour priver la terre d'habitants, le Ciel de Citoyens, & les Anges de compagnons, que celle de ce peché ; il cauſe du dégout aux hommes des plaiſirs licites du mariage, pour leur inſpirer cette déteſtable brutalité dont la penſée fait honte à l'imagination quelle frappe, & qui fit perir le monde par les eaux que Dieu envoya pour laver les ordures.

**Sodomie cauſe du Deluge.**

*Nunc*

*Nunc mihi quæ totum nereus circumsonat orbem,*
*Perdendum est mortale genus.*

Plusieurs méme ont attribué a la Sodomie la naissance des monstres, & enfin les plus grands malheurs du monde.

Ce peché appellé contre Nature se commet, où en se corrompant soy-méme, & (c'ét ce que l'Apôtre nomme mollesse) où avec homme, où femme, & c'ét proprement Sodomie, où avec brutes, & cela est nommé bestialité. {Ses peines.}

Quant a la mollesse, que les Latins appellent *mastupratio-nem*, éll'est vne espece de Sodomie punissable du bannissement, & d'amendes, *a Maledictus homo qui seminat semen suum super terram.* {De la mollesse. Sa peine. a Le Brun de la sodomie.}

La Sodomie est appellée bougrerie, du mot Italien *bu-Zerroni* parce que *buZo* veut dire trou en cette langue; l'Apôtre la nomme cupidité ignominieuse, écrivant aux Romains, & Eusebe en qualifie les autheurs du nom de parricides endiablez. Cette séconde espece de contre Nature s'éxerce d'homme à homme, où avec la femme, *præpostera libidine*, Lucian déteste ce crime comme execrable, aussi bien que Tite Live parlant de l'attentat que *Papirius*, voulut faire à *Publius*. {Etymologie de bougrerie. Qu'ét ce que la 2. espece de Sodomie. Sa peine. b *Val. Theod. & Archad in l. omnes Cod. Theod. de adultey.*}

La peine de la Sodomie doit étre du feu, *b* contre l'agent, & le patient volontaire, *c qui dormierit cum masculo coïtu fœmineo vterque operatus est nefas, sit sanguis eorum super eos*, dit Saint Paul au prémier Corinthiens. Il est vray que le défaut de l'âge peut amoindrir la peine, au dire du Brun, concernant le patient que le vulgaire nomme Bardache, & que l'infamie qu'il encourt pour jamais, s'il y a consenty, *d* cesse en cas qu'il ait été violenté, & pris par force. {c *Pap. en sit air. auth. vt non luxuviatur hom. coll. 6 l. vlt vn. C. ad l. Jul. de adult. Harmenop. in promptuaris iur.* L'âge diminüé la peine. d *Harmenop. in promptua. iur. lib. 6.*}

Neron a laissé l'infame mémoire à la posterité, de son attachement à la Sodomie ayant comme on lit dans son Histoire

stoire épousé, & doté des jeunes hommes pour les proftituër à ſes brutalitez notamment vn nommé Sporus auquel ſelon Iuſtin il donna l'Agneau nuptial avec des liberalitez, exceſſives.

*De la beſtialité.*
*Derniere eſpece de la Sodomie.*
*Ses défenſes.*

*Ses peines.*

*a Barb. conſ. 61. Bonif. de adult. & Sodom. nov. de Sodom. Guyá. Rap. 9.13 8. Depeyſſe.*
*Exemples.*

La derniere, & plus horrible eſpece du peché contre Nature, eſt l'acointance charnelle des hommes, ou femmes avec les bêtes prohibée par la Loy de Dieu au 18. du Levitique, & au 20. de l'Exode, *cum omni pecore non coïbis nec maculaberis cum eo, mulier non ſuccumbet jumento*. Les Loix civiles ſe ſont armées contre ce peché, & la bête, quoyque innocente eſt brûlée avec le Sodomite *a* pour léver du monde tout ce qui peut conſerver le ſouvénir de cette abomination. Chénu, & Papon en rapportent pluſieurs Arrêts, & il ny a pas plus d'vn an qu'vn homme de Chévelu fut brûlé avec vn Bœuf, duquel il avoit eu l'acointance ; je ne veux pas alleguer la fable de Paſiphaë qui en fit autant ; Mais parler des choſes vrayes: Le Brun fait mention d'vne nommé Claudine Eulan, qui ayant eu l'acointance d'vn Chien fut brûlée, & le Chien auſſi par Arrêt du Parlement de Paris, l'on ordonne quelquesfois à ſon dire que le procez ſera mis au feu, afin qu'il ne reſte aucune mémoire de tels maléfices, pas méme de ce qui leur fait la guerre, comme ſont les formalitez, Papon

*Exemple.*

rapporte divers Arrêts, notamment touchant Dadon de Nalli qui fut jetté au feu avec ſon procés.

*Autres eſpeces de Sodomie.*

*Des incubes, & ſuccubes.*
*b Clar. in ſſo. Sodomia.*

Non ſeulement la Sodomie peut étre commiſe par les voyes que Nous avons dites ; Mais encore par l'acointance charnelle avec les corps Morts, où des Iuiſves, Payennes, & autres perſonnes non baptiſées, à plus forte raiſon avec les diables, ſuccubes, où incubes, cas qui merite le feu, comme ſortileges, autant en eſt de celuy qui auroit connu ſa propre femme contre nature, & *præpoſtera libidine* ſelon Clarus.

le

Ie sçay bien que plusieurs ont douté de la possibilité de l'acointance charnelle des diables avec les hommes; nonobstant que Iosephe, *a* assure que les Geants furent engendrez des conjonctions des diables avec les femmes ; parce que Saint Augustin, & la Theologie, ne le croyent pas non plus que le dire de Sulpice Sévere, que les Anges fussent amoureux des filles des hommes.

En effet les diables n'étants qu'ésprits, ils ne semblent pas capables d'actes corporels, & sensibles ; Mais il ne faut que lire Delrio *disquisitionum magicarum*, Bodin en sa démonomanie, Saint Thomas *de miraculis*, Paul. Grilland *de sortilegiis*, & Mon traité de l'art Magique, pour les rendre persuadez, & convaincus.

Saint Augustin, *b* qui est merveilleux en tout, dit que le démon à certains corps fluïdes étant devenu moins subtil au dire de Psellus par sa chute du Ciel, & qu'il est vn étre moyen entre l'air, & la terre, *Apulejus c* soutient qu'il est plus grossier que l'air, & moins materiel que la terre : d'où s'ensuit que les démons peuvent étendre la matiere qui les compose, comme le vent fait enfler les goutes d'eau, & les vessies, & en former des corps propres à leurs intentions criminelles ; Mais quand tout cela seroit apochryphe, ils peuvent emprunter les corps des damnez les animer, & faire agir, comme aux énergumenes, méme se servir des sémences répanduës pour la generation, dont ils font conserver la chaleur aux Sorcieres ; Mais ils operent les maléfices pour l'ordinaire dans le sabath, & ceux qui y concourent avec eux méritent le feu sans résource, & sont criminels de léze Majesté Divine, étant des sorciers du tout execrables.

Quant aux peines du droit Canon, contre les Clercs Sodomites elles sont d'étre jettez dans vne prison, & chassez du

*Raisons de douter.*

*a Ioseph. antiq. iud. Les diables ne sont qu'esprits.*

*Si le démon à vn corps.*

*b Aug. l.8. de ciuit. Dei.*

*c Psell. de dæmone. d Apuleius in asino.*

*Le diable peut grossir les matieres, & emprunter des corps morts, qu'il anime. Peines de ceux qui souffrent, ou ont l'acointace des diables.*

*Peines Canoniques de la Sodomie.*

Clergé; Mais comme ce crime est privilegié ils sont remis au bras séculier, qui d'abord en purge le monde, *a* l'Eglise excommunie les Lays, lors qu'ils sont entachez de ce crime détestable, *b* lequel est vn moyen de séparation si le mary l'entreprend avec sa femme, comme assure Lambert *de jure patronatus*.

*a Fevr. de l'abus l. 6. voy le chap. des crimes Eccl cy-devant. Des frictions. h l. fœdissimā, & ibi gloss. & Salyc. C. ad l. Iul de adult. Boër. dec. 316. in 2. part.*

Il faut rémarquer que les frictions respéctives des femmes sont vne espece de Sodomie, & punies de Mort, ainsi qu'assure Papon au livre 22. de ses Arrêts, sur tout lors qu'il y a eu penetration de quelques instruments, comme dit Gomez en son traité des Tribades; Mais s'il ny a que des simples mollesses, & attouchements la peine est arbitraire; Mais au dessous de la Mort, ainsi qu'on voit dans Clarus. *c*

*c Clar. sent. lib. 5 §fornicatio n. 29.*

Les Anciens ont appellé ces femmes lâcives, Tribades, & l'Apôtre les nomme *frictrices*, au rang desquelles sont mises Sapho, & Bassa accoûtumées à ces impudicitez, ce qui a causé les vers suivants. *d*

*Exemples. d Martial in bassam lib. epigr. 92.*

*Quod nunquam maribus junctam te Bassa viderem,*
*Quod tibi mæchum fabula nulla dabat,*
*Omnis, & officium circa te semper obibat,*
*Turba, tui sexus non adeunte viro,* & le reste.

Les femmes vsent d'vne longue queüe qu'elles ont quelquesfois sous la nymphe, & cercosis, appellé clitoris, dont la forme ressemble au membre viril duquel elles abusent, ce qui est vne espece de Sodomie, & qui est puny de Mort selon Automne, & Depeysse, ces personnes sont estimées hermaphrodites selon ce qu'en disent Avicenna, Rioland en son Manuël Anatomique, lequel a peine de croire qu'il y ait à méme temps des personnes parfaites dans les deux sexes non plus qu'Aristote dans son Histoire des animaux, & c'ét l'opinion de *Æmilius Parisius de subtilitate microc.* Mais Pline

*Des hermaphrodites.*

ne & Ælian soutiennent que plusieurs animaux ont les deux sexes ; *Montuus, de medic. theor.* assure qu'il y a des hermaphrodites qui font l'office de mâles, & de femelles; autant en dit *Ioannes Faber Lynceus*, y ayant plusieurs animaux domestiques mâles, & femelles, comme rémarquent Zachias, & Donat, quelquesfois des enfans semblent à des femmes jusques à ce que la chaleur fasse paroître le membre viril. *Abus touchant la croyance des hermaphrodites.*

Quoyqu'il en soit j'estime que ces monstres, pour ainsi dire, sont Sodomites parmy les hommes lors qu'ils choisissent vn sexe, & font aprés l'office de l'autre, Martial en parle ainsi. *Cas de Sodomie.*

*Inter se geminas audes committere cunnos,*
  *Mentiturque virum prodigiosa venus.*

Mais il faut toûjours qu'vn des sexes prévaille, & ainsi Sanchez, Depeysse, & Automne ont tort de donner le choix d'vn sexe à autre qu'à la Nature ; car l'autre n'étant qu'accidentel il est inutile, & tous deux s'ils sont égaux selon Zachias *quæst. medico legalium lib. 7. quæst. 3*. Il ne faut pas pourtant croire qu'on change de sexe, quoy qu'en dise Tite Live. *Especes d'hermaphrodites.*

Ie tais mille autres particularitez de la Sodomie, ou la réserve, & le silence sont vn effet de prudence, & de discretion, il suffit de dire des Sodomites que *dedit eos Deus in reprobum sensum*, & avec Iuvenal en sa Satyre 4.

*Quod si vexantur leges, & iura : citari*
*Ante omnia debet scantinia.*

Aa 2

## CHAPITRE XLVII.

*Des préuves conjectures, & préludes de la luxure, & paillardise.*

La paillardise étant toûjours secrete est de difficile preuve.

OMME au dire de Cassiodore, *proximum naturaleque crimini est velle nesciri, nullumque peccatum,* dit Tertulien *sine formidine.* L'impureté qui est la source de tous les autres, cherche toûjours les ténebres pour ses seuretez, *qui male agit odit lucem,* tellement qu'étant en suite, *difficillimæ probationis, minus probationis in ea exigitur.*

Exemples.
a *Valer. Max. lib. 6 c.1.*
La luxure se preuve par conjectures.
b *Glos. in c. 3. loco de præsump. can. dixit Dominus 32. q. Farin. q. 136. lib. 5. c. 1.*
Diverses cōjectures.

Nous lisons que *Scantinius*, lequel a laissé son Nom à la Loy qu'on fit à Rome, contre les Sodomites, & Pédicateurs, fut condamné à mort sur la seule déposition du fils de *Marcellus* qui l'avoit voulut forcer, *a* & que César répudia, Pompeja sur vn seul soupçon de sa vertu, tiré de quelques apparences.

Les conjectures sont présque toûjours toute la préuve en matiére d'impudicitez, & de paillardise, *b* les baisers, & embrassements, les familiaritez extraordinaires, les régards làcifs, & affectez, les proménades nocturnes, & à l'écart font présumer le crime en étants des conjectures, & des préludes, à plus forte raison les approches, & attouchements lâcifs, comme dit le Poëte.

—— *In partibus illis,*
*In quibus occulte spicula tingit amor.*

Des baisers.

Quant aux baisers chacun sçait qu'ils sont permis lors

que

que la civilité les éxige, jusques-là que Constantin fit vne Loy *de osculo*, pour en régler l'ordre, & la maniere, *a* Saint Cyprian, les permet quand ils sont pudiques, aussi bien que Aristophane au Traité *de nubibus*, aussi les baisers noüoient les mariages, & les paches, ils étoient des signes d'amitié quand ils venoient des grands, en sorte que Tybere n'en honoroit que ses chers amis du Senat, à la difference de Vitellius qui baisoit tous les Soldats qu'il rencontroit en chemin. Saint Paul au prémier aux Corinthiens, ordonne le baiser de paix, *Servius Honoratus* dit qu'il est vn signe de Réligion, enfin Aristote rémarque que les Pigeons, qui sont des animaux les plus chastes, se baisent avant que se quiter l'vn l'autre.

*al. 5. de incest. nupt.*
*Baisers permis honorables Religieux, & ordonnez.*

*Remarque des pigeons.*

Mais quand le baiser est lâcif, & impudique le Clerc qui le donne à vn jeune enfant perd sa Couronne, étant chargé de fers, & d'opprobres est jetté dans vn cachot, pour six mois s'il y a eu soupçon seulement de mauvais dessein selon les constitutions canoniques, il est moins puny s'il a baisé vne femme; Mais Saint Augustin veut que tel acte commis envers la femme d'autruy soit châtié de coups dans le 21. de sa cité de Dieu. Et les canons deffendent aux Moynes les compérages afin qu'ils ne soient sujets à baiser.

*Baisers criminels. Peine contre les Clercs baisants lâcivement.*

Le baiser qui peut étre sans crime, est souvent le prémier échelon du peché, Theocrite dit que.

*Le baiser est l'entrée au peché.*

*Est, & in vanis osculis suavis jucunditas,*
Et Ovide parle du baiser en ces termes.

*Oscula si dederis fiam manifestus amator.*
Aussi est-il tenu pour vn sujet de soupçon selon Ripa, & vn crime en Italie, & en Espagne lors qu'vne femme le réçoit d'autre que de son mary. Ils tiennent comme rémarque d'Olives en son action troisiéme, que *per osculum pudor*

*On ne baise gueres les femmes en Italie.*

A 3

*resignatur spiritu*, d'où est né le distique parmy eux.

*Oscula qui sumpsit, si non & cætera sumpsit.*

*Hoc quoque quod sumpsit perdere dignus erat.*

Iason, & Decius ne sont point d'humeur non plus que les François, & les Savoysiens, de condamner ce gracieux compliment quand la civilité en est le principe.

*Des embras-sements.*
*a l si in libera § de rit. nupt.*

Les embrassements sont aussi des conjectures de luxure entre les deux sexes quand ils arrivent entre jeunes gens, on en peut dire autant d'vne familiarité trop grande, *a* & des conversations secretes, & écartées, *solus enim cum sola dit* Balde *non præsumuntur dicere Pater noster*.

*Des yeux, & regards.*
*b Athen. l. 4.*
*Des yeux, & regards la-cifs.*

Les régards lacifs, & étudiez ne sont pas des signes de continence, Athenæus *b* dit que *in oculis est amoris sedes*, le Poëte en parle ainsi dans ce vers.

*An nescis? oculi sunt in amore duces.*

Ovide, & Tibulle Properce asseurent que l'œil volage d'vne femme, est l'avantcoureur de l'adultere, aussi David demandoit a Dieu qu'il eut soin de ses paupieres afin que le poison n'entrat dans son Ame par la porte de ses yeux, *Averte oculos meos ne videant vanitatem*, disoit ce Prophete, & Roy tout ensemble, aussi le Saint Homme Iob avoit pactisé avec les siens pour éviter qu'ils ne corrompissent ses pensées, *pepigi*

*Les yeux sōt la porte de l'ame.*
*Plusieurs cō-jectures sont vne preuve entiere.*
*c quando præ-sumatur adulterium vide Menoch, lib. 5. præs.*

*fœdus cum oculis ne cogitarem de virgine.* Hérodote récommande la continence des yeux plus que toutes choses, comme étants la porte de l'ame, & les guides de nos corps.

Il y a diverses autres conjectures, qui jointes ensemble font des preuves entieres du peché, & des semipreuves quand elles sont separées, du moins des soupçons quant aux moindres. *c* Le secret pour les éviter, & leurs suites dangereuses est de fuïr les occasions, ce qui Nous est inspiré dans

*Moralité sur la fable.*

la fable d'Acteon, qui pour n'avoir évité la veuë de la déesse, se, & des nymphes qui se baignoient fut metamorphosé en Cerf qui est l'animal qui court le plus vîte, pour luy apprendre qu'il dévoit fuïr les charmes, & la nudité des femmes puisque c'ét l'vnique moyen d'éviter leurs coups, & leurs attaintes. *Remede cōtre la luxure.*

Les préuves de l'adultere, & autres impuretez ont êté par l'eau boüillante, les charbons ardants, & quelquesfois dépendantes du succez d'vn combat, sur tout pendant la vigueur des préuves vulgaires; Mais aujourd'huy on n'éxpose point l'innocence au hazard, & à la force; puisque les témoins, & la confession des accusez font la décision de leurs causes, & la seurté des jugements, & quoyque tous crimes préscrivent par l'éspace de 20. ans *a* la Sodomie ne préscrit jamais. *Preuves anciennes de la luxure. Preuves vulgaires abolies. a l. querelam C. de falś. Bavo.*

L'Adultere, la Sodomie, l'Inceste, & le Rapt sont si odieux qu'on en punit méme l'entreprise, & les préludes, ainsi qu'assurent les Docteurs notamment Papon au 22. Livre de ses Arrêts qui rapporte vn préjugé du Parlement de Bourdeaux, du 23. Novembre 1528. contre vn nommé Anthoine, qui voulant s'acoupler avec vne bête fut brûlé, quoyqu'il eut êté empéché d'achéver l'acte. *L'entreprise punie. Exemple.*

## CHAPITRE XLVIII.

### Du Maquerelage.

OMME les Réceleurs sont les soûtiens des Larrons, les Maquereaux le sont des Paillards, & des Impudiques. Ils ont toûjours êté chassez des Villes, comme les *Maquereaux cōparez aux Réceleurs.*

192   *Eſtat de la Iuſt. Eccl. & Sec. du pays de Savoye,*

les peſtes de l'Etat, les corrupteurs de la jeuneſſe, & les cour-ratiers de ſathan.

*Leur ancien-ne peine.*

La peine des Maquereaux étoit de mort Naturelle dans les Loix de Solon, & *Eutymachus* perdit la vie, au dire de *Dimarchus* pour avoir proſtitué vne fille, le méme eſt or-donné dans les Loix civiles, *a* & les aſcendants qui vendent leurs filles ſont jettez dans du plomb fondu, s'ils ont vſé de violence; *b* Mais toûjours punis du dernier ſupplice.

*a l. vn. ff. de rapt. virgo.*
*b Farin. q. 144*

Quant aux ſimples Maqueraux, leur peine étoit d'étre employez aux metaux, & traveaux publics ſelon Theodoſe, & Valentinian. *c*

*c l. 13. C. de Epiſc. audien.*
*Peine des Maqueraux d'aujour-d'huy.*

L'Vſage de Savoye, eſt de les faire fuſtiger, & puis bannir pendant leur vie, ainſi qu'il fut ordonné contre vne nom-mée Baſtiene, & contre vne autre appellée Majorique.

Enfin ſi cette médiation infame à cauſé vne Sodomie, où vn inceſte, la peine ſera de la Mort, auſſi bien qu'en cas de violence : étant le complice châtiable à proportion du cri-me, où il a eu part, où comme ayde, & proxénete, où comme conſeil, & mandant, ſur tout quand il en a tiré du profit.

## CHAPITRE XLIX.

*Du ſimple Meurtre, où Homicide.*

*Dignité de l'Homme.*

OMME il n'y a rien de ſi important ſur la Terre que l'Homme, appellé abbregé du monde, animal divin, & chef-d'œuvre de la main de Dieu ? Auſſi ny a t'il point de crime plus odieux que ſa deſtru-
ction

*Part. I. Liu. I. Chap.* XLIX.

ction; Nous voyons dans l'Apocalypse, *a* que les Ames des occis crient vengeance dévant le Thrône, contre leurs meurtriers; *Vidi animas interfectorum clamantes ad Deum, ô Domine vsque quo non vindicas sanguinem nostrum de interfectoribus nostris qui sunt in terra : nulla vis detestabilior quam ea qua terram hominibus orbat*, & Aule Gelle rémarque que les Atheniens ayants aboly les Loix de Dracon, garderent celles qui étoient contre les meurtriers, a qui Dieu déffend de pardonner dans le 35. des Nombres. *Terra sanguine polluta sanguine effusoris mundanda est, & animam pro anima dato.* Iob *b* disoit que les meurtriers imitent les Aigles, qui au lieu de l'eau boivent du sang, *Veloces pedes eorum ad effundendum sanguinem, & homo homini lupus est.*

*a Apoc. 6.*
Plaintes des ames des occis.

Loix conservées contre les homicides.
*b Iob 6. 39.*

  *Quo, quo scelesti ruitis, aut cur dexteris*
    *Aptantur enses conditi?*
  *Neque his lupis mos, nec fuit leonibus*
    *Vnquam nisi dispar, feris.* c

*c Horat. epod. lib. ode 7.*

Farinaceus, & les autres Docteurs traitants de cette matiere, divisent l'Homicide, en volontaire, & involontaire, d'autruy, & de soy-méme, simple, & prémedité, casuel, necessaire, sans coulpe, & avec coulpe, où l'assassin tient le rang le plus détestable.

Division de l'Homicide.

L'Homicide prémedité comprend celuy qu'on fait avec embuches appellé guet-a-pens, & proditoire, ensemble l'assassin, qui suppose vn complot avec prieres, & argent donné à cette intention.

De l'homicide premedité.
Qu'êt-ce qu'assassin.

La peine du simple meurtre, (cét à dire arrivé sans prémeditation dans vne rixe) est de la Mort; Mais s'il y a quelque circonstance qui luy donne la Nature d'assassin, où auttrement de propos déliberé? la roüe est le supplice de ce méfait, comme il fut jugé au Senat de Chambery, contre

Peine du simple meurtre.
Peine de l'homicide déliberé.
Exemples.

B b

Chénu, & Vibert, & auparavant contre les nommé Mugner, & Pataloula.

*La volonté est punie, cōme l'effect en certains cas.*
a *l. 1. & 7. & 14. ff. ad l. Cor. de sic. Farin q 113.*
b *Bavo tract. q. 7.*
*Erreur de Bavo.*
*Exemples.*

Bien plus l'intention, & l'attentat poussé, *ad id ad quod perduci potuit*, est puny de la méme maniere que l'éffet, a *qui hominem non occidit, sed vulneraverit vt occidat pro homicida damnādus est, vt in aliis atrocissimis delictis,* en quoy le Présidēt Bavo, b s'ét trompé, & Massuerus aussi, lors qu'ils disent, que *conatus punitur eadem lege, sed non eadem pœna,* le Senat de Savoye le jugea autrement contre vn Bourguignon, qui avoit blessé vn Chirurgien nommé Grilliet, & contre vn autre qui avoit attendu le Valet du Sieur Bertier, dans vn bois pour le tuër, lesquels furent tous deux rompus, & roüez, le méme Senat condamna vn *Quidam* à étre pendu, pour avoir lâché deux coups de pistolet a vn autre, il a eu à la verité grace du Prince après l'éxecution faite en effigie, & vit dans sa profession avec réserve, & honnêteté ; pareille rigueur s'obserue en France au dire de Depeysse, qui fait mention d'vn homme qui ayant attenté sur la vie d'vn Conseiller, avec vn coûteau, fut executé à Mort, c par Arrêt du Parlement de Paris, autant en arriva à Dijon à vne femme qui avoit voulut empoisonner son mary, au dire du méme Depeysse, & de Bouvot en son 1. Tome.

*Autres exēples.*
c *Galli. q. 287.*
*Depeysse part. 3. tit. 12.*

*Les conseils, & aydes sont punis, cōme les meurtriers.*
d *l. nihil interest, ff. ad l. Cornel. de sic. Farin. q. 135.*
*Distinction.*

Non seulement le meurtrier est punissable selon le cas, & les circonstances ; Mais aussi ceux qui luy ont prêté ayde, où donné conseil, *mandans enim, & mandatarius eadem pœna tenentur, & consilium mixtum siue fraudulentum est obligatorium.* d

e *l. item, ff. ad leg. aquil.*

Que si plusieurs se sont trouvez concourir au meurtre ? tous sont criminels, & tenus, e *quia vnus occisus,* dit la Loy, *facit mille homicidas*, s'ils n'apparoit de celuy qui a fait le coup ; car s'il étoit connu, *tenerentur alij de vulnerato,* suivant
la

la fameuſe Loy, *item mela, ff.ad l. aquiliam*, c'ét le ſentiment de Monſieur Favre, *a* de Iulius Clarus, & de tous les graves Auteurs.

*a C. Fab. def. 9. in all. ad l. Cor. de ſicc.*

Il faut pourtant diſtinguer les crimes ; car en fait d'Homicide déliberé, *omnes tenentur de occiſo*, & dans le ſimple, *tantum de vulnerato*, *b* C'ét pourquoy j'improuve l'opinion de Bartole, & de Depeyſſe, qui parlent indiſtinctement, & veulent que tous ſoient reſponſables ſolidairement ; eu méme égard qu'il n'y a nulle peine contre ceux qui n'ont prêté ayde au meurtrier, ſi non qu'ils euſſent été negligents à empécher ſon crime, par vne affectation extraordinaire le pouvant faire, *qui enim hoc in caſu damno occaſionem dedit, damnum feciſſe videtur.*

*b l.ſi in rixa. ff. de ſiccar.*
*Erteur de Bartole, & de Depeyſſe.*

Quant aux homicides caſuels, où neceſſaires, ils ne dévroient point étre punis, *c* neantmoins, comme au dire de Tertulien *nulla eſt neceſſitas delinquēdi quando vna eſt neceſſitas non delinquendi*, il faut obtenir grace du Prince, tant en France, *d* qu'en Savoye, qui tient lieu de l'ancien réfuge que Dieu donnoit dans le 19. de l'Exode à ceux qui étoient tombez innocemment dans le crime d'homicide. Que ſi par vne défence neceſſaire, & incoupable, il étoit commis, ſur tout par vn Noble qui ne doit fuïr, il n'y auroit nulle peine ſelon le droit. *e*

*De l'homicide involontaire.*
*c l. eum qui. l. ad l. Cor. de ſicc. l. reſpicitdū. ff. de pœn.*
*d Depeyſſe tit. 12.*
*Il faut grace en tous meurtres.*
*e l.4. ff ad l. aqui l.9. ff. ad l. Corn. de ſic. l.2 eod. in C.*
*De l'homicide par coulpe*

Que s'il y a de la faute du meurtrier, & non de ſon dol ? il eſt puniſſable a la verité ; Mais le cas eſt fort gratiable, & le Senat en donne avis au Prince, afin qu'il vſe de ſa Clemence, & accorde la grace au criminel, que Nous appellons grace de juſtice, & que Monſieur Favre dit ne dévoir étre jamais refuſée, quoyqu'elle ſoit toûjours neceſſaire pour éviter la Mort, f du-moins civile ſelon la rigueur.

*vſage du Senat.*
*Des graces de Iuſtice.*
*f C Fab d.f 9 ad l Cor. de ſiccar.*
*Bur. dec. 164. la Ric' e lin.13. des parlem. Pa; ō en ſet arr liu. 24. le Prêtre, Depeyſſe.*

L'Officier peut tuër celuy qui luy reſiſte dans ſon Office,

*Estat de la Iust. Eccl. & Sec. du pays de Savoye,*

**Cas ou il est permis de tuër.**
s'il ne peut s'en deffendre autrement n'y l'arrêter, & le Senat renvoya quitte, & absous vn Garde de bled qui avoit tué vn homme de la Ville de Genéve en pareil cas, au rapport de Monsieur Morel. *a*

*a Arr du 20. Fevr 1665.*
**Cas notable.**
L'Homicide necessaire est bien si pardonnable (j'entends d'vne necessité indispensable) que le Prêtre disant Messe peut tuër celuy qui luy veut ôter la vie, & puis rétourner à l'Autel, si l'on en croit à quelques Docteurs, *b* il est vray que Bavo dit le contraire sur le sens du Canon 23. question 8. Mais il se doit entendre s'il la peu échapper la Mort, autrement qu'en tuant son ennemy.

*b Ioa. de ligu. in tract. de iust bello ab bas in c.clerici de vit. & kon.st. cleric.*

**Manieres de commettre homicide de la violence.**
Venons maintenant aux manieres de commêtre le crime d'homicide ; les principales sont, où par la violence réelle, où par l'écriture (comme en fausses Sentences,) où par la parolle (comme si on témoigne faussement *falsus testis homicida est.*)

**Des homicides par venin, & art magique.**
Le venin, le glaive, & l'art magique en sont les instruments, & les moyens les plus ordinaires, dont vsent les bourreaux injustes du prochain, & l'on rémarque que les Loix se sont renduës inexorables quand il y a de la surprise (comme au venin *quod devitari nequit*, ) attendu que comme l'eau des torrens est plus salutaire que la croupissante, aussi est-il plus facile de se garentir d'vn ennemy ouvert, & courageux, que non pas d'vn lâche, & d'vn traître. Nous avons

**Des empoisonneurs.**
parlé des empoisonnements magiques, dans le traité de cét art, il n'y a gueres plus de pardon pour ceux qui s'en servent naturellement, que pour ceux qui fournissent le venin,

**Des engresseurs. Leur peine.**
puisque tous sont punys de Mort. Il est vray que les engresseurs qui sément la peste avec des drogues infectées sont brûlez vifs aprés avoir êté tenaillez, *c* cette rigueur fut exercée environ l'an 1631. contre vn nommé Losserant de Megéve,

*c Bavo tract. stat. q.7.*
**Exemple.**

géve, qui avoit jetté la contagion dans Chambery, & juré avec ses suppôts, & complices l'entiere extermination des Habitants de cette bonne Ville, qu'il vouloit nourrir dans quinze jours pour vingt-cinq livres de Pain, s'il eut reüssi, comme il confessa avant sa Mort ; cependant elle contient prés de vingt mille Ames, dans son enceinte, par où l'on peut juger de leur malice, & pernicieux dessein. *Grand nôbre des habitans de Châbery.*

Plusieurs deviennent meurtriers dans leurs offices, comme les méchants Iuges, & témoins, lors qu'ils causent injustement la Mort du prochain, l'on peut en dire autant du Medecin, Chirurgien, & autres employez a la guerison des malades, qui sont homicides quand ils causent leur Mort par vne ignorance crasse, *a imperitia enim culpæ annumeratur*, *b* autre seroit s'il n'y avoit de leur faute ; Mais de la difficulté de l'art, *ars longa vita brevis*, *c* c'ét pour cela que Esculape portoit vn bâton plein de nœuds, pour apprendre que la medecine est pleine décœüils, & que la guerison des malades ne dépend pas toûjours du Medecin, s'il n'ét heureux, & secondé par la Nature. *Méchâts Iuges, & témoins commettêt meurtre en des cas. Mauvais Medecins sont homicides. a l.illicibus,ff. de offic.præsid. b l.132.ff.de reg. iur. c Hypocr. in aphor. Difficultez de la Medecine.*

*Non est in medico semper relevetur vt æger*
*Indocta sæpè prævalet arte malum.*

Le Medecin, & tous autres doivent pourtant prendre garde de ne s'engager à aucun métier sans en étre capables, hors dequoy ils péchent toûjours à cause du hazard, où ils se sont plongez.

## CHAPITRE L.

### De l'Homicide volontaire de soy-même.

**Homicide de soy-même opposé à la raison.**

CEVX qui violent le dépos que Dieu leur a rémis de leurs propres vies, commettent vne impieté qui ne peut tomber dans aucun principe de raison ; car s'il est vray que la conservation de l'étre est naturelle à tous les Animaux, il semble que l'Homme, qui est plus Noble ait interêt d'avoir soin du sien, d'autant plus que tous ses travaux tendent à la subsistance de son individu.

**Motifs des homicides volontaires.**

Cependant il s'ét trouvé des Hommes assez impies, & désesperez, pour s'ôter eux-même la vie, où par désespoir, où par curiosité de l'autre monde, où par folie, où pour s'immortaliser.

**Exemples.**

Nous lisons que Codrus, Curtius, Les Deces, Regulus, & Epaminondas moururent volontairement pour la gloire du Monde, & Razia, & Eleazard pour celle du Ciel, que Caton se tua pour sçavoir ce qui se passoit aprés cette vie, qu'enfin le désespoir poussa Cassius, & Brutus à en faire autant aprés la mort de César. Les Millesiénes se pendoient

**a Gellius. Désespoir des Anciens subjuguez.**

parce que la vie leur étoit à charge, *a.* & présque tous les peuples subjuguez par assaut du temps des Romains, humoient le poison pour éviter leur insupportable servitude.

**Exemples.**

L'Infortuné Prince Bajazet se cassa la tête dans la cage, où Tamerlan l'avoit renfermé, & Mitridate se fut empoisonné, si l'Antidote qui porte son Nom, n'eut rendu son estomach incorruptible.

Et

Et certes si l'on considere les miseres de cette vie (*Omnis* **Miseres de la vie humaine.** *vita* dit Seneque *supplicium est*) il n'y a pas de doute que la **Avātages de** Mort ne soit vn bien, suivant ce qu'en dit le Poëte. **la Mort.**

*Illa malis requiem finemque laboribus affert.*

*Mors est jam requies, vivere pœna mihi.*

C'ét ce qui faisoit dire à Pline que *le plus grand bien que Dieu ait fait à l'Homme cét de mourir quand il veut*, *mors*, dit **Qu'ét ce que** Saint Chrysostome, *nihil aliud est quam requies, & à curis li-* **la Mort.** *beratio*. C'ét elle qui finit les miseres de la vie, & qui commence le regne, & les libertez de l'esprit, duquel il est comme de ses Animaux merveilleux qui font nos soyes, lesquels **Des vers à** ayants posé la peau qui les rendoit stupides, & rampants, **soye.** prennent l'essort avec les ailes, qui auparavant leurs étoient inutiles, où comme de ses lumieres que les Romains appelloient feux eternels, qui retournent à la sphére du feu, d'a- **Des feux** bord qu'elles trouvent quelque ouverture pour sortir des **Eternels.** grottes, où elles avoient subsisté par l'air immobile, & ren- **l'Ame déga-** fermé, pendant l'écoulement de plusieurs Siécles ; Car nô- **gée du corps.** tre Ame étant dégagée de la prison de nos corps, & n'ayant plus besoin du sécours de leurs organes, elle dévient libre, comme les Anges, & les intelligences Célestes.

Ces raisons me font avoüer les miseres de cette vie, & l'a- **Caducité des** bus des choses caduques, que ce n'ét pas icy nôtre patrie, *non* **choses humaines.** *habemus hic civitatem permanentem, sed aliam inquirimus*, a qu'enfin il n'y a que travaux en ce bas monde. a *Hebr.13.*

*Optima quæque dies miseris mortalibus ævi.*

*Prima fugit, subeunt morbi, tristisque senectus.*

*Et labor, & dolor, & dira inclementia mortis.*

Mais Dieu à réglé le cours, & la durée de nos jours, & **Il ne faut** ce n'ét pas à nous d'alterer ses ordres, n'y d'entrer dans ses **avancer sa** conseils, & de luy dire *cur id fecisti ? b* il faut avoir soin **Mort.** b *Iob.*

de

de nos vies, & luy laisser celuy de nos morts, sans en anticiper l'heure par des attentats injustes, & cruels, *qui enim sibi non pepercit alteri non parcet*, dit la Loy. *a*

*al. 3. ff. de bon. eor. qui mort. sibi conscii.*
*Peine de ceux qui s'ôtent la vie.*
*Formalité contre le cadavre.*

La peine de ceux qui s'ôtent volontairement la vie, est d'infamie après leur mort, & on fait le procès à leur cadavre luy faisant établir vn curateur avec lequel toute la formalité doit étre faite, & après vne exacte, & sommaire information de leur vie, & des circonstances, & causes de leur mort, l'on les juge selon l'état des formalitez, le Brun en a prescrit les formes dans son procès criminel, aussi bien que Ayraut au traité du procès des cadavres, en son instruction judiciaire, & Papon au livre 22. de ses Arrêts.

*De l'homicide de soy-méme.*

*Du curateur au corps mort, & information de sa vie. Observatiōs à faire.*

Ils disent qu'il faut établir vn curateur au défunt, pour le défendre, & sister au procès à sa place, qu'il faut ouyr ses parents, & les voysins touchant ses mœurs, sa vie, & la cause de sa mort, & si la fureur, la douleur, où la folie, l'ont porté à se méfaire, il est déclaré absous, & plûtôt digne de pitié, que de châtiment; Mais s'il a été inspiré du désespoir, où de la componction de son crime, où bien de la crainte de la peine.

*Exemples.*

Son cadavre est trainé sur vne claye, & pendu par les pieds en vn gibet, en signe de perpetuelle infamie. Ie me suis trouvé en pareil jugement, comme Adsesseur touchant vn nommé Colomb, il y a 20. ans, lequel fut exposé au supplice dont je viens de parler, le premier cas fut aussi jugé au Senat au Rapport de Monsieur de la Forest, & du depuis à celuy de Monsieur Salteur, *b* concernant vn nommé Iean Calamard, & celà conformément à la Loy troisiéme *Cod. de bon. eor. qui mort. sibi consciu.* & la doctrine du Peresius; car on fit ensepulturer le prémier; & ce Calamard, s'étant donné d'vn coûteau au ventre fut absous; parce qu'il l'avoit fait par la violence d'vne maladie.

*b Arr. du 25. Aoust 1675.*

*Exemples.*

L'Homi

L'Homicide de ſoy-méme eſt ſi odieux, que l'on en punit méme l'attentat, ny ayant rien que de ravalé de s'ôter la vie, *Fortis hominis non eſt*, dit Platon, *in phædone, mortem ſibi incutere*, & Saint Ierôme adjoute ces parolles ; *non eſt noſtrum mortem arripere ſed illatam ab aliis libenter accipere*, a Martial, b en parle ainſi.

L'Entrepriſe ſur ſa propre vie eſt puniſſable.

a *can. non eſt* 23.q 5.
b *Mart.l.*10.
Il ne faut point anticiper nôtre fin.

*Optima mors parca quæ venit apta die.*

Dieu ſeul a droit de régler nos jours, & l'heure du dernier délogément, & ne pouvons en anticiper la fin ſans attenter ſur ſes authoritez, *Non licet ex hoc corporis ergaſtulo egredi niſi juſſu ejus qui nos miſit*, diſoit Ciceron, *in caton. major*. Tellement qu'il ne faut point entreprendre de faire ce grand voyage, ſans le paſſe-port de ce divin Maître. Vn Poëte ſe moque avec eſprit de ceux qui pour fuir la mort s'ôtoient anciennement la vie.

*Hic rogo non furor eſt ne moriare mori.*

## CHAPITRE. LI.

### Des Duels, & Monomachie.

LE plaiſir que le démon prend à l'éffuſion du ſang humain, luy a fait ſuggerer à nos ſens tout ce qui eſt plus capable de le verſer. Il en a fait arroſer ſes Autels dans les ſacrifices du Paganiſme.

Raiſon pour laquelle le diable ſuggere les duels.

Le fameux, & grand ſacrifice de Diane fut vne des plus horribles inventions de cét ennemy de Dieu, où le ſang des plus Nobles enfants de Sparte étoit répandu à coups de verges pour appaiſer l'ire des Dieux, comme ſi on gratifioit l'ouvrier par la deſtruction de ſon ouvrage.

Sacrifice ſanglant fait à Diane.

*Cruauté touchant les sacrifices.*

Il y a encore des Nations Barbares, qui égorgent les hommes sur leurs Autels, particulierément dans l'Amérique, jusques-là qu'elles arrachent le cœur, & les entrailles de ces victimes vivantes, par vne cruauté qui fait horreur. *a*

*a Voy David des estats, & empyres.*

Le démon persuade à plusieurs Princes de la Chine, & du Nouveau monde, de faire ensevelir avec leurs parents les plus affidez de leurs amis pour les servir dans le tombeau, &

*Exemples.*
*b Voy le même*

en l'autre vie, & on a vû deux mille courtisants avoir été ensevelis avec leurs Roys. *b* Enfin Wnefridus Anglus parle d'vne Loy qui étoit parmy les Wendales de brûler les femmes avec leurs marys decedez, tant il est vray qu'il n'a rien oublié pour détruire le genre humain pour qui il a vne haïne implacable.

*Des duels, & preuves vulgaires.*

Mais la plus diabolique maniére de verser le sang humain est celle des duels, & des autres préuves vulgaires où la vie étoit au hazard, exposant a la violence des armes, & au caprice d'vn élement, ceux qui ne le dévoient étre qu'à la Iustice des Loix.

*Duels sont vne guerre de particuliers.*

L'Antiquité Nous a laissé plusieurs exemples de cette guerre des particuliers, que les Grecs nomment Monomachie, comme fut le duel de David, & de Goliath, d'Achille, & de Diomede, de Menelaus, d'Vlisse, d'Ajax, d'Hercule, & d'Achelois dont parle la fable des Oraces, & Curiaces.

*Des jeux, & arénes.*
*De l'exposition aux bétes.*

Les Ieux, & Arénes, ont été bienlong-temps vn moyen de répandre le sang de ceux qu'on exposoit aux bêtes pour combatre contre leur fureur ; Mais la corruption des Siécles passez avoit r'enchéry sur toutes les inventions de l'enfer par le détestable abus des duels, & les jeunes hom-

*Necessité de combatre.*

mes de qualité tenoient à honneur de s'y exposer, jusques-là que nul ne les refusoit sans infamie.

*Regles des duels.*

Les régles étoient établies pour le temps, le lieu les appels parolles,

parolles, cartels, signe d'iceux, & le choix des armes. Les personnes qui au commencement jugeoient du combat, & empêchoient les superchéries, furent enfin comprises au combat par certain principe d'honneur, & souvent le malheur tomboit sur les parrains, & féconds. Enfin l'on estimoit qu'il étoit permis au vainqueur de disposer de la vie du vaincu, & l'on l'immoloit a vne fausse Idole d'honneur avec sa conscience, & son salut, en vsurpant vn droit qui n'appartient qu'à Dieu, & au Souverain, jusques-là que le vainqueur se vantoit d'avoir droit sur la vie du vaincu, & de la luy avoir donnée par vne impudence criminelle.

*Des appels, cartels, parolles d'honneur, armes, lieux, & féconds.*
*Sort des duels, & des armes.*
*Du desarmé, & vaincu.*
*Peines des duels.*

Les Loix civiles, & Canoniques, & les Edits tant de Savoye, que de France, s'y sont vigoureusement opposez, les Canons déposent le cler qui a ainsi combatu, *a* & privent les lays de sépulture, & de la Communion des fidelles, *b* les Empereurs condamnent à la mort ceux qui ont combatu en duel s'il ny a eu ordre du public, comme il y eut au regard des Oraces, & des Curiaces, qui déciderent le different de Rome, & d'Albe, *c* les Ordonnances des Roys de France, ont déclaré des peines fort séveres, contre les duellistes, & leur mémoire, aussi bien que les Edits de Nos Souverains. *d* Car ceux qui ont combatu, où comme autheurs, où comme féconds, sont punis de mort, & leurs cadavres trainez sur vne claye, & privés de sépulture, la peine est moindre à la verité lors qu'il n'y a eu que des parolles données sans effet ; Neantmoins je douterois si elle seroit moindre que de mort attendu la séverité qui rend nôtre Monarque inéxorable touchant les duels ; aussi bien que le Roy de France, châcun dans ses Etats, comme étants zélateurs de la gloire de Dieu de la conservation de leur Noblesse, & du repos de leurs Peuples. Il est vray qu'ils ont rencontré vne obeyssance

*a c. 1. de Cler. pugn. in duæ.*
*b c. 2. de tornenam.*

*c Voy Tit. liu. en son hist. ab urb. condit.*
*d Edit du 10. Iuillet 1600. autre du 4. Nov. 1661.*

Cc 2

parfaite, particuliérement Nôtre Prince dans la Savoye, où il est autant chery qu'honoré de sa Noblesse, & de ses Sujets.

## CHAPITRE LII.

### Du detestable Crime de Parricide.

'IL est vray, comme dit Ciceron, que l'honneur deû au parents, est le fondement de toutes vertus, & qu'il ny a point de simulacre des Dieux plus digne de respect. *a* Il faut avoüer aussi avec luy que le Parricide est le plus detestable de tous les crimes, *parricidium* (dit-il en sa harangue *pro amerino*) *præ omnibus scelestissimum est quo uno scelera omnia complexa esse videntur.* Ce qui fit dire à Papinien, réfusant d'éxcuser au Senat le Fratricide de Caracalla en la personne de Geta, qu'il étoit plus aysé de commétre le Parricide que de l'éxcuser. *b*

Le Parricide est si odieux que les Perses, les Romains, & les Atheniens le crurent bien long-temps impossible, *c peritissimi viri maluerunt incredibile scelus præterire quam dum vindicant ostendere posse fieri.*

Du dépuis l'experience en ayant fait connoître la possibilité, les Romains ordonnerent, que les Parricides seroient battus de verges provenuës de certains arbres malheureux, de couleur de sang, *d* & cousus dans vn sac de cuir avec vn Chien, vn Coq, vne Vipere, & vn Singe puis jettez dans la Mer, où dans vn Fleuve selon la qualité du lieu, *e* Cujas ayant rémarqué que le choix de ces animaux est venu de ce qu'ils

---

a *Cic. pro Roscio.*

b *Xiphil. in Carac.*

c *Herod. lib. 1. Cic. pro Rosc. Plutarq. in Romul.*

peines du parricide.

d *Macrob. lib. 3. Cujac. de his qui par. vel fil.* e *l. pen. ff ad leg. pomp. de par.*

qu'ils ont tué leurs petits, où leurs peres, auſſi voyons-nous que l'honneur deû aux parents, fait le prémier article de la ſeconde Table du décalogue, & qu'aucun des Commandement de Dieu n'ét ſuivy de récompenſe que celuy-là, comme le plus important touchant le prochain, & les affaires du monde. Xenocrate dit que ces préceptes étoient gravez dans le Temple d'Eleuſine, *honore ton Pere, & ta Mere, adore les Dieux*; ce crime ſelon l'Orateur Romain, a rend ſes autheurs pires que les brutes, *Cum etiam feras inter ſe ſe partus atque educatio natura ipſa conciliet*. La Cycogne nourrit ſes parents vieux, & les porte ſur ſon dos, b comme fit Enée ſon Pere Anchyſes, qu'il ſauva plûtôt ſur ſon dos de l'incendie de Troye, que les Images des Dieux, c auſſi rémarquons-nous que la Loy de Romule, qui ordonnoit aux Peres de nourrir leurs enfants juſques à ſept ans, ne limitoit point ce dévoir des enfants envers leurs Peres. Enfin l'Hiſtoire nous apprend qu'vn Prince des Indes pénetré des ſentiments d'amour, que nous leurs dévons, ſe fit appliquer le trépan pour renfermer dans ſon cerveau les chéres cendres de ſon Pere, & Platon aſſure qu'on doit plus honorer ſes aſcendants, que les ſimulacres des Dieux.

Raiſons morales.

a *Cic. pro Roſc.*

Exemples.
b *Plin. lib. 8.*

c *Virg. Æneid.*

La peine de ceux qui tuent, & mémes qui bléſſent griéf-vément leurs aſcendants, eſt aujourd'huy d'étre brûlez aprés qu'ils ont été tenaillez, & eu le poing couppé, Meſſieurs Favre, & Bavo, d en allèguent vn préjugé, & j'ay aſſiſté a la condemnation d'vn nommé Pierre Mouton, qui ſouffrit pareil châtiment au Rapport de Monſieur Ducloz. e

Exemples.
d *Fab. deſ. nmie. de his qui ſil. vel par. Bauo q. 7.*
e *Arr. du 16. Mar: 1671.*

Le Brun en ſon procez criminel ſous le titre du Parricide, allegue vne peine aſſez a propos exercée contre vn qui avoit tué ſon Pere lequel fut tenaillé, & pendu par les piéds ayant au col vne pierre de 120. livres, & Papon au 22. livre de

*Autres exēples.*

ses Arrêts Titre quatriéme fait mention d'vn jugement donné à Tholoze és grands jours, par lequel vn Mineur fut condamné au foüet, & à faire amende honoraire, puis à servir en galere pendant sa vie, pour avoir jetté de l'huile au visage de sa mere, ny ayant rien de contumelieux à l'égard de ceux qui Nous ont donné l'étre, qui puisse étre dissimulé en justice, & le fils qui a préparé le vénin contre son Pere mérite la mort, *a* bien plus le bâtard, quoyque son Pere soit incertain, commet parricide à son égard le tuant, *Consideratur enim substantia filiationis non qualitas*, disent nos Docteurs. *b*

*Affectus pro affectu.*
*Bastard parricide.*
*a L.1 ff.ad leg. pomp. de parricid.*
*b Carrer. in sua praxi Clarus in §o. parricidium Bovo tract. reat. & alij.*
*Parricide des descendans.*
*Exemples de l'amour des Peres dans les brutes.*
*Amour des hommes envers leurs enfants.*

Et non seulement le parricide commis envers les ascendants est detestable; mais encore celuy des descendants, pour lesquels la Loy de Nature, & la raison s'interessent si fort. En effet ne voit-on pas que les Viperes s'ouvrent les entrailles pour faciliter la naissance de leurs vipereaux, & les fureurs de l'Ourse, & de toutes les meres dont on attaque les petits? Le Poëte nous réprésente cét amour dans le prémier des Eneïdes par ces vers.

*Semper in ascanio chari stat cura parentis.*

*Exemple de David, & d'Enée.*
*Autre exemple.*

C'ét l'amour paternel qui tira des larmes des yeux de David pour Absalon, quoyqu'il eut égorgé son frere Amnon, & violé ses concubines, & qui obligea vn ancien à donner vn de ses yeux pour son fils condamné par la rigueur des Loix à les perdre tous deux pour son crime.

*Cause pour laquelle on a levé le droit de vie & de mort aux Peres.*
*Le pere à droit de corriger non de*

Cépendāt il s'ét trouvé des meres enragées, & des personnes si cruelles que de porter les mains sur leurs enfants, ce qui étant connu par les legislateurs ils ont levé le droit de vie, & de mort, que les Loix anciennes donnoient aux Peres (dans la pensée qu'ils fussent incapables de s'en servir) leurs laissant seulement aujourd'huy vne correction moderée, *ut*

*quos*

*quos ad vitæ decora domesticæ laudis exempla non provocant* dit le texte, *a saltem correctionis medicina compellat.*

Ils ont encore le droit de les faire emprisonner en cas de désobeyssance, où dans leur maison, où dans les prisons publiques en s'addressants au Magistrat, *b* qui ne le leur réfuse pas *ex justa causa*, & le Senat l'accorda au Sieur Delile, contre son fils désobeyssant il ny a pas plus d'vn an, & quelques mois ; mais d'en venir jusques a la mort, les peres, & meres de nos temps ne le peuvent sans s'en rendre dignes, & les meres qui tuënt leurs enfants, (comme on voit souvent touchant les filles débauchées) sont condamnées au gibet, & en quelques endroits à étre étouffées dans l'eau.

Il y avoit anciennement des Loix contre les parents, qui tuënt leurs enfants lesquelles les obligeoient de rester certain espace de temps auprés des cadavres, & ce afin que le méme amour dont ils avoient été les violateurs fut leur supplice, & leur bourreau, la peine des ascendants parricides, est du licol parmy les ignobles, & il n'y a pas plus de quatre ans qu'vne fille ayant gâtté son fruit fut penduë, à mon Rapport, & jamais le Senat n'en vse autrement si l'enfant étoit viable ; car s'il n'étoit né au septiéme, où neufviéme mois la peine ne seroit que du fouët, & du bannissêment à forme du sentiment de Monsieur Faber, *c* ainsi qu'il fut jugé au Rapport de Monsieur Salteur, moy étant des Iuges.

Que si la femme à récelé sa grossesse, la naissance, & entérrement de l'enfant, ell'est punie de mort selon les Ordonnances Royaux en France, *d* & présumée de l'avoir tué, ainsi qu'assure Papon au 22. liure de ses Arrêts, la méme présomption est en Savoye, & quelquesfois la méme peine si non qu'elle préuve l'avoir fait mort, suivant la doctrine de Monsieur

sieur Faber, & que j'ay veu observer au Senat au Rapport de Monsieur Chiviliard.

*Elle la doit détruite par preuve contraire.*
*Divers cas de parricide.*
*Parricide des collatereaux puny comme simple meurtre.*

Le parricide comprend les Pères, meres, ayeuls, ayeules, les enfans, néveux, & autres ascendants, & descéndants, les collatereaux iusques au 4. dégré; suivant la glose Clarus, & Placa, l'oncle, tante, mary, femme, gendre, beau-pere, belle-mere, belle-fille, fiancée, ou époux, les peres, & meres des fiancez, *a* n'étant le crime puny autrement que comme vn simple homicide si non qu'il s'agisse de celuy d'vn ascendant, où qu'il y eut des circonstances aggravantes, en effet vn nommé Calvoz ayant tué vn sien frere fut seulement pendu à mon Rapport. *b*

*a l. 1. C. de his qui fil. vel.*

*Exemple.*

*b Arr. du 5. Fevr. 1667. Fratricide second crime des hômes.*
*c Metamorph. liu. 11. Fable.*

Le prémier crime aprés la prévarication d'Adam fut le fratricide commis par Caïn, & Dieu permit que celuy d'Absalon fut la peine des crimes de David, enfin la fable de Pelée *c* changé en esprévier, fait bien voir qu'il ny a rien de si cruel que le fratricide, puis qu'il est metamorphosé en vn animal qui ne le nourrit que du sang, & du carnage.

## CHAPITRE XLIII.

### Des Playes, & Blessures.

*De la playe, & comme on la prouve mortelle.*

OMME l'on doit particuliérement établir la préuve du meurtre par les playes, que nous appellons coups du délit, nous en préscrirons les moyens.

*De l'attestation du Chirurgien.*

Il faut ouyr le Medecin, ou Chirurgien, qui doit déclarer leur nature, par l'endroit, la profondeur, les armes, & les autres circonstances; car s'il ne les juge pas mortelles telle le blessé n'ét pas présumé d'en étre mort, encore qu'il décede aprés l'éxcez.

Bien plus si le malade vit 40. jours dépuis, il n'ét plus présumé mourir de la blessure, quand méme elle auroit été mortelle, *a* en quoy il y a souvent de l'abus, veu qu'elle peut laisser des suites, qui causent la mort au blessé. *Aprés 40. jours la mort n'ét plus causée par la playe. a Grammat. cons. 49*

Celuy qui fait l'attestation doit l'assermenter, & en avoir été réquis par la partie, & selon quelques Docteurs par le fisc, & accusateur public. Il est punissable, comme meurtrier, si le malade meurt par sa faute, & comme faussaire, en cas qu'il atteste le faux. *b* *Maniere de faire l'attestation. Cas ausquels le Medecin est tenu. bloan d platin.m l. ienael C. le re milit. lib 12.*

L'On donne vne grande croyance au Chirurgien, en ce qui est de son Office, *Cuique enim perito in arte credendum esse non ambigitur*, aussi comme *major habita fides magis ipsam obligat fidem* selon Livius, sa fidelité doit étre inviolable. *Obligatio du Chirurgien.*

La prudence des Villes bien policées fait établir des Maîtrises comme rémarque Papon, ce qui s'observe à Chambery pour les Chirurgiens, qui n'y sont reçus qu'aprés trois examens, & vn chef-d'œuvre, je fus député par le Senat à l'assistance de Monsieur le procureur general Ducrest, pour voir examiner L. Vépre en pareil cas, où l'éxamen fut bien soutenu. *Maîtrise des Chirurgiens. Examē pour y parvenir. Exemple.*

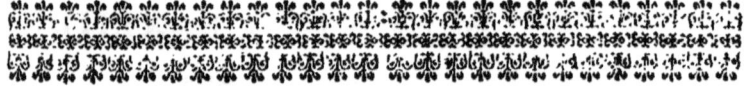

## CHAPITRE. LIV.

### Des Incendiaires.

COMME il n'y a point d'Elément plus noble que le feu dont la qualité est *congregare homogenea, & disgregare ætherogenea*, & comme dit le Poëte. *Noblesse du feu.*

D d

*Omnia purgat edax ignis vitiumque metalli.*

**Ses qualitez.**

**Le feu sert à tout ce qu'il y a d'étonnant.**

Aussi est-il dévorant, & impitoyable, & s'il est vtile lors qu'il est employé à propos (jusques-là qu'il sert à toutes les plus belles productions de l'industrie, & de la Nature méme); aussi n'y a t'il rien tant à redouter que ses excez étant le terrible instrument de la colere de Dieu, & des rigueurs de la guerre, dont il fait agir les machines, comme il forme les foudres dans la nuë.

**Le feu est réduit mal faisât par la malice, ou negligence.**

**Peine des boutefeux.**

*a l. capitaliū. ff. de pœn.*

*b l. 1. ff. ad leg. Cor. de sice. Prejugez.*

La malice ou la negligence des hommes, ont obligé les legislateurs d'y pourvoir touchant les désolations quelles causent par les incendies, en sorte que si le feu a été jetté malicieusement par quelqu'vn dans vne maison écartée, il est moins punissable au dire de Wisembech; mais si ell'est jointe à des autres, particuliérement dans vne Ville ou Bourgade, le boutefeu merite la mort, & méme d'étre brûlé, *a* en cas que des personnes ayent perdu la vie dans le feu; c'ét ce qui a fait nommer par Martian homicides les incendiaires, *b* malicieux, & volontaires; aussi le Senat fit brûler vn nommé Mariaget en 1664. & auparavant cinq personnes convaincuës de crime atroce, qui avoient brûlé deux fois vne partie du Village de Groysi, & méme l'Eglise.

**De dommagement des incendiez.**

*c l. 9. ff. de incend. Bald. conf. 442.*
*d l. si servus, ff. ad leg. aqu.*
*e l. si quis, ff. ad l. aquil.*

Quant aux embrasements, qui arrivent par coulpe ou par negligence, les Loix ordonnent vn dédommagement contre ceux qui en sont la cause, tellement que la maison, ou le feu s'est pris, le doit aux voysins, *c* il est vray qu'il faut pour cela vne faute notable, *d* & que le locataire qui est présumé étre en coulpe doit indemniser le Maître de la maison, *e* peccat enim dit Ciceron, *pro sexto roscio non solum qui maliciosè sed etiam qui negligenter se gerit*, Papon pourtant dit qu'on l'ordonne rarement, *afflicto non est danda afflictio*.

**Embrasements natu-**

Il y a des embrasements naturels dont la Iustice ne se méle pas

pas; mais la raison, & la police pour y rémedier, comme *rels, où di-*
ceux que causent souvent le mont Æthna, & le mont Gibel, *vins, leurs*
& l'on a veu des forests en feu par la collision des arbres, & *causes.*
par le betume; ainsi que dit Galien *a*. Il se peut aussi par la
permission Divine, comme on lit des sept Villes des Sodo- *a Gal. de tem-*
mites, des Troupeaux de Iob, & des Tentes des Israëlites, *por.*
Seneque fait mention de celuy qui réduisit la Ville de Lyon
en cendre lors qu'il dit que *vna nox inter fuit inter vrbem*
*maximam, & nullam*, ce qui ce lit aujourd'huy dans son Hôtel somptueux, & magnifique, Iules Obsequent dans ses prodiges à marqué plusieurs pareilles avantures, où je renvoye
les curieux.

## CHAPITRE LV.

*Du bris des prisons, force à justice, & de la geole,*
*& devoir du geolier.*

LA Iustice étant la cause du répos public, elle doit *La justice*
regner sans obstacle, comme elle doit le faire sans *étant cause*
alteration, & sans tache, & ceux qui se soulévent *blic doit être*
contre ses authoritez sont criminels, comme perturbateurs *libre.*
de la paix, & de la tranquillité publique ils payent pour le deb- *Peines des*
teur qu'ils enlévent, & sont punis de la peine que meritoit le *justice.*
coupable qu'ils ont fait évader, *a* & méme de mort, suivant *a Papon en ses*
Clarus, Depeysse, le 34. article de l'Ordonnance de Mou- *qui allegue*
lins & l'article 1. de l'Edit d'Amboise. Le Senat condamna *d'un nommé*
certains Valets, il y a environ six ans, à étre pendus en effigie *Exemples.*
pour avoir ôté des mains du bourreau, vne fille qu'il battoit

de verges, & ce crime est excepté à l'égard des clercs ; ainsi qu'assurent Papon, *a* & Févret, *b* Chassanée ne parle, que des Sauvegardes, & je ne l'étendrois qu'aux executions faites par l'authorité du Prince, ou du Senat, & Parlements.

Quant aux prisons elles sont les moyens d'empécher la fuite des criminels, débiteurs, & autres que la Iustice à intérêt de rétenir pour l'éxecution de ses Ordres, & de ses Décrets, & si bien elles sont quelquesfois vn châtiment, particuliérement parmy les Iuges d'Eglise; les séculiers n'en vsent gueres pour cette fin; mais seulement pour s'assurer des personnes.

Toutes les Cours Souveraines, & méme tous les Iuges ont des lieux pour s'assurer des personnes en certains cas, & quoyque quelques Docteurs, *c* distinguent les prisons du Prince des autres publiques; neantmoins elles sont toûjours des lieux Saints, *d* qu'il ne faut violer ny enfraindre, tellement que si vn debteur s'échappe par la faute du geolier, comme aussi celuy qui est accusé d'vn crime, le concierge paye la debte, *e* & est châtié, au régard du criminel, *f* autant en est de celuy qui fait évader le détenu, *in vinculis autem est qui est in custodia*, l'accusé est aussi convaincu par la fuite de ce dont il étoit chargé, *g* étant le seul cas ou la peine ordinaire est *ex indiciis*, Papon allegue aprés le Président Boyer, des Arrêts de mort, contre certains qui avoient brizé les prisons, criminels d'ailleurs, & contumax.

La peine du bris de prisons est arbitraire selon Imbert, Guy Pape, & Masuëre, & le geolier étant dépositaire des prisonniers *h* doit veiller doublement à eux, c'ét à dire, qu'il est obligé de leur procurer les sécours de l'ame, & du corps selon les établissements du Magistrat, particuliérement la Messe les jours de Fêtes, quelques instructions, & les Sacrements,

quant

quant à l'ame, le pain, la paille au régard du corps. La cession de biens est admise contre luy, ne pouvant retenir le prisonnier faute du payement de ses droits en France, *a* quoyqu'il ait le choix d'agir contre luy ou contre sa partie en Savoye, il est pareillement obligé à tenir les prisons en bon état ( du moins à le procurer vers le Magistrat qui en a connoissance, ) voir tous les soirs les cachots, & s'il y a quelque désordre y rémedier sur le champt, il ne doit laisser ancre, ny papier, *b* ny ferrements, *c* aux prisonuiers, & s'ils veulent écrire il ne le doit souffrir qu'à sa présence, & pour choses justes, & vrgentes, *d* sans qu'il puisse les employer en ses affaires domestiques, *e* étant le geolier puny *ex lata culpa*, & quelquefois au corps, *f* quoyque en tous autres cas *nullum sit crimen sine dolo*.

Il n'êt pourtant pas licite au concierge de mal traiter les prisonniers dont il est garde, & non pas tyran, ny seigneur, *g* & s'ils méritent les ceps, les fers ou autres petites peines, il en doit parler au Iuge, & non pas le faire sans ordre.

Le geolier qui connoit charnellement la vierge emprisonnée merite la mort, *h* méme s'il avoit forcée vne putain détenuë.

Nous avons dit que l'accusé tombe dans la conviction de ce dont il est chargé, par sa fuite ; car comme dit Horace, *i* l'innocent ne fuit pas.

*Inita ex vita sceleriſque purus.*

*Non eger mauri iaculis, nec arcu.*

Neantmoins il est puny moins séverement que s'il étoit convaincu par sa confession ou autres voyes de preuves, *k* & il doit étre interrogé sur son évasion, en cas qu'il soit resaisie, où contumacé s'il ne comparoit ? l'on luy forme outre ce, son procés touchant son prémier crime, étant à ré-

214　*Eſtat de la Iuſt. Eccl. & Sec. du pays de Savoye,*

pris, ou qui étoit injuſtement detenu n'ét préſque pas puny.
a *Dep. y ſ. l. 12. De l'inobſervation des Arrêts, & évaſiõ ſans cõgé.*

marquer que la peine de celuy qui a trouvé les priſons ouvertes eſt fort legere, ny ayant rien de ſi naturel que la liberté, le méme eſt obſervé s'il étoit detenu injuſtement, ainſi qu'aſſure Depeyſſe, *a* & avant luy Papon en ſes Arrêts, Livre 23. Titre 2. On ne peut pourtant partir de la Ville, baillée pour priſon ſans crime, & ſans châtiment.

b *Stat. de Charl. Emanuël ch. 17. Arr. d 29. Mars 1571. au ſtil.*

Le geolier eſt obligé de tenir régiſtre des empriſonnements appellé écrou, & ne peut en Savoye prendre les droits d'entrée, & ſortie de ceux qui ſont ramenez aprés avoir répondu, ou ouy la prononciation de leur Sentence. *b*

## CHAPITRE LVI.

### *Du Crime des priſons privées.*

L'empriſonnement ſuppoſe authorité.
Peine des priſons privées paſſé 20. heures. a *l. 1. Cod. de priua. carcer. in lib. Iul. Clar. recept. ſens. q. 68. n. 32.*
Seigneur ne peut empriſonner ſans ſon Iuge.
b *Fab. def. 1. de patr. poteſt.* Le pere, & le mary peuvêt empriſonner.
c *Angel. in l. unic. Cod. de*

E droit d'empriſonner étant vn effet d'authorité, & de juriſdiction, les perſonnes privées ne le peuvent faire paſſé 20. heures ſans encourir la peine quelquesfois de mort, *a* étant vn crime de léze Majeſté humaine d'vſurper vn droit de cette nature, vne violéce, & force d'en vſer ainſi, & vn Seigneur empriſonnant ſans mandat du Iuge, encourt méme peine qu'vn autre, encor que ce fut ſon ſujet, & perd ſa juriſdiction ſur luy, ſelon Caron, Papon, Guy Pape, Boyer, & Chopin.

Il y a pourtant des perſonnes privées à qui la Loy permet l'empriſonnement méme chez elles, comme eſt le pere, *b* à qui le Magiſtrat doit préter ayde, & ſes priſons, le Senat en vſa ainſi touchant le Sieur de L'iſle de Cluſes, le mary à méme droit ſur ſa femme, *c* duquel pourtant il ne doit vſer

qu'en

qu'en cas de débauche ; mais l'aymer avec tendreſſe , n'y *priu. carcer-* 
ayant point d'amour plus grand que celuy du mariage , ce *bus inhib. Pa-* 
qui fait dire à Properce dans la onziéme de ſes Elegies que. *pon l.17.tit.1.*

*Omnis amor magnus ſed apertè in conjuge major.*

Et en effet le texte méme nous apprend que rien ne mar- *a l. ſi v.xcv.ff.*
que mieux la Nobleſſe d'vn ame, que l'amour que nous por- *de adult.*
tons à nos femmes *quo nobiliores ſunt viri magis diligunt eas,* a Les ſupe-
elles ſont nos fidelles compagnes , le plus bel ouvrage de la rieurs, & pa-
Nature , & ce qu'il y a de plus aymable aux yeux du corps, tains cas.
j'avouë avec Saint Ierôme , qu'il les faut chérir *judicio , &* femmes.
*non affectu* , l'Abé peut encor retenir ſon Moyne, le parent Peine de ce
ſon proche furieux , ainſi qu'aſſure Papon , l'on peut encor b *Arr.gen du*
retenir vn larron paſſé 20. heures ſelon nôtre ſtil , *b* ſans cri- *24 Ian. 1582.*
me, & ſans châtiment, que Papon reduit à des amendes ſeu- *au ſtil Pap li.*
lement en ſon Titre des priſons privées. *22. on peut arrêter vn*
*larron paſſé*
*20. heures.*

## CHAPITRE LVII.

### Du crime de Concuſſion.

LA Concuſſion peut tomber dans toutes perſonnes Cas de con-
clavées par quelque authorité publique,*a* comme en cuſſion.
la perſonne des Financiers, Treſoriers, & autres Of- *a tot. tit.C.ad*
ficiers, méme des Iuges , & Gouverneurs ; mais quand l'ar- *l.Iul.pecul.*.
gent eſt public, ou ſeparé c'ét ſacrilege, ou peculat.

Il y a encore des moyens illicites d'éxiger, ſous des appa- Des dons,&
rences d'vn conſentement, comme ſont les dons,& preſents preſens.
d'vne qualité deffenduë ; car tous ne ſont pas blamables, en Tous preſens
la perſonne des Iuges ; mais ſeulement ceux qui paſſent ne ſont pas
le deffedus aux
Iuges.

le brief vſage de la bouche, & qui ne ſont de nature comeſtible.

*Raiſons pour ceux qui reçoivent les preſens.*

Quelques eſprits enjoüez ont méme ſoutenu qu'ils n'étoient jamais à réjetter, *donum reijcere* dit Homere en ſon Odyſſe 6. *periniquum eſt, honoris enim eſſe ſignum dicit Ariſtoteles.* Nous liſons dans l'Ecriture que *omnes offerebant munera Salomoni in ſignum honoris*, *a* que *Deus reſpexit ad munera Abel*, *b* qu'enfin les preſens accompagnerent l'Adoration des Mages, *c* & ce ſeroit détruire la ſocieté civile ſi les liberalitez étoient impraticables.

*a* 3.Reg.10.
*b* Geneſ.4.
*c* Matth.2.

*Raiſons contraires.*

Les plus rigides ſentiments condamnerent les preſents faits aux Iuges, & autres perſonnes employées à l'adminiſtration de la Iuſtice, *beatus* dit Eſaye *qui excutit manus ſuas ab omni munere iſte in excelſis habitabit*, & Platina dans ſes politiques dit que.

*Cum divis flectunt venerandos munera Reges.*

Eſaü fut gaigné par cette voye, & Dalila corrompuë, & il n'êt pas à nôtre pouvoir d'étre indifferents, pour nos bienfacteurs.

*Il y a des preſens permis, & des refus ridicules.*

J'avcuë que l'extremité eſt blamable par tout, & que la reſerve eſt toûjours loüable plûtôt que le relachément; mais il y a des choſes incapables de corrompre, & des motifs qu'on ne peut blamer; ſur tout quand la vertu des perſonnes qui les réçoivent eſt connuë, & font leur apologie d'ailleurs, *qui nimis acutè agunt*, dit Menander, *& ſcrupuloſè ſycophantæ fiunt, nam à nemine accipere*, dit la Loy, *d valdè inhumanum, ſed paſſim ab omnibus viliſſimum, & omnia avariſſimum, virtus eſt medium*, dit Horace, auſſi Nos Edits, & les Loix civiles, & Canoniques permettent de recevoir ce qui eſt commeſtible, & conſommable dans peu de jours, *nullum munus, præter eſculentum, & poculentum plebiſcito continetur.*

*d l.plebiſcito, ff.de effic.præſ. l.ſolent. ff.de effic. proconſ. & legat.*

Il

Part. I. Liu. I. Chap. LVII. 217

Il faut donc avant que condamner la conduite d'autruy l'éxaminer mûrément, se pouvant faire que ce que l'on estime liberalité, & acceptation injuste, ou sordide, soit vne marque d'amitié, ou la récompense de quelque service, ou enfin le payement d'vne debte; Tellement que nous ne dévons jamais présumer le mal, ny nous ériger en Iuges des personnes qui ont droit d'être les nôtres; car l'interpretation sinistre corrompt quelquefois les choses innocentes, & comme dit Ovide des chéveux de Médée. *Il y a des presens d'amis, ou bien des honneraires qu'on ne doit blâmer.*

*Gorgonis crinem turpes mutavit in hydros.*

Ce sont les yeux des Icteriques qui voyent tout de leur couleur livide, & jaunâtre; de moy je crois impossible de rencontrer vn Iuge Chrêtien capable de vendre la Iustice, & en suite son salut au prix méme de tout l'Vnivers, & comme tout ce que l'on réçoit outre son capital, n'êt pas vsure en fait de prét, aussi tout ce qui est réçu par vn Iuge n'êt pas present illicite, & déffendu.

Les Iuges, & autres personnes publiques, ne pouvants toûjours régler l'éxactitude de leurs fonctions, au gré, & au caprice de tous les particuliers; ils sont pour l'ordinaire les sujets de leur médisance, à l'imitation du Soleil, que les vapeurs des terres ingrates, & spongieuses, tachent d'obscurcir au lieu de récevoir la fécondité qu'il leur offre, par la benignité de ses rayons. *Les Iuges, & autres persônes publiques sont sujets à la censure.*

Les Loix déffendent aux personnes, qui ont authorité sur les peuples d'en récevoir des donnations, de faire mariages avec les filles qui leurs sont soûmises, méme de bâtir sans la sanction pragmatique, & ils ne pouvoient jadis quitter les lieux qu'aprés certains temps, afin qu'on eut loisir de se plaindre d'eux en cas qu'ils eussent malversé. *Tout ce que font les persônes authorisées à l'égard de leurs sujets est susspect de cratute.*

Le peculat dont nous avons parlé allieurs, & qui êt vn *Difference entre le pe-*

E e

cufat, & la concuſſion.

larcin des deniers publics differe de la concuſſion qui l'êt des particuliers ſous prétexte de quelque authorité, tous deux ſont punis à l'arbitrage du Iuge, & ſelon la qualité des choſes qui en font la matiere ; mais rarement les Officiers qui ont commis le crime de peculat évitent la mort, & les autres le banniſſement avec infamie. a

Peine du peculat.

a l. vnic C. de ei. ae peeul. le j. com du pec. Peine de la concuſſion.

Quant a la concuſſion ? n'étant point vn crime de léze Majeſté, elle n'êt punie que du quadruple. Le Brun dit que quelquefois on déchire la robbe du criminel ſur ſes épaules en public ; mais toûjours en concuſſions ; les Maîtres répondent de leurs clercs, & autres dépendants d'eux à forme du texte, b *in culpa enim eſt qui vtitur opera malorum.*

b l.1. ad leg. Iul repet.

L'Accuſation de ce crime eſt publique, & s'il a été commis pour accabler, ou ſauver l'accuſé, elle pourroit étre capitale, enfin ell'eſt, comme j'ay dit, arbitraire au Iuge, c & ne préſcrit que dans 20. ans.

c l.1 c. 2. de concuſſ auth nouo iure 6. de pæn.

---

## CHAPITRE LVIII.

### Du Crime d'annones, & des monopole ursdardanaires, & maltotiers.

Eſpeces anciennes d'annones.

IL y avoit parmy les Romains trois eſpeces d'annones, ainſi nommées *ab anno*, ſçavoir les provinciales, les civiles, & les militaires, & l'on appelle de ce nom les bleds, & denrées, deſtinées à l'vſage de la vie, & à la nourriture des peuples ; l'Ecriture deteſte avec raiſon ceux qui cachent les bleds, & benit celuy qui les vend pendant la diſette, *Maledictus in populis qui abſcondit*

*dit frumentum benedictio autem super caput vendentium.* a Les
Romains au dire de Spartian, lapiderent deux Tribuns, qui
avoient diſſimulé ce crime, & luy avoient étably des peines
civiles, & criminelles, b les dernieres étant du banniſſement, & de confiſcation des marchandiſes, c ce qui étoit
auſſi ordonné contre les monopoleurs, & malotiers, c'ét à
dire ceux qui établiſſent vn prix entr'eux à la vente des marchandiſes, où vne debite perſonnelle, ou enfin qui les char-
gent injuſtement d'impôts ; on y peut comprendre les dardanaires, ſoit révédeurs qui caparrent les marchandiſes com-
meſtibles hors des marchez, qui les achéprent, & rétiennent
pour les révendre à prix exceſſif, & qui ſont pour ainſi dire
les homicides des peuples.

a *Prou.c.* 8.
Exemple.

b *l. 2. ſſ. ad l.*
*Iul. de annon.*
c *l. vnic. l. de*
*monop.*
Des mono-
poles.
Des malo-
tiers.
Des darda-
naires.

La Ville de Chambery, & quelques autres de l'Etat établiſſent des lieux, & vn prix ſelon le d temps aux denrées, e
cela ſe peut, & ſe doit pourveu qu'il ſoit mediocre en ſorte
que chacun trouve ſon compte, & il y a des Edits, Arrêts,
& Ordonnances qui déffendent de rien vendre hors des
marchez, pas méme le bois, le poiſſon, & autres choſes dont
le public eſt ſujet d'avoir plus beſoin, il me ſouvient qu'en
1640. l'on contteignit les Riches d'ouvrir leurs gréniers à
certains prix honnête, ce qui ſe peut faire en juſtice en cas
de neceſſité publique, f enfin les perſonnes qui fraudent les
annones, & les meſures ſont punis extraordinairement, &
ſouvent des galeres, g ou du moins du banniſſement, le Préſident Bavo y joint la peine du double, dans ſa Pratique criminelle.

Vſage de la
police de
Chambery.
d *in nian.*
*Marc. lib. 22.*
*hiſt.*
e *ſtil art. 381.*

Exemple.

f *arg. l. vn. C.*
*vt nemini li-*
*ceat in empt.*

Ee 2

# CHAPITRE LIX.

### Du Crime de Plage, & d'Abigeat.

Etymologie.

Qu'êt-ce que plagiaire.

Leurs peines.

a l.7. C'ad leg. flau. de plagiar.

L E mot de Plage vient de *Plagio* nom Grec, qui signifie tromperie, & dol, les Plagiaires sont ceux qui dérobent les Esclaves, les retiennent, où sont fuïr malicieusement. Cela régarde les fils de Famille, & mème les femmes d'autruy, contre la volonté des interessez ; enfin le crime de Plage est vn larcin, où récelation d'hommes, dont la peine étoit de mort ; *a* mais aujourd'huy elle n'êt souvent que du double du dommage, si non que la force y fut mélée ; l'on baptize du nom de Plagiaires ceux qui pillent les écrits d'autruy, & de dardanaires, lors qu'ils les débitent, & s'en font honneur, il en est beaucoup aujourd'huy en apparence parce qu'il est impossible de plus rien dire de nouveau, *nihil sub sole novum*.

b l.4. ff ad l. Cor. de siccar. Peine de ceux qui châtrent, & des Iuifs qui circoncisent. c tot. tit Cod. ne Christian. mancip. De l'abigeat. Son etymologie. d l. vlt. ff. de al ig. e l.1. ff. eod.

L'on range dans la Cathegorie des plagiaires ceux qui se châtrent, où les autres contre leur gré, crime qui merite la mort, *b* aussi bien que de ceux qui crévent les yeux a quelqu'vn, & le Senat condemna à étre pendu vn qui avoit aveuglé vn nommé Laurent Valas de Sevin, au Rapport de Monsieur Demerandes; la méme peine est contre le Iuif qui circonciroit vn Chrêtien. *c*

Quant à l'Abigeat, il vient du mot *Abigere*, qui veut dire chasser, & conduire, parce que ce crime régarde ceux qui dérobent les troupeaux, où aux champs, où dans les maisons, *d* où partie des animaux qui les composent, *e* pourveu que ce soit au lieu où étoit le troupeau ; car s'ils avoient été pris errants, ce seroit larcin, & non abigeat, *a* la peine de ce crime est arbitraire particulierement en France, comme assure Depeysse, quoyque anciennement, & selon le droit Romain, les personnes de qualité fussent exilées, & les autres condamnées aux meteaux, & œuvres publiques. *b*

Qu'èt-ce que abigeat.
a *dict.leg.1.ff. eod.*
Peine de ce crime.

b *dict.l.1.ff. quamquam.*

## CHAPITRE. LX.

### Du Crime de Rapine.

LA Rapine est vn larcin opiniâtre fait aux yeux, & en presence du Seigneur de la chose dérobée contre son gré ; neantmoins, & nonobstant ses empéchements, Depeysse *a* s'êt trompé à mon avis, d'y comprendre les choses immeubles ; car je ne crois pas que la Spoliation soit Rapine, *Rapina rei immobilis non est, quæ auferri nequit neque rapi tot. tit. instit. vi bon. raptor.* b *Pacius in isagogis, & passim omnes.*

Qu'èt ce que rapine.

a *Depeysse liu. 12. sect. 2. art. 9.*
Erreur de Depeysse.
b *ff. furtim inst. de vsuc.*

La peine de la Rapine est du triple en tant que pecuniaire, & du fouët, méme quelquefois du bannissement quant au corps, Nous parlerons ailleurs de la reïntegrande, & de la Spoliation, ne croyant pas qu'il soit encor temps icy.

Peine.

Ie diray en passant qu'elle est vne injuste occupation du bien d'autruy immeuble, & sans son fait qui faisoit perdre le droit à celuy qui en étoit autheur, *c* elle peut étre poursuivie comme force si elle a été faite avec armes, & violence, le Iuge doit ordonner la reïntegrande, & rétablissement en possession en faveur de celuy qui en a été privé sans son fait

Du spolio.
Peine.
c *l. si quis in tantum Cod. vnde vi.*

méme avec peine s'il y a eu violence, étant permis d'intenter la reïntegrande, où civilement, où criminellement tant en France, qu'en Savoye, ainsi que nous dirons ailleurs. *a*

*Maniere d'agir.*

*a Voy des interd. en la 3. partie de cêt œuvre.*

## CHAPITRE LXI.

### Du crime de Larcin.

LE Sage dit fort à propos au 20. des Proverbes, que le pain aquis par fraude est doux à l'homme ; mais qu'à la fin sa bouche se trouve pleine de gravier ; car le Larron ne peut jouyr long-temps avec plaisir de la chose dérobée, tant pour la componction de son crime, (*Nullum malum sine formidine*, dit Tertulien,) que pour le châtiment qu'il doit attendre sur la terre, & dans l'autre vie.

Le larcin est l'enlevement du bien d'autruy contre sa volonté, fait par fraude à dessein d'en profiter. *a* Il est appellé *furtum ab auferendo*, & peut être mêlé avec le sacrilege, le plage, le péculat, la concussion, & présque en tous les crimes, où le prochain souffre la perte de ses biens. Il fut jadis vn délit privé ; *b* mais aujourd'huy il est consideré comme public parce qu'il trouble la paix, & que le fisc a droit d'en poursuivre le châtiment tant soit peu qu'il soit qualifié.

*Qu'êt-ce que larcin.*
*a l. 1. ff. de furt.*

*b l. Iust. de oblig. quæ ex del. nasc.*

Les Anciens divisoient ce crime en manifeste, & sécret, & nous le divisons en simple, & composé le dernier étant rendu atroce à proportion de ses circonstances, & nommé souvent privilegié par les criminalistes.

*Divisions du larcin.*

Le simple larcin est celuy qui n'êt rendu atroce, ny par les personnes, ny par le lieu, ny par le temps, ny par la chose, ny

*Qu'êt-ce que simple larcin. Sa peine.*

ny par l'évenement, il est puny régulierement du fouët, & quelquefois seulement du carcan; mais s'il est reiteré on adjoûte la flétrissure, & bannissement, & la mort pour la troisiéme récidive, pourveu que les larcins ayent êté distincts, & commis separément.

Le larcin composé est celuy qui, par exemple, est commis par vn domestique, où qui est fait dans les lieux Saints, & inviolables, comme dans les Eglises, Palais des Princes, & de la Iustice, ceux qui sont commis dans les chemins publics, méme avec armes, leurs autheurs sont proprément les Voleurs, *quos famosos, & grassatores vocamus*, dont parle la Loy *Capitalium de pœn*. {Du larcin composé. Ses especes.}

Les larrons domestiques ne sont en Savoye gueres mieux châtiez que les autres; mais en France ils le sont présque toûjours du dernier supplice, *a* à cause de la confiance qu'on leur donne, du peu de moyen de s'en garentir, & de la facilité qu'ils ont de dérober, Papon en allegue divers préjugez au 23. Liure de ses Arrêts, entre autre d'vn Mulétier, & d'vne Servante qui furent pendus pour vn prémier larcin, Clarus, & Chassanée alleguent aussi des exemples de cette nature, contre les larrons domestiques, & Bavo soûtient qu'ils sont punis de mort, *b* en Savoye, & en donne des exemples. {Des larrons domestiques a *Ioan. fab. in ss. in alia autem iust. de publ. iudic.* Leur peine. b *Papo q. 7. l. respiciendum ss. domestica C. de seru.*}

Les personnes qui dérobent dans les Eglises sont punies plus griefvément que les simples larrons, & si la chose étoit Sacrée ils sont executez à mort, comme j'ay dit au Chapitre du Sacrilege, & méme brûlez s'ils ont prophané la Sainte Eucharistie. {Des larcins fait en des lieux sacrez.}

Les larcins commis dans les cours des Princes sont p. de mort, comme il fut jugé contre vn nommé Guerin Lyon, & ses complices, qui avoient volé vn homme de marque {Les larcins o.... ... la Co..., & palais.}

que, à la suite de Son Alteſſe Royale, au temps de ſon prémier Mariage, dans la Ville d'Anneſſy, autant en eſt touchant le Palais de la Iuſtice, ainſi qu'aſſure Papon qui rapporte l'Arrêt de mort donné contre vn coupeur de bourſe, nommé Roux lequel fut pendu pour 60. ſols, *a* & vn autre rendu à Bourdeaux en 1582. contre vn jeune Garçon de 18. ans, & à Paris contre vn nommé Iſambert, leſquels furent pendus pour la prophanation du lieu, quoyqu'il ny eut qu'vn ſeul larcin, & aſſez leger. I'ay veu condamner en Savoye des perſonnes aux galeres pour des larcins domeſtiques, qui n'auroient hors de ce êté condamnez qu'au fouët, *b* & méme peut-être ſeulement à des amendes ſelon Imbert, Rebuffe, & Fontanon; car la peine du double, & quadruple (ſuivant la qualité du larcin manifeſte, où ſécret) n'êt plus icy en vſage ny en France, comme rémarque Depeyſſe, *c* Iulius Clarus dit la méme choſe, & nous en vſons ainſi en Savoye.

La peine des Voleurs s'étend ſouvent juſques a la rouë, s'il y a eu aggreſſion avec armes dans vn chemin, & pluſieurs fois. *d* En France ils ſont jugez prévôtablement, & pendus pour cinq ſols, au prémier arbre. Le Senat fit rouër, il ny a pas long-temps les nommez André Vibert, & Iean Chénu, pour avoir volé, & tué, puis porter leurs membres aux endroits, où ils avoient délinqué, il en fit autant précedemment contre des Voleurs du haut Faucigny, afin d'imprimer aux paſſants la terreur par ces ſpectacles horribles, le troiſiéme larcin merite la mort, encor que les autres auroient été pardonnez, où faits en autre pays, ſuivant Chaſſanée, *e* Clarus, *f* Monſieur Favre, *g* & ce que nous en avons dit, *delicta enim vſitata magis punienda ſunt.* *h*

La raiſon en eſt naturelle parce que la ſynderéſe qui eſt

la

la sentinelle de nos ames, *nullum peccatum sine formidine*, dit Tertulien, n'a plus lieu dans vne habitude inveterée, *quia ab assuetis non fit passio*, disent les Philosophes.

L'Action contre le larron peut être intentée civilement, *condictione furtiua*, & criminellement, *actione furti* au choix du demandeur, *a* & l'achépteur de la chose dérobée n'a nul droit de la retenir faute du remboursement du prix qu'il en a payé, *b* quand méme il l'auroit acheptée de bonne foy, *c* si non que ce fut au marché public, *d* où qu'il eu fait l'achept au nom du Maître, & protesté de se retenir la chose dérobée jusques au remboursement de son prix, & celuy qui est saisi de la chose dérobée est présumé larron, s'il est mal famé, ainsi qu'assure Iulius Clarus, & non autrement.

Et non seulement les larrons sont châtiez; mais encor les réceleurs, & aydes, *sine quibus diu fures non durant*; *e* & ils souffrent la méme peine, *f* (qui partage avec le larron haït son ame dit l'Ecriture au 29. des Proverbes,) & la perte du larcin n'éxcuse pas de la restitution, *g* ny devant Dieu, ny devant les hommes, *Non dimittitur peccatum nisi restituatur ablatum*.

Il faut en ce crime, & en tous ceux qui sont *facti permanentis*, (c'ét à dire dont il reste des vestiges) qu'il conste du corps du délit par quelque voye seure, où de sa perte, & consommation, & la sentence qui condamne vne personne comme attainte de larcin, ne peut étre sans infamie, *h* bien que la peine ne soit corporelle, si non que le Iuge eu dit que c'ét sans note d'infamie, encor n'ét-il permis qu'au Souverain, comme a tres bien remarqué Depeysse.

Le récelateur du larcin n'ét pas punissable s'il l'a ignoré, *i* si non qu'il eut connu la personne étre suspecte, comme d'vn enfant, d'vn mendiant, des choses de prix, & le mary ne

*Estat de la Iust. Eccl. & Sec. du pays de Savoye,*

[marginalia: sent de larcin le fils, & la femme.
a *l. 1. ff. rer. amotar.*
b *l. ne cū filio ff. de furt.*
c *ſſo. 1 1. inst. de oblig. qua ex delicto.*
De la perquisition.
Du depos dérobé.
d *l. 14. ff. de furt.*]

peut accuſer ſa femme, *a* de larcin, non plus que le pere ſon fils, *b* quoyqu'il leur ſoit permis d'agir criminellement contre ceux qui leur ont prêté ayde, *c* mais on ne peut faire perquiſition du larcin dans les maiſons ſans authorité judicielle ſuivant Clarus, & Depeyſſe, & ſeulement *in domo ſuſpecti,* ſelon Bartole.

Le dépoſitaire à qui on a enlevé le dépos n'a pas droit d'accuſer le larron, quoyque le Maître *qui habet ius in re,* d ait droit d'agir pour le réavoir.

Il y a pluſieurs autres cas remarquables touchant ce crime dont parlent Clarus, Depeyſſe ; Mais pas vn n'en a traité ſi au long que Farinaceus *qui omnes alios devoravit,* auſquels je renvoys le Lecteur, qui en voudra plus ſçavoir.

[marginalia: e *Arr. gen. du 28. Iuin 1586.*]

Seulement diray-je que le larcin eſt ſi odieux que les Loix de Dracon le puniſſoient de mort, quand il n'eût été que d'vn ſeul poil d'herbe, & il y a vn Arrêt *e* general dans le Stil de ce Pays, qui condamne au fouët les perſonnes qui dérobent les fruits, notamment les Raiſins dans les Vignes.

[marginalia: Il faut rēdre ce que l'on trouve.]

Ie remarque des larcins, qui ſont rarement punis dans ce monde, quoyqu'ils le ſoient toûjours en l'autre, ſi on ne reſtitue pas, c'ét lors qu'on a trouvé quelque choſe, que l'on ne rend pas, où du moins que l'on ne fait pas publier, *Nam nemo neſcit,* dit Saint Auguſtin, *quod ſuum non eſt ad alios pertinere, niſi res communis in loco communi reperiatur vt videre eſt in tit. inst. de rer. diuiſ.*

**CHAPITRE**

# CHAPITRE LXII.

*De l'Action de détournement, & d'expilation d'hoirie.*

COMME l'honneur, & respect du Mariage ne permettent pas qu'on accuse les femmes de larcin, pour ce qu'elles ont enlevé a leurs marys, où à leurs hereditez, *a* pas méme aux héritiers, *b* ny aux creanciers suivant Louët, & Brodeau son commentateur, il y a vne action civile pour le dédommagement qu'on appelle action de détournement. *c Nam societas vitæ quodammodo eam dominam facit, & in honorem matrimonij turpis actio in vxorem negatur.*

Il y a vn cas excepté touchant la véufve marâtre, qui a dérobé dépuis la mort du mary, laquelle pourra étre poursuivie par ses héritiers criminellement, *d* comme expilatrice d'hoirie, & cela eu égard à l'aversion que l'on a contre les marâtres, & secondes nopces, comme remarquent Depeysse, & Dolives *quid vt noverca me intueris*, dit le Poëte. *e* La nature méme au dire de Plutarque, *f* haït le nom de marâtre, & les fleurs d'Etolie perdent leur vigueur, & leur éclat a la prononciation du mot de marâtre.

Quant a l'expilation d'hoirie ceux qui pillent les hereditez (que la Loy nomme, *atrociores, & familiares fures* au titre de *effractoribus* dans les pandectes,) ils sont punis du bannissement, *g* s'ils sont personnes étrangeres, & si c'ét la femme, où des proches la peine est moindre; mais la restitution y vient toûjours, & selon la rigueur des Loix la perte de leurs droits, *h* étoit infaillible.

*Du detournement.*

*a Robert rar. iud. lib. 2 Charond. en ses responsis liu. 7. c. 2. 14. b l haris 33. ff de neg. gest. c tot. tit rerū amot. ff.*

*Cas ou l'on peut agir criminellemēt contre la fēme.*

*d L de his C. de furt. & l. C. de cri. expil. har.*
*e Horac. Od. 5.*
*f Plutare.in libel.*

*De l'expilation d'hoirie.*

*Sa peine.*
*g l.1.ff de cri. expil. haredit.*

*h l.2. dict. tit. le Brun, de l'expil. d'hoir.*

## CHAPITRE LXIII.

### Des coupeurs d'Arbres fruitiers.

*Peine.*
*a tot. tit. arb.*
*furt. Cæsar.*

*b L.unic.C.de*
*nili agger.non*
*rump.*

*Cas notable.*

*c L.1.&2. ff.*
*de arb.cædim.*
*à tot.tit. de*
*glande leg.*

Eux qui coupent les Arbres portants fruits méritent la mort du moins civile, *a* & sont toûjours exceptez des indults, & amnisties, Theodose, & Honorius faisoient brûler ceux qui ruïnoient les Arbres proches du Nil, *b* à cause du préjudice public apporté au rivage.

Quoyqu'il ne soit pas licite de toucher aux arbres d'autruy, il est permis d'en couper les branches, & racines nuisibles, aprés avoir sommé leur maître de les lever, *c* on peut méme cuëillir les fruits abandonnez, *d* aprés trois jours dans son propre fonds.

## CHAPITRE LXIV.

### Du Crime de Sepulchre violé.

*a Herod l.4.*
*b Nehemie*
*chap. 2.*

LE Sepulchre étant nôtre azile aprés nôtre mort, est vn droit de grande consideration parmy les hommes, & les Loix n'ont rien oublié pour en retenir les violateurs, les Scythes qui fuyoient anciennement devant leurs ennemis se déffendoient avec vigueur pour garder les sepulchres de leurs Peres, *a* & Nehémie *b* n'apprehenda pas de paroître affligé devant Assuere, parce qu'on avoit brûlé

brûlé la Ville, où étoit ceux de ſes Anceſtres ; enfin Virgile quoyque Payen déploroit le ſubmergement de Palinure ſeulement, parce qu'il étoit privé de ſepulture.

*Nudus in ignota Palinure iacebis arena.* a

Ceux qui violent lés ſepulchres, en dépcüillant les Morts des vêtements qu'on leur a laiſſez, qui levent les oſſements, où les corps du lieu ou on les a mis, qui démoliſſent les ſepulchres, qui les vſurpent injuſtement, qui enfin empéchent la ſepulture des defuncts ſont fort criminels, le creancier perd ſa debte en ce cas, & de plus paye autant du ſien, outre la confiſcation de ſes biens avec infamie. b

*Parce ſepulto,*

*Parce pias ſcelerare manus.* c

La peine aujourd'huy eſt arbitraire, & proportionée a la qualité du crime, & aux circonſtances.

a *Virg. in fin. aneid.*
Peine du ſepulchre violé.
Cas de ce crime.

b *l. vlt. Cod. de ſepulchr. viol.*

c *l'Virg. 4. aneid.*

## CHAPITRE LXV.

### Du dommage, de la Loy Aquilia.

COMME la grande Loy conſiſte â ne faire pire au Prochain qu'on ne voudroit étre fait a ſoy, tous les Peuples tant ſoit peu policez ont taché d'éviter ſon dommage, appellé par les Latins *damnum à patrimonij diminutione,* a le Tribun *Aquilius* procura au peuple Romain, la Loy qui garda ſon nom, a laquelle il donna trois chefs, dont le premier regardoit la mort de l'eſclave, & du bétail, & le ſecond confondu avec le troiſiéme, la corruption, & les playes ; l'eſtimation étant réglée a la valeur d'vn

*Alteri ne feceris, quod tibi fieri non vis.*

a *l. 2. ff. de damn. infect. De la Loy Aquilia.*

Peine du dómage.

an en haut quant a la mort, & de 30. jours quant au deux autres chefs.

Mais en cas de malice affectée, l'action d'injure reste toûjours, & méme la peine du double en cas de refus, *Hæc enim pæna datur contra inficiantem, quia mora sua cuique debet esse nociua.*

<small>Il faut relacher ou payer.
a *l.1. ff. de noxa action. Mors omnia soluit.*</small>

Quand le bêtail où esclave, ont causé quelque dommage, le Maître les doit rélacher ou payer le préjudice à son choix pourtant, a & cela est appellé *noxa* quant au serf, ou bêtail qui l'a fait, & *noxia* au régard du maleficé; l'action est aussi appellée *de pauperie* en termes d'école touchant le bêtail, & la mort de ce qui la causé l'éteint par a bout *quia noxa caput sequitur,* b *sicut, & omnes eius possessores.* c

<small>b *l. ad libertatem eod.*
c *l. bona fides & l. nõ solum ff. eod.*</small>

Ie ne m'étendray pas plus avant sur ce Chapitre, comme présque entierement aboly, & rangé sous les injures, ou autres traitez. I'observe seulement qu'autrefois on ne pouvoit tuër le bêtail qu'aprés vn troisiéme dommage, comme assure Iustin, d quoyqu'on le puisse en Savoye impunément, e lors qu'il est trouvé dans les Vignes, ce qui n'èt pas sans danger touchant le salut, à cause que l'on fait souvent vn double préjudice en le tuant, contre l'équité, qui desire l'égalité, *quod nimis inæquale est* dit Iustinien *non placet nobis,* c'èt aussi la pensée de Saint Ambroise, tellement que le plus seur est de le faire conduire dans la geole.

<small>d *Iustin. l. 3. de argentar.*
e *Arr. gen. du 15. Octobre 1578. inseré au stil.*</small>

Il y a encore le dommage causé par les choses inanimées, comme par la chute des arbres, & des maisons, pour lesquels éviter il y a les interdits *de damno infecto,* & des voix pour s'assurer, dont nous traiterons ailleurs.

CHAPITRE

# CHAPITRE LXVI.

## Du Crime d'Injure.

NOus avons parlé du tort que nôtre bêtail peut souffrir, & faire auſſi bien que nos eſclaves, il faut maintenant examiner celuy que nous récevons, où en nos perſonnes, où en celles de nos femmes, enfans, & domeſtiques, que nous appellons injure, mot qui comprend en general toute injuſtice, *a* mais dans nôtre ſens l'offence qu'on fait a la perſonne, où a l'honneur de ceux qui ne ſont eſclaves. *Suite de matiere.* *a l. 1. ff de m-iur.*

L'Injure peut être faite de quatre manieres, par paroles, par grimaces, par écrit, & par violence, la premiere eſt la verbale, la ſeconde eſt celle des geſtes, la troiſiéme les libels diffamatoires, & la derniere les coups, & bleſſures que nous appellons injures réelles. *Eſpeces d'injures.*

L'Action d'injure a ſes régles, & pour le temps, & pour ceux qui la peuvent propoſer; elle ne dure qu'vn an pour les ſimples paroles, & que 20. au régard des coups, & des violences, en quoy Fontanon ſur Maſuërus s'ét infiniment trompé lors qu'ils étend l'action d'injure réelle juſques à 30. ans du moins ſi elle n'a été conteſtée: parce que tous crimes ſont préſcriptibles par l'eſpace de 20. années ſuivant le Texte. *b* *Preſcriptiõ des injures.* *b l. querelā C. de falſ.*

Quant au droit d'agir pour les injures, il appartient régulierement à ceux qui les ont reçuës, & jamais à ceux qui n'y ont nul intérêt, *cum nemo ſit ſine intereſſe audiendus.* Il eſt *A qui appartient l'action d'injure.*

auſſi

aussi licite au Pere de poursuivre celles qu'on a faites à son fils, au mary pour sa femme, *a* au Prélat pour son Eglise, *b* au Convent pour son Moyne, *c* au mandant pour son procureur, *d* s'il a êté offencé dans son service, au Seigneur pour son valet, à l'héritier pour le défunct, & suivant le Silanien, il le doit faire, il peut aussi agir pour l'injure faite au corps, où a la memoire du defunct, *e hæredis enim interest defuncti existimationem purgare*. Enfin tous les parents peuvent demander reparation d'vne injure qui offence la famille, comme si on avoit appellé vn de ceux qui en sont ladre. Robert, *f* & Depeysse donnent c'êt exemple, & vn préjugé de retractation en faueur de la memoire du défunct, & de la réputation de ceux qui restoient en vie touchant cette injure, que nous appellons reparation d'honneur, *injuria enim facta vni, toti cognationi facta censetur*.

*a. ff. de inj.*
*b Masuer. des injur.*
*c Clar. q. 50.*
*d Guid. Pap. q. 517. Depeysse des inj.*
*e dicta l. 1.*
*f Robert l. 2. rer. indic.*

Pere preferé au fils en action d'injure.
*g L. in persona ff. de pactis Boër. dec. 120*
*h l. si vnus ff. de iniur.*
*i l. 1. ff. de inj.*

Le Pere à tant de droit a la poursuite de l'injure faite a son fils, qu'il ne la peut pardonner contre son gré, *g* quoyque le Pere la puisse remetre sans que son fils soit reçu à en réclamer pourveu que le Pere ne soit personne vile, & abjecte, & qu'il n'ait émancipé l'offense, *h* suivant Bochel, & Depeysse, la femme au contraire ne peut agir pour l'injure faite a son mary, *i* ny le fils contre son Pere, non plus que l'écolier contre son précepteur.

Circonstãces de l'injure touchant la peine.

La peine des injures, est réglée par leurs circonstances, & par leur nature; car le lieu, le temps, les personnes, ceux qui les voyent, ou entendent, l'endroit des blessures, les rendent plus graves étant à noter que selon Bartole, & Imola, celuy qui auroit coupé le doigt n'auroit mutilé de membre l'injurié, parce que comme disent Bartole, & Imola, *digitus non est membrum sed pars membri*, la qualité de l'injuriant rend quelquefois le crime plus grand.

*k l. 7. ff. de inj.*

Omne

*Omne animi vicium tanto conspectius in se,*
*Crimen habet, quanto major qui peccat habetur.*

Auſſi liſons-nous au 4. du Levitique, qu'il falloit le méme ſacrifice pour expier le crime du grand Prêtre, que pour les péchez de tout le peuple, & l'eſtimation de l'injure, qui dépendoit autrefois du ſerment de l'offencé, eſt faite du temps qu'il l'aura réçuë, & non de celuy du jugement.

Venant donc a chaque eſpece d'injures, il ny a pas de doute que la verbale ne ſoit plus legere, & plus facilement pardonnée, ce qui ſe fait par la converſation, par le laps d'vn an, par la rétractation, & déclaration aſſermentée, de n'avoir eu deſſein d'offenſer, *a* ou d'avoir parlé en raillant, ce qui excuſe ſuivant Depeyſſe, *b* neantmoins il y a quelquefois des paroles qui offencent plus que les coups, & dont le mal eſt mortel, & incurable.

*Evolat emiſſum irrevocabile verbum.*
*Qui garde ſa bouche, & ſa langue,* dit l'Ecriture. *c* garde ſon Ame d'afflictions, le médiſant reſſemble aux Lamies qui ne voyoient goute chez elles, & qui étoient clair-voyantes chez les autres, nous en vſons preſque toûjours de méme, & comme diſent Saint Matthieu, & Saint Luc, *d* car nous ne voyons pas le poutre qui nous créve les yeux, & oüy bien le fétu en ceux du Prochain.

En quoy nous ſommes de ceux dont parle Eſope (quand nous injurions le prochain,) leſquels portans vne béſace ſur leurs épaules ont mis leurs fautes au ſac derriere, & celles d'autruy dans celuy de devant.

Quãt a l'atrocité de l'injure il faut remarquer, que celle qui eſt proferée contre quelqu'vn en ſa preſence eſt plus puniſſable que s'il étoit abſent quand ell'eſt faite, & qu'elle eſt augmentée par le nombre, & la qualité de ceux devant leſquels ell'eſt réçuë. *e*

*Comment l'injure eſt remiſe.*

a *ſſo. vlt. inſti. de inj.* Bouuot *tom. 2.* Maſu. *des inj. l. ſi nõ conuicij Cod. de iniur*
b *Depeyſſe des injures.*
c *Prouerb. 13.*

d *Matth. c. 7. Luc. c. 6.*

e *l. 7. ff de inj.*

Gg

**Peines des injures verbales.**

La peine de l'injure verbale est de retractatiō, & l'action en est nommée reclamatoire, & quelquesfois d'amende honnoraire, que l'on fait faire au Senat dans le Parquet de Monsieur le procureur General, en presence d'vn Commissaire du Senat, ou le criminel prononce la retractation mot a mot, ainsi qu'il se fit il y a cinq ans, en ma presence, par vn nommé Bernard.

Cela se fait souvent à genoux, & toûjours tête nuë, outre l'amende profitable, qui est adjugée au fisc presque en toutes condemnations de peines.

**De l'injure fait par gestes, & postures.**
*a vesti sordidam ff. de inj.*
*b tot. tit. de fam. lib.*
**Peine des libels diffamatoires.**
**Peine des Imprimeurs, qui mettent sous la presse des paroles injurieuses.**
*c Arr gen. du 3. Iull. 1560. inseré au stil.*

L'Injure faite avec grimaces infamantes est presque de méme nature que la verbale; *a* mais les Autheurs des libels diffamatoires sont punis de mort, *b* & Tybere fit étrangler Paconian en prison à cause qu'il l'avoit injurié dans des vers.

L'On fait quelquesfois brûler les libels par la main du Bourreau, d'autresfois ils sont seulement lacerés, & rompus par authorité de Iustice en leurs presence méme, & s'ils sont imprimez, les Imprimeurs sont punis au corps, selon le cas tant en France par les Ordonnances Royaux, qu'en Savoye par le droit municipal, lequel déffend les impressions, qui ne sont faites par permission du Senat à peine de cinq cents livres. *c*

**De l'injure réelle.**

L'Injure qui est faite avec violence, coups, & autres circonstances réelles est la plus atroce, pouvant envelopper les meurtres, les mutilations, & tous les autres crimes de cette nature. Aussi ne peut-on régler sa peine qu'a proportion de ses circonstances, étant à remarquer que l'autheur est toûjours châtiable, en crimes de pareille nature, que toute injure faite avec armes est atroce, *d* & qu'elle n'êt plus excusable après les premiers mouvements de la colere.

*d gloss in l.3. ff de inj.*

Quoyque l'injure soit veritable celuy qui la profere n'êt
pas

pas exempt de châtiment s'il n'a eu interêt de la proferer, si nous croyôs aux Docteurs françois, *a* le droit Romain, *b* que nous suivôs en Savoye, dit pourtant le cõtraire, auquel je me tiêdrois ou nos Princes n'auroient pourveu autrement. Aussi Fachineus excuse l'injure devant les hommes, & non devant Dieu, lors qu'elle est veritable ; mais proferée sans interêt, *c* l'on peut sans encourir aucune peine, alleguer des réproches injurieux au témoins, *d* si non qu'il y eut malice affectée.

<small>a *Depeyss par. l. tit. 12. Brèv. conf. 4. Char. au tom. Bouuet Farin. q. 105. b l. 18. ff. de iniur. Si la verité de l'iniure excuse. c Fach. contr. dist. 9. c. 10. d Mass des iniur. Aufrer. q. 127. Maya. Alex. in l. si tibi ff. de pact. Clar. in praxi On peut plaider en conscience.*</small>

Ceux qui ont interêt aux injures peuvent les poursuivre en Iustice sans peché aussi bien que leurs autres droits ; car ces paroles, *Non oportet Christianum litigare*, s'entendent des querelles, & débats particuliers, & sont au cas des procés vn conseil, & non vn precepte, que si l'injure est si grande que la peine en doive étre corporelle ? le pardon de la partie n'empéche pas que le fisc ne la poursuive ; *Fiscus enim dicitur quasi fixus quia semper durat*, comme dit Balde en son conseil 113. étant difficile de désister d'vne accusation proposée, ou le public est interessé sans tomber au cas du Turpilien, & dans le crime de calomnie. *e* Le Senat fit rester en qualité le Sieur Fabri de Genéve contre son gré, qui avoit institué vne accusation de rapt; car si bien on n'êt pas contraint d'accuser on l'êt de rester en qualité aprés s'être engagé à le faire au commencement, *Quæ enim sunt ab initio voluntatis fiunt deinde necessitatis.*

<small>Cas ou le fils peut poursuivre, & accuser ser l. D'ou vient le mot fiscus. e Gloss in l. si quis homicidij Cod. de accus. Baso q. 5. Bald in l. 1. qui acc. si non poss.*</small>

La compensation rend souvent l'injure impunie. *paria delicta mutua compensatione tolluntur*, l'on peut méme la repousser par vne plus grande, comme il fut jugé au Senat à mon Rapport, ſentre les nommez Iurard, & Barbier. Il est vray que la compensation n'a lieu en crimes publics.

<small>De la compensation de délits. f Arr. du 4. Fevr. 1671.*</small>

## CHAPITRE LXVII.

### Du Crime d'Vsure.

L'Vsvre qui semble ne regarder que la bourse, & par consequent l'interêt civil, peut étre justement logée dans la Cathegorie des crimes ; puisqu'elle choque la nature de l'argent qui est sterile, l'essence du prét mutuel, & enfin les Loix de l'Evangile, *Mutuum date, nihil inde sperantes.* a

*a Luc. 6.6.*
*Défenses des vsures en simple prét.*

La Loy de Moyse permetoit l'vsure à l'égard des étrangers, & non des autres, *Non fœneraberis fratri tuo sed alieno.* Mais celle de Iesvs-Christ ne distingue point, n'étant licite de rien esperer, ny récevoir pour le prét, sinon qu'il y eut dommage emergent ou lucre cessant, & selon quelques-vns peine encouruë à cause de la demeure. Ciceron méme quoyque Payen, dit que *fœnerari est hominem occidere*, b & l'Ecriture appelle l'vsure vne cruelle morsure, c *Qui dicit vsuram non esse peccatum*, adjoûte Saint Thomas, *est hæreticus. Si quis plus mutuò dans accipiat siue oleum siue vinum fœneratur*, d ait *Augustinus, nec vsurarum vsuræ quas græci anatochismum vocant sine mutatione circumstantiarum permittuntur*, e *quia non datur accessio, accessionis.* Ie parleray ailleurs des cas ou il est licite de récevoir au delà du sort.

*Cas ou elles sōt permises.*
*b Cic. 3. offic.*
*c Deut 23.*
*d c.14. q.3. Menoch. conf. 109.*
*e l. ult. C. de vsur. C. fab. def. 11. de vsur.*

*Qui est Iuge du crime d'vsure.*

Le crime d'vsure est selon la plusepart des Docteurs, de la connoissance du Iuge d'Eglise, neantmoins le Seculier la peut prendre à cause de la contravention aux Edits contre le ...ique, & encor parce que l'Eglise ne connoit pas du Temporel

Part. I. Liu. I. Chap. LXVII. 237

porel; mais le Lay, tellement que le Seculier juge *de facto*, & l'Ecclesiastique *de jure*. *a*

L'Vsurier manifeste est déterré du Cimetiere, si cela se peut sans scandale, *b* & la restitution des vsures est toûjours ordonnée par le Iuge Lay, méme aux héritiers, *c* Nemo enim, ex aliena jactura locupletandus, étant l'vsurier manifeste à jamais infame, & accusé méme aprés sa mort, *d* ou les témoins singuliers font preuve, *e* l'vsurier manifeste, c'êt à dire qui exerce publiquement l'vsure, ne peut tester sans avoir donné caution de la restituer, ainsi qu'assure Clarus au *ff.vsura*, & au *ff.testamentum*.

*a Clar. in ff. vsura. Ses peines.*
*b Abbas in c. super de stat. monach.*
*c Bart. in l. 1. ff. de priu. delit.*
*d Bart. conf. 21. federic. 15 & 221. Baus q. 27.*
*e Rodolph. de vsur. gloss in l. 96. de testibus Bald. in l. rectar. de prob. Clar. & alij.*

## CHAPITRE LXVIII.

### *De plusieurs Crimes extraordinaires.*

OVTRE les Crimes dont le droit a réglé les peines, il y en a qui dépendent de l'arbitrage du Iuge, comme l'Yvresse, l'Orgueil, le Parjure, & Mensonge, l'ingratitude, les théatres, & jeux déffendus, la féneantise, l'avarice, & la prodigalité, dont partie n'a que Dieu seul pour vengeur. Ie les traiteray par ordre, & en peu de mots.

Crimes extraordinaires

Ce n'êt pas sans raison, que les Philosophes ont assuré qu'il n'y a pire corruption que celle des choses meilleures, *corruptio optimi pessima*; car le vin est vne substance, & vn sécours contre les épuisements, & la foiblesse, il fit partie du Sacrifice tant célebre de Melchisedech, & sert au grand Miracle qui se fait tous les jours sur nos Autels, dans celuy

du crime d'yvresse.
Vtilité du vin.

Gg

dont ce premier étoit la figure ; déja les Romains censuroient, au dire d'Aule Gelle, *a* ceux qui négligeoient la Vigne, & les Phesaliens, *b* faisoient des Sacrifices pour cette plante, que les Loix des 12. Tables ont récommandée autant que la décoration des édifices, *c* Nous lisons que les Latins commettoient le soin des Vignes aux Prétres, avec le service des Dieux. *Vindemiæ primùm à sacerdotibus fiebant*, dit Varron ; aussi la culture de la Vigne, & l'vsage du vin firent l'apotheose d'Oresteus, les premiers empressements de Noë, comme ils furent le premier don, que la Nature rétablie luy offrit, neantmoins cette liqueur est souvent la cause des meurtres, des luxures, & méme des generations défectueuses, Noë, & Lot y ont trouvé tout ce que la posterité peut blâmer en eux, & Alexandre le vainqueur de l'Asie y a rencontré sa confusion, & la mort de ses amis par ses propres mains, aussi les Egyptiens estimans que le vin étoit le sang des Geans rébelles mêlé avec la terre, le bannissoient de leurs Sacrifices, *d Vinum potaturus* disoit Pline, *e memento te bibere sanguinem terræ*. Les Romains en déffendoient l'vsage à leurs femmes, *f* & les Locriens à tous, sans difference de séxe, ce qui s'observe encor en plusieurs endroits, parmy les Mahometans suivant les fabuleuses régles de l'Alcoran. *Si quis vinum habuisset delectu* dit Aule Gelle, *erat notæ animaduersionis censoriæ*, Martial en parle ainsi.

————*Scelus est iugulare falernum.*

Iusques-là qu'il étoit licite de tuër le Magistrat yvre, *g* & Athenæus dit que *Vinum est lac veneris, & omnium malorum metropolis, monstrum sine gula libido est*, dit Tertulien, ( j'entends du vin pris par excez, ) car la vigne selon Pytagore porte trois raisins, dont le prémier désaltere, le sécond trouble, & le troisiéme hébete ; c'est ce dernier qu'il faut détester,

*a Aul. gell. lib. 4. & 12.*
*b Pausan. in Corint.*
*c l. 1. C. de tit. 9. intunct.*

Mauvais effets du vin.

*d Plutarq. au traité d'Isis, & d'Osiris.*
*e Plin. hist. lib. 6.*
*f Plin. lib. 14.*
De l'Alcoran

*g Denys halycarn. Bodin en sa rep.*

Trois raisins selon Pythagore.

qui eſt puny de lapidation par la Loy de Moyſe, & qui a fait dire à la Fable, *a* que Lycurgus fit arracher les vignes dans toute l'étenduë de ſes Etats, ce qui luy attira l'indignation des Bacchantes, & des ſéctateurs de Bacchus. Peines anciennes des yvrognes.<br>a *Ouid. met.*

J'advouë que les yvrognes ne ſont châtiez parmy nous, que lors qu'ils joignent des autres crimes à leur diſſolution, & méme que l'yvreſſe diminuë leur peine ; Mais ils ne doivent pas douter du châtiment de l'autre vie, auſſi bien que ceux qui les induiſent, & ſouvent contraignent à s'enyvrer, comme pluſieurs font dans les feſtins pour vne careſſe notable, juſques-là que pluſieurs *quorum Deus venter eſt* ſont vanité d'avoir êté les plus diſſolus dans les débauches, comme s'ils avoient êté victorieux dans quelque combat pour le bien de leur Patrie, & pour la gloire de leur Prince. reines de l'yvreſſe.

L'Orgueil, & la vanité, qui ont perdu le prémier Ange, & le prémier Homme, ont toûjours le luxe, & la prodigalité à leur ſuite ; Car comme les dépences attirent l'amour, & l'eſtime des Peuples, elles ſont auſſi vn charactere de puiſſance, & vn argument de grandeur. Les feſtins, les habits, & le train, ſoit équipage ſont les ſangſuës qui épuiſent le ſang des veines de l'ambitieux, ou l'envie, & l'émulation n'oublient pas de jouër leur perſonnages, & à la fin l'avarice méme mere de tous vices ſelon Claudian. *b* De la vanité

b *Claudian. in ſtillus. laudeſ. 1.*

*At primum ſcelerum matrem quæ ſemper habenda,*
*Plus ſitiens parvulis rimatur faucibus aurum,*
*Trudis avaritiam.*

La fable de Phaëton, & d'Icare, ſont des hiérogliphes de la fin des ambitieux, comme celle de la Tortuë d'Eſope l'êt des humbles, dont les prémiers ſe ſont précipitez, pendant qu'elle a évité des mauvaiſes ſuites aymant mieux reſter dans la coque qu'aller au feſtin des dieux, & mille exemples Hierogliphes de la vanité, & de l'humilité.

des

240 *Estat de la Iust. Eccl. & Sec. du pays de Savoye,*

des chutes fatales des amis des Roys, sont des voix qui crient contre l'orgueil, & l'ambition ; cependant tout cela ne desille point les yeux des hommes du Siécle, que l'ambition, & la vanité offusquent par leur faux brillant, & désquels l'on peut dire, comme on lit dans Iuvenal touchant Alexandre. a

a *Iuvenal. Satyr. 10.*

*Vnus pelœo juveni non sufficit orbis,*
*Æstuat infelix Angusto limite mundi.*

Du luxe.

Châcun veut des titres d'honneur, des maisons meublées, & des habits à la mode, des carosses, des Chevaux, & des éclatantes livrées, & il suffit à l'ambitieux de dire qu'il peut, & veut imiter son voisin.

*Commune est vitium hic vivimus ambitiosa,*
*Paupertate omnes.*——

Exemples de modération.

L'vn des plus graves Senateurs Romains parlant sur la Loy *Oppia* disoit que le luxe étoit vne peste mortelle, & ceux de Sparte faisoient les portes de leurs maisons avec la scie, pour inspirer la frugalité, & la modestie, les Ephores faisoient tous les jours récherche des habits dont châcun vsoit pour châtier l'immoderation, & les Roys de France, & Nos Princes ont pourveu avec prudence aux dépences, & superfluitez par leurs Ordonnances, & par leurs Edits, jusques-là que dans l'ancien Statut de ce Païs la dépence des enterrements, b est réglée aussi bien que celle des vétements, quoyque avec bien peu de succez, comme il en étoit à Rome des Loix somptuaires.

b *Statut. l. 5. Des Loix somptuaires.*

——*Proclivior vsus,*
*In pejora datur,*
*Suadetque licentia luxum ;*
*Illecebrisque effræna favet.*

De la mode. c *Tert. de pallio.*

Les modes dont Tertulien, c fait si bien l'Apologie en
son

ſon Traité du manteau, les rendant imitatrices de la Nature; ne ſont pas le moindre moyen d'appauvriſſement : ce que connoiſſant Alexandre Sévere, il avoit Ordonné pour tous les Offices, vne certaine façon d'habits ; il eſt vray que ce mal ſemble incurable à l'égard des jeunes perſonnes du grand monde ; cependant on leur peut inſpirer la moderation en ſuivant la mode, ſans encourir leur diſgrace, ny leur indignation. *Il faut être modeſtemẽt propre.*

En effet la reſerve, & la modeſtie ſont cõvenables aux honêtes gens, autant que la ſuperfluité leur eſt nuiſible, & il ſeroit bien que châcun ſe tienſe dans ſon état, & *omnes accubere ſecundum tabernacula ſua*, *a* au lieu que, comme diſoit Valere, les Valets d'aujourd'huy mépriſent les meubles dont les anciens Conſuls vſoient, tout allant en déroute par les ſuperfluitez, & par le luxe. *a Marc. c. 6.*

―――― *Sævior armis,*
*Luxuria incubuit victumque ulciſcitur orbem.*

La prodigalité, ( qui lévoit le rang dans les aſſemblées à ceux qui en étoient atteints, ce qu'on nommoit *pœna theatralis*, & même la libre adminiſtration, & diſpoſition de leurs biens, ) attire encor les jeux, & les feſtins ; étant à remarquer qu'il n'eſt point permis de joüer au dez, aux chartes, & autres jeux de hazard pour ſe prévaloir du gain, n'étant pas même permis d'éxceder vn écus en jeux licites ſelon Clarus ; on ne peut rétenir ſans peché ce qu'on a gaigné en jeux défendus, & la peine en eſt arbitraire au Iuge, l'on peut pourtant joüer, & retenir le gain en jeux d'adreſſe, comme ſont celuy du billiard, de la paume, & autres ſemblables. *De la prodigalité. Des feſtins. Du jeu. Des jeux de dez, chartes, &c. Des jeux du billiard, & de la paume.*

La coûtume ſelon les Docteurs, *b* à gliſſé pluſieurs abus; mais l'Egliſe excommunie les Prétres joüants aux dez, & leur déffend les chartes, & les courſes, qu'elle nomme *tor-* *b Caccialup. de ludo, coſta de ludo didaſcul.*

Hh

*neamenta.* L'envie inséparable de l'orgueil, étant vn regret du bon-heur d'autruy (quoyqu'il ne léve rien du nôtre,) fait comme la pierre qui se brize sur ce qu'elle frappe, dont Herse, & Aglaure *a* sont le Tableau. Le Lézard en est vn exéple dans la Nature, qui mange la peau qu'il quite de peur qu'elle serve aux malades, *b* l'envieux, comme vn Polyphéme, rémuëroit les montagnes pour satisfaire sa passion, il tourmente chàcun, & se tourmente luy même, il est son bourreau, & son supplice, & tous les succez étrangers, font ses enfers.

*a Synod. Constant. c. 53 Ioan. Sal. f. lib. 1. policr. De l'envie.*

*b Metam. lib. 14.*

De l'avarice. Ses effets.

L'Avarice qui semble étre si fort opposée à la prodigalité nait quelquesfois de ses effets, comme de l'appauvrissement parce que *cum vexatio det intellectum*, l'experience fait souvent changer d'humeur au prodigue, qui dévient réservé, sans raison, comme il étoit liberal sans mesure, & au lieu qu'il donnoit ses biens avec excez, il les réfuse avec cruauté, par vne insatiable àvarice, que Iesus fils de Syrac assure étre le plus horrible de tous les maux du monde, au dixiéme de l'Ecclesiaste, c'ét ce peché qui causa la mort de *Sichæusa*, de Palydore, & d'*Amphiaraut*, ce qui fait dire à Virgile.

*Quid non mortalia pectora cogis,*
*Auri sacra fames.*

Ce fut l'avarice qui fit perdre la judicature d'Israël, aux enfans de Samuël, *c* & mourir de faim le Midas de la fable, nonobstant que Baccus luy eut accordé l'or qu'il demandoit, *d magis deest avaro quod habet quam quod non habet* : Vn Apologiste compare l'avare au pourceau, qui incommode pendant sa vie, & qui n'ét vtile qu'aprés sa mort, & Alciat dit dans ses emblémes, qu'il est semblable à l'Asne, lequel meurt de faim, quoyqu'il soit chargé de farine, l'avare est vn dépositaire infidelle qui dérobe, parce qu'il retient ce de quoy

*c Samuel 1. c. 8.*

*d Ouid. metamorph.*

quoy il n'a que l'vſage, & dont le prochain n'êt privé que par l'infortune, il fait vne digue aux richeſſes qu'il a ramaſſées, laquelle étant lachée par ſa mort, elles font des épouvantables débordéments entre les mains de ceux qui en deviennent les maîtres, comme les torrents dans nos campagnes, & l'héritier fait fête, & bonne chere de ce qui tient ſouvent le défunct dans les enfers. *Comparaiſō de l'avare à vne digue.*

L'Oyſiveté, & faineantiſe ſont la ſource des déſordres de l'eſprit, (*Variam ſemper dant otia mentem*) comme elles ſont le ſoutient de la luxure, & des impuretez. *De l'oiſiveté. Ses effets.*

*Otia ſi tollas periere cupidinis artes.*

Ce que connoiſſant le célebre Senat de l'Areopage, il s'informoit inceſſamment des occupations des particuliers, comme rapporte Plutarque. *Exiſtit homo ad opus ſuum vſque ad veſperas*, dit le *a* Pſalmiſte, *b* & il eſt ordonné par l'Apôtre de réfuſer le pain au faineant, attendu que l'homme eſt né pour le travail, comme l'oyſeau pour voler ainſi qu'aſſure le Saint homme Iob, *c in ſudore vultus tui veſceris pane tuo* dit la Geneſe. *Prévoyance ancienne des Grecs.* *a Pſal 103. b Paul. ad Theſſ. c.3.* *c Iob.5.c.134.*

L'Oyſiveté, que Temiſtocle dit être le ſepulchre de l'homme vivant, l'engourdit, ruïne ſa ſanté, & luy cauſe l'indigence, *qui ſectatur otium replebitur egeſtate*, *d & ſaturabitur panibus qui exercet terram ſuam*, c'êt la faineantiſe qui cauſe les ſéditions, & les diſcordes. *Autres effets de l'oiſiveté.* *d Eccl. 14.*

*Otium reges prius, & beatas perdidit vrbes*, *e*

C'êt auſſi le motif qui obligea l'Empereur Valens à faire travailler les faineans par force, lors qu'ils n'êtoient, ny vieux, ny malades, *f cum ſatius eſſet eos fame perire quam eoſdem in delicto fovere*; *g* ce même Prince Ordonna qu'ils ſeroient r'appellez des Monaſteres, en cas que l'oyſiveté les y eut conduit, *h* & le Senat de Savoye ſuivant les Edits, *i* les *e Catul. ad lesbiam.* *Loix contre les faineans, leurs peines.* *f l.1. Cod. de mendi. valid.* *g l. bona fides C. depoſit.* *h l. qui ſi C. de decur. l.10.* *i Arr. gen. au ſtil.*

oblige à vuider l'Etat, sur tout lors qu'ils marchent en troupe, comme font certains vagabonds, & diseurs d'avantures, que le vulgaire nomme Sarrazins.

*du mensonge.*

L'On peut encor compter avec justice, le mensonge dans l'ordre des crimes, sur tout quand il est accompagné du serment ; & c'êt ce qu'on nomme parjure. Solon avoit étably des Loix contre les menteurs au dire de Laërtius sur sa vie, & le plus grand crime parmy les Perses, étoit de mentir, & de dévoir. Antigonus, comme rapporte, Plutarque fut chassé pour ce seul sujet, de la Cour du grand Alexandre ; mais si l'on se sert du jurement pour authoriser le mensonge, où si l'on en viole la réligion ? cette prévarication passe dans l'excez ; & Dieu s'en déclare toûjours le vengeur : *Non assumes nomen Dei in vanum.*

*Loix anciennes côtre les menteurs.*
*Exmples.*
*Du parjure.*
*Dieu est vengeur du parjure.*

*Ses peines.*

La peine des parjures est d'infamie selon les Canons, & même selon le droit commun, quand on a faussé son serment, & sa promesse ; *a* Mais s'il n'y a ny dol, ny malice, où si la difficulté étoit grande, enfin si le parjure n'a porté, ny peut porter préjudice, la peine n'êt que dans le fore interne, *b* le même est observé en cas qu'il s'agisse d'vn serment faussé dans les réponses d'vn accusé, où touchant quelque soûtenement fait dans vn procés civil. *c.*

*a Gloss. in l. Lucius ff. de bis qui not. infam.*
*Exceptions.*
*b Boër. decis. 305.*
*c l. observa. e ubi Bald. ff. de procu. Clar. in §o. periurii.*
*Peine touchant les côparans faux.*
*d l. 5. ff. de re milit.*

On est en coûtume de faire perdre tous les frais supportez en fait de voyages, à celuy qui en a soutenu vn seul faussement, & de priver du droit d'agir, & de déposer, ceux qui ont juré contre la verité, *quia malus semper præsumitur malus in eodem genere mali. d*

*De l'ingratitude.*

Ors comme celuy qui oublie ce qu'il a promis à Dieu, & au prochain, en fait autant pour l'ordinaire des bien-faits, nous pouvans sans troubler l'ordre des matieres, parler icy des ingrats, qui sont detestez selon les Loix de Dieu, de l'honneur,

Part. I. Liu. I. Chap. LXVIII. 245

l'honneur, & de la societé civile. Solon ne croyant pas qu'il s'en peut trouver n'établit point de Loix pour les punir, Dracon au contraire persuadé de l'horreur qu'on en doit avoir, portoit leur châtiment jusques à la mort, y ayant de la peine de rencontrer l'ingratitude, dans les animaux les plus Farouches ; car Pline écrit qu'vn chien mourut de régret, & de faim sur le tombeau de son Maître, & que des Chévaux, ont eu pleuré celle des leurs ; peut-on trouver plus de gratitude qu'au Lion, qui ne voulut nuire à vn criminel exposé aux bêtes, parce qu'il luy avoit, au dire d'Appion arraché vne épine du pied, l'ayant suivy fort long-temps, aprés qu'il fut délivré, dans Rome. Il ne faut pas imiter ce sale animal qui gronde toûjours sans jetter aucunement les yeux sur la main liberale, qui luy donne ; Mais l'Illustre Pyrrhus, qui étoit inconsolable de la mort d'vn sien amy, non pas parce qu'il en étoit privé ; Mais à cause qu'il n'auroit plus occasion de contréchanger ses faveurs passées. L'Ingrat ressemble à ces terres spongieuses, & steriles qui renvoyent au Soleil (qui les caresse par ses rayons,) des nuages, & des vapeurs, pour en obscurcir la lumiere, Plaute *a* dit fort à propos que.

*Exemples de gratitude dans les brutes.*

*Comparaison de l'ingrat au pourceau.*

*Autre similitude.*

a *Et persa plauti.*

   *Improbus est homo,*
   *Qui beneficium sit sumere, & reddere nescit,*
   *Bonis quod bene fit non perit.*

Dit ce Poëte dans le même endroit.

Il y a encore certains crimes qui peuvent ne l'être pas, & que l'on tollere quelquefois, comme les spectacles, les jeux, les comédies, les dances, les masquerades, & autres occupations de cette nature, & dont nous parlerons à cause des Clercs.

Les jeux, & spectacles publics sont à la verité condamnez par Iustinien, *b* & nommez par Vlpien corrupteurs de

*De jeux, & spectacles.*
*b In auth. interdicimus Col. de Episc. audient.*

Hh 3

*à in l.1. ff. de servis corrup.*
*b in l.1. ff. de his qui not. infam.*
*c c. pro dilectione de consecrat.*
Peines côtre les gens de theatre.
Exceptions.

la jeuneſſe, *a* le juriſconſulte Iulien, *b* note d'infamie tous ceux qui montent ſur le theatre par vn motif de lucre, & d'interêt, & l'Egliſe les frappe d'Anatheme, *c* & Nous liſons que déja au temps de Tybere ils furent chaſſez de Rome. Toutesfois il ne faut pas appliquer ces choſes à toute ſorte d'exercices, & jeux publics, les courſe, & autresfois les lutes, les academies, & même les actions de theatre, où la jeuneſſe ſe forme, ne ſont pas réprouvez dans la Morale Chrêtienne, Nous liſons que Caligula avoit étably des diſputes publiques

*d Iuvenal Satyr.*
Divers jeux parmy les Grecs.

ſous des grands prix, dans la fameuſe Ville de Lyon, *d* & que Domitian, & Néron en firent autant en pluſieurs endroits, ce qui eſt encor en vſage dans Tholoze, & cela pour tous les arts, & ſciences. Déja les diſputes d'honneur, & de vertu étoient établies chez les Grecs, au nombre de quatre principales dont parle le Poëte.

*Quatuor exhibuit ſacratos græcia ludos,*
*Cœlicolis duos, terrigeniſque duos.*
*Nempe jovi, phœboque, palæmonique archemoroque,*
*Præmia ſunt olea, & mala, apium, ſtrobilus.*

De la commedie.

Les jeux Olympiques qui étoient les plus remarquables, furent établis par Hercules, ainſi qu'aſſure Gellius, & ils étoient en ſi grande veneration parmy les Grecs, qu'ils s'en ſervoient pour compter les luſtres des 406. ans, de la priſe de Troye, ſelon Euſebe. Rome qui a tout ſurpaſſé en magnificence, diviſoit ces jeux publics, *in theatrales, circenſes, equeſtres, & ſeculares*, comme on lit dans Suëtone *in caligula,*

*e Valer. max lib. 2. tit. 2. in mor. ludor.*

Valere Maxime, *e* s'explique fort amplement, & en détail ſur cette matiere; enfin comme la comédie peut être innocente, & ſouvent vne leçon Morale, & de Vertu quand elle n'a rien d'impur ny de déshonnête, je ne dis pas qu'elle ſoit vn grand crime, & qu'il faille être rigide en ce point que d'en

bannir

bannir le plaisir au préjudice du sexe, pour qui les Loix *a* font même indulgentes.

*a Tiraq. de pœn. cauf 9.*
*b Virg. 2. æneï.*

*――Nullum memorabile nomen,*
*Fœminea in pœna est. b――*

La dance qui de soy n'a rien de solide, & qui est vne marque exterieure de la joye, comme elle dénote l'agilité, & la bonne disposition du corps, peut à la verité être vne amorce du peché, sur tout quand ell'est accompagnée de postures lâcives, & la mort du précurseur est vn effet funeste de celle d'Hérodias, neantmoins elle peut n'être pas vn crime, & n'avoir nul mauvais effet, il ne faut pas bannir le vin parce qu'il peut enyvrer, ny le feu parce qu'il peut causer des incendies. Il en est des ames comme des corps, dont le mal vient quelquefois plûtôt d'elles que des causes étrangeres. Enfin la dance, & les bals sont tollerez par le réformateur de la pieté Saint François de Sales en vn endroit de sa philotée; j'aurois même repugnance d'accuser les masquerades de crime, lors que l'on ne contre fait nullement son sexe, & qu'elles ne sont point à mauvaise fin.

De la dance.
Les mauvais effets.
La dâce peut être innocête.
Des masquerades.

Il faut pourtant excepter les Clercs en ce qui blesse la sainteté de leur état qui doit être au dessus de tout ce qui peut interesser leur vertu, & diminuër la veneration du Sacerdoce, d'autant plus que la veuë des spectacles, où le sang humain est versé, est opposée aux doux sentimens de l'Eglise, & de ses Ministres. Ils ne doivent pas même assister aux festins de nopces, *c* ny aux autres conjonctures, ou l'on est en coûtume de se rélacher à des paroles, ou des actions trop libres.

Tout ce que dessus est défendu aux Clercs.

*c c. his igitur 23. distinct.*

J'advouë qu'aujourd'huy le Clergé, sur tout en Savoye n'a

Eloge de tout le Clergé de Savoye

*Eſtat de la Iuſt. Eccl. & Sec. du pays de Savoye,*

n'a pas beſoin d'être exhorté à ſon devoir par les Ecrivains, les Seculiers, & les Reguliers font revenir le temps des Apôtres, & revivre la pureté de la primitive Egliſe, Dieu étant heureuſement ſanctifié par le zéle admirable des Chefs, & par la pieté des membres, étans tous animez d'vne loüable émulation pour la Vertu, & pour le bien public qui leur vient de l'eſprit de Dieu, & des mouvemens de la grace.

CHAPITRE

# CHAPITRE LXIX.

*Des quasi delits, & crimes imparfaits.*

QVoyqve le dol soit de l'essence du crime: neantmoins il y a des negligences qui en approchent la nature, & qui portent titre de demy crimes.

Le Iuge qui décide sans sçavoir ce qu'il fait, est fort coupable devant Dieu, & devant les hommes, & doit rétablir le préjudice qu'il a causé par son ignorance, *violat enim fidem*, dit Ciceron *non solum qui maliciose, sed qui negligenter se gerit*, que s'il avoit peché par malice, il seroit au cas d'vn veritable délit. *a* Le Senat est en coûtume de punir les Iuges qui errent en fait, & en droit suivant l'article 331. du Réglement, aussi bien que s'ils ont peché par ignorance crasse, & affectée, *lata enim culpa æquiparatur dolo*, il suspendit pour vn temps vn Iuge riére Maurienne, pour avoir ordonné par ignorance crasse il y a cinq ans à mon rapport.

Le Chef de maison qui y souffre des choses liquides, où solides en des endroits, d'où elles peuvent facilement tomber sur les passans dans le chémin, est condamné au dommage pour ceux qui l'ont causé de sa famille, & même châtié arbitrairement s'il en est l'autheur, la peine étoit réglée par Iustinien dans les deux cas, comme on voit dans son Institut. *b*

Quant au hôtes, cabarétiers, nautoniers, & autres semblables personnes, qui se rendent sujets à recevoir les hardes, & autres choses en dépos, ils répondent de la perte que

*Du Iuge ignorant.*

*a Vid rubr. de vis 12. qui male iud.*

*Aptensio, & effusio.*

*b de oblig. quæ quasi ex delict. nascunt. Receptum.*

250 *Eſtat de la Iuſt. Eccl. & Sec. du pays de Savoye,*
l'on fait de ce qu'on leur a remis, *a in culpa enim eſt qui vtitur opera malorum.*

*tot. tit. et*
*taui. caup.*
*ſtat. recip.*
*recip.*
Quand les Maîtres répondent des valets.

Non seulement les Maîtres ſont reſponſables de ce qui ſe fait dans les endroits qui dépendent d'eux ; Mais encor des malverſations de leurs valets, s'ils leurs ſouffrent de porter des armes, *b* & s'il tiennent chez eux des étrangers ſujets à délinquer, où enfin s'ils commettent les excez pour leur ſervice, étant arbitraire au Iuge de les engager à les repréſenter s'il y a des circonſtances capables de le luy inſpirer, n'étant pas juſte que l'innocent ſouffre la peine du coupable, s'il n'y a de fortes raiſons, *iniquum eſt,* dit vn Docteur, *c Dominum pro omni delicto famulorum teneri.*

b *Stil. Arr. du 5. Iuin 1563.*

c *Bavv 9. 25.*

Mandant puny comme le mandataire.

Que s'il y avoit mandat, où ratification du Maître, il ſeroit puniſſable, comme le valet, & ſerviteur, *mandans enim, & mandatarius eadem pœna plectuntur.*

LIVRE

# LIVRE SECOND
## DE LA PREMIERE
### PARTIE DE L'ETAT,
## DE LA IVSTICE.
#### CONTENANT LA MANIERE D'INSTRVIRE,
##### LE PROCE'S CRIMINEL.

### CHAPITRE PREMIER.
*De l'Accusation, Inquisition, & Denonce.*

Ine suffit pas au Soldat d'avoir des armes, s'il n'a l'adresse pour s'en servir, n'y à l'Ouvrier d'avoir des outils s'il n'en sçait l'vsage, & l'vtilité, *quæ fruitio boni apud eos qui ignorant illud, à* de même il faut que l'Homme de Palais, & employé aux affaires de la Iustice, soit instruit de la maniere d'appliquer ce qu'il aura pû apprendre de la profession de Iuge, d'Avocat, de Procureur, & enfin des

a *Irm. c.72.*
Necessité de la pratique.

Ii 2

autres qui concernent son état, *praxis est legum intellectrix, & scientiarum digestiva*, & comme dit le Poëte.

*Exerce studium quamvis perceperis artem.
Vsus, & ars docuit quod sapit omnis homo.*

**Commencemens de tous procés.**
Ors comme tous procés commencent par les demandes que l'on nomme en criminauté, accusations, inquisitions, ou denonces ; Nous commencerons par cét endroit les formalitez criminelles.

**Qu'êt-ce que accusation, denonce, & inquisition.**
Quoyque ces trois moyens de se plaindre en Iustice tendent à la même fin : neantmoins il y a quelques observations à y faire ; car l'accusation est vne demande formée devant le Iuge ou l'on fait partie, la denonce est vne délation secrete, appellé instigation, sans faire partie, & l'inquisition est la procedure, que le Iuge fait de son Office quand il est au cas, étant à noter que le delateur doit signer pour l'assurance de l'accusateur public, qui selon Papon encourroit la condemnation des dépens, & ne seroit crû disant qu'il a vn instigateur, *a* s'il n'en justifioit par sa signature.

*a Papon en liu. 24. de ses Arr.*
*Des accusations, & inscriptions.*
*b l. 7. ff. de accus.*
*Peines des calomniateurs.*
*c Clar.*

Les accusations ne se faisoient anciennement sans des inscriptions solemnelles, *b* à cause de la peine du talion, que les calomniateurs encouroient, outre celles que la Loy *Remmia*, & le S. C. Turpillien avoient établies, plusieurs même n'étoient recevables à accuser, ou par leur état, ou par leur crime, ou par la proximité, *c* & le delateur faisoit quelquesfois l'office de témoin, & d'accusateur, tous pouvans accuser en crimes populaires. *d*

*d l. popularis ff. de popul.*

Enfin, l'absolution de l'accusé dépendoit souvent plûtôt de l'éloquence de son Orateur, que de la justice de sa cause, & il étoit permis aux premiers temps de conduire *obtorto callo*, d'authorité privée, & par force devant le Iuge, ceux contre qui l'on vouloit playder, même dans les affaires civiles ;

### Part. I. Liu. II. Chap. I.

les ; mais aujourd'huy nul n'êt reçu en jugement sans qu'il ait vn legitime interêt à la chose, *a* comme seroit en crimes d'Etat, & publics. *b*

Il est vray que la delation interessant le Iuge à enquerir, *c* aussi bien que le fisc à requerir, il ny a point de personnes qui n'operent beaucoup, quand elles denoncent vn criminel en justice, en délits atroces, & d'importance donnant lieu à enquerir aussi bien que leur notorieté. *d*

Il ny a que l'accusateur public qui puisse accuser, & poursuivre en crimes atroces, *e* ainsi qu'on observe en Savoye, aussi bien qu'en France, parce qu'ils y a interêt pour le Prince, & pour la chose publique que les crimes notables offencent ce qui les fait considerer comme publics, & populaires.

La partie civile ne peut agir pour la peine, oüy bien le fisc, quoyqu'elle le puisse pour ses dommages, & interêts, *f* & il y a des Ordonnances en France qui obligent les Procureurs Generaux, Fiscaux, où des Seigneurs hauts justiciers à poursuivre les crimes, sans obliger les parties de le faire, Nous avons en Savoye pareilles Loix, qui défendent de métre en qualité ceux, qui ont declaré de ne vouloir faire partie, étant du devoir de l'accusateur public de poursuivre, même aux dépens du Prince, où autre Seigneur, le châtiment des coupables en cas de grands crimes. *g* Nous avons expliqué dans châque Chapitre des crimes, à qui en appartient l'accusation, ce que nous ne repeterons pas icy pour éviter les longueurs, & les rédites, & quoyque anciennement on ne peut desister, sans crime de calomnie, ny traiter sans blâme, des délits non Capitaux, *h* tout cela est abrogé en France au dire d'Imbert, *i* de Papon, *k* Mornac excepté l'adultere parfait, hors duquel Cujas veut aussi bien que Pa-

*a Depeyssa tit. 1. de la procedure crim.*
*b l.8.ff de accus.*
*c Clar.ssofin. l.5.q.9 & 10.*

*De l'accusateur public.*
*d Rebuff in proëm. consl. reg. gloss.5. Imbert Bugny Char. & alij.*

*Deux parties en accusatio.*
*e Guil.bened-in c.Raynut. in verb. mortuo itaque.*
*f Ordon. d'Orleans, art.63. & de Blois art.184.*

*g Capel. thol. q.41.*

*h l. transigere ff. de tr insact.*
*i En f.s instit. forenss.*
*k Pap. en ses Arr. liu.23.*
*l Pret.*

I i 3

cius, qu'on puisse transiger même du faux, quand la peine n'en seroit pas Capitale. Il ny a que l'héritier du meurtry qui doit poursuivre pour conserver son heredité qu'il perdroit, comme ingrat par sa négligence. *a*

*a tot tit de his quibus vt indig.*
Maniere d'accuser.
*b l. libellorū ff. de accusat.*

Celuy qui desire accuser en jugement, doit proposer le sujet de sa plainte, & exprimer le fait avec les circonstances, *b* du temps, du lieu, des moyens, & des personnes ; afin de donner facilité au Iuge, où autre d'éclaircir la verité, & à l'accusé de se deffendre par vne preuve contraire.

### FORMVLAIRE DE PLAINTIFS, REQVESTES, ET REMONTRANCES.

Celuy qui accuse, & se plaint en justice est ou personne privée, ( & il se fait par Requête, où plaintif, ) où il est personne publique à ce destinée, ( & il parle par Requête en France, ) & en Savoye par remontrance, comme s'ensuit.

A Monsieur le Iuge, &c. ou bien *à nos Seigneurs* ( si c'êt au Senat ) ou *à nos Seigneurs des Comptes* ( si c'êt en Chambre, ) *supplie humblement. N.* ( l'accusateur public dit ) *remontre le Procureur. N. disant que, &c.* il faut exposer fidellement le fait, & conclurre, à ce que celuy a qui on s'adresse *informe*, où qu'il *commette*, s'il en a pouvoir, l'accusateur public demande que ce soit à son assistance, si le cas est grave, & il ne doit refuser de se joindre aux particuliers complaignans lors qu'ils implorent son adjonction, comme ils font toûjours, ayant droit de se joindre pour la conservation du repos public, même souvent de persister seul *fiscus, quasi fixus.*

L'Accusateur public doit se joindre à partie civile.

### FORMVLAIRE DES DECRETS, ET CONCLVSIONS.

Quoyque le Iuge puisse informer, & commétre sans oüyr l'accusa l'accusateur public, (qui n'êt pas toûjours Fiscal, comme a dit par erreur Depeysse, *a* pouvant être établi par des Suzerains,) neantmoins on luy montre présque toûjours, pour l'interesser à la poursuite, lequel en adhérant à la partie civile, ou en requerant, s'il le treuve juste, parle en ces termes *requiert être informé, ou depute commissaire*, quelquefois même, il le requiert à son assistance, étant à remarquer qu'il y a souvent des cas ou l'on dit que partie sera appellée, comme lors qu'il y a des interets civils à déméler.

<sub>a Depeysse des accusateurs.</sub>

Le Iuge decrete, ou conformément aux conclusions, ou autrement comme il l'estime raisonnable, & dit si le cas n'a pas titre de crime, *il n'y a lieu à aucunes informations*, étant à noter que la maniere de conclurre, & de prononcer est bien souvent sous les mêmes termes à la reserve que l'accusateur conclut, & que le Iuge decide, ce qui me dispensera de redire les formulaires aux deux cas.

Il faut remarquer par occasion, que les decrets sont toûjours signez par les Subalternes, & même au Senat s'ils sont d'importance par celuy qui y préside, que les Arrêts le sont sans distinction par luy, & par le rapporteur; qu'enfin toutes les formalitez de Iustice doivent être soûcrites, par ceux qui y ont quelque part, notamment les Requêtes presentées au Senat, *b* à cause du respect deû à ce Magistrat, & de l'importance de ses décisions, qu'il seroit honteux avoir été faites sur vne écriture dont l'autheur seroit incertain, & sujet à désaveu, même impuny en cas de manque de respect, ou de calomnie.

<sub>Tout doit être signé en Iustice sur tout au Senat</sub>

<sub>b Stil ar. 317.</sub>

CHAPITRE

## CHAPITRE II.

*Des Iuges qui ont pouvoir de connoitre des crimes.*

<sub>a l. qui neque ff. de fundit.</sub>

COMME il ny a de Iuges legitimes que ceux auſquels la juriſdiction appartient, où naturellement, où par attribut, *a* il faut examiner briévement qu'elles ſont les perſonnes que la pratique judiciaire nomme Iuges competans, où incompetans, & leſquelles ſont propres à c'ét employ.

<sub>Dieu Iuge ſuprême.</sub>

<sub>b c. 2 de clandeſt. deſp.</sub>

<sub>Iuges de la Terre.</sub>

La ſupréme puiſſance de juger appartient premierement à Dieu, auquel rien ne peut être caché, ny éviter ſes jugemens,*b* que par l'endroit de ſa Miſericorde, & ils ſont auſſi infaillibles qu'inévitables, *judicia Domini vera juſtificata per ſemetipſa* ; Mais comme il n'êt pas viſible parmy nous, il a étably des Iuges ſur la Terre, qui ſont l'Egliſe pour le Spirituel, & les Princes de la Terre pour les affaires temporelles, leſquels comme Nous avons dit ailleurs, ont étably des perſonnes pour exercer leur employ dans l'impuiſſance de le faire par tout à cauſe de leurs autres affaires.

<sub>Diviſion des Iuges & jugemens.</sub>

Les Iuges donc ſont Eccleſiaſtiques, où ſeculiers, volontaires, où neceſſaires, ordinaires, où déleguez, Souverains, où Subalternes. Les jugemens qui ſont, où civils, où criminels, autrement extraordinaires, ſont compoſez des perſonnes principales, ſçavoir du demandeur, du deffendeur, & du Iuge, & des accidentelles, qui ſont les Procureurs, Advocats, Adſeſſeurs, Greffiers, Témoins, Huiſſiers, & autres ſemblables.

Quant

Quant a l'incapacité de juger elle provient, ou de l'état **Caufes de** de la perfonne à qui l'on s'adreffe pour ce fujet, ou de la ma- **l'incapacité** tiere, ou des perfonnes plaidantes ; Car il ny a pas de dou- **de juger.** te, qu'outre le défaut de pouvoir de juger, dont nous avons parlé ? il peut être attribué fans effet aux cas de la prohibition des Loix. Ce qui arrive par nature, comme aux fourds incurables, aux muëts, aux furieux, & aux impuberes, ou par la Loy, comme aux infames demis de leurs offices, & aux ignorans de ce qu'il faut juger, enfin les meurs, & état rendent inhabiles les femmes, & les efclaves de faire l'office de Iuges.

Quant aux muëts, & fourds, on fçait affez qu'ils font pri- **Des fourds,** vez des organes les plus neceffaires à la judicature, & la Ro- **& muëts.** che à écrit quelques vers divertiffans en certain endroit de fes parlemens, pour faire connoitre les inconveniens de la furdité, & j'eftime moralemét impoffible aux Iuges de pro- a *l. de minore* noncer jufte en Audiance, fans avoir entendu ceux qui ont *ff. e quafi.* playdé a? ny de juger en ce cas fur les réponfes du criminel, qui font neceffaires pourtant pour le condamner, & com- b *l. D. Adria-* ment prononcer fans avoir l'vfage, & la liberté de la parole? b *nus ff. de cuft.* la maladie temporelle n'êt obftacle que pendant fa durée ; *& exhib. reor.* Mais lors qu'elle eft perpetuelle fon empêchement l'êt auffi de même, d'autant plus que les fourds par nature font préfque toûjours muëts, comme remarquent Pline, c Ariftote, d c *Plin. lib. 10.* & même Iuftinien dans vn texte. e d *Ariff. lib. 4.*
*de hift. ani*
*mal*
Les perfonnes infenfées font incapables non feulement e *l. difcretis* de juger; mais encore de l'adminiftration de leurs biens par- *qui teftam.* ticulierement les furieux, qui font toutes chofes avec des **Des f. ls, &** emportemens, lefquels le Poëte confeille de fuïr plûtôt que **furieux.** de s'y fier.

*Dum furor in curfu eft, currenti cede furori.*
*Difficiles aditus impetus omnis habet.*

Kk

*Des impuberes.*

Quant a l'âge châcun sçait que les impuberes sont comparez aux aveugles (*quæ enim vident impuberes, ignorant,*) & que leurs conseils sont aussi dangereux, que ceux des vieux sont profitables, témoin Roboam, *a* qui perdit présque tout son Royaume par leurs advis emportez, *effunde Domine*, dit Ieremie, *super paruulum furorem, & super consilium juvenum simul.*

*a Reg. 12.*

*Avātages de la vieillesse.*

Il faut l'experience pour juger, & les Anciens ont toûjours préferé les vieux dans le maniément des grandes affaires, *ab ipsis disces intellectum, & in necessitate dabis responsum*, dit l'Ecclesiaste, *b* nos Loix ordonnent de preferer les plus vieux dans les employs publics, *c* & Cassiodore rapporte qu'en certain Siécle personne n'étoit crée Chévalier Romain s'il n'avoit attaint la dix-huitiéme année, ny Senateur avant la vingt-cinquiéme, & Romulus commença la fortune de son Empire naissant, par le choix qu'il fit des vieux pour le gouverner: Eurypide *in phænis.* parle en ces termes: *O fili non omnia mala senectuti adsunt sed experientia plus demonstrat sapientiæ quam juvenes*, & Balde assure que, *plus valet vmbra senis quam eloquentia juvenis*, l'état que faisoient les Israëlites des personnes avācées en âge fit qu'ils en prirēt 70. pour composer leur *Zenadrin*, comme Romule fit à Rome du Senat; Nom qui reste encor en plusieurs endroits aux Cours Souveraines, notamment à la plus celebre de cét état, où j'ay l'honneur d'étre aggregé.

*b Eccl c. 8.*

*c l vt gradatim ff. de muner.*

*Etymologie du mot Senat.*

*Des infames & ignorans.*

Au régard des infames criminels, & ignorans: il ny a pas de doute qu'ils ne soient indignes de la judicature devant avoir (comme dit le texte) *probatæ vitæ testimonium, nec justum est vt iis quos scelus, vel turpitudo vitæ inquinant, porta dignitatis pateant*, & ceux qui ignorent les choses dont ils sont faits Iuges, *d* sont en faute perpetuelle quoyqu'ils fassent par le

*d c. certi de judic.*

## Part. I. Liu. II. Chap. II.

le hazard ou ils se sont jettez ; aussi Terence assure que.

*Homine imperito nunquam quicquam injustius,*
*Qui nisi quod ipse facit nihil rectum putat.*

Les femmes étant nées pour obeïr, *a* il semble qu'elles ne doivent pas commander aux hommes, encor moins les esclaves, *quibus ex probris moribus*, dit Aristote en ses Politiques, *gubernacula reipublicæ non deferuntur, tot serui tot hostes*, dit vn Texte.

*Des femmes, a Gen. c. 3.*

Ce n'ét pas que le conseil des femmes soit toûjours mauvais, les Spartes leurs laissoient vn pouvoir absolu dans leurs maisons, & droit de juger publiquement en certains cas ; ce qui s'ét veu au temps méme de Plutarque, *b* & les Allemans au dire de Tacite estimoient, fort leurs jugemens, & leurs conseils, l'Ecriture nous apprend que Debora jugeoit les Israëlites, *c* ce que Ioseph confirme au cinquiéme livre de ses antiquitez Iudaïques, & l'on a éprouvé de nos jours combien vaut la bonne conduite d'vne femme, en la personne Royale de feu Madame CHRISTINE de France, de qui l'heureuse Régence est vn monument eternel de tout ce que peut la Vertu d'vne héroïne, comme les qualitez admirables de Nôtre Auguste Monarque, sont des effets de son éducation merveilleuse, aussi bien que de la pureté du Sang dont il est issu; d'où je conclus qu'il ne faut pas exclurre les femmes indistinctement des employs publics, aussi Lampryde dans son éloge de Flavia, & Plutarque dans vn autre endroit assurent qu'elles composoient vn Senat à Rome, & si bien aprés la mort d'Heliogabale, & de sa Mere l'entrée du Senat fut fermée à toutes les femmes; ce fut plûtôt le crime de celle icy que le défaut general du sexe.

*Du bon conseil des femmes.*
*Leurs employs publics.*
*b Plutar. in compar. num.*
*c Iuges. 4.*
*Eloge de feu M. R. C. Christine de France Duchesse de Savoye.*
*Senat de femmes.*

J'advoué pourtant que rarement il est appellé au maniément des choses publiques à cause de sa pudeur ; quelques

*Cas ou les femmes sont admises aux employs publics.*

bonnes qualitez qu'il aye, sinon qu'il s'agisse de Tuteles, aux regard des meres, & ayeules, ou bien de gouverner des Etats, comme leurs propres patrimoines, aux endroits ou la Loy Salique n'êt pas en vsage, & ou le commandement tombe en quenoüille, comme en Espagne, en Suéde, & en plusieurs autres Etats.

*Divers crimes.* Revenant donc aux autres raisons qui rendent le Iuge incompetent, la nature du crime y a grande part; car il y en a des Ecclesiastiques, des Séculiers, des Mixtes, & des Militaires, ou les jurisdictions ne doivent étre confonduës; mais conservées châcune à son endroit: j'en ay parlé au commencement de cét ouvrage aux Chapitres des crimes Eccle-

*La presomption est pour les Iuges ordinaires.* siastiques, & des crimes militaires: je diray seulement que la présomption étant pour les Iuges ordinaires: il faut des raisons pour l'abbatre, & leur ôter la connoissance des crimes, qui se commettent dans leur territoire, ainsi appellé *à terrendo*. Ie parleray des incompetences touchant les choses civiles dans le Chapitre des déclinatoires, en la seconde Partie, & passe au dernier moyen de rendre le Iuge legitime, ou competent lequel vient des personnes qui contestent en jugement, ou qui y sont appellées.

*Causes de la competence.* Le Iuge a droit de connoitre des crimes à cause de l'origine, comme remarque Depeysse, qui dit qu'vn Prince étranger ne peut pas empécher le châtiment d'vn François, prévenu d'vn délit commis hors du Royaume encore qu'il luy ait fait grace, comme Superieur dans le lieu ou il a délinqué, ainsi que remarquent le même Depeysse *a*, & Lommeau dans ses maximes. *b*

a *Depeysse des crimes par. 1. tit. 12.*
b *Lomm. en ses maxim. liu. 1. chap. 9.*
c *auth. ad hac C. de iudic.*
d *l. 1. ff. de oblig.*

Le lieu du délit est aussi vn pressant moyen de competence; car il fat renvoyer l'accusé à celuy qui en est le juge. *c* Le lieu du contrat, *d* & de la chose contentieuse, donnent

Part. I. Liu. II. Chap. II. 261

nent droit de juger en matieres civiles, comme auſſi celuy du domicile, du convenu en action perſonnelle, *a* ce que je dis par occaſion, ne s'agiſſant à preſent que des matieres criminelles.

Il faut remarquer que ſi bien perſonne n'a droit d'attribuër la juriſdiction que le Prince, ſinon par délegation, neantmoins l'on peut la proroger, *b* à celuy qui l'a déja, comme auſſi renoncer à ſon renvoy, pourveu que le privilege ne ſoit pas attribué au charactere, comme au regard des Prêtres, ou qu'il ne deroge pas au droit, & honneur du Iuge dont on ſe depart.

Il y a pourtant de cas ou l'on le fait taiſiblement par l'énormité du crime, *c* ou au civil lors que le Clerc eſt reconvenu; *d* mais cela eſt plûtôt vn effet du crime, & de l'ordre des jugemens, enfin de l'authorité Seculiere que rien ne doit limiter, quant il s'agit du bien public, s'il n'êt oppoſé aux principes du Chriſtianiſme.

Les juriſdictions étant établies pour éviter les confuſions ne doivent étre vſurpées, ny confonduës, & comme elles ne preſcrivent jamais contre le Souverain, qui en eſt la ſource, & de qui on ne les tient que par forme de dépos pluſieurs en diſent autant au regard de l'Egliſe, contre laquelle les Lays ne peuvent preſcrire la juriſdiction, ny les droits Spirituels, *e* qui ne ſont de leur connoiſſance, autre ſeroit d'Eccleſiaſtique à Eccleſiaſtique, *f* ou de Lay à Lay, d'égale élevation, pource que châcun peut poſſeder, comme dit *Luca de Penna* ſur la Loy *vivas de diverſ. off.* au 12. Livre du Code.

Le Iuge ſeculier peut connoitre de certains cas ſur les Clercs, ainſi que j'ay dit ailleurs, *g* non par preſcription; mais par privilege, ou par l'énormité des crimes, comme d'infraction de ſauvegarde, de ſodomie, de falſification du ſceau

*a l.2.C.de ſa riſd.om.iud.l. actor. C. uti in rem act. datur.*
*b l.bareſ.19. ff.de iudic. On peut proroger, & non pas dôner la juriſdiction. c.1.de iu.l.C. Fab def.1.de iur om.iud. Guyd. Pap. q.77.l.1.&2. ff. de iudic.*

*Si on peut renoncer au privilege.*
*d C. Fab.def. 1.de iur.om. iud.Feuret de l'abus liu.6. i l.fab.def.12. de iur.om. iud.*

*Cas ou juriſdiction ne preſcrit.*
*e can.cum 18 liceat, & can. cum ex offic. de praeſcr.l.cô petit C. eod. ſi cauſam de praſcr. c quâuis, de decim. c.audientiam de praſcr.*

*Cas privilegiez.*
*g Des crimes Eccl. chap.*

Kk 3

Royal, ou Ducal, du sortilege, & des autres dont parle Chassanée, en son Traité des droits de justice, & Févret en celuy de l'abus.

**Iurisdiction des Evêques, & autres Prelats.**
a *Bauny Barbos. & alij.*

Les Evêques, & autres Prélats, sont juges ordinaires de leurs diocesains dans les affaires de l'ame, sinon qu'ils soient exempts par quelques priviléges, desquels ils sont obligez de faire apparoir, s'ils veulent abbatre la présomption, & quoy-qu'ils ne doivent exercer leurs juri∫diction qu'en prépara-toires, lors qu'ils visitent, neantmoins elle n'êt point déta-chée de leurs personnes, ny de ceux qui l'ont d'eux, quant au droit, & nul Curé n'êt exempt d'être visité par les Evêques pas même les Vicaires perpetuels, ce que je dis pour lever tous les doutes que je puis avoir laissé sur cette matiere, b faute d'avoir parlé assez clairément, & quoyque j'aye inspiré aux Evêques la Charité touchant la dépence, je n'entends pas aussi qu'ils la doivent faire à leurs frais s'ils ne le veulent, ny même qu'ils soient obligez à vn train indigne de leur éle-vation sçachant bien qu'étants juges des consciences d'au-truy, ils sont infaillibles moralement, & par les veuës de leurs employs, & par l'esprit de Dieu qui les doit guider. c

**Eclaircisse-ment sur les doutes tou-chât les pre-miers chapi-tres.**
b *Voy chap. des crim. Eccl.*

c *Voy Barbosa de pot Epise. & la cha. des crim. Eccle.de cêt ouvrage.*

## CHAPITRE III.

*Des informations, & procedures extraordinaires.*

I le Iuge, ou Magistrat ausquels le compleignant s'adresse pour avoir justice, sont en état de con-noitre du crime, qui fait le sujet de sa plainte, ils or-donnent qu'il sera informé par eux, ou par leurs députez,
(quel

Part. I. Liu. II. Chap. III. 263

( quelquefois en presence de l'accusateur public, comme il s'observe en crimes atrocissimes sur tout qui interessent le Prince, ou la République.)   *Par qui doit être informé.*

Les Magistrats qui font corps ne pouvans proceder que par les particuliers qui le composent: les députent pour ce sujet par la bouche de celuy qui y préside, c'êt la maniere dont vse le Senat de Savoye, qui commet, ou vn Senateur, ou les Iuges ordinaires, ou enfin des Graduez, Greffiers, Clercs jurez, & autres examinans les requisitions des supplians, & la chose dont il s'agit.   *Les corps deputent pour les formalitez.*

Il ne donne point les Commissaires au gré des parties; mais à son choix selon l'éxigence du cas, étant même déffendu par le Stil de ce pays, de députer les rapporteurs des Requêtes s'il ny a des motifs particuliers de le faire. a   *a Stil. au titre des Presidents, & Senateurs.*

Les Iuges Majes ont droit de connoitre des cas Royaux, si non que le Senat s'en saisit, comme il le peut toûjours selon les Edits, quand il le juge a propos en fait de crimes, à l'éxclusion de tous Subalternes, b pouvant même évoquer, quand il y a cause de le faire, comme en cas de connexité, ou d'interêt public.

Celuy qui informe doit bien éxaminer la contenance des témoins, & les assermenter, c à peine de nullité, (comme assure Depeysse,) & sans rélation de l'vn à l'autre, ce que le Stil, & les Ordonnances Royaux déffendent, il leur faut faire lire le plaintif separément, & les entendre de la même maniere, s'informer de leur nom, surnom, état & profession, de leur habitation, & de leur cause de science, étant à propos que celuy qui examine le témoin luy parle en termes expressifs, & intelligibles, afin qu'il tire la verité de sa bouche, ce qui doit étre sa seule pensée.   *b Imbert en ses inst.forens. Charond. en ses pandectes. Maniere d'ouyr les témoins. c de même Imbert & Depy.*

Tous Iuges ordinaires peuuent informer sans Commissions,   *Qui a droit d'informer.*

264 *Estat de la Iust.Eccl.& Sec.du pays de Savoye,*

fions, aussi bien que les Châtellains, dans leur territoire, quoyque vn Greffier n'ait pas ce pouvoir, *a* le Statut comprend dans le droit d'informer sans Commission, les Curiaux, ce que je trouve étrange, n'étant que Greffiers soit Scribes du Châtellain, cependant *non de lege sed secundum legem iudicandum.*

a *Stat. de Savoye c.84. & 85.*

Comment partie poursuivante doit agir.

Celuy qui desire de faire informer, doit faire assigner les témoins qu'il veut faire ouyr, aprés avoir obtenu lettres de Commission portans pouvoir de les citer, je croirois pourtant qu'il suffiroit de les produire, pour détruire le soupçon qui vient d'vne déposition volontaire, *b* attendu que les informations sont des enquêtes criminelles, comme les enquêtes sont des informations civiles, ainsi qu'a remarqué Depeysse en divers endroits. *c* Il y a quelques différences, parce que l'on n'assigne pas les parties pour voir jurer les témoins en matieres criminelles, comme aux civiles, bien plus si l'ancien Statut est bien observé, le Iuge doit ouyr sécretement les témoins sans que les parties le sçachent, aprés qu'ils luy ont été indiquez.

b *Fevret in form.product. test.*

c *Depeysse de l'ordre iudiciaire, & des informations.* Office du Iuge.

Il faut ouyr les dépositions avec ponctualité, & éxactitude sur le fait, sans distinction des personnes qui ont produits les témoins, étants obligez de déposer autant pour l'vne que pour l'autre, *testis officium est super toto negotio testimonium dicere, d. & iudicis, veritatem indistinctè quærere.*

Office du cōmissaire, & du témoin.
d *C.sab.def. 11.de accus. Bald.in l.2. C sent.rescin. non poss.*

La prudence des Iuges les doit empêcher d'informer legerement, *e* comme entre rustiques, pour simples injures verbales suivant le Statut, & le Stil de Savoye. *f* Le même est en choses purement civiles, & dont l'impertinence est visible; *ne præparatorium sit durius præparato, quod iuri repugnat.*

e *Stil art. 187.*
f *Stat.c.84.ff. Arr. gen. du 27.May 1588 inseré au stil.*
Droit notable de Mess.

Enfin quoyque réguliérement les particuliers des corps n'éxercent

Part. I. Liu. I I. Chap. I I I. 265

n'éxercent féparément leur jurifdiction fans Commiffion ; neantmoins Meffieurs les Senateurs de Savoye, étans en campagne ont droit d'informer des crimes commis au lieu ou ils font, fuivant l'vfage, & le fentiment du docte Faber, *a* qui fut fort long-temps premier Prefident, en cét AVGVSTE SENAT, & dont la memoire y vivra toûjours, comme elle fait par toute la France. Cela fut décidé folemnellement au rapport de Monfieur Craffus, il y a 3. ans. Leur authorité leur permet auffi de faire rompre en cas de réfiftance aux ordres qu'ils portent, même dans les affaires civiles, pouvans étre comparez dans leurs commiffions, aux Legats *à latere*, attendu qu'ils font détachez du Senat de Savoye, comme les autres le font de celuy de l'Eglife, qui agiffent au Nom du S. Siege, comme eux font à celuy du Prince, duquel ils exercent la Iuftice Souveraine.

Auffi les Empereurs ont fouvent nommé les Senateurs, portion de leurs propres corps *pars corporis mei eftis*, dit Iuftinien. *b*

Les Iuges Lays peuvent méme informer contre les Clercs fauf le renvoy, *c* parce que informer n'êt pas connoitre, ainfi qu'il fut décidé Chambres affemblées, touchant vn Curé de Fréterive le 2. Mars 1674. & ils châtient les Prétres en cas privilegiez, & méme en crimes communs s'ils ont prévenu l'Eglife, comme en cas de fcandale.

fieurs du Senat.

a *C. Fab. def. vnic. de offic. a duoc prine.* Eloge de Monfieur le P. efident Favre.

Des executions faites par les Senateurs.

b *l. quifquis Cod. ad l. jul. majeft.*
c *Voy le chap. des crimes Eccl par. 1. de l'Eftat de la Iuftice.*

## FORMVLAIRES D'AVDITIONS
### DE TESMOINS.

Le Iuge, ou autre procedant à information dicte, s'il eft gradué, ou écrit s'il ne l'êt pas, la depofition conformément au dire du témoin en ces termes, aprés qu'on infcript l'in-

Ll

formation par le lieu, le jour le mois, & l'année, N. *fils de N. du lieu de N. âgé de, &c. de profession de, &c.* (Il faut déclarer le nom du témoin, & de son pere, sa demeure, âge, & profession,) *Témoin produit assigné par N. sergent, juré, ouy, & examiné après lecture à luy faite, du plaintif, denonce, ou memoires,* (selon ce sur quoy on l'éxamine,) comme s'enfuit.

*Dit & depose* ( ou en cas de monitoire,) *dit & revele pour la decharge de sa conscience étre veritable que, &c.* On couche au long, & fidellement sa déposition, & icelle étant achevée on luy en fait lecture, ce qu'on nomme répetition afin qu'il puisse adjoûter, diminuër ou changer, ainsi qu'il desirera, luy étant permis pendant qu'il est devant le Iuge, ou commissaire, & non aprés vn long-temps d'interstice. *a* Il faut que le témoin signe aprés le Iuge, & le Greffier ou autre écrivant sous luy sinon que le témoin ne sceu écrire dequoy il faut certifier dans l'acte.

<small>a *dd. in l. ob carcere ff. de test. l. ros ff. de fals. l. si postulaverit de adult.* Tous signent s'ils le peuvent.
Qui doit écrire la procedure.</small>

Le Greffier criminel doit écrire sous les juges, ou commissaires, les procedures criminelles, ou à son absence, ceux qui ont droit de l'éxcuser, comme ont ses substituts, & aprés eux les Clercs jurez du Senat, que s'il ne s'en trouvoient aucuns, comme il arrive souvent à Messieurs du Senat commis, étans sur les lieux ? ils peuvent se servir de leurs Scribes, en les assermentant deuëment, ce que j'ay fait, & vû faire plusieurs fois. Les personnes non graduées écrivent leurs procedures.

<small>Du verbal en criminauté.</small>

Nous avons dit que le témoin doit signer; mais s'il ne le sçait, ou s'il ne le peut, il le faut déclarer, & dresser verbal de tout étant hors de la Ville, ce qui ce fait rarement quand on y informe pour éviter des frais superflus; mais l'ordinaire est de cachéter les informations, quand ils les faut apporter de loin, & le Stil *b* veut qu'elles soient remises avec les prisonniers

<small>b *Stil art. 279 voy des monitoires au procez civil.*</small>

sonniers qu'on ammene au Greffe du tribunal, qui doit connoître. Quant aux voyes de contraindre les témoins à déposer, nous en traiterons au civil en parlant des Monitoires.

## CHAPITRE IV.

*Des informations à charge, & décharge.*

OVTRE la justification dont nous parlerons bientôt, les praticiens ont étably vne maniere de procedure qu'ils nomment information à charge, & décharge, qui est la même chose, que la réconvention au procés civil; car comme elle n'y est plus admise dés la contestation en cause, le même en est de cette preuve, *post transmissas inquisitiones,* a étant le chemin battu, pour les impunitez, & ruïner les formalitez criminelles. Ie serois toûjours d'opinion de refuser cette preuve en crimes atroces, & dés que les informations sont entre les mains de l'accusateur public, le Senat le jugea ainsi le 7. Iuin 1673. parce que recriminalisation n'ét admise, ny en Savoye, ny en France. Celuy qui veut faire ouyr des témoins, contre son accusateur, y peut être reçu aprés qu'il a répondu s'il étoit cité; mais s'il veut informer à charge, & décharge il ne le peut que par forme de justification, lors qu'il s'agit d'vn crime atroce, autrement les criminautez se réduiroient à rien, & l'on priveroit ainsi le public de la satisfaction qu'il attend de la justice, b encor n'admet-on pas les informations contraires, si elles ne contiennent aucune accusation, qui diminué le crime, non plus qu'aprés des provisions, sinon qu'il s'agit

Information à charge, & décharge est au criminel ce qui réconvention est au civil. a C. fab. def. 11. de accus. Recriminalisation n'a lieu. Cas où l'on n'informe pas à charge & décharge.

b Clar. q. 11.

268  *Eſtat de la Iuſt.Eccl. & Sec. du pays de Savoye,*

*a C. fab. def. 1. qui accuſ non ioſſ.*

d'autre plus grand délit. *a Non enim relatione criminum ſed innocentia reſpondendum eſt*, encor ſeroit-il mieux de les faire par maniere de juſtification en crimes atroces.

En effet les preuves que l'on fait à charge, & décharge ne ſont le plus ſouvent que des fuites malicieuſes, & des juſtifications prématurées, & certes il n'y auroit pas beſoin de ce ſécours, qui ruïne la juſtice pour l'ordinaire, ſi les témoins parloient également pour la verité, autant pour l'vn que pour l'autre, comme ils ſont obligez de faire, *b* & les Iuges de les éxaminer toûjours à charge, & à décharge.

*b Bald. in l. 1. e. ſent. reſcind. non peſſe.*
*On ne doit réentendre ſans cauſe les témoins oüis par graduez.*

Les témoins qui ont dépoſé devant vn gradué ne peuvent plus étre réoüys à requéte de celuy qui les avoit employez, ſans nouvelle cauſe, ainſi qu'il fut déliberé le 19. Ianvier 1674. Chambres aſſemblées.

## CHAPITRE V.

### *De la citation perſonnelle, & autres proviſions criminelles.*

*a Stil. art. 117.*
*b Imitart en ſes inſtit for. l. 3. Dépeyſſe par. 1. tit. 5. des adjourn.*
*c Les mêmes.*

LA preuve étant achevée elle doit étre portée au Greffe, *a* & en ſuite à l'accuſateur public, *b* qui conclut ſelon qu'il l'eſtime juſte, où à des proviſions de priſe de corps, où d'adjournement perſonnel, *c* où bien qu'il n'y a lieu à aucunes proviſions extraordinaires, & s'il y a quelque mélange d'interét civil, que partie ſera appellée étant la citation de telle importance, que Dieu ne s'en voulut pas diſpenſer, quand il fit le procez au premier homme, auſſi eſt-elle déclarée dans les Textes, *d* le premier acte, & le fondement des jugemens, où la défence étant de droit divin,

*La citatió eſt indiſpé à v̄e.*
*d ſſ om̄ium inſt. ce pœna tel. lit. l. 1. c. de xec. rei iuuic.*

divin, & naturel, *a* il n'en faut pas priver l'accusé faute d'être appellé pour la proposer.

*a arg. L. vt vim ff. de iust. & iure.*

## FORMVLAIRES DE CONCLVSIONS
### PREPARATOIRES.

L'Accusateur public parle à peu prés comme s'ensuit. *Le Procureur N. ayant veuës les informations,* &c.(Il doit viser tout ce qui luy sert de motif, ) *dit y avoir lieu d'ordonner que N. accusé sera adjourné pour comparoir en personne, pardevant vous,* (& si c'ét dans vne Cour comme au Senat,) *ceans afin de répondre par sa bouche sur le contenu aux charges, & informations contre luy prises.*

*Du visa. Adjournemēt personnel.*

Que si celuy qui doit répondre est déja *in vinculis*, on ne dit pas qu'il sera pris, & saisi, n'y adjourné; mais que *N. detenu dans les prisons de,* &c. *sera ouys sur les charges, & informations pour ses réponses veües, fournir telles conclusions que de raison fait,* &c. ( Il faut dater les conclusions, & les signer, & s'il s'agit de prise de corps on conclut ainsi. )

*Le Procureur N. ayant veu,* &c. *dit y avoir lieu d'ordonner, que N. sera pris, & saisi au corps, conduit sous bonne, & seure garde aux prisons, & conciergerie de N. & ou il ne pourra être apprehendé qu'il sera crié à trois brief jours à fins de ban; ses biens annotez, & reduits sous la main de justice par bon, & loyal inventaire, & remis entre les mains d'un gardiateur ressant, & solvable qui s'en chargera deüement, pour ce fait,* &c.

*Prise de corps.*

Le Iuge qui ne doit pas déclarer les accusez délinquans par son décret, *b* décerne contre eux les provisions, que le cas exige, & qu'il estime justes, en disant ou *fiat ut conclusum*, ou étendant son décret conformément aux conclusions, n'y ayant à dire autre sinon qu'il parle décisivement, & que les conclusions ne font que requerir; aussi pour évi-

*b Depeyss. bar. L.tit.5. Papon eass. Arrest. 24 M.niere de decreter. Les termes des conclusions, & d.s*

ter des redites superfluës je ne parleray pas des deux.

*jugemens, sont presque les mêmes.*

Quelquesfois le Iuge pourvoit criminellement, *ex officio* voyant le procés civil, comme asseurent Papon, & Depeysse, & comme j'ay veu observer au Senat en plusieurs rencontres, auquel cas on decerne les provisions pour certains points résultans des actes, &c.

*Les termes du Palais manquent souvent de pureté.*

Quant aux termes, & maniere de parler en justice, il y en a des barbares en ce pays, & par tout selon le Palais, que l'on a toûjours gardez par respect de l'antiquité, comme l'Eglise en a conservez des Hébreux, en quelques endroits de ses prieres, & de ses éxorcismes ; mais elle, & le Palais sont au dessus des régles de la Grammaire, & de la delicatésse des mots de la Ruëlle, & je me flatte jusques à ce point de l'honnêteté des étrangers, que d'esperer qu'ils ne s'éfaroucheront pas de quelques mots barbares, qui sont en vsage parmy nos praticiens s'ils se trouvent dans mes Formulaires, ne pouvant m'en dispenser sans interesser mon dévoir : outre qu'ils ne sont pas sans vtilité, & sans énergie.

*des provisiõs du Senat. a Arr. gen. du 6. Fevr. 1571. inseré au stil.*

Les provisions du Senat ne s'ordonnent, que par des Arrêts, ou il faut au moins cinq Iuges, *a* sinon que la désobeïssance fit décreter prise de corps, sur des requêtes concluës par Monsieur le Procureur General.

*des provisiõs des Subalternes.*

Quant aux inferieurs ils décernent les adjournemens personnels, & prises de corps presque toûjours par décret, mis au dessous des conclusions des Procureurs Fiscaux, ou d'Office, ou des Promoteurs, s'y c'ét en justice Ecclesiastique, disans *sont decernées letres de prise de corps*, ou bien *fiat, vt conclusum*, & si c'ét pieces veuës, on doit étendre le jugement sur son sujet.

*Des adjournemés à fins civiles aboly.*

Nous avions vne maniere de citations personnelles, que l'on appelloit ajournemens *à fins civiles* concernans les voyes de

de fait fans violence ; mais elles font abolies par vn réglement publié le 21. Mars 1661. pour éviter les furcharges du
peuple, on ne fouffre pas non plus les adjournemens *par* *Des adjour-*
*main mife*, finon que le Senat l'eût ordonné pour quelque *nemens par main mife.*
caufe fécrete, ayant été refervé *in mente curiæ* ; comme auffi *Cas notable.*
que le prévenu ayant répondu fera retenu, ce que les Subalternes n'ont pouvoir de faire, fuivant ce qu'a remarqué De-
peyffe.

Il y a en France l'Ordonnance d'Henry II. *a* qui le leur *a Ordonnan.*
déffend ; mais nous n'avons rien de pofitif pour cela en ce *de 1549.*
pays.

Les provifions étant decernées on peut prendre letres *des letres fur*
conformes au Greffe criminel, & les faire executer par des *provifions.*
Huiffiers, ou Sergens, à perfonne, ou domicile fuivant le Stil, *executions.*
*b* étant à noter, que les metraux ne peuvent métre en execu- *b Stil art. 1.*
tion celles du Senat, ny des Iuges Ducaux.

On peut faifir le prévenu en flagrant délit, fur tout s'il y *Cas ou l'on*
a danger de fuite, *c* & même fur la plainte du bleffé lors *peut cōmen-*
que la playe eft mortelle. *d* *cer par ca-*
*pture.*
*c Stil art. 341.*
Les Iuges inferieurs ont pouvoir de paffer outre à l'exe- *l. cap. ff ad l.*
cution des provifions criminelles nonobftant appel, finon *iul. de adult.*
que l'incompetence fut notoire, en difant, que c'êt fans pré- *d Charon. au*
judice, *e* ils font pourtant prudemment de déferer au fu- *4. de fes pan-*
perieur, où la juftice n'êt pas bleffée. *dectes, Depey.*
*des crimes ti-*
Quant aux prifes de corps elles ne doivent être décernées *tre 6. part. 1.*
fans connoiffance de caufe, ny executées en prefence des *e Stil Arr. gen.*
*du 17. Iuin*
parties, lefquelles même ne doivent être faifies des letres; *1578.*
mais les executeurs deftinez pour cela, il fut ainfi Ordonné *La partie ci-*
fur les requifitions du Procureur de la Chartreufe, de Saint *vile ne doit*
*affifter aux*
Hugon, Monfieur du Noyer étant Rapporteur conformé- *execu ions*
ment au réglement, *f* & cela afin qu'il n'arrive du défordre *viriles.*
entre les parties. *f Arr gen. du*
*16 Nou. 1578*
Les *inferé au Re-*
*giftre fecret.*

272 *Eſtat de la Iuſt.Eccl.& Sec.du pays de Savoye,*

Les letres de priſe de corps peuvent être executées dans la maiſon de l'accuſé, tant en France *a* qu'en Savoye, ce qui n'êtoit pas permis par le droit Romain, *b* comme remarque Depeyſſe. *c*

<small>a *Imbert inſt. foreaſit.* 3.t.5.
b *l.18. ff de in jus vocando.*
c *Depeyſſe des cauſes crim. part.*1.*tit.*5.</small>

## CHAPITRE VI.

### *De la Contumace.*

<small>Contumace en ſuite des citations perſonnelles.</small>

I ceux qui ſont citez perſonnellement, où contre qui il y a priſe de corps ne comparoiſſent pas, par déſobeyſſance ou par fuite, l'on donne déffaut au premier cas, & aprés qu'il y en a trois d'obtenus, ce qui ſe fait de huit en huit jours comme au civil, l'on décerne priſe de corps, ſans paſſer au fonds, (ainſi que ont voulu quelques formaliſtes,) ſur laquelle l'on peut aſſoir jugement définitif, aprés les trois déffauts deuëment cottez, & expediez.

<small>Maniere d'executer priſes de corps.</small>

Quant a la maniere d'éxecuter les priſes de corps? elles le peuvent être même avec force, & fracture de portes, & ne pouvant trouver l'accuſé, on le crie à trois briefs jours à ſon de Trompe, ou de Tambour, avec ſaiſie, & annotation de ſes biens; laiſſant neantmoins, ſelon ce que veut Depeyſſe, *a* des meubles pour l'entretien de la femme, & enfans du prévenu en s'en chargeant à proportion de ce qu'il s'en trouve, ce qui ne s'obſerve pourtant gueres, ſinon en cas d'oppoſition. L'executeur en doit charger quelque tiers ſoluable, par bon inventaire, & aſſigner à trois briefs jours l'accuſé, leſquels ſelon Imbert, *b* ſont de trois jours francs quant aux deux premiers, & de huit au regard de l'autre, ce qui ſe fait

<small>a *Des cauſes crim par.*1. *tit.*9. *art.*6.

Des trois briefs jours.

b *Imb. inſt. for l.*3. *c.*1. *le Brun de la contumace.*</small>

tout

*Part. I. Liu. II. Chap. VI.* 273

tout dans le même exploit, suivant nôtre vsage, & celuy de Paris, selon qu'en rapporte Charondas. *a* L'on augmente souvent le terme à proportion de la distance des lieux, *b* ainsi que remarquent Depeysse, le Brun, & le même Imbert; bien plus nôtre vsage est de conformer le temps des trois défauts, à celuy des trois criées des subhastations, étant bien juste que les personnes soient jugées avec autant de circonspection que les biens : Le Brun a dit quelque chose de conforme à cela dans son procés criminel, & l'on l'observe ainsi au Greffe criminel du Senat de Savoye.

Le mot d'annoter vient de ce que par le droit Romain, l'absent ne pouvant être jugé à mort, on l'annotoit en saisissant ses biens, *c* comme on fait encore en Italie contre ceux qu'on nomme bannis, & *Cathalogati*, cela a quelque ressemblance aux anciennes proscriptions des Romains, qui mettoient en prix la tête des coupables, comme on fit aprés la mort de César, & en Angleterre aprés le parricide du dernier Roy défunct, contre les partisans de ce crime.

Le temps des trois defauts étant expiré, & iceux cottez en forme, l'on peut passer en definitive pour le profit de la contumace, en sorte que la presence de Dieu supplée l'absence de l'accusé, eu égard que si bien les méchans fuyent, selon l'Ecriture, *d* & comme dit Seneque.

*Qui pavit vanos metus veras fatetur.*

Neantmoins la fuïte n'êt pas toûjours marque de crime, on lit de Saint Athanase, & de Démosthene, qu'ils se laisserent condamner par contumace, aussi bien que Saint Iean Chrysostome.

C'êt pour ce sujet, que l'on donnoit anciennement à l'absent vne année pour se défendre, *e* & qu'il n'êtoit jamais condamné à mort naturelle, *f* & encor recevons-nous le

M m

*Des exploits & maniere de les dresser en ce cas.*
*a Char. pandectes l. 4. t. 6.*
*b Depey. de la contumace. le Brun du contumax.*

*Vsage le plus seur.*

*D'où vient l'annotation de biens.*
*c l. 1. ff. de req. reu.*
*Des bannys d'Italie. des proscrits.*

*Effet des 3. défauts à briefs jours.*

*d Prou. 28.*

*La fuïte n'êt pas toûj urs marque de crime.*
*Temps s'iné ja lis à l'absent.*
*e Farin q. 12. arg. l. proper é. ad C. de sid.*
*f l. 1. ff de requir. reis.*

274 *Eſtat de la Iuſt.Eccl.& Sec.du pays de Savoye,*

*Bolin qu.not. liu.5. chap.7. Effet de la contumace. a c.2 de confeſſ. in 6. b B. rt. in l. grandis ff. de aq poſ. c C. fab.def. 14. de pœn. Clar. & alij. Exemples.*

contumax à ſes défences en tout état de la procedure, quoyque la contumace opere vne conviction de ce qui eſt preuvé, *a contumacia interpretanda eſt in id quod eſt contumaci durius, & obedienti vtilius,* comme aſſure Bartole, *b & quæ ſufficiunt ad torquendum contra præſentem, ſufficiunt ad condemnandum contra abſentem,* c *inobedientia enim erga judicem delictum eſt,* & le Senat condamna à mort naturelle vn nommé Thomas Mouche, & vn Gentil-homme de Remilly, (dont je tais le nom) ſur des indices joints à la contumace, par Arrêt du 19. Février 1671. donné par cette Cour celebre à Mon rapport.

## CHAPITRE. VII.

### *De l'Exoine, & excuſe de l'abſent.*

*D'où vient le mot, exoine.*

COMME il y a dès cas auſquels l'on eſt excuſé de comparoitre en juſtice: il eſt à propos d'en parler icy, & de ceux qui y peuvent excuſer, que nous appellons exoniateurs, ou porteurs d'exoines, mot qui ſignifie excuſe ſelon l'ancien Gaulois, au rapport de Ragueau, *a* & de Depeyſſe. Charondas le tire du mot Grec *eximnomè,* qui ſignifie s'excuſer par ſerment.

*a Ragueau en ſon indice des droits Royaux*

*Circonſtāces de l'exoine. b Rebuf. tract. excuſat. Imb. en ſes inſtit. forenſ. lin.3.*

Quoyqu'il en ſoit, il faut homme exprés pour porter l'exoine, ſelon l'vſage de France, qui l'aſſermante devant le Iuge, *b* on le reçoit pourtant en Savoye, ſi le Medecin atteſte avec ſerment de la maladie qui empéche le prévenu: je trouverois bien a propos, qu'il dépoſat, ou autres entre les mains du Iuge pour éviter les ſurpriſes, qui viennent de la facilité des

atteſta

attestations ; Le Senat de Savoye a eu pris vn expedient pour sçavoir la verité fort à propos, & digne de sa conduite, envoyant des Commissaires pour voir l'état du malade, ce qu'il fit touchant vn Procureur au Baillage nommé Chévrier, qui s'excusoit sur vne blessure, au rapport de Monsieur Salteur.

Il y a plusieurs moyens d'exoines autres que les incommoditez corporelles, comme des innondations, & impossibilités de voyager, *pœnam contumacis non patitur quem adversa valetudo, vel majoris causæ occupatio deffendit, a* & en ce cas on donne délay au prévenu pour ce presenter en personne.

Anciennement les nouveaux mariez étoient excusez en justice pendant l'an (*duxi vxorem non possum venire, b*) & encor aujourd'huy en quelques endroits on est excusé par l'occupation aux funerailles de ses pere, & mere, ce qui n'ét pourtant pas observé en France, comme remarquent Papon, *c* & Depeysse, non plus qu'en Savoye, autre chose seroit en procés civils.

Tous ne peuvent pas étre exoniateurs : car le Prétre ny est pas reçû, ny les proches parens au dire de Chénu, Charondas, Servin, & d'Automne, la femme ne peut aussi porter exoine au dire de la Roche, du moins en France : les insensez & impuberes ne peuvent comparoître en jugement, ny pour leurs interests, ny pour celuy des autres ; *d* on n'admet mesme jamais gueres des exoines, des accusateurs, *qui debent venire sacco parati*.

L'on n'arrête point en Savoye les executions des Arrests soûs pretexte d'un exoine, *e* il y auroit plus de raison de le faire, si le condamné par contumace se represèntoit en prison, auquel cas il n'auroit besoin ny de lettres, ny de refusion de dépens, comme il est necessaire en France au dire d'Imbert, de Depeysse, de Robert & de Charondas.

*Vsage en Savoye.*

*Exemple.*

*Moyens d'exoines.*

*On presige vn temps au prevenu.*
*a l. 53. ff. de re judic.*

*Exoines abrogez.*
*b Papon l. 24. de ses Arr. tit. 5. art. 9.*

*Qui ne peut exonier.*

*c Depeysse de la côtumace.*

*d glo l. 1. ff. de diu. & temp. præscr.*

*e Arr. gen. du 9. Aoust 1665 inseré au registre.*

## CHAPITRE VIII.

*Des interrogatoires & réponses personnelles.*

**Chacun doit observer les reglemens.**

VOYQUE tous les Iuges & autres soient obligez d'obsever les Loix établies pour les preparatoires & jugemens definitifs : neanmoins les subalternes ont moins de liberté de s'en dispenser que les Cours Souveraines qui ont plus de dicernement & de lumieres. C'est pourquoy elles peuvent user d'equité, sans se tenir aux scrupuleux points du droit, jusques-là que Depeyse assure qu'en France toutes les peines sont arbitraires, ce qui n'est pas en Savoye, du moins où les Loix les ont reglées : Et nous y observons le Droit commun, où nos Princes n'y ont pas voulu déroger par leurs Edits, comme ils le peuvent quand il leur plait.

**Peines arbitraires.**

**On ne peut se faire payer avant sentence.**
*a Arr. gen. du 11. Avril 1571. inseré au stil.*

Les Iuges inferieurs de ce pays ne peuvent exiger leurs droits des accusez qu'aprés les jugemens definitifs *a* ou accommodemens, & le Senat est en coutume de leur ordonner d'oüir les appellans, & de les ramener sans rien prendre, sauf d'estre payez en definitiue.

**Il faut répondre in vinculis en personne.**
*b C. sub. dif. l. t. de accus. l. si quis. ff. de iudic. Char. De t. eyss. c. can. in criminal. c. auf. 5. q. 3.*

Les interrogatoires & réponses des adjournez en personne ne peuvent être faits qu'en prison, *b* & l'accusé en ce cas ne les peut faire par Procureur, *c* non plus que les autres preparatoires, quoy qu'il puisse faire des requisitions au Iuge ou Magistrat par des requestes, mesme les instruire par ce moyen des raisons qui sont en sa faveur, & demander

d'être

Part. I. Liu. II. Chap. VIII.   277

d'être oüy, élargy, jugé, &c. par des supliques, *a* il doit répondre sans délay, & être oüy le plûtost qu'il est possible.

a *Depeyss. Imbert, & les autres.*
b *Depeyss. des crimes par. 1. tit. 6. art. 7.*

## FORMVLAIRES D'INTERROGATS
### ET REPONSES.

L'accusé étant devant le Iuge ou Commissaire, il doit prêter serment de dire verité sur les saintes Ecritures, être bien examiné sur tout ce dont il est chargé par les dépositions; & afin de l'engager à dire la verité, il est bien de luy parler des circonstances moins aggravantes, de considerer sa contenance sans l'étonner par des menasses, n'y l'encourager par des promesses d'impunité ; on dresse les interrogatoires selon l'exigence du cas, & à peu prés de la maniere qui suit.

Office du Iuge dans l'interrogatoire.

*Du, &c. du mois de, &c. aux prisons de &c. avons mandé venir par devant nous N.* Il faut dire le nom, surnom, âge & metier de l'accusé, & s'il est déja prisonnier le dire, *lequel aprés serment presté de dire verité, interrogé, s'il sçait la cause pour laquelle il est mandé venir par devant nous, & à requeste de qui ; répond & dit ; &c.* Il faut écrire, ou dicter, si c'est un gradué, tout ce qui se passe d'essentiel, & faire signer l'accusé, s'il le peut ou sçait, le Iuge & le Greffier signent aussi.

Formules.

Les réponses estans fournies, la partie civile en peut demander copie, laquelle se fait au Senat par les Scribes de Messieurs les Generaux saisis des formalitez, & par les Gréfiers dans les Iustices inferieures, aprés quoy l'on achemine la procedure selon qu'elle est disposée.

De la copie des réponses.

c *Ranch. Fachin Loiset & Depeysse.*
De la confession.

Estant à remarquer que la confession seule (qui opere au ciuil, chacun étant maître de ses biens) n'est suffisante au

Mm 3

criminel, s'il ne conste du crime commis, lors que la peine doit être corporelle, *nemo enim dominus membrorum suorum.* a

Il arrive quelquesfois que les accusez, & adjournez refusent de répondre cathegoriquement, & quelques Docteurs veulent qu'en ce cas on leur forme leur procez par contumace; l'on peut ordonner la question selon le Brun, ou bien imposer des peines faute d'obeyr; mais la coûtume est en France de les interroger trois diverses fois en jours differents, & secutifs, aprés quoy on leur represente les témoins qui leur sont confrontez, & puis l'on passe outre au jugement. *b* Monsieur Faber *e* dit quelque chose de semblable dans son Code, que s'ils joignent l'insulte à la désobeyssance on leur fait souffrir quelquesfois vn tour de corde ou autres peines, outre celle qui les attend touchant le chef principal de leur accusation, comme il fut ordonné par le Senat de Turin il n'y a pas long-temps contre un Gentil-homme, dont je laisse le nom, qui eut enfin le col coupé.

Lors que l'accusé nie, on ordonne que les témoins luy seront presentez, pour soûtenir leur dire, & c'est autant que d'appointer contraire en procez civil, ainsi que nous dirons dans le Chapitre suivant : Mais si la chose dont il s'agit est fort legere, l'accusé peut estre ramené des prisons où il doit toûjours répondre, *d* sans qu'on s'en puisse dispenser. Le Senat de Savoye donne presque toûjours liberté aux Commissaires de ramener, aprés avoir oüy le sieur Procureur general, sans quoy il ne le fait jamais. Les subalternes montrent aussi aux Fiscaux, ou autres accusateurs publics; mais s'il s'agit d'élargissement par tout, il est à propos d'oüir la partie, à cause de son interest civil; & tels congez ne se donnent au Senat que par des Arrests, estant necessaire que l'accusé passe des promsses & soumissions de retourner quand

*a L'lit et homo ff. ad leg. aqu.*

Comment il faut proceder si l'accusé ne veut répondre.
*b Brun in tract de iudi. Bald.in c.1. ss. injuria Bart. in l.divus ff.de cust. repr. Pap.l.7. tit.6.*
Visage de France.
*c Depeysse de la confrontation, le Brun. d C fab.def.7 lib.7. tit.25.*

Confrontation est au criminel ce que la côtrarieté est au civil.
Maniere de confronter.
l'Accusé doit répondre en prison.
*e Depeysse Chap.C.fab. def.11. de accus.*
*f Imbert inst. forens. l.3.*
De l'amplation d'Arrets

quand il en sera requis, du moins lors que l'élargissement n'est limité.

Je fais remarquer icy par occasion, que les droits d'entrée & sortie, ne peuvent sans injustice être exigez par les Geoliers quand l'accusé est ramené d'abord, parce que le Reglement *a* le leur defend, fondé sur ce qu'ils ne souffrent ny l'embarras de la garde, ny la crainte de l'evasion.

*Ceux qui sont ramenez d'abord ne doivent ny entrée ny sortie au geolier.*
*a Arr. gen. du 27. mars 1572. au stil.*

## CHAPITRE IX.

### *Des recollemens & confrontations.*

COMME la verité est toûjours plus certaine lorsqu'elle est mieux criblée. L'on a inventé les repetitions & confrontations, afin de donner moyen aux accusez de soutenir leur innocence, & aux témoins de s'éclaircir, du moins s'ils n'ont esté oüis par des gradués: car s'ils avoient déposé devant eux, ils ne pourroient changer sans varier, & s'exposer à la torture, *quia testis varias cruciatur,b* & en ce cas l'on les arrête sur le champ, aussi bien que s'ils déposent differemment. Monsieur Carron fit arrêter en pareil cas un nommé Amblet en Ianvier 1674. par ordre exprés du Senat, ce qu'il eut pû mesme par l'autorité de sa charge.

*Témoin variant est retenu.*

Auparavant que confronter les témoins à l'accusé, on lüy doit faire sçavoir leurs noms, afin qu'il s'éclaircisse des reproches qu'il pourroit proposer. *c* On ne le fait cependant que dans le mesme acte, afin d'éviter qu'il ne les suborne. Le Senat refusa à une nommée Moreau, au rapport de
Monsieur

*Si on doit faire sçavoir à l'accusé les témoins avant la confrontation.*
*b Stil ar. 186.*

Monsieur de la Forest en Septembre 1670. de luy apprendre le nom de ceux qui l'avoient chargée, sauf dans l'acte de confrontation, & ainsi les trois jours donnez par le stil pour cela sont abolis par l'usage contraire.

*On ne confronte point pour des legers delits.*

Or comme il n'est pas juste que le preparatoire soit plus rigoureux que la chose preparée, l'on ne confronte point en crimes legers, mais on apointe les parties en leurs faits contraires si la matiere le requiert tant en France, qu'en Savoye ; *a* Il est vray qu'en France les contrarietez sont moins capables d'empescher la punition des crimes, parce que les procés criminels êtans plaidés en Audiance, & sommairement decidés, l'on peut eviter les longueurs des formalitez civiles & ordinaires : Mais en Savoye où ils sont jugez pieces veuës indistinctement pendant qu'ils sont considerez comme criminels, & conduits par les voyes ordinaires lors qu'ils sont civils. ) Il y auroit de grands inconvenients de le faire sous pretexte des negatives, & de jetter des petites formalitez aux longueurs des procés ordinaires, tellement que cette loy est abolie, *per non usum*, & par un usage contraire, *consuetudo enim legem abrogare potest, sicut & interpretari, aut facere*, & si bien il se peut faire qu'il y ait des inconvenients, peu de regles generales en sont exemptes, *allegare autem inconveniens non est solvere argumentum*, disent les Philosophes : enfin *ex duobus malis minus eligendum*, & il vaut mieux que les choses legeres soient decidées sommairement, que si on rendoit les criminautez sans effet, & les delinquans sans peine, *omne magnum illud habet exemplum ex iniquo quod aliqua publica utilitate compensatur*. On civilise seulement selon nostre usage les criminautez legeres où la realité est mélée, comme quand le crime a esté commis pour quelque possession letigieuse.

*a Ord-ion de 1539. art. 150*

*Raisōs pourquoy on passe outre sans civiliser en Savoye.*

*Effets de l'usage.*

*Cas où l'on civilise.*

Si

Si les témoins estoient absens ou morts on en fait som- | De la confrontation figuratiue.
maire information, aprés quoy l'on procede à confronta-
tion figuratiue, en representant à l'accusé tout ce qu'on luy | Se forme.
diroit s'ils étoient presens, & luy faisant lire leurs deposi-
tions aprés qu'ils ont esté sommés de les approuver ou re-
procher.

On ne fait jamais confrontation en tourbe contre l'accu- | On ne confronte point en tourbe.
sé, parce qu'il ne le faut pas accabler, quoy qu'on puisse
oüir des témoins à sa decharge de cette maniere; *a* & si bien | a M Favre en sa pratique ch. 8.
on confronte figurativement, on ne peut pas repeter de cet-
te sorte, ny en ce cas proceder à confrontation figurative, *b* | b Depeysse p. 1. des crimes tit. 8.
ce qui seroit infructueux & contre le sens commun; le
Senat le jugea, moy étant des Iuges, au rapport de Mon-
sieur Morel en la cause des nommés Marraguin & Mazerat | On ne peut repeter figurativement.
accusés d'un crime enorme. | Exemple.

La confrontation peut être faite d'un complice à l'autre, | La cõfrontation doit être avec cõnoissance de cause.
ainsi que je fis de cinq ou six faux Monnoyeurs, mais elle
doit avoir esté ordonnée par le Iuge, ou Magistrat, en suite
des conclusions de l'accusateur public, & avec cause, elle | Ce qui est requis pour confronter.
suppose qu'il y ait du fait du témoin & de l'accusé, que le
crime soit grave, menaçant de peine corporelle ou d'infamie, & qu'il y ait negative.

Il se peut faire selon Monsieur Favre, que l'on confronte
pour tirer plus de preuve, mais j'aurois peine de l'ordon-
ner sans qu'il y eut du fait mêlé des confrontables. Mes- | La cõfrontatõ peut ére ordonné par le Commissaire.
sieurs du Senat la peuvent ordonner étans Commissaires,
mais ils ne le font gueres sans Arrest, les termes des Ordonnances & des Iugemens de repetitions de confrontation
sont conceus en Savoye à peu prés en ces termes.

Nn

## MODELLE DE CONCLVSIONS ET IVGEMENS
### DE REPETITION ET DE CONFRONTATION.

*Le Procureur N. ayant vû les réponses & les negatives de N. accusé, dit y avoir lieu d'ordonner qu'auparavant que passer en definitive, les témoins, ( ou bien si tous ne sont pas confrontables ) certains témoins oüis aux informations contre luy prises seront reprochez (& s'ils l'ont esté, on dit seulement)* accarez *& confrontez à l'accusé, lequel consignera à ces fins la somme de* ( on laisse du blanc ) *sauf d'ajoûter ou diminuer s'il écheoit pour le tout veu fournir telles conclusions que de raison.* Le Iuge parle presque dans les mesmes termes, à la reserve de la maniere de prononcer, car il decide, & l'autre requiert ou conclut: j'estime qu'il faût toûjours recoler les témoins avant que les confronter, afin qu'ils sçachent s'ils persistent.

<small>Accarez vièt du mot barbare care qui veut dire mine.</small>

Aprés le jugement de confrontation l'on leve lettres pour citer les témoins, faisant consigner de l'argent à l'accusateur privé, s'il y en a un, pour les frais de la confrontation, sinon que son extreme pauvreté luy en ôta la puissance; car en ce cas l'accusateur public fournit la dépense necessaire, sauf de la repeter comme il verra faire, *a* n'êtant pas juste que l'accusé croupisse injustement en prison, ny que la Iustice qu'il doit procurer au peuple soit retardée, ou empêchée à faute d'argent. Le Senat l'ordonna ainsi dans une cause où j'étois un des Iuges, au rapport de Monsieur Duclos: étant à remarquer que l'accusé doit rester en état jusques à ce que la confrontation soit achevée, sinon que pour des causes pressantes il fut mis aux arrests dans sa maison.

<small>Des lettres pour citer les témoins.

Aux frais de qui la confrontatiõ est faite.
a *Boyer.q.*224
*Guy Pap. decis.*151.
L'Accusateur public en la qualité qu'il agit doit procurer justice, même aux dépens du Prince ou autre Seigneur. Exemple.</small>

FORMV

# FORMVLAIRE DE REPETITION
## ET CONFRONTATION.

Celuy qui fait la procedure parle en ces termes, après avoir fait appeller le témoin & l'accusé : *Du, &c. aux prisons de, &c. avons mandé venir par devant nous N. accusé, & N. témoin, oüy dans l'information, lesquels après serment prêté de dire verité, & sommez de se reconnoître, on dit &c. sommé ledit accusé de fournir reproches si aucuns il en a contre ledit témoin ; la reproché pour, &c. ou bien, a dit n'avoir aucuns reproches*, il faut écrire ce qu'ils disent, *& après lecture faite de la deposition dudit témoin, ledit accusé a dit, &c. & ledit témoin, &c. ou la soutenu face à face audit accusé, la corrigé, ou enfin s'est retracté* ; ce qu'il faut declarer, étant loisible aux témoins de changer quand ils n'ont déposé devant des gradués suivant Imbert au livre troisiéme de ses Institutions Forenses, car si le témoin oüy par gradué ( qui à la verité peut ajoûter à sa deposition, ) se retracte, il doit être arrêté en prison, où la confrontation a esté faite comme variant & criminel, *a* il en est de mesme dans la repetition où sa variation est punie *b* quand il a esté oüy par un gradué, dont la foy étant plus grande que celle d'un autre, tout ce qui va au contraire est reprouvé à la reserve de l'inscription en faux.

Tous témoins confrontables doivent être recolez, même dans la confrontation, c'est à dire ressouvenus de ce qu'ils ont deposé, se pouvant faire qu'ils aimeront mieux mourir, que charger leur conscience d'une injuste deposition, & si bien il est dit que l'on ne peut se retracter ayant deposé devant un gradué, cela n'est que pour la foy du Iuge que le témoin ne peut impugner sans s'inscrire en faux, mais

*Formulaire & maniere de confroter.*

*Il faut recevoir le serment de l'accusé, & du témoin.*

*Au regard de l'accusé il faut s'éclaircir s'il a des reproches à fournir & si le témoin les nie ou advoüe.*

*Il faut marquer tout ce que châcun aura dit à la confrontatiō comme en tous autres actes.*

*Témoin variant est punissable.*

*a Fab. def. 55 Cod. de testib*
*b Fontanon sur Masuer. tit. 17. l. si postulaver t si-ae adult.*

*Témoin oüy par gradué ne peut se dédire sans crime.*

*Explication touchant la fé-dité des témoins.*

cela n'empesche pas que l'on ne puisse declarer que ce que l'on a dit n'est pas veritable en decharge de l'accusé, sauf au Iuge de punir le calomniateur de son imposture.

*Tous temoins ouys par non graduez sont repetez en crimes atroces.*

Et non seulement l'on ressouvient le témoin oüy par gradué de son témoignage en le confrontant : mais encore on le repete quand il ne seroit pas mesme confrontable s'il a esté oüy par autres, en cas qu'il s'agisse de peine afflictive de corps ou d'infamie, & l'on ne doit point juger sans cette precaution les crimes atroces. I'ay veu mesme ordonner confrontation contre un Revillier pour y avoir effusion de sang au rapport de Monsieur Duclos.

*Exemple.*

*Cas où l'on refait la formalité. Exemples.*

Enfin les témoins oüis par des Iuges étrangers ou indepandans sont reoüis, & les formalités faites de nouveau, ainsi qu'il fut observé dans celles d'Estienne Gabriel, & de Iean Michel Favre, lesquels ayans esté interrogés par un President aux Comptes, homme gradué, quoy que la formalité fut bien faite, le Senat après qu'ils luy eurent esté remis (comme au Iuge competant du cas dont il s'agissoit,) m'ordonna d'informer, & de recommencer la procedure, suivant en cela l'usage des Cours Souveraines, & le sentiment de Monsieur Favre, *a quia par in parem non habet imperium.*

a *C. fab. def. 9. de testib.*
Qu'elle preuve font les formalitez du Iuge d'Eglise devant le Lay.
b *Clar q. 14. Dolive q. not. liu. ch. 14.*
Il n'y a nulles fins de non receuoir en criminauté.
c *Bart. in l. 1. ff de quæst. D. & ejusd.*
d *Antib qui semel C. de probat.*

Tellement que les formalitez du Iuge d'Eglise ne preuvent rien devant les Seculiers, sinon comme titres *b* ou qu'elles eussent esté faites, *in criminibus merè Ecclesiasticis, ita censent Doctores præsertim Bosso. in tit. de Hæret. & Bacco q. 16. tract. reatuum.*

Iamais l'on n'est forclos en criminauté de faire oüir des témoins, sinon qu'il y eut Iugement definitif selon les Docteurs *c*, & le texte même *d*, le Senat le jugea ainsi entre un Noble Blanc, & l'Huissier Chalandier en 1673. au rapport de Monsieur du Noyer.

# CHAPITRE X.

## *Des reproches & faits justificatifs.*

COMME les confrontations sont au criminel ce que les appointemens contraires sont au civil, on peut comparer les appointemens d'enquester des matieres civiles à la reception des faits justificatifs des criminels : & la justification y est si favorable que toutes les loix en favorisent les moyens, êtans les faits justificatifs receus en tout état de cause, *a* même aprés la torture, en se purgeant, qu'ils sont venus de nouveau à notice avec serment : le Senat de Savoye le jugea ainsi touchant Nicolas Dubourg, au rapport de Monsieur le Senateur de Bellegarde, qui possede à present avec merite, & à la joye de tout le monde, l'Office de President au mesme Senat.

Bien plus, quoy que l'accusé ne demande pas de preuver son innocence, ou qu'il soit defaillant & contumax, le Iuge doit s'en éclaircir, si la procedure luy en ouvre la porte, & extraire de la formalité tout ce qui la peut établir, n'y ayant en criminauté ni fins de non-recevoir, ni conclusions en cause *c* qui puissent priver le prevenu de ses defenses.

En effet il seroit bien rude qu'on privat le corps politique de ses membres, sous pretexte de quelques formalités captieuses, pendant qu'on nous dit que *animæ hominum quibuscumque causis preferri debent.* Aussi ne permet-on pas à l'accusé de renoncer à ses defenses lors qu'elles sont con-

Analogie du civil au criminel.

a *Stil de Savoye art.* 186.

Exemple.
b *Arr. du 1. Févr.* 1672.
Eloge de Mr. le Presidét de Belle-garde.

On ne côclut point en cause en criminauté.
c *l.* 18. *ff. de quæst. Bavo q.* 17.

nuës, *a, quia non auditur perire volens.*

*a ch. ff in l. 47.
ff depæn Bal.
m l. n. Coa. de
Emsc an tion.*
On presige
vn téps pour
prouver les
faits justificatifs.
Exemples.

Si pourtant le juge s'aperçoit que l'accusé veüille fuïr plutôt que preuver la justification par luy avancée, il luy donne un temps pour faire sa preuve, comme le Senat fit touchant un voleur appellé Boquis, au rapport de Monsieur Duclos, lequel avoit nommé des témoins qu'il disoit être en Flandres, & concernant Nicolas Dubourg executeur de la haute Iustice, *b* lesquels furent pendus après l'expiration du temps qui leur avoit esté prefigé : ce qui fait voir que les longueurs moderées n'empêchent pas la punition des crimes, & que la precipitation en étant la marastre, *de morte hominis nulla unquam cunctatio longa est. c* Il faut eviter, usant d'un milieu, l'extreme rigueur, aussi bien que le trop d'indulgence & le relachement.

*b Arr. du 9.
Févr. 1672.*

*c Iuuen. Saty.*

D'où l'ō tire la justificatiō

Les faits justificatifs sont tirez ou des formalités, ou du dire des accusez, & les reproches des témoins servent beaucoup à la justification : enfin tout ce qui établit l'innocence du prevenu, ou qui peut amoindrir sa peine est nommé *fait justificatif.*

Qu'êt ce que faits justificatifs ?
Il faut être *in vinculis* pour les proposer & prouver.

Celuy qui se veut justifier doit être en état lors qu'il se pourvoit pour en fournir les moyens au Iuge, ce qu'il doit faire par sa bouche, quoy qu'il puisse le demander par requeste ; mais lors que les faits justificatifs resultent de ses réponses ou de quelque autre endroit de la procedure,

Commēt on extrait les faits, & en sōt nommez les témoins.
*d Arr gen. du 18 May 1669 au registre stil art. 186.*

le Iuge ou Commissaire en donne extrait à l'accusé, le sommant de nommer témoins dans trois jours pour en faire preuve : *d* L'extrait doit contenir deux colonnes, l'une pour loger les faits, & l'autre pour le nom des témoins comme on pourra voir dans ce projet.

*Extrait*

*Extrait des faits justificatifs donné à N. accusé.*

| Faits justificatifs | Noms des témoins. |
|---|---|
| 1. Fait, qu'au temps du meurtre l'accusé estoit, &c. | Claude, &c. François, &c. & ainsi |
| 2. fait, que l'occis le voulut tuer, & ainsi du reste. | des autres qui sont nommés sur chaque fait. |

Le Iuge reçoit la nomination des témoins de la bouche de celuy qui desire les employer pour sa justification, & luy doit laisser trois jours de delay pour cela, *a* aprés qu'il luy a donné extrait de ses faits, sinon que l'accusé voulut les nommer à mesme temps. Il en peut toûjours nommer sur des nouveaux faits, *b* en se purgeant par serment qu'ils luy sont venus fraichement à notice. Tous témoins font preuve lors qu'ils deposent en faveur de la justification, *c* sauf qu'il s'agit de reproches, auquel cas il y a plus de raison d'en rejetter le dire s'ils sont parens, ou autrement suspects *d*, êtant de la prudence du Iuge d'examiner la foy du témoin & le poids de son témoignage.

L'on ne souffre point de preuve contre la justification, ny de reproches contre ceux qui ont prouvé les reproches pour abatre tout à fait ce qu'ils auront deposé, *e*, *non admittuntur reprobatoria reprobatoriorum nisi per scripta appareant.* Le Senat le Iugea de la sorte touchant un nommé de l'Isle, environ l'an 1667, moy present, *ne detur progressus in infinitum, & ut sit litium finis.*

La justification estant l'enqueste de l'accusé, il en doit supporter les frais & être en prison pendant qu'on y procede, suivant l'usage, & l'Arrest du 27 Fevrier 1588, observé

*Terme pour nommer témoins.*
*a Arr. gen. du 1.Oct. b 1669 au registre, stil art.186.*
*b Bavo q.17. tract tract ex. l.15.ff.de qu.*
*c Clar. q.24. Cod. Fab. def. 12.de testib. c.licet: de testibus Imbert du Moulin.*
*d Bald. & Feliu.in l.parentes c de testib. Bau q. 18. non admittuntur reprobatoria reprobatoriorum.*
*e Imbert, du Moulin, Far. & alij.*

*aux frais de qui la justification est faite.*

par

par Monsieur Charpenne, l'on fait la formalité touchant la justification à peu prés à la maniere suivante.

## FORMVLAIRE DE CONCLVSION
### ET IVGEMENT CONCERNANT LES FAITS JUSTIFICATIFS.

Lors que l'Accusateur public trouve des choses dans la procedure qui justifient l'accusé, il conclut en ces termes, *Le Procureur N. ayant veu, &c. dit qu'avant que passer plus outre, extrait sera donné à l'accusé de ses faits justificatifs, lequel à ces fins nommera témoins, & consignera la somme de sauf d'ajoûter ou diminuer*, Il y a peu à dire quant au jugement ; que si l'accusé n'a dequoy fournir la dépense, l'accusateur public le doit faire, sauf de le repeter aprés.

## FORMVLAIRE DE RECEPTION DE
### FAITS JUSTIFICATIFS PAR LE IVGE OU COMMISSAIRE.

*Du, &c. aux prisons, &c. avons mandé venir par devers nous N. accusé, lequel aprés serment presté de dire verité & lecture à luy faite des faits iustificatifs que nous avons extraits, ou des reproches par luy avancez contre les témoins contre luy oüis, l'avons sommé de nommer témoins pour la preuve d'iceux.*

*Répond, & dit*, &c. on écrit ce qu'il répond, & puis on remet le tout à l'accusateur public pour y conclurre, & aprés au Iuge pour recevoir les faits justificatifs en preuve s'ils sont pertinens, ou pour passer outre à la procedure selon l'estat des formalitez.

## CHAPITRE XI.

### De la torture, indices, & semipreuves.

OMME les tourmens sont appellés *subsidia probationum, &c.* la question est le dernier remede que nous avons pour trouver la verité en fait de crime, & pour cela elle est nommée preuve extraordinaire & subsidiaire, comme le serment qui n'est pas receu en criminauté, comme preuve *a* l'est au civil : elle peut être ordonnée mesme par le Iuge Ecclesiastique, quoy que plus douce selon Rebuffe, Depeysse, *b* Brodeau, Imbert, & les Canons : tellement qu'en cas que le prevenu persiste à sa negative, nonobstant la confrontation des témoins, il faut examiner s'il y a lieu à cette preuve, pour laquelle il faut trois choses *c* principales, l'atrocité du crime, le defaut d'autre preuve, & des indices pressants avec un témoin, étant certain que *tortura, res est fallax, & multum periculosa, d* & qu'il ne faut pas toûjours croire tout ce que les tourmens obligent à dire, étans quelques fois pires que la mort, *plures enim,* dit Seneque, *dolor mentiri cogit, morique maluerunt,* ajoûte le texte *e, in tormentis falsum fatendo quam verè inficiando dolere, confessio,* dit encore Ciceron, *quæ ex necessitate fit fidelis non est,* & Valere Maxime *f* raporte qu'un serf d'Aglius ayant confessé un meurtre dont il étoit innocent, par les tourmens fut reconnu tel, aprés qu'il eut été executé pour ce sujet.

a *Bavo tract. reat q.7.*
b *Depeyss. de la question où tout est cité.*

Ce qu'il faut pour la question.
c *C. Fab. def. 7.c.de quast.*
la torture est trompeuse & dangereuse.
d *ll 1. ff. de qu.*

e *l.25 ff. de quast.*

f *Valer. Maxi. lib. 8.*

Il y a pourtant des necessitez d'en venir à cette preuve

& même des personnes si patientes que les tourmens n'ont point d'efficace pour tirer la verité de leur bouche, neanmoins il faut en user moderément, à peine d'être criminel & châtiable aussi bien que si on l'ordonnoit injustement, sans que le crime fut atroce & sans indices.

Le discernement des indices est arbitraire *a*, & il y en a des prochains, & indubitables, qui prouvent *ad condemnandum*, des pressans, qui prouvent *ad torturam*, ou du moins *ad capturam*, & enfin des éloignés, lesquels donnent lieu *ad inquirendum*. *b* On ne condamne jamais à mort naturelle sur des indices l'accusé s'il n'y a contumace *c*; il faut pourtant remarquer qu'on ordonne plus facilement la torture quand le crime est atrocissime, *aut difficillimæ probationis*, *d* & qu'il faut deux témoins pour la preuve des indices éloignés, au lieu qu'un seul suffiroit pour les prochains *e*, du moins *ad torturam, duo enim semper requiruntur ad condemnandum, in ore duorum vel trium stat omne verbum*.

Les personnes constituées en dignité sont plus difficilement mises à la question que les abjectes selon Rebuffe Molinæus, & même l'opinion du President Favre. *f*

Le nombre des indices est presque infini, & il est impossible de leur établir des regles fixes & certaines, ny pour leur qualité, ny pour leur quantité, il en faut seulement toucher ce qui tombe le plus en usage dans les matieres criminelles; car au civil nous les nommons tantôt presomptions, tantôt conjectures, ainsi qu'explique fort au long Menoche. *g*

Les principaux indices sont les menaces, l'inimitié, le bruit commun, la fuite, le sang de l'occis se répandant à l'abord de l'accusé, le mensonge, & variation, *h* le tremblement & pâleur, si on étoit en la compagnie de l'excedé, si on a esté veu avec armes

*a Clar. sso. fin. q. 64. Marsin l sin si de qua. Sa ic. in l. sn. C. e. d. Bald. conf. 264. Cla. q 2 sso si.*
Trois sortes d'indices, éloignez, prochains, & indubitables.
*b Farin. q. 26. n. 46. Nouell. Clar. Gomez, & passim omnes.*
*c Marsil. de prob. gram. dec. 8 Far qu. 40. & 86. sub. def. 6. Cod. de pœn. hoc fallit in assessinio, & bare. Clar. q. 20.*
*d Clar. sso. fin. q. 64. vers. & ideo Farin. q. 47.*
*e Farin. q. 37. Clar. sso. fin. q. 20. Menoch. præs. q. 91.*
*f Co. sab. def. 21. de q. mol. q. 46.*
*g Voy Menoch. dans ses presompts. & Matie. dans ses conjectures.*
*h Menoch. præs. qu. 99. n. 63.*
*Fama, fuga, sanguis occisi, mendacium, variatio rei, palliditas, trepidatio, arma &c.*
*i l. de minore ff de qu. Clar. q. 21. n. 59.*

## Part. I. Liu. II. Chap. XI.

mes sanglantes au lieu où l'excez a esté commis *i*, si on s'est vanté d'y avoir eu part ; si on a été trouvé saisi des hardes du blessé & du mort ; si enfin on marche par des lieux écartés & suspects, *a* &c. Il y a des indices qui suffisent, les uns pour enquerir, les autres pour saisir, & les autres pour condamner ou à la torture, ou definitivement. Il en faut pourtant moins pour enquerir, que pour torturer, & moins pour la torture que pour la condamnation definitive.

La fuite n'est prise pour indice que lors qu'elle arrive *post transmissam informationem ; quia unusquisque timet carceres, & iudicem,* b *& fama debet habere initium à probis viris (in occultis tamen facit indicium ad torturam.* c *)*

Quant aux menaces plusieurs ont soutenu qu'elles sont un indice suffisant pour la question, mais la plus part des criminalistes, & singulierement Immola, Nouellus & Menochius ne veulent point qu'on en vienne à la torture pour des simples menasses, *nisi in solita exequi d ad inquirendam præsertim in vili persona,* d'où vient qu'on dit :

*Sæpè minùs faciunt homines, qui magna minantur.*

Quant au sang que répand le cadavre lors que l'auteur de la blessure l'approche, il ne faut pas estimer que ce soit une opinion methaphysique, superstitieuse, & sans raison, de s'y fonder dans les Iugemens ; car outre que la commune & plus saine doctrine admet cet indice du moins *ad capturam non ad torturam*, e cela se peut soûtenir par des raisons purement physiques & naturelles, si nous croyons ce que dit Bartole, & en voicy les raisons.

Les Philosophes qui n'admettent pas d'*arjactionem indistans*, ont connu que tout agit & se maintient par des causes, qui quoyque souvent secretes sont ou naturelles ou sympatiques, & la Philosophie du temps veut que les ope-

*i Vide Nouel. Farin. Clar. Fach. Gomez. Grāmat &c. Les justices font indice.*
*a Nouell. in prax. crim n. c. 1. n. 8. Tous indices n'ont pas même effet. Il sont moins d'indices ou il y a moins d'importance. Limitation.*
*b Farin. q. 48. n. 17. Clar. q. 21. vers. fuga in fo. fin.*
*Farin. q. 47. n. 11. Les menasses seules font rarement indice pour la torture.*
*d Menoch. q. 89. praf. Imol. in l. fin. ff de har. inst. Nou. de ind.*
*Celuy qui menasse à quelquefois peur. Curieuses remarques touchant l'effusion du sang de l'occis.*
*e Farin q 16 n. 61. Menoc q. 89. n. 128. Nouell. Ba. to. &c. Papon l. 24. de les arr. tit. de la question la Roche en ses arr. l. 4. 6.*
*Il y a des causes diverses.*

*Naturelles, & sympathiques.*

rations des corps soient communiquées des uns aux autres par des envois de petites especes qui portent la vertu des agens dont elles partent, comme les Stoïciens ont crû du monde, qu'ils disoient avoir êté formé d'atomes : Monsieur de la Chambre a dit quelque chose sur ce sujet dans son Charactere des passions, & Digby dans son traité de la Sympathie.

*De la transmigration, & envoy des esprits.*

Or, comme celuy qui a causé la playe, a aussi envoyé les esprits coleriques qui l'échaufoient au temps de l'excez dans la personne qu'il a blessée, ils se sont jetés en elle par les pores, & par l'ouverture de la playe, où ils sont en partie restez inclus & renfermez, mais poussez d'un mouvement naturel : Ils sont r'appellés aux approches de celuy qui les avoit envoyés au lieu d'où ils sont sortis, comme à leur principe, & à leur centre, c'est à dire dans la personne du criminel, ce qui cause l'émotion du sang, & le fait sortir par là où il rencontre plus d'ouverture.

*Effet des esprits.*

*Tout recherche sa source.*

*Observatiõs, a Farin. q.37. Depeyss. de la question. b Idem Bar. q.36. n.46. L'vsage des indices est arbitraire, & dangereux. Il ne faut vser de redites superfluës. c Vide Farin. qu.36. & 12. Menoc q 89. de præs. Nou. in prax. Clar. gram. Marf. & aliis. Vita accusati male acta est indicium. d l art. conf. 252. Bald. cou. s. 152.*

Il faut observer que rarement un seul indice est suffisant pour la torture *a*, que les prochains *tangunt negotium*, & les éloignés sont *extra rem*, *b* qu'enfin l'examen, & l'usage des indices est delicat, & dépend presque entierement de la prudence & arbitrage du Iuge.

Ie ne veux pas icy traiter chaque espece d'indices, aprés que tant de Docteurs en ont si amplement écrit : je renvoye le Lecteur à ces Grands hommes *c*, pour ne pouvoir rien ajoûter à ce qu'ils ont dit ; seulement je puis assurer, qu'en tous indices, la mauvaise vie precedente opere beaucoup, & même se peut nommer une conjecture *d*, ou presomption, *cum malus semper præsumatur malus, præcipuè in eodem genere mali.*

FOR

# FORMVLAIRE DE CONCLVSIONS
### ET CONDAMNATION A LA TORTURE.

Les conclusions & Iugemens de question se conçoivent à peu prés aux termes suivans. *Le Procureur N. ayant vû, &c.* dit y avoir lieu d'ordonner qu'auparavant que passer outre en definitive, N. sera sans prejudice de la preuve resultante des actes, appliqué à la question ordinaire, on ajoûte presque toûjours *& extraordinaire, pour tirer par sa bouche, si faire se peut, plus ample verité des excés dont il est chargé, & de ses complices: pour ses réponses veües, &c. fournir telles conclusions que de raison.* On conçoit aux mesmes termes le Iugement, sauf que le Iuge ordonne, & qu'au lieu de parler en concluant, il dit decisivement, étant à observer que tel jugement se prononce peu avant son execution seulement, & par le Iuge ou Commissaire.

La torture s'ordonne souvent *ad complices,* comme il fut fait à mon rapport contre un nommé Noël Antoine : *a* La question est ordonnée contre les complices pour purger l'infamie qui leur vient d'avoir part au crime, *alleganti enim propriam turpitudinem sine tormentis non est credendum. b* Le Senat le Iugea encore à mon rapport contre le mesme Noel: *c* que si l'on ne trouve pas de preuve pour tourmenter, mais assez pour presenter le prevenu aux tourmens, l'on le fait pour essayer d'en tirer la verité par cét artifice, ainsi qu'assure Depeysse *d*, & qu'il fut fait à mon raport à l'égard d'un nommé Gabriel, & celuy qui lit l'Arrest doit lire doucement, le mot, *presenté.*

Cette crainte peut être nommée torture, *sunt enim quinque genera torturæ, quæ tamen ad tria reducuntur: nempe ad*

---

Modelle de conclusions de question.

On ne doit pas oublier de reserver la preuve qui resulte des actes.
Les mesmes termes sont presque pour le jugement.

Iugement de questiõ quãd est pronõcé.

La torture s'ordonne pour les cõplices, & pour rendre capable.
*a* Arr. du 17. Septem. 1670.
*b* Clar ss.fin. q.60. C. Fab. def.20. de testib. l.1. ff de quæst
*c* Mémo.ir du 17. Octobre 1670
Quelquefois on presente seulement l'accusé à la torture.
*d* Dpey de la quest p 1. l. 10 au tr ii.t. des [...]

*Sunt quinque genera tortu-ræ minæ pronunciatio sententia, missio ad locum torturæ spoliatio, elevatio, & squassatio. Exemple.*
*a Arr. du 17. Octobr. 1670.*
*b l 18 ff. de q. De pœniss.*
Par qui faut commencer.
*c ff. fin. q 64. l. 1. ff. 2. ff. de quæst.*

*minas, applicationem, & elevationem.* Ie la presentay, & même fis attacher & dépoüiller, assçoir sur la Sellete celuy que j'ay dit sans passer plus outre, comme il avoit esté reglé au Senat dans le *retentum*, nonobstant l'Arrest qui portoit qu'il y seroit appliqué sans autre limitation. *a* Le motif du Senat prenant ce milieu fut qu'il n'y avoit pas assez de preuve pour le tourmenter, & qu'il y avoit trop de soupçons pour une liberation entiere.

Il faut toûjours en cas de complices commencer par les plus debiles *b* & plus suspects, *c* & par le fils complice avec son pere, qui quelques fois confessera pour delivrer son fils des tourmens, *à suspectissimo incipiendum, & à quo facilius scire judex crediderit.* On presume contre les personnes laides & hideuses plutôt que contre les belles & bien faites. Car quoy qu'Esope aye dit que souvent sous des laides têtes sont cachez de bons esprits, neanmoins la beauté du corps a toûjours fait presumer pour celle de l'ame & de l'esprit. Nous lisons que Platon avoit êtably une Loy que le plus beau des Citoyens seroit Roy, ce qui s'observe dans les Indes, &

*d Voy Isocrate de laudibus helena.*
Durée de l'acte.
De la beauté & laideur.

Heliodore dit que *pulchritudinis species ea vi pollet ut mores efferos ducat in obsequium*; *d* d'où je conclus par l'argument des contraires que la laideur rend odieux, & fait une espece de presomption, d'où vient le Proverbe du vulgaire, *que les corps contrefaits n'ont gueres souvent l'ame bonne.*

Il y a des personnes plus robustes pour supporter les tourmens, & qui par consequent y doivent rester plus long-temps que les debiles & foibles, de quoy il doit apparoir au Iuge par le rapport du Chirurgien qui doit assister à l'acte, lequel est compté dés la lecture de la Sentence, & l'on

*e Masuer. au tit. de la question Clar ff. fin q 64. Come D-p.ff.*

ne doit point appliquer à la question *e* les personnes qui courroient hazard de la vie à cause de quelques incommoditez,

ditez, autrement le Iuge est puny si le prevenu meurt pour avoir soûfert, à plus forte raison le Medecin, qui a peché dans son office.

## FORMVLAIRE DES RESPONSES
### A LA QUESTION.

*Du &c. aux Prisons de &c. avons mandé venir par devant nous N. lequel après serment, &c. avons iceluy sommé de declarer s'il est ressouvenant des réponses par luy faites, &c. desquelles luy avons fait faire lecture. Répond & dit, &c.* il faut dicter au Greffier tout ce qui est fait & dit, & si le prevenu persiste à ses negatives, luy prononcer le jugement de la Sentence, disant, *nous luy avons fait lecture du Iugement portant qu'il sera apliqué à la question, & iceluy sommé de dire verité, &c. Répond, &c.* Il faut remarquer que la question peut être ordonnée en matieres civiles contre celuy qui auroit feint d'être fol, pour éluder des formalités, après neanmoins que le dol est bien prouvé, *a* qu'enfin elle n'est ordonnée sur un seul indice au dire de Charondas, Bouvot & de Depeysse, contre l'advis de Boyer & de Papon. I'excepterois pourtant les crimes de leze Majesté avec Mornac & plusieurs autres.

Le Iuge continuë sa procedure après la lecture du Iugement de question, comme s'ensuit.
*Nous avons fait appeller N. Chirurgien, & N. N. Archers & d'iceux reçeu le serment en tel cas requis, & après qu'il nous a esté rapporté par N. n'y avoir rien qui puisse empêcher ledit acte, nous avons commandé aux Archers de depoüiller l'accusé, le vestir de la chemise de Iustice, & de l'attacher; & iceluy sommé de dire verité.* Il faut faire écrire toutes les circonstances de l'acte au Greffier, de mot à mot ce qu'il dit, & l'inviter à dire la verité

*Maniere de proceder à la torture.*

*Il faut repeter l'accusé sur ses premieres réponses.*

*Le Iuge doit luy même lire l'Arrest de question.*

*a C. Fab. def. t. de q. Depey. de la question.*

*Il faut assermenter le Chirurgien, & les Archers d'assister fidellement à l'acte, & de n'en reveler le secret. On ordonne de dépoüiller l'accusé de ses habits, & de le vestir de la chemise, & de l'attacher.*

rité sans rien specifier, sans l'interroger sinon *in genere*, qui a commis le crime. *a*

On luy attache des pierres au pied sur la fin de l'acte, lequel dés qu'il est commencé ne peut plus être interrompu comme individu, encore que le patient appelleroit, *b* ny reïteré sans nouveaux indices, *c* comme disent Faber, Imbert, & le texte mesme. *d* L'on peut encor torturer ceux qu'on a droit de soupçonner de s'être endurcis aux tourmés par brevets & sortileges, suivant l'opinion de Depeysse, il y a plusieurs genres de torture, comme de la corde, de l'eau, du banc, du feu, &c. mais en Savoye il n'y a gueres d'autre question que celle de l'elevation du corps & du feu, la derniere étant ordonnée lors que le prevenu ne peut supporter l'autre, pour être ou relaxé ou autrement incommodé, on l'ordonne quelque fois contre les sorciers.

Et si l'accusé nioit dans la repetition ce qu'il a confessé *in tormentis*, il seroit reapliqué, mesme jusqu'à trois fois, & non d'avantage, *ad vitandam infinitatem*, *e* sauf qu'il y eut de nouveaux indices.

Anciennement les Prêtres, les Nobles, les Docteurs & soldats ne pouvoient être appliquez à la question, pas même les Septuagenaires, n'étant ordonnée par le Droit Romain que contre les esclaves, mais aujourd'huy, *omnes possunt torqueri excepta muliere prægnante*, *f* & *ægrotantibus cum periculo. Septuagenarij, & minores mitius torquentur, & etiam mulieres*. On ne peut appliquer les impuberes à la question, non plus que les decrepits, enfin il dépend de la prudence du Iuge de chercher les preuves avec moderation & conduite.

Que si la personne qui a esté appliquée à la question n'a rien dit de nouveau, il n'est pas necessaire de la repeter au temps

Part. I. Liu. II. Chap. XI.    307

temps prefigé qui est de 24 heures après ; cela fut ainsi jugé, Prejugez.
Chambres assemblées, touchant Antoine Gay au rapport de a *Arr. du 27.*
Monsieur Crassus *a*, & auparavant aussi à mon rapport à *Aoust 1671.*
l'égard d'un nommé Iean Michel Favre. *b* La question ne b *Arr. du 19.*
purge, *nisi minima indicia*, & il n'y a pas exemption entière Question ne
de peine, comme disent Imbert & Depeysses, sur tout petits indi-
quand elle est ordonnée, *sans prejudice des preuves resultan-* ces.
*tes du procez*. *c* Ce qu'on fait presque toûjours au Senat, car & 6. C. d. qu.
Charondas & Depeysses ne croyent pas que les inferieurs *cōtrarius, ibi.*
puissent reserver les indices, en ordonnant la question, d *Char. 2 en
ny la moderer ; ils peuvent pourtant l'ordonner extraordi-* c 78. D p vse
naire s'ils le trouvent à propos, & je ne vois pas qu'ils ne *de la quest. ō*
puissent reserver les preuves du procez dans nôtre usage. *crim.*

### CHAPITRE XII.

#### Du Iugement definitif.

LA formalité étant achevée, ou par une confession, Les accusa-
ou autrement, le Greffier doit porter les pieces à teurs doivēt
l'Accusateur public, pour conclurre selon l'exigence avant le ju-
du cas, la partie civile peut aussi bailler ses conclusions mê- L'accusateur
me par conseil, le premier pour la peine, & l'autre pour son public pour-
interest ; ce qu'elle fait par écriture, signée presque toûjours & la partie
par un gradué, & contenant un exposé du fait & des rai- mages.
sons qu'elle a de poursuivre ses dommages, ausquels elle
doit conclurre, laissant à l'Accusateur public d'agir pour la
punition du crime.

Pp

## FORMVLAIRE DE CONCLVSIONS
### ET SENTENCES DEFINITIVES.

*Modelle de conclusions à mort en cas de confessio. Il faut regler les termes au lieu, & circōstances: car autre est des executions faites en ville, autre de celles que font faire les Seigneurs, & Iuges des Provinces.*
*Suite de formulaires de conclusions.*
*A faire trancher la teste.*
*A faire pendre.*
*Bruler le cadavre.*
*A faire bruler tout vif.*
*Pour faire Roüer.*
*Les subalternes ne peuvent ordonner l'erectiō des patibulaires.*
*Regulierement on permet d'étrangler le criminel* ne *desperatio sequatur.*
*Modelle de conclusions au foüet.*

Le Procureur N. ayant vû, &c. dit y avoir lieu, tant de ce qui resulte des actes que de la propre confession dudit N. ( & ce en cas qu'il aye avoüé ) de le declarer suffisamment attaint & convaincu d'avoir, &c. ( il faut narrer le crime avec ses circonstances, ) & pour reparation desdits excez d'ordonner qu'il sera remis entre les mains de l'executeur de la haute Iustice, pour être par luy conduit un jour de marché, ou de Cour, si c'est un Subalterne ) la hart au col par les lieux accoûtumez, on dit à Chambery, par les Carrefours de la presente Ville, jusqu'au lieu & place de N. pour là, sur un échafaut ( ou potence ) qui à ces fins y sera dressé, avoir la tête tranchée, & separée de son corps, ( ou bien ) être pendu & étranglé, en cas de gibet, jusqu'à ce que mort naturelle s'en ensuive, ( si la peine est du feu, on ajoûte ) son cadavre ietté au feu, brûlé & mis en cendres ; ( & s'il doit être brûlé vif on le declare, disant ) pour être hors & brûlé tout vif, son corps consumé, & mis en cendres, icelles jettées au vent, afin que jamais n'en soit memoire : ( que si le supplice est d'être roüé, ) pour là sur un échafaut, qui à ces fins y sera dressé, être attaché, & étendu sur un bois traversé, son corps rompu, brisé & mallioté tout vif, & après jetté sur une roüe, pour y rester jusques à ce que mort naturelle s'en ensuive, ou bien *autant de temps qu'il plaira à Dieu l'y laisser vivre.* On ordonne presque toûjours le coup de grace, nonobstant la Sentence, sinon que l'atrocité du crime aye fait ordonner le contraire, comme il se fait souvent à Paris contre les voleurs & filous. Quant au foüet & marque, on dit, Qu'il sera remis entre les mains de l'executeur de la haute Iustice, pour être

être par luy conduit un jour de Cour, ou de marché par les carrefours, (il faut designer les endroits accoûtumez,) & là batu & fustigé de verges jusqu'à éfusion de sang, marqué & flétry sur l'épaule des Armoiries de S. A. R. & si c'est en France, de celles du Roy.

Je remarque qu'il ne suffit pas d'ordonner *in genere* la fletrissure, ou autres suplices particuliers, il faut toûjours designer l'endroit de la peine, comme de couper la main droite, & marquer sur l'épaule, arracher la mamelle, autrement le Bourreau pourroit équivoquer, par exemple marquer au front contre la prohibition des loix Chrêtiennes.

Que si le criminel merite encore d'être banny, il le faut ajoûter en ces termes, qu'il sera condamné *à être & demeurer banny du Ressort*, ou *Iurisdiction pendant sa vie*, si le bannissement est pour un temps, on le declare dans la Sentence ou dans les Conclusions, *avec inhibitions d'y réentrer pendant ledit temps, à peine de la hart, ou de la vie*. Quant aux Galeres, il faut conclurre en ces termes, *pour reparation desquels excez qu'il soit condamné à servir par force S. A. R. dans ses Galeres pendant*, &c. il faut designer le temps, *avec inhibitions de les desemparer pendant ledit temps, à peine de la vie*.

Enfin s'il s'agit de la peine du carcan, on parle ainsi, *sera condamné à estre attaché au carcan & piloris de N. pour là être exposé pendant trois heures, à la risée & opprobres publics, avec inhibitions de s'en ôter pendant ledit temps, à peine de la hart*.

L'Accusateur public conclut aux amandes selon le cas, & à la restitution s'il y a détention injuste, mesme à la reparation ou amande honoraire selon le cas, elle est beaucoup plus frequemment ordonnée en France, qu'en ce pays de Savoye.

*A la flétrissure. Le subalterne ne peut ordonner la flétrissure sauf les Iuges Ducaux.*
*Forme de conclusions au bannissement.*
*Il faut regler le temps.*
*Nota qu'il faut distinguer, & designer les limites du ban.*
*Modelle de conclusions aux galeres, elles sont ou temporelles ou perpetuelles.*
*Conclusions à la peine du piloris.*
*Le temps est regulierement de 3. heures.*
*Des amâdes, & restitutió. De l'amande honoraire. Le foüet accompagne quelquefois la peine du Carcan. Les cóclusiós & sentences se dressent selon les délits. Il y a bié peu de difference quât aux parolles entre les cóclusiós & les sentences.*

Quelquesfois l'on fait foüeter le criminel avant ou aprés, que le pilorifer, ainsi qu'il fut fait à l'égard d'une majorique & d'une nômée Baftienne, putains & maquerelles publiques.

*Il y a toûjours des amandes outre les peines.*

Il faut obferver que les conclusions fe dreffent felon la nature des crimes, & que les Sentences ou Arrefts font prefque conceus en mefmes termes, fauf que le Iuge parle decifivement. Quelquesfois l'on adjuge des amandes aux parties civiles, mais prefque toûjours au Prince, ou Seigneur, & à la Charité; le Senat en adjuge auffi pour la reparation du Palais; & aucun Iuge ne doit oublier l'intereft du defunt en cas de meurtre, n'y la reftitution s'il s'agit de larrecin.

*Les dépens & frais de juftice sôt perfonnels.*
*Les amandes entre côplices font folidaires.*
*On ne doit arrefter les executions faute de payement des amandes, & autres chofes de cette nature.*
*Amandes en faveur de l'Hôtel de la Charité de Chambery.*
*En crimes legers on ne fpecifie les excez.*
*On peut retenir le condamné pour les amandes, dépens & frais.*
*Où l'on doit inferer les*

Quant aux dépens & frais de Iuftice, on les adjuge toûjours aux pourfuivans qui les ont avancez contre chaque condamné perfonnellement, quoy que les amandes foient folidaires contre les complices, mais en condamnations capitales on les adjuge fur les biens, afin de ne retarder pas l'execution des Iugemens, fous pretexte du payement des adjudications pecuniaires. Les Subalternes ne doivent point adjuger des amandes au Palais, ny manquer d'en donner à la Charité à forme de ce qui leur eft ordonné, en diminuant neanmoins les autres à proportion de ce furcroit de peine nouvellement introduit pour la fubfiftance des pauvres.

Quant aux crimes qui ne portent point de peine corporelle, ou d'infamie, l'on condamne, *pour reparation des excez refultans des actes*, fans les fpecifier dans le dicton, & pour lors l'on peut retenir le condamné jufqu'à fatisfaction au Iugé, tant pour les amandes que dépens, & frais de Iuftice, étant fouvent dit *qu'il tiendra prifon jufqu'à l'execution du jugé*.

Pour ce qui touche les qualitez, elles fe doivent mettre

au

au commencement de la Sentence, qu'elle soit par contumace, ou autrement, comme on peut voir dans le formulaire suivant.

## FORMVLAIRE DE SENTENCES.

*Entre N. demandeur en cas d'excez*, &c. il faut specifier le crime, *joint à luy le Procureur N. d'une part.*
*Et N. accusé & defandeur d'autre ; veu*, &c. il faut viser les pieces, *Nous*, &c. ( ou bien ) *Le Senat*, il faut declarer le criminel attaint & convaincu, en cas qu'il y ait lieu à cela de ce qui est prouvé, & si c'est en crime leger, prononcer *sur les excez resultans des actes*, &c. Les formules des Sentences n'ont gueres de difference d'avec celles des conclusions dont nous venons de parler, sinon quant à la decision ; que si c'est par contumace, l'on prononce en ces termes : *Sur le profit & utilité des defauts, faute de se presenter pour répondre en personne*, & si c'est ensuite d'une prise de corps : *Sur le profit & utilité des defauts sur adjournement à trois briefs jours afin de ban obtenus les*, &c. il les faut datter du jour de leurs expeditions, & non de leurs cottes. L'on met ensuite les qualitez des parties, disant *Par N. demandeur*, &c. *contre N. adjourné, contumax & defaillant.*

*Nous disons*, ( ou bien si c'est au Senat ) *Le Senat dit lesdits defauts,&c. avoir esté bien & deuement obtenus, & entretenus, pour le profit & utilité desquels*, il faut ordonner comme cy-devant ce qui sera juste, ( & quoy qu'on juge, le contumax doit être condamné aux dépens de la contumace, à cause de sa desobeïssance. L'usage de ce pays est de ne passer pas au fonds sur de simples defauts, mais on decerne prise de corps, ( autre est des defauts à trois briefs jours,) étant à no-

312 *Eſtat de la Iuſt. Eccl. & Sec. du pays de Savoye,*

On effigie en cas de mort naturelle les condamnez.
On ne condamne le côtumax au fouët.
Les qualitez, & dictons par qui ſont écrits.
a *Stil art. 63. & 64.*
b *Stil art. 111.*
Si le juge qui erre eſt châtiable.
Il ne faut mettre en qualité perſonne contre ſon gré
c *Arr. gen. du 23. Iul. 1585. au ſtil.*
d *Fab. def. I. Cod. vt nem. inuit.*
Suitte de formulaires de côcluſiõs & ſentences.
Divers autres jugemens & concluſions.
Modelles de concluſions à plus amplement informer d'hors de Cour & de procés, de civiliſer, & de quitte & abſous.
Plus amplement informé.
Hors de Cour, & de procés.
Quand on civiliſe.

ter qu'en cas de ſuplice de mort naturelle, on parle ainſi, & cependant ne pouvant iceluy eſtre aprehendé, ordonnons, (ou bien ſi le Senat parle) ordonne que l'execution ſera faite en effigie, & qu'on ne condamne jamais au foüet par contumace, oüy bien au banniſſement, & aux Galeres: les qualitez & les dictons doivent être écrits de la main du Iuge ou du Commiſſaire, *a* & ſignés au Senat par le Seigneur Preſident & luy, & par les Iuges & Aſſeſſeurs, s'il y en a quant aux ſubalternes.

Que ſi les Iuges errent en fait, & en droit, le Senat les châtie, *b* ainſi qu'il a obſervé à l'égard de pluſieurs, même des Ducaux, ou par amandes, ou par ſuſpenſion, & il leur eſt defendu dans le Reglement de mettre en qualité dans leurs Sentences, ceux qui ont declaré d'abord ne vouloir faire partie *c*, autre ſeroit s'ils s'y étoient engagez. *d*

Outre les Sentences & concluſions, dont nous avons marqué à peu prés les formulaires, il y en a encor pluſieurs eſpeces, comme de *mettre hors de Cour, & de procez, renvoyer quitte, & abſous, civiliſer la matiere, & renvoyer à plus amplement informé*, dont les modelles ſont icy aprés.

*Le Procureur N. dit y avoir lieu ordonner qu'il ſera plus amplement informé contre l'accuſé, & cependant qu'il ſera elargi par tout, en ſoumettant de ſe repreſenter en la perſonne d'un Procureur qu'il conſtituera à ces fins toutes fois, & quantes qu'il en ſera requis*, il eſt toûjours cenſé être *in vinculis*, & même quelque fois il eſt retenu pendant la nouvelle preuve, à laquelle on joint la premiere: ainſi il fut obſervé à l'égard d'un nommé Bally au rapport de Monſieur Doncieux le 15. May 1673.

Quant aux concluſions à mettre hors de Cour & de procez, l'on prononce ainſi: *Le Procureur N. dit y avoir lieu de* de mettre hors de Cour & de procez. (Si l'on civilise on parle ainsi.) Le Procureur N. dit y avoir lieu auparavant que dire droit definitivement, de regler les parties en procez civil & ordinaire, auquel elles procederont, & prendront appointement pertinent à la matiere. (Si on renvoye quitte & absous, l'on dit) y avoir lieu de renvoyer l'accusé quitte & absous de l'accusation contre luy formée. Mais rarement on condamne aux dépens celuy qui est mis hors de Cour & de procez, & jamais on ne charge des dépens celuy qui est renvoyé quitte & absous; l'on condamne presque toûjours aux dépens celuy qui est renvoyé à plus amplement informer, & ils sont reservez lors qu'on civilise la matiere: j'estime superflus d'inserer icy les formulaires des Sentences & Arrests; parce qu'ils n'ont pas des termes gueres differens, quand ils tendent à mesmes fins que les conclusions, sauf que les Iugemens decident, (comme nous avons dit cy-devant en plusieurs endroits,) & que les conclusions ne font que requerir, & acheminer la procedure ou aux preparatoires, ou au Iugement definitif de ce qui est contesté.

*Formulaire de conclusions à civiliser.*

*Du renvoyé quitte & absous.*

*Ce qu'on doit requerir & juger pour les dépens.*

*Il est superflus de repeter les formulaires des conclusiōs au regard des jugements. Les termes des sentēces, & cōclusions sont quasi les mesmes. Leur difference.*

## CHAPITRE XIII.

*Des appellations en matieres criminelles.*

L'APPELLATION est assurément un remede heureusement inventé contre l'oppression & l'ignorance, car elle fait reparer au superieur les torts que l'inferieur pourroit avoir faits à celuy qu'il a condamné, ou à celuy qui poursuit, & qui s'estime avoir esté injustement debouté.

*L'Appellatiō est fort vtile aux oppressez. Le superieur repare s'il est à propos les manquemēts de l'infe-tieur.*

*Estat de la Iust. Eccl. & Sec. du pays de Savoye*,

debouté : Mais bien souvent les plus souverains alimens étans corrompus deviennent des poisons.

*Corruptio optimi pessima.*

*Terra salutiferas herbas eademque nocentes,*
*Nutrit, & urticæ proxima sæpe rosa est.*

Ainsi l'appel qui doit être *oppressorum levamen* est plerumque *vindulum iniquitatis* : C'est pourquoy le même Superieur, qui repare les griefs qu'ont souffert les appellans, doit les châtier quand ils n'ont eu de justes motifs de se pourvoir & d'apeller ; attendu le mauvais usage qu'ils font d'un remede si salutaire, au mépris de celuy qui a jugé, & au prejudice de la partie intimée.

On peut appeller de tout ce qu'a ordonné l'inferieur. Il y a divers cas où l'appel n'a effet suspensif.

Il n'y a presque rien qui soit du fait d'un Iuge inferieur, & dépendant de sa Iurisdiction, qui ne soit sujet à la voye d'appel, quoy qu'il y ait certains cas où l'on passe outre par provision nonobstant iceluy, comme *à la confection d'invantaire, aux reparations publiques, en matiere d'alimens, de deniers fiscaux, & autres choses ou publiques, ou qui ne souffrent dilation*, & mesme les Iuges Ducaux executent leurs Sentences definitivement jusqu'à certaines sommes *a*, c'est à dire jusqu'à vingt-cinq florins.

a *Stil.art.126.*

Aujourd'huy les appels en criminauté vont *recta* au Senat.
b *Edit de S. Germain du dernier Aoust 1551.*
c *Art du 11. Iuillet 1574.* Motif pour lequel le Senat reçoit tous appels.

Celuy qui veut appeller de quelques provisions criminelles s'adresse d'abord au Senat ; & quoy qu'il y eut des Iuges d'appaux, & que le Reglement n'admette ny en France *b* ny en ce pays de Savoye les appels, *omisso medio*, qu'en cas de torture, & peine afflictive *c* : neanmoins l'on les reçoit au Senat presque tous en criminauté, pour eviter la ruine & l'accablement des pauvres gens, que tant d'instances mineroient sans doute, avec de longues souffrances, & les ennuis des prisons, où ils restent souvent pendant le procez.

Il y a pareillement de l'interest public de vuider au plûtôt les criminautez, pour ne retarder pas la satisfaction qui luy

Part. I. Liu. II. Chap. XIII.

luy est deuë, laquelle est doublée par sa promptitude, *qui cito dat bis dat.*

On appelle comme l'on veut en criminauté, mais il faut relever par requestes en fait d'adjournemens personnels, & se faire oüir dans le mois dés que l'appel est introduit, aprés l'expiration duquel, *l'appellant est declaré non recevable avec renvoy, l'amande & despens,* sur l'attestation du Greffier, & les conclusions de Monsieur le Procureur general en suite de la requeste presentée pour ce regard. Il faut noter que les feries n'y sont comptées que pour un jour, ainsi qu'il a été decidé en plein Senat. *a*

*Maniere d'appeller & s'introduire l'appel.*

*Des non recevables appellans.*

*a Arrest gen. du 17. Nov. 1661. inseré au petit reg.*

Quant aux prises de corps, on n'en est point receu appellant sans être en prison, suivant l'usage observé de tout temps.

*De l'appel des prises de corps.*

Que si l'appellant est detenu par le Iuge *à quo,* il est transferé aux prisons du Senat, où il est chargé sur l'écroüé par celuy qui l'amene, lequel doit remettre à mesme temps les formalitez au Greffe: *b* le même est ordonné en France, ainsi qu'on lit chez Depeysse.

*De la transfation des prisonniers.*

*b A. gen. du 22. Fev. 1575 au stil.*

Quant aux appellations des Sentences, elles sont emises, ou par l'accusé ou par l'accusateur, & les dernieres s'appellent appels *à minima,* c'est à dire de trop douce condemnation.

*Des appels des Sentences, par qui sont interjettés.*

*Appels à minima.*

Il y a encore des appellations *à denegata Iustitia,* qu'on peut interjeter quand le Iuge aprés trois sommations n'a voulu faire Iustice à celuy qui se plaint *c* de son refus, & qui la luy a demandée.

*de l'appel du deny de justice.*

*c Foutan. sur Masue. en sa prat tit. 1. & c. 1. de supl. neg. prælat.*

Les appels ordinaires des Sentences se relevent par requeste, mais encore plus seurement par lettres, & si l'accusé est en prison il n'est point élargy, pas même s'il est seulement saisi *d,* jusques à ce que le Iuge superieur l'ordonne,

*d Guid. Pap. q 255. Rib. in tit. ap. pel. n. 73.*

Q q

qui quelques fois luy fait tenir les chemins pour prison, luy prefigeant delay pour fournir griefs ; l'on ordonne toûjours en crimes legers que l'appellant fera oüy & ramené quand il n'est que cité personnellement. Et j'ay veu que le Senat s'est dispensé d'oüir les parties éloignées en fait d'élargissemens par tout, quand elles n'avoient constitué Procureur pour tenir plus long-temps leur partie en ville, & en frais, comme il y avoit lieu de presumer : Ainsi fut jugé pour un Sieur de la Fornache à mon rapport, Chambres assemblées.

Il faut se presenter contre l'accusé pour éviter tous inconveniens, & faciliter les procedures ; je crois mesme qu'il ne seroit que bien si tous deux se presentoient.

L'appellant doit declarer au Iuge d'appel ou Commissaire les torts qu'il pretend avoir souffert, par sa propre bouche dans les prisons, sans qu'on l'en dispense sous aucun pretexte, sinon d'une extreme maladie, qui luy feroit accorder delay aprés un exoine.

L'appellant *à minima*, baille son plaidé à griefs dans le Greffe criminel, auquel l'appellé doit répondre par attenuation aussi par sa bouche, sauver s'il peut ses griefs, & diminuer la peine à laquelle son accusateur aura conclu : *a* on y observe moins de formalitez quand Monsieur le Procureur general appelle de cette maniere, & il y est toûjours receu, quoy qu'on ne soit pas tenu de suivre ses conclusions, oüy bien d'y rendre droit : étant à noter qu'aprés confrontation on ne répond jamais par attenuation si nous en croyons à Monsieur Favre, *b* ny aussi s'il n'y a appel *à minima*, parce qu'en ce pays on ne communique pas les conclusions des accusateurs à l'accusé.

L'appellant du deny de Iustice peut fournir griefs par Procureur ; mais j'estimerois à propos d'oüir l'accusé au fonds

---

*Marginalia:*

Celuy qui est saisi n'est plus élargi par le Iuge à quo attendu que l'appel la tile tout en l'état qu'il étoit lors qu'on l'a emis.
Cas notable.

Exemple.

Il est bien que l'accusateur & l'accusé se presentent.
Maniere de fournir griefs.

De l'appellation *à minima*, & de sa forme.
De l'attenuation.
a *Voyez Dep. des crimes*, qui dit que l'on répond aux conclusions des accusateurs en France encor qu'il n'y a a appel, ce qui ne se fait en Savoye sauf en cas d'apel à minima.

Cas notable.
b *Fab. def.* 6.
C. *de accus.*
De l'appel du deny de Iustice.

fonds en evoquant la cause si le Senat Iuge, sinon qu'on voulut obliger le Iuge penalement à faire son devoir & sa charge. Il peut être condamné aux dommages & interests de l'appellant, comme en étant l'auteur & la cause.

Le public a tant d'interest pour l'honneur & la vie des particuliers, qui sont les membres du corps politique, qu'on a permis à tous d'appeller *pro condemnato*, *a* Il est vray que selon Monsieur Favre ils sont obligez d'offrir de le representer dans un temps, & d'alleguer la cause de son absence, *b* on excepte de cette necessité le pere & le fils condamné qui peuvent appeller, & non pas proposer l'exoine, comme remarque Depeysse.

<small>Tous peuvēt appeller pour le condamné & comment. a Gloss. in l. 6. sensu ff. de appel. l. ad l. Iul. Ios C. de ap. aud. l. 19. c. de ap. pel. Cl. q. 94. b C. Fab. def. 11. de accus.</small>

Que si l'appellant en matiere criminelle vouloit renoncer à son appel, il n'y seroit pas receu, parce que *in criminalibus appellatio extinguit iudicatum*, *c* ainsi fut jugé au raport de Monsieur Morel à l'égard d'un nommé Mazerat, qui ayant appellé d'une Sentence portant qu'il seroit appliqué à la question, & voulant aprés acquiescer il ne luy fut plus loisible de le faire, ainsi que le Senat le declara par son Arrest, où je donnay mon suffrage.

<small>Si on peut renoncer à l'apel. c l. non tantū, ff. de appellat. Depeysse des crimes. Exemple.</small>

Bien plus son complice qui n'avoit pas appellé ne pût être appliqué non plus que luy à la question, *quia in criminalibus appellatio correi prodest alteri*, *d* sur tout au Senat, qui auroit mesme sujet d'évoquer en pareil cas quand l'appel ne le saisiroit pas.

<small>Appellation d'un complice sert à l'autre. d Clar. q. 94. Fab. d. f. 1 si unus ex plur. ap.</small>

Que si l'accusé ne se represente pour fournir grief sur l'appellation d'une Sentence ? on leve defauts au Greffe, sur lesquels on le declare nō recevable sur le profit & utilité d'iceux, sans qu'il faille importuner le Senat par des requêtes, comme font quelques nouveaux Praticiens ignorans des formalitez criminelles, & de leur devoir.

<small>Si l'accusé ne se presente sur l'appellatiō d'une Sētence on leve defaut. La cōtumace ne se doit faire par requēste.</small>

Q q 2

## FORMVLAIRE DE IVGEMENS EN CAUSE D'APPEL.

*Forme des qualitez des sentences criminelles. Forme du dicton en cas de bien decreté.*

Entre N. appellant de l'adjournement personnel [ou *prise de corps*] contre luy taxé par le Iuge de N. d'une part :
Et N. appellé, d'autre, ou bien *sur le profit & utilité des defauts, &c.* (comme en premiere instance,) *le Senat dit avoir esté bien decreté par le Iuge à quo, mal appellé par l'appellant,* & *l'amandera, ordonne que ce dont est appel sortira son plain & entier effet, renvoyant à ces fins les parties pardevant ledit Iuge, pour mettre son decret en deuë, & entiere execution, ainsi qu'il verra à faire par raison avec dépens de la cause d'appel ausquels l'appellant est condamné, la taxe d'iceux au Senat reservé.* S'il

*Formulaire en cas de fins de non recevoir. En cas d'appel à* minima

s'agit de fins de non recevoir, on prononce par *non-recevable*, si d'appellation *à minima* ou *à denegata justitia*, on le dit dans la qualité.

*Du partage des voix.*

Il faut observer qu'au Senat l'on convient de trois Iuges lors que les voix sont partagées : il est vray que cela n'est guere arrivé en matieres criminelles, auquel cas il y a apparence que l'Arrest seroit donné selon l'opinion plus douce, comme il est observé ailleurs, & qu'il est porté dans les

*a can. odia de reg. iur. in 6. b l. interpretatione ff. de pœn. c Cod. Fab.*

Canons, & dans les loix civiles. *b* Monsieur Favre *c* est de ce sentiment aussi bien que Iean Auboux dans sa Theorie pratique, & je l'estime raisonnable.

*Forme des Arrests qui declarent nō recevable appellant des adjournements personnels.*

Que s'il s'agit de declarer non recevable l'appellant, l'on parle ainsi : *Sur la Requeste presentée ceans par N. tendant à ce que N. soit declaré non recevable appellant de l'adjournement personnel contre luy taxé par le Iuge de, &c. à forme du Reglement, & autrement comme est porté par ladite Requeste.*
*Le Senat faisant droit sur ladite Requeste icelle enterinant, ayant*

Part. I. Liu. II. Chap. XIII. 319

ayant égard au consentement preté par le Procureur general a declaré l'appellant non recevable appellant, &c.

Que si on veut dire mal jugé, on prononce en ces termes, *Le Senat dit avoir esté mal jugé par le Iuge, dont est appel, bien appellé & recouru par l'appellant, & en emandant, &c.* il decide selon la Iustice : étant à remarquer que s'il y a defaut & congé en cause d'appel l'on declare non recevable appellant en cas que la Sentence soit juste, car autrement l'Accusateur public en doit appeller. *En cas qu'il aye esté mal jugé. Modelle de jugement reformatif.*

Il fut ainsi deliberé au Senat le 11 Fevrier 1674 au rapport de Monsieur Morel, *convocatis classibus* : Mais s'il n'y a appel que d'un adjournement personnel, on declare l'appellant non recevable sur le defaut & congé, & mesme sans autre que l'attestation & le laps du mois, ainsi jugé au rapport de Monsieur Duclos le 29 Ianvier 1674.

Le Senat met souvent l'appellation, *& ce dont est appel au neant*, & non les subalternes. Quant à l'appel *à minima*, l'on dit *avoir esté mal & moins jugé*. *Le Senat seul met au neant.*

Les executions étans de l'office noble du Iuge, & par consequent des actes de jurisdictiõ, elles peuvent être arrêtées par appel, lequel est porté à celuy de la part duquel elles se font, & jamais on ne renvoye au même executeur qui les a faites en jugeant l'appel quand elles sont confirmées, non plus qu'aux appellations des procedures des Seigneurs du Senat. *de l'appel des executions, à delegato appellatur ad delegantem. Cas ausquels on ne renvoye point.*

Enfin ce que nous avons dit pour les formes peut s'appliquer aux appellations des Iugemens, aussi bien qu'à celles des procedures & provisions, & quand la peine dont est appel est afflictive de corps, l'appellant n'est jamais condamné à l'amande, *a* parce qu'il n'y a point de coulpe ny de temerité de tâcher de sauver sa vie & son honneur. Enfin l'appellant peut toûjours fournir griefs, sinon qu'il y eut Iuge- *Des appels de sentences. a Fab. def. 44. C de appell. Il n'y a point d'amande le fol appel en cas de sentes afflictives, ou d'infamie.*

Qq 3

ment qui l'en exclut, n'y ayant aucunes fins de non recevoir avant Iugement en matieres criminelles.

## CHAPITRE XIV.

### *De l'inscription en faux.*

*Peine du talion abolie.*

Es inscriptions, qui ont esté principalement introduites à cause de la peine du talion, devroient être abolies dans les accusations qui taxent de fausseté,

*a C. Fab. def §. ad leg. corn. de falf.*
*Raison de la suitte de ce titre.*

puisque cette peine n'y a plus de lieu ( pas même la necessité d'être en prison pour les introduire, *a* sinon que ce fut à l'égard de personnes suspectes) & que nous deussions avoir logé ce traité en suite du crime de faux : neanmoins l'interest que le public prend à la fermeté des actes, fait qu'on a reservé plus de formes pour ce qui en attaque la foy, & j'ay crû à propos d'en parler separément, à cause qu'elles sont differentes des autres accusations, d'autant plus que si bien

*b l. 5. 16 & 17. C. ad l. Corn. de falf.*
*On ne peut agir civilement en ce crime. Exception.*

le Droit Romain *b* souffroit que l'on intenta procez civil pour les faussetez : cela ne se peut faire en France au dire de Bugny, Bouvot, Charondas, & Depeysse suivant l'Ordonnance de 1535, si ce n'est qu'il s'agit de fraude, simulation & nullité, comme remarque le Glossateur de Loüet, le même s'observe en Savoye, pourveu que le procez ne soit pas entre parens proches, suivant l'usage & le sentiment du

*Eloge de Mr. le President Favre.*

President Favre, qui a porté sa reputation & celle du Senat par toute l'Europe par ses doctes écrits, ornez des prejugez de ce corps celebre.

La formalité des inscriptions ce fait en Savoye presque
de

de la mesme maniere qu'en France, *a* & l'on pourroit s'éclaircir sur ce sujet en lisant Depeysse *b* & Iean Ravonneau, ( qui fournit avec erudition les moyens de discerner le faux) enfin le méme President Faber dont j'ay parlé : neanmoins pour éviter au Lecteur la peine d'aller ailleurs, j'en toucheray le plus essentiel en peu de paroles, avec les termes dont nous usons.

*a Bavo tr.ist. rent q 18.*
*b Depeysse du faux.*

Celuy qui veut s'inscrire en faux contre quelque acte, en requiert l'exhibition & la saisie, pouvant faire raporter la minute en declarant qu'il s'inscrit en faux, sans que le Notaire s'en puisse excuser sous pretexte de sa perte, s'il n'en a des preuves. *c* Il fait adviser au Parquet de Monsieur le Procureur general, ou ordonner chez les Subalternes, que le Produisant declarera formellement ( on use du vieux terme ) *sans plique*, s'il se veut servir de la piece ou acte, *d* n'étant plus en son pouvoir d'en revenir aprés qu'il aura répondu par affirmative.

Methode pour s'inscrire en faux.
*c Bald. in l. fin. Cod. de edend.*
*Bavo trait. rent. q 18.*
*d C. Fab. def. 12. ad l. Corn. de fals. Detey. du faux Phili. en ses Arr. au titre 87.*

Aprés que la partie est liée par la declaration de s'inscrire, il faut produire plaidé cacheté au Greffe criminel, contenant les moyens de faux; lesquels étans trouvez pertinans par l'Accusateur public, il conclut en se joignant à la partie civile, & acceptant les moyens de faux qu'elle a proposez, qu'il soit informé incessamment, le Iuge l'ordonne s'il le trouve juste, & informe, ou depute pour le faire. Bien plus j'ay vû donner prise de corps sur la piece avant qu'informer contre un nommé Marchand, mort en prison, au rapport de Monsieur Castagnery. Le mesme fut observé du depuis contre un nommé Antoine Gay au rapport de Monsieur Crassus.

Moyens de faux. Leur acceptation.

Cas notables

Le crime de faux étant fort enorme lors qu'il est nuisible, l'Accusateur public ( qui en France n'assiste pas aux formalitez

malitez secrettes, *a* parce qu'il est partie) est en coûtume d'être present lors qu'on informe, & aux autres procedures qui se font contre les faussaires, sorciers & criminels de leze Majesté, sur tout au Senat.

Les provisions sont decernées contre le Notaire, & tous ceux qui ont eu part à la fausseté; mais toûjours la premiere poursuite doit être faite contre le Notaire, *b* & la peine est toûjours du feu contre luy & les témoins malicieux, étant accruë, ou amoindrie à proportion de l'importance du faux, *c* où la Loy *d* n'a pas pourveu, & pour l'ordinaire de bannissement ou de galere selon le Droit.

Quant à la partie qui n'a fait autre que se servir de la piece fausse, elle n'est condamnée qu'à des amandes au dire de Rebuffe *tract. de mat. poss.* de Depeysse au titre du faux, & du President Favre, mesme en sa defin. 13. *Cod. ad l. Corn. de fals.* ce qui est conforme au Texte. *e.*

Ie remarque que le fils ne peut point s'inscrire en faux contre ses pere, & mere, mais qu'il doit agir civilement si bon luy semble, *f* & que celuy qui a accusé sans succez vne piece fausse, est puny des dommages, & interests, & d'amande, *g.* perdant même son leg, *h* s'il a impugné le testament où il étoit contenu; il ne seroit pourtant pas exclu des voyes de nullité selon Depeysse & le Texte même. *i.*

L'exception de faux n'empêche pas la provision, comme remarquent Charondas, Rebuffe, Papon, & Depeysse, en suite de la loy *satis aperte ff. de falsis*, & celuy qui s'est servy d'une piece fausse, ou qui l'a fabriquée & fait faire, n'est pas exempt de la peine, nonobstant qu'il l'a retire après l'avoir employée en Iugement: autre seroit s'il n'avoit encor fait declaration en forme de s'en vouloir servir. *k.*

Les formalitez contre les faussaires ont le mesme ordre,

dés les provisions laxées que contre les autres accusez. Il y a quelques termes à observer dans les conclusions & jugemens differens des autres, ce qui m'oblige de les écrire pour la satisfaction des nouveaux Praticiens.

## FORMVLAIRE DE CONCLVSIONS
### PREPARATOIRES ET JUGEMENS D'INSCRIPTIONS EN FAUX.

*Le Procureur N. ayant veu les moyens de faux avancez par N. dit en y adherant & les acceptant, qu'il y a lieu d'informer sur iceux,* ( il le requiert souvent à son assistance, comme si la partie ne pouvoit agir criminellement, ) *que si la declaration n'est faite l'on fait aviser que N. declarera pertinemment, & sans plique, s'il se veut servir de la piece en question, laquelle à ces fins sera saisie au Greffe, & paraphée par le Greffier ne varietur.*

Si les faits sont pertinens & decisifs, l'on ordonne, *qu'il sera informé à l'assistance du Procureur N. &c.* les conclusions à provisions, & le jugement qui les ordonne, n'ont rien de particulier, non plus que les autres preparatoires, sinon qu'on fait reconnoître la piece à ceux qui l'ont fabriquée ou produite, *a* comme on fait presque toûjours le corps du delit. <sub>a C. Fab. def. 2. de furt.</sub>

## FORMVLAIRE DE CONCLVSIONS
### ET JUGEMENS DEFINITIFS EN CRIMES DE FAUX.

*Le Procureur N. ayant veu, &c. dit avoir lieu de declarer N. tant de sa propre confession que de ce qui resulte des actes suffisamment attaint & convaincu d'avoir, &c.* (on narre la conviction) *pour reparation desquels excez le condamnera, &c.*

R r

*Eſtat de la Iuſt.Eccl.& Sec.du pays de Savoye,*

( on met la peine, ) il faut declarer *la piece mal & fauſſement frabriquée, & inhiber de s'en plus ſervir*, ( en cas qu'il n'y ait lieu au dernier ſuplice. ) Le Iugement eſt couché à peu prés en pareils termes, ſauf qu'il faut les qualitez, & que le Iuge decide.

a *C.Fab. def.*
*10.Cod l. cor.*
*de falſ.*
b *Depeyſſe du*
*faux.*
Obſervatiōs
importantes.

Monſieur Favre *a* & Depeyſſe *b* diſent que lors que la piece n'a eſté qu'employée par le condamné, il ne faut pas *inhiber de retourner en pareil excez*, mais ſeulement *de s'en plus ſervir*, & qu'il faut rejeter *l'inſtrument*, & non pas prononcer ſur ſa fauſſeté.

c *C.Fab.def.*
*11.ad l. Cor.*
*de falſ.*

Celuy qui a commis ou produit le faux eſt ſi odieux qu'il n'eſt plus receu aprés ſa conviction à aucun autre genre de preuve pour le meſme fait, ſuivant Monſieur Favre *c quia malus ſemper præſumitur malus in eodem genere mali.*

# CHAPITRE XV.

### Des connoissances sommaires des crimes, & des Grands-Iours & assises.

QVoyque les procedures criminelles soient exemptes des longueurs de l'ordre judiciaire, neanmoins il y en a de plus brieves & sommaires, comme sont les *Assises* & *les Grands-Iours*, les premieres êtans tenuës par les Subalternes pour decider les cas legers, *a* & les autres par les Princes, ou par leurs Cours Souveraines, ou les Deputez pour faire recherche des crimes impunis, & remedier aux desordres des Provinces: tellement que les Grands-Iours au dire de Masuere sont les Assises du Magistrat Souverain. L'on pourroit metre pour le Prototip des Grands-Iours celuy qui doit servir pour la reveuë, & le Iugement final de tout l'Vnivers, duquel la seule pensée fait glacer le sang des veines.

<sub>Qu'est-ce que Assise? a Stil art.327 Stat de Sav. liu.2. ch.58. & suivans. voyez Sola sur iceluy.</sub>

<sub>De la fin du monde.</sub>

Les Assises ont principalement les criminautez pour leurs veües, quoy qu'il s'y vuide souvent des choses civiles sur le champ, lors qu'il n'y a qu'un ou deux faits, & qu'elles sont fort legeres, *b* étant permis au Iuge en ce cas d'oüir les témoins en Audiance, *c* même en Ville, & traiter sommairement ce qui ne passe dix florins selon l'article 333 du Stil.

<sub>Sujet des Assises, leur forme. b Cl. in auth. de exhib. rei Majur. des delais. c Stil art.334 d Stat liv.2. ch.58.</sub>

Anciennement les Assises étoient tenuës trois fois l'année, *d* mais elles qui étoient établies pour le soulagement des peuples, sont devenuës leurs sangsuës, on les a

<sub>Leur temps.</sub>

renduës moins frequentes, n'êtans permises que de six en six mois aux lieux peuplez, & d'an en an aux autres endroits, encor seroit-il bien de consulter le Procureur du Prince auparavant que les tenir.

<small>Ce qui doit preceder les Assises.
a *Stat.liv.1. ch.58.*
Comme on y procede.</small>

Les Assises (c'est à dire la venuë du Iuge) doivent être publiées quinze jours avant qu'il arrive, *a* assignant tous habitans de s'y trouver pour defendre, ou demander si bon leur semble: & estant sur les lieux on procede sommairement avec toute la justice, & la circonspection possibles.

<small>b *Stat.liv.1. ch.58.*

c *Stil art.339*

d *Voyez Cat. delict.c.33.*</small>

Il est defendu à ceux qui les tiennent d'exiger autre que leur peine & leur depense, sans qu'il leur soit permis de se payer de leurs droits sur les amandes *b* qui y sont adjugées. L'on peut s'éclaircir touchant les Assises dans l'ancien Statut de ce pays *c* dans Sola, qui l'a commenté, & dans le petit Ouvrage de Catini qui a occupé la charge d'Avocat general en Savoye, *d* étant à remarquer que l'on ne doit point dresser des parcelles en matieres assisiales selon le Reglement de ce pays.

LIVRE

# LIVRE TROISIEME
## DE LA PREMIERE
### PARTIE DE L'ETAT,
## DE LA IVSTICE.
### CONTENANT LA MANIERE D'INSTRVIRE,
#### LE PROCE'S CRIMINEL.

## CHAPITRE PREMIER.

*Des peines & suplices.*

COMME les peines sont les medecines des crimes au dire de Ciceron, *de legibus convenit*, dit Platon, *a omnem punitum, vel ipsum fieri meliorem, vel cæteris exempla dare. Pæna unius sit metus multorum*; la grande raison conseille la punition des criminels, *b* & comme dit le Poëte :

— *Tot crimina plectant*
*Armatæ leges gladiis & vindice ferro,*

Combien il importe de punir les criminels.
a *Plat. lib.34. in gorgi.*
b *l.50.ff.ad l.aqu.*

*Estat de la Iust.Eccl. & Sec. du pays de Savoye,*

*Horat.lib.3.*
*carmi. ode 2.*

*Raro antecedentem scelestum,*
*Deseruit pœna pede claudo. a*

C'est pour ce sujet que l'on se dispense de l'ordre Iudiciaire dans la punition des crimes *b* qui est arbitraire en France selon Depeysse & les autres Docteurs François, sans pourtant qu'il faille user de châtiment à tout bout de champ : les faisseaux de verges que l'on portoit devant les Magistrats Romains étoient liez, pour montrer qu'il faut punir avec retenuë.

*Circonstāces à observer.*
*c l.respiciendū ff. de pœn.*

Le Iuge doit avoir égard aux circonstances, afin de n'être ny trop doux, ny trop severe, *c imple judex Christiaṇe pij patris officium, nec in peccatorum atrocitatibus exerceas ulciscendi libidinem, sed peccatorum vulneribus curandi adhibeas voluntatem, d nullus Iudex judicare potest, nisi ex allegatis & probatis nec exasperare debet pœnas sed mollire ut ait gramat. voto 94. & Bavo in sua praxi.*

*d c.1. cau.23. q.5.*

*Raisons d'augmenter, ou diminuer la peine.*

Il est vray que la recidive, la frequence du crime, & la premeditation en augmentent le châtiment ; comme la jeunesse, la longue prison, la colere, le sexe, l'yvresse, l'ignorance, & la necessité le diminuent, Depeysse s'est expliqué fort amplement sur ce sujet au Traité des crimes, part. 1. tit. 12. sect 1 où je renvoye le Lecteur.

*peines usitées & leurs especes.*

Les peines se divisent en civiles, criminelles, conventionnelles, legales, & judicielles : Elles sont ordinaires, lors qu'elles sont reglées par les Loix, & extraordinaires quand elles dependent de l'arbitrage du Iuge ; elles sont de mort naturelle ou civile, de mutilation, d'infamie, des galeres, du bannissement, d'amande honoraire ou pecuniaire, de confiscation, des verges, de la corde, & du glaive. Nous les appellons capitales si elles portent mort civile ou naturelle, & non capitales lors qu'elles sont plus douces, c'est l'explication de la Loy 2. ff. de publ. judic.

Part. I. Liu. III. Chap. I.     329

Il y a des peines Ecclesiastiques & Seculieres, les Ecclesiastiques sont la reprimande, la suspension, degradation, privation de Benefices, l'excommunication, l'interdiction à *Diuinis*, les jeûnes, disciplines, prisons & autres macerations, l'élimination, la privation de voix & de séance, les pelerinages ; étant à remarquer qu'il y a des peines que nous nommons penitences, comme des prieres, aumônes, jeûnes, & abstinences, qui ne sont point infamantes, lesquelles sont ordonnées pour la satisfaction des pechez, étans renduës utiles par le merite du Sauveur du monde, sans quoy rien n'a efficace auprés de Dieu de tout ce qui vient des hommes. L'Eglise n'ordonne plus des satisfactions publiques pour les pechez, ny rien qui puisse decouvrir la confession, dont le secret est enjoint aux Confesseurs sous peine d'être brûlez vifs.

*Especes des peines Ecclesiastiques.*
*Des penitences.*
*Du secret de la confession.*
*Peines seculieres en visage.*

Les peines seculieres sont les amandes utiles & honoraires, le piloris, le foüet, le bannissement, les galeres, la fletrissure, la mutilation, la decolation, le gibet, la roüe, le feu, les tenailles ardentes : on fait aussi quelques fois demembrer, & tirer à quatre chevaux.

Il y a eu autresfois plusieurs peines lesquelles sont abolies : comme d'écrire sur le visage *a* du condamné, de luy couper les deux mains, *b* de precipiter d'un rocher, *c* de foüeter jusqu'à la mort : *d* la question *in pœnam* n'est pas licite, *e* ny la lapidation en usage, ny l'empalement sinon en Turquie, & autres pays barbares.

*Peines abolies.*
a *Bugny en sa loix abrogées liu. 1.*
b *Nom. 114.*
c *Papeyse des crimes part. 1. tit. 12.*
d *Exod.*
e *Exod.*

La prison perpetuelle, & le talion, aussi bien que la peine des metaux, & l'interdiction du feu & de l'eau sont ....rez parmy nous, sinon que la prison pour un temps eût ..... donnée en certains cas, comme elle l'est dans nos ... dits contre les blasphemateurs, & les putains, même dans la

Iustice

Iustice seculiere, car l'Ecclesiastique condamne à prison perpetuelle les Clercs qui sont atteints de crimes atroces.

*Peines militaires.* Les soldats ont des peines particulieres contre les delinquans, comme du gibet contre les deserteurs, ou de les arquebuser, de degradation contre les laches, & ceux qui vendent leurs armes, de l'estrapade contre ceux qui sortent des rangs & de leurs postes: Enfin elles sont arbitraires & presque toûjours attachées aux bans & defenses.

*Executions des peines de mort.* Les executions des peines doivent être exactes, & se font en cas de mort naturelle, ou reellement, ou en paille, & peinture contre les contumax.

*a Papon en ses Arrests.* Il y a encore des executions en Iustice contre les corps morts en certains cas, & contre les brutes *a*, enfin contre les choses inanimées, comme l'ors que l'on brûle les méchans livres, & que l'on rase les maisons & les forests.

La coûtume en cas d'execution contumaciale est en Savoye d'user de phantômes & hommes de paille, & en France de tableaux qui sont pendus à la potence, ce que les anciens Romains ne permettoient pas, comme raporte Dolives *b*, oüy bien de presenter des hommes de foin aux *b Del. q. not. l.5 ch.7.* lions dans les Arenes pour les rendre plus cruels envers les veritables qu'on leur preparoit, ainsi que rapporte Ciceron *Cruauté des Romains.* pro *Cornel. simulachra*, dit Alconius, *effigiésque hominum offici solebant vt tauri ad spectacula irritarentur.* Ie parleray des executions au procés civil, & en ay déja touché quelques mots au Chapitre du bris de prisons, ainsi je m'en dispenseray en cette rencontre.

*Du Bourreau Son devoir.* Seulement j'observe que le Bourreau, ainsi nommé du mot Etrurien *Barrakel*, qui veut dire *percusseur*, & que les Romains appelloient *Lictor*, doit executer sans scandale ny passion, & se comporter modestement, sans offenser le public,

Part. I. Liu. III. Chap. I. 331

public, & conformement au Iugement, ne pouvant le faire sans pouvoir legitime. Vn Bourreau de Paris fut pendu pour avoir fait mourir le President Bresson, *a* quoy qu'il y eut esté incité avec menasses par Bussi chef de sedition, & un nommé Dubourg Bourreau de Savoye l'a esté depuis peu pour avoir tué une fille : si pourtant ils executent justement ils ne pechent point, non plus que le soldat qui tuë l'ennemy en juste guerre.

<small>Exemples. a Le Brun en son procez crim. tit. de l'executeur.</small>

Si l'on ne trouve point d'executeur, on peut contraindre les derniers du peuple selon Clarus & Parif. *b deputeo*, ou élargir un scelerat pour être Bourreau, *c* ce qui ne n'observe gueres, parce qu'il s'en trouve d'emprunt.

<small>Qui peut être côtraint d'être bourreau. b Clar. q 91. Parif. deputeo tract. de synd. c Bart. in l. 2. de publ. iudic. Des habits des supliciez.</small>

L'execution à mort estant faite, les habits du suplicié sont au Bourreau, comme on lit de la sacrée Robe de IESUS-CHRIST, & quoy qu'anciennement il fut intestable comme *servus pœnæ*, ses proches succedent *ab intestat*, *d* sinon où la confiscation des biens suit celle du corps, comme en plusieurs endroits de France : Il peut mesme tester aprés condamnation par congé du Magistrat, ou plutost du Prince, comme remarque le President Dolives. *e*

<small>d Auth. bona damnatorum C. de bonis proscrip. e Dol. q. not.] liv. 5. ch. 8.</small>

Quant au condamné, il devoit être ensevely le mesme jour par la Loy de Moyse, comme fit faire Iosué des Rois Cananéens qu'il avoit fait mourir *f*, afin d'ôter la veuë de ces scelerats. Les Loix civiles au contraire ont defendu de les ôter du gibet sans permission. *g* On a privé souvent les supliciez de sepulture, cóme on fit à un Prophete rebelle. *h*

<small>f Deut. c. 21. Des cadavres des suplicies. g l. 1. ff. de cadav. punitor. Gomez c. 14. h Reg. 3. Des Penitês. Leur pieté.</small>

Mais en Savoye & en plusieurs autres endroits ils sont ensepulturez par les Confreres de la Misericorde, lors qu'il n'y a effusion de sang, ny rien de contraire dans le Iugement, ils les accompagnent au suplice avec des circonstances où la charité du Christianisme éclate dans son plus

S s

*Leurs privileges.*

beau jour, aussi l'Eglise a-t'elle ouvert ses thresors en leur faveur, & le Prince ses liberalitez, leur permettant d'exiger de lui & de la Iustice tous les ans la grace d'un coupable de mort, pourveu qu'il n'ait commis un des delits excepté de leurs privileges, qui soit le crime de leze Majesté, de fausse Monnoye, de faux témoignage, d'assassin, & de volerie, l'on leur refusa un fameux larron nommé Roux qui fut pendu par Arrest du 14. Mars 1674 au rapport de Monsieur Duclos.

Il y a des suplices au dessous de la mort où le Bourreau met sa main infame, comme le foüet, les impressions de marques, mutilations & autres, dont nous parlerons aux titres suivans, ensemble des autres peines.

## CHAPITRE II.

### Du Piloris, & peine du Carcan.

*Qu'est-ce que peine du carcan & colier.*

Cette peine, appellée par les Latins *Numellæ suplicium*, est une exposition du criminel dans un lieu public pour un certain temps, qui regulierement est de trois heures, lequel étant attaché par le col au carcan est contraint de souffrir toute sorte de mépris & d'oprobres.

*Cette peine est quelque fois suivie du foüet ou precedée.*

Ce suplice est au dessous de celuy des verges, & quelquesfois le mesme criminel les souffre tous deux, comme il arriva de deux maquerelles, appellées l'une Bastienne, & l'autre majorique. Vne autre nommée Catherine fut seulement pilorisée pour avoir esté putain publique : Et quoyque la peine des simples larrons soit du foüet, neanmoins ils sont quelques fois mis au carcan pour des petits larrecins, comme

Part. I. Liu. III. Ch.p. II.   333

comme on l'ordonna contre une fille qui avoit derobé des melons dans un jardin.

## CHAPITRE. III.

*De la fletrissure & impression de marque.*

L'Usage de marquer les personnes sur le corps a eu anciennement divers motifs, les *Hydrophilaces*, (c'est à dire les Gardes eaux) étoient marquez du Sceau de l'Empire, afin qu'on les pût connoître; *a* & Pline assure, aussi bien que Davity, que les Sarmates, & plusieurs autres Barbares se marquent le corps, & se colorent le visage pour être agreables, comme s'il falloit rencherir sur l'ouvrage des mains de Dieu *c*; Nous pourrons leur comparer la maniere de quelques femmes qui se defigurent la face avec certaines petites pieces de tafetas qu'elles nomment mouches, estimans d'augmenter par là leur beauté, & de captiver les cœurs en se marquant le visage; ce que les loix n'ont osé ordonner contre les plus horribles criminels, *homines in facie notare non amplius liceat ne vultus hominis*, dit Lactance *d*, *ad Dei imaginem fictus deformetur.*

L'on distinguoit anciennement les afranchis des ingenus par une marque à l'oreille qui leur étoit faite en certains cas d'affranchissement parmy les Hebreux: *e* Et chez les anciens Romains les Esclaves étoient connus & recouvrez par cette voye. *f* On a aussi marqué autre fois sur le front les criminels; & l'Eglise permet qu'on traite ainsi les Prêtres adulteres, *g* quoy qu'en ait dit Bugny.

*L'usage de marquer les personnes au corps a eu divers motifs, & manieres.*
a *l.penult.C. de aquad.* l.11
b *Plin.l.22.c.1*
*Davity est. & empyr.*
*Les Barbares se marquent en signe de beauté.*
c *Exod. 21.*
*Des mouches des femmes.*
d *Lact. firm.de opific. Dei c.8. l.17.Cod.de pœn.*
*Les impressions de caracteres sont marque d'esclavage ou de crime, cōme aux calōniateurs qu'on marquoit au front.*
e *Exod.21.*
*Prêtres adulteres marquez au visage.*
f *Plutar. in pericl.*
g *c.3. de sal.*

Cette peine est encore pratiquée en France contre les Magistrats souverains qui delinquent au dire de Depeysse, & de la Roche, qui alleguent l'exemple du President Vlme. Mais hors des Magistrats les autres sont ordinairement marquez sur l'épaule des armes des Princes, ou autres accoûtumées, avec un fer chaud par le Bourreau, & cela s'apelle fletrissure en termes de Palais. Ce qui n'est gueres fait qu'aprés qu'ils ont esté fustigez ; mais si celuy qui a été marqué revient encore à derober, il est puny du dernier suplice, en quel lieu qu'il ait delinqué. *a*

*De la fletrissure.*

*Celuy qui se trouve marqué est pendu s'il retoarne en faute.*
a *C. fab. def. 18 de pœn.*

## CHAPITRE IV.

### De la peine du foüet.

A peine des verges est de Droit divin, comme il est porté au Deuteronome, *a* & quoy que les Orientaux usent de batons, dont le nombre est reglé à proportion du delit, neanmoins ce suplice qui souvent cause la mort n'est pas usitée parmy les Chrétiens, jusques là que l'Eglise ne permet pas de répandre le sang dans la fustigation : *b* La loy *Portia* estoit formelle pour ce suplice, de laquelle Portius Caton fut autheur, & en regloit la durée, *c* ainsi que celle de Moyse, qui ne permettoit que quarante coups, *d* & aux derniers temps les Iuifs n'en donnoient que trente-neuf.

a *Deut.* 25.
*Peine des bastonnades.*
b *s. his vbi glo. 23. q. 8.*
c *Liui. l. 10. des. 1. Plin. l. 7. c. 43.*
d *Deut. c. 25.*

Anciennement on faisoit fustiger les personnes condamnées à mort, avant qu'ils la souffrissent ; & cela fut observé à l'égard du plus Saint & du plus Innocent de tous les hommes

*Anciennement les verges precedoiét la mort.*

mes avant qu'il fut attaché en Croix. *a* L'ancienne Rome nous a laissé dans son Histoire des Vestales condamnées à être enterrées vives, qui sont mortes sous le poids des verges. Le Juge condamnoit en ces termes, 1. *Lictor collige faces*: & s'il s'agissoit du suplice de la Croix, *erige crucem*, & ainsi des autres suplices; mais nôtre usage est de les determiner par nos Jugemens, afin d'éviter les inconveniens qui pourroient naître de l'ignorance, ou de la cruauté des Bourreaux.

*a Matth. 27 Exemple sacré, & glorieux de Jesus-Christ. Formulaire ancien des condamnations.*

## CHAPITRE V.

*Du bannissement, relegation, deportation, condamnation aux metaux, & aux galeres.*

Es peines les plus voisines de la mort naturelle ont été d'interdire l'usage de quelques Elemens, comme de l'eau & du feu, de condamner aux travaux publics, aux metaux, de bannir, & mesme il y avoit de grandes differences entre les metaux qui rendoient les condamnez *servos pœnæ*, *a* & les autres travaux qui causoient seulement la perte du droit de Citoyen, *b* enfin l'on distinguoit la condamnation *ad metalla* de celle qui n'étoit que *ad opus metallorum quæ mulieribus etiam imponebatur*, *c*

*Des interdits aqua & igne.*

*a Hermog. l. in metalla l. 36. ff. de pœn. b l. quidâ eod. Differences notables. cl. 8. ff. de pœn.*

L'on condamne aux galeres au lieu des metaux ceux qui les meritent, pourveu qu'ils soient robustes & sains pour y servir, *d* & le Juge d'Eglise n'y peut pas condamner, comme remarquent Chenu, Chopin *e* & Depeysse; on n'y condamne jamais les femmes.

*d Depeys. d. crim p. cat. 12. a H. 1. Chop. de Sacr. p. les Chenu en ses reglem.*

*Eſtat de la Iuſt. Eccl. & Sec. du pays de Savoye,*

Que ſi le temps des Galeres n'eſt pas limité, il eſt cenſé être de dix ans, *a* comme remarque Depeyſſe.

Les condamnez aux Galeres ſont reputez pour morts civilement, & incapables de ſiſter en Iugement, ainſi qu'il fut jugé touchant Mugner Trombert, condamné aux Galeres à mon rapport, car le Senat ordonna qu'on établiroit un Curateur à ſes biens, pour les defendre contre un ſieur Butet qui les avoit fait lever.

Les étrangers, vagabons, & faineans ſont chaſſez par les Magiſtrats qui ne prononcent pas par le mot de banniſſement, mais leur ordonnent de vuider l'Etat, ſi c'eſt le Senat qui parle, ſi c'eſt le Subalterne de vuider la terre.

Quant à la deportation, qui étoit un exil perpetuel avec confiſcation de biens, elle étoit quelque choſe de plus rude que la relegation, laquelle conſtituoit, & confinoit ſeulement le criminel en quelque Iſle, ou autre endroit, ſans publication de biens, ny note d'infamie.

Pluſieurs ont êté en peine de ſçavoir, ſi le banniſſement eſt le meſme que la relegation, mais comme il eſt moins que la deportation, & plus que la relegation, ils l'ont comparé à la premiere, *b* quand il n'eſt que pour un temps, & à l'autre lors qu'il eſt accompagné de la publication de biens, & qu'il eſt pour toûjours.

Mais la plus ſaine opinion a conclu qu'il établiſſoit un troiſiéme genre de peine, *c* en ſorte que *banniti ſervant ea quæ ſunt iuris communis, & iura civilia, non civitatis*, par exemple ils peuvent teſter, ſelon le droit écrit, & non ſelon le Statutaire, *d* ſiſter en procez ſans curateur, comme il fut decidé en Audiance publique, entre une Bigot, & un Baſtier, *e* étans conſiderez comme étrangers au dire de Charondas & de Depeyſſe.

Le

---

*a Arg. l. 11 ff.*
*de pœn. arg.*
*l. 22 ff. eod.*

Curateur étably à va condamné aux galeres, même à tems arreſt du 1748

Eſtrangers vagabonds chaſſez.

De la deportation.

De la relegation.

Doute des Docteurs touchant le banniſſement qui étoit inconnu anc. ennemét. Il approche plus de la relegation.
*b Fariu. q. 19. n. 16.*
Opinion la plus ſaine.
*c Clar. q. 71. v. rſ. dixi. Menoch. lib. 5. trs. ſumpt. 45.*
Les bannis cident jura vilia non civat's.
*Ignoc eod. mue it. du 30. Ætat. 1670.*

## Part. I. Liv. III. Chap. V.

Le bannissement, qui vient du mot *Ban*, à cause qu'on publioit les bannis, comme remarque Depeysse, diffère de l'exil selon quelques-uns, en ce que les personnes presentes sont bannies, & les absentes exilées; cependant on confond le plus souvent l'un avec l'autre dans la maniere ordinaire de parler.

Le bannissement fut la premiere peine de l'homme aprés sa prevarication, & sa desobeïssance *a*, ayant été chassé honteusement du lieu où il n'avoit que des plaisirs innocens, qui pour ce sujet est nommé vulgairement Paradis terrestre.

C'est ce qui fait que nous vivons au monde comme exilez & bannys: ce que Platon mesme, quoy que Payen, a declaré, aussi bien que le Prince de l'éloquence Romaine.

Il n'y a que le Iuge souverain qui puisse bannir de l'Estat; les inferieurs ne le pouvant faire que hors du territoire de leur Iurisdiction, ainsi que remarquent Mornac & De-peysse; & la prison est comptée dans le temps du bannissement temporel, *b* si elle a duré dés le Iugement qui y condamne.

Quant au Iuge d'Eglise, il ne peut point bannir, n'ayant territoire, au dire de *Molina* question 82. de *Ioan. Galli*, de Charondas, de Chopin, & de Depeysse.

Il y a des bannis volontaires, comme les soldats, pelerins, & voyageurs, & des necessaires, dont nous avons parlé: & le bannissement en des cas n'est pas une peine. Les Atheniens ont eu celuy de *Lostracisme*, *c* qui étoit opposé au trop grand credit & merite: L'on divise encore le bannissement en perpetuel, & temporel; mais il est bien difficile d'y rencontrer des douceurs, puis qu'il prive de celle de la patrie, que Ciceron croit inestimables.

En effet l'Ecriture nous enseigne qu'Adal, Prince Idumen étant

étant sorty d'Idumée subjugué par David, & s'étant refugié en Egipte, quita les honneurs de Pharaon, pour retourner en son pays sous la domination d'un ennemy qui le traitoit comme la proye de ses armes, & un pays de conqueste, Phalaris dit qu'un Sceptre ne le peut consoler de l'éloignement de sa patrie, & Vlisse prefera Ithaque lieu de sa naissance, quoy que pierreux & inaccessible à l'immortalité que la Nimphe Calipso luy promettoit; aussi l'Orateur Romain assure, que *omnium societatum nulla sanctior, nulla arctior quam ea quæ cum patria unicuique nostrum est*: & Sertorius disoit hautement qu'il aimoit mieux être le dernier de Rome, qu'Empereur du monde, banny de son pays. L'amour de la patrie est exprimé dans ces vers.

*Nescio quâ natale solum dulcedine cunctos,*
*Ducit, & immemores non sinit esse sui.*

<small>Rien n'ét si doux que la Patrie.
Autres exemples.
Raisonnemét sur la douceur de la patrie.</small>

<small>L'exil est addouci par la petite estéduë des estats. La relegation n'ét presone plus en vsage & pourquoy.</small>

Il est vray que le voisinage des pays étrangers causé par la multiplicité des Souverains, à rendu le bannissement plus supportable, sur tout aux personnes abjectes, & la relegation du tout inutile, laquelle avoit été introduite à cause de la vaste estenduë de l'Empire Romain; de sorte qu'aujourd'huy elle n'ét plus en usage qu'a l'égard des grands, que les Princes veulent éloigner de leur Cour, desquels les delices consistants infailliblement en la presence de leurs maîtres, elles s'évanouïssent par la privation, que leurs ordres leur en font souffrir; ce qui n'ét pas aux honnétes gens vne peine mediocre; car je l'estime pire que la mort.

<small>Il n'y a rien de si doux que la presence de sô Souverain.</small>

En effet nous avons certain panchant à chercher Dieu en la personne des Princes qui en sont les images, jusques-là qu'une caresse de leur part nous est un trésor plus precieux, que nos biens, & nos propres vies, & rien ne peut consoler vn galant-homme qui perd les bonnes graces de son Souverain.

Le

Part. I. Liu. III. Chap. VI. 339

Le bannissement est pour un temps, ou perpetuel étant toûjours en nombre impair lors qu'il est a certain temps ainsi qu'observe Depeysse.

Celuy qui n'observe son ban, ou qui s'échappe des galeres, peut être condamné au dernier supplice *a* quand il luy est défendu de contrevenir ou de dés'emparer à peine de la vie, si pourtant la condemnation n'ét que pour un temps, on peut le doubler ; *b* mais je n'ay pas veu qu'on ait condamné les contrevenans à la mort naturelle quelles contraventions qui se rencontrent, & un nommé Glieres ne fut condamné qu'à observer son ban à peine de la vie, & à quelques amandes à mon rapport, mais ayant continué ses méchancetez, il finit enfin ses jours sur une potence.

a l *damnum* ff. *de pœn.* Peine de la contravention au ban & galeres.

b *Gomez qu.* 471. n. 1.

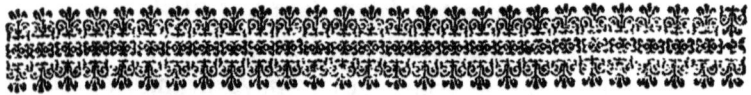

## CHAPITRE VI.

*De la peine de mort, & premierement de celle du gibet.*

A peine de mort, qui ne pouvoit être ordonnée contre le contumax par le Droit Romain, ne doit pas l'être sans bien y penser, *alia sententia potest corrigi*, dit Cassiodore au 7. de ses Epitres, *de vita transactum non patitur immutari* ; c'est pour cette raison qu'en Sparte les Iuges employoient plusieurs jours à decider les causes criminelles, *a* & qu'en France au dire de Depeysse, on ne les Iuge qu'au matin, en effet *de morte hominis nulla satis longa cunctatio est*, & Ciceron *pro domo sua ad Pontifices*, dit qu'autre fois il n'y avoit point de peine de mort. Aussi l'importance de la vie fit que le Senat de Rome

a Plutarq. des dits not. des lacedem.

T t

340 *Eſtat de la Iuſt. Eccl.& Sec. du pays de Saveye,*
ordonna au temps de Tybere de differer les executions de mort dix jours aprés l'Arreſt, *a* ce que Theodoſe étendit à un mois par ſes Ordonnances : *b* encore aujourd'huy n'eſt-il pas permis aux Subalternes d'executer leurs Iugemens de mort ſans en avertir les Cours Souveraines. *c*

L'uſage eſt en Savoye de remettre les pieces au Procureur general qui en informe le Senat, & peut appeller ſi bon luy ſemble, étant à remarquer que la Sentence ou Arreſt de mort ne ſont prononcez en France & en Savoye, qu'au jour de l'execution,*d* qui ne peut être un jour de Feſte.

La peine du licol eſt la plus infame de toutes, comme ſubrogée au crucifiement, duquel il étoit dit *maledictus qui pendet in ligno* : *e* Ce fut ſur ce bois que les ſept enfans, qui avoient violé l'alliance à l'égard des Gabaonites, finirent leurs jours par commandement de David, *f* auſſi bien que les Princes Idolatres par celuy de Ioſué, *g* & l'on obligeoit les condamnez à porter leur croix au lieu du ſuplice, & bien ſouvent on leur couvroit le viſage dés la condamnation, comme indignes de plus voir le jour. *h*

Mais depuis que le Fils de Dieu a choiſi la Croix pour le theatre de nôtre ſalut, & de ſa mort, elle n'eſt plus maudite ny infame, mais conſiderée comme l'inſtrument fortuné de nôtre redemption, & elle eſt aujourd'huy tellement venerable parmy nous ; qu'elle y eſt adorée par relation à celuy qui l'a arroſée de ſon ſang precieux, & ſalutaire. En ſorte qu'aprés la victoire remportée par Conſtantin contre Maxence, il ne s'eſt plus parlé de ce ſuplice à l'égard des criminels, & on ſe ſert de fourches & patibulaires, & quelques fois du premier arbre, où les perſonnes viles qui meritent la mort, les voleurs, les épies & autres en certains cas laiſſent leur vies au bout d'une corde.

Pluſieurs

*a Suet. in Tyberio.*
*b l. 29. C. de pœn.*
*c Det cyſt. p. 1. tit. 12. des crimes, B. yer, la Roche, Servin.*

*d Bengler. in praxi crim. tit. 17 l. 12 ff. de publ. iudic.*

*e Lactan. lib. c. 16.*

*f Reg. 2. n. 21.*
*g Deut. 21. Paul. ad gal. 3 Ioan. 19.*
*h Eſter. c. 7. Iob. c. 9. Eſaye 21.*

La croix n'eſt plus un ſuplice infame.

La Croix eſt adorée, & comment. Suplice de la croix aboly.

Plusieurs ont douté si la corde rompant, & celuy qu'on pend tombant sain à terre il est delivré, mais Clarus, Papon & Automne sont d'opinion negative contre celle de Tiraqueau, & pour éviter tous doutes, l'on dit *qu'il sera pendu & étranglé jusques à ce que mort naturelle s'en ensuive*, sans que la demande qu'on fait du condamné pour le prendre en mariage le fasse delivrer, comme declarent Tiraqueau, Chassanée & Rebuffe, c'est aussi l'opinion de Papon, de Gomez, de la Roche & de Depeysse, par qui ils sont citez. Le Senat de Savoye le decida ainsi touchant un nommé Loüis Lebeau executeur qui demandoit en mariage une fille, laquelle luy fut refusée, & penduë en suite par celuy qui desiroit être son époux.

<sub>Exemple.</sub>

Quelques fois l'on accorde les cadavres pour faire des anatomies, ainsi qu'on fit aux Chirurgiens de Chambery d'une fille, dont j'ay écrit l'Arrest de mort comme Rapporteur du procez, & d'un nommé la Bonté, dont les squelettes sont encore en état, il est vray que cela s'observe pour le bien public, *non de jure sed de consuetudine.* a

<sub>a Berth.Gom. Bavo q 29.</sub>

## CHAPITRE VII.

*De la decolation, & amputation de membres.*

Non seulement on ordonne que les criminels auront la tête tranchée lors qu'ils ont merité cette peine; mais encore bien souvent, pour donner plus de terreur & d'exemple on leur fait couper le poing ou quelque autre membre, avant le dernier suplice;

<sub>On veut avec la mort du criminel ordonner l'amputation de quelques membres pour l'exemple.</sub>

on fait aussi écarteler le cadavre pour porter les membres du criminel aux endroits où il a delinqué *ad terrorem*.

La perte de l'œil, de l'oreille, de la main ou autres membres étoit fort ordinaire au temps que le talion étoit en usage *oculum pro oculo dato*, &c. mais aujourd'huy qu'il ne l'ét plus a, on n'ordonne pas si souvent la perte des membres, sinon en sacrileges, parricides, faux Notaires, & autres cas où l'on veut que la privation du membre, qui a servi au crime, precede celle de la vie: L'on fait quelquefois couper la main droite aux deserteurs afin qu'ils ne servent pas ailleurs.

Quant aux yeux, ils ont été crevés à plusieurs anciennement, comme nous lisons de Bellissaire, & d'une partie des Princes d'Orient vaincus ; on coupoit autrefois les oreilles aux criminels de ce pays, & on a coupé depuis peu le né à quelques scelerats à Nice. Mais de tous ces suplices il n'y en a point de plus incurable que la decolation, n'y ayant plus de S. Denis en ce monde qui marchent la teste entre les mains, ny d'esperance de vie pour ceux ausquels on a tranché la tête.

*Iacet ingens littore truncus*
*Avulsumque humeris caput, & sine nomine corpus.* b

Ce suplice est pourtant moins honteux que celuy du licol, *furca ignominiosior est gladio*, dit Balde en son conseil 426. Aussi trouvons nous dans des textes que les Nobles coupables de mort sont decapitez, & que les roturiers sont pendus. c Bien davantage les anciens ont fait difference entre le glaive, & la hache dont le suplice est plus honteux que celuy de l'épée, & c'est ce qui provoqua la colere de Caracalla, contre le meurtrier de Papinien, qui luy avoit coupé le col avec une hache, auquel il parla en ces termes *gladio non securi oportuit te jussum meum exequi*.

*a Bald. l. binas a des ff. de serv. præd.*

*La decolatiõ est le moins honteux suplice.*

*Mort de S. Paul.*

*b Virg. 1. anei. c l. disertorem ff. de re milit.*

*Difference entre la hache & le glaive quant à l'infamie.*

Il y a des pays où le dernier suplice est toûjours du de- *Coûtume des Suisses.*
colement, comme en Suisse & des autres, où il est d'étran- *Coûtume des Turcs.*
gler sans distinction des qualitez, comme en Turquie avec
des licols, pourtant de soye ; mais la France & la Savoye
font difference entre les Nobles & les Roturiers, sauf en
certains crimes enormes qui degradent la personne qui en
est convaincuë, & font même cesser la distinction des suplices, & des genres de mort.

Ie remarque icy par occasion que l'on ne donne jamais
l'Eucharistie au condamné à mort au jour de l'execution, *a*  *a Marc. pag. 2. q. 10. la Roche a ses parlem. Clar. l. 5. sent. Depeysse.*
Depeysse rapporte que ce Sacrement auguste fut refusé au
Connestable de S. Paul, & au lieu de cela on luy fit celebrer
une Messe, aprés laquelle on luy donna du pain & de l'eau
benite, comme a remarqué Pasquier dans ses recherches de
la France. *b*  *b Pasq. liu. 6. chap. 10.*

L'on refuse pareillement l'Extreme-Onction aux con-
damnez à mort au dire de Clarus & de Depeysse, parce *c Marc c. 6. Imb. c. 5.*
qu'elle n'a esté instituée que pour les malades du corps *c* ; &
enfin ils sont privez de plusieurs avantages, êtans reputez
pour morts, & c'est pour ce sujet qu'on leur voiloit les yeux
dans l'ancienne loy, dés l'Arrest prononcé, comme indignes
de plus voir le jour. *d*  *d Esaye c. 22. Esther c. 7.*

## CHAPITRE. VIII.

### Du suplice de la roüe.

CE suplice est sans doute fort severe, & un des plus *Le suplice de la roüe est fort severe.*
rigoureux dont on use en Savoye, sur tout quand

le criminel n'eſt pas eſtranglé à meſme temps que l'on rompt ſon corps, cependant pluſieurs ont vêcu les jours entiers aprés avoir eu les bras, jambes & reins briſés, tant en France qu'ailleurs, & cela fut obſervé aux perſonnes d'un nommé Poncet qui avoit volé & tué ſon compagnon, & d'un Roux Maſlilly qui avoit du deſſein contre le Roy de France & ſon Eſtat, deſquels le premier languit trente heure ſur la roüe, & l'autre trois, dans la fameuſe ville de Paris.

*Exemples.*

Quant à nous, la crainte de deſeſperer les perſonnes, nous fait permettre au Bourreau de les étrangler, quelle rigueur que nos Iugemens contiennent: Ce ſuplice s'obſerve contre les voleurs qui ont tué dans les chemins, les traitres à l'Eſtat, les aſſaſſins, & autres de cette nature, & quelque fois on fait expoſer leurs membres aux lieux où ils ont delinqué, afin de donner terreur au monde, par cetre funeſte veuë. Cela fut obſervé il n'y a pas long temps contre un André Vibert, & un Iean Chenu voleurs & homicides, & contre un autre d'Anneſſi au rapport de Monſieur de Merandes, *a* duquel je tais icy le nom à cauſe de l'honnête famille, dont il a indignement tiré naiſſance.

*Douceur du Senat crainte du deſeſpoir. Cas principaux qui meritét la roüe.*

*Préjugez.*

*a Arr. du 24. May 1662. & du 5. IanV. 1664.*

## CHAPITRE XI.

### De la peine du feu, & des tenailles ardentes.

*Du ſupplice du feu de la rigueur de cét element.*

IL n'eſt pas neceſſaire d'exagerer combien eſt grand le ſuplice du feu, puis qu'il ſuffit pour en expliquer la rigueur de dire, que Dieu, qui eſt infaillible dans ſon diſcernement, & le Maître ſouverain de la nature,

Part. I. Liu. III. Chap. IX.     345

ture, l'a choisi pour l'instrument impitoyable de sa Iustice vengeresse ; aussi est-il estimé dans l'Ecriture pour le plus severe des châtimens. *a*

Cette peine est ordonnée contre les sorciers, *b* les épies, *c* les parricides, *d* les faux Monnoyeurs, *e* les incendiaires, *f* les heretiques, *g* les sacrileges, *h* les traitres à l'Estat, *i* & les Sodomites.

On ajoûte quelques fois les tenailles ardentes avec lesquelles on arrache les mammelles, & autres endroits du corps de celuy qui est mené au suplice autant de fois que le Iuge l'a ordonné, cela fut executé contre un Losseran engresseur en 1631. Comme aussi il y a trois ans au rapport de Monsieur Duclos, *l* contre un nommé Pierre Mouton, qui avoit tué son pere, lequel eut aussi le point coupé : Pareil suplice fut ordonné par le Senat contre un *quidam* pour avoir blessé sa mere avec un poignard, sa fin funeste est amplement décrite dans le Code de Monsieur Favre, *m* & dans la pratique du President Bavo, étant à remarquer que celuy qui concourt au parricide, quoy qu'étranger est puny du mesme suplice ; ainsi qu'il fut jugé contre un homme de Barberas au rapport de Monsieur Pigner en ma presence.

*a Leu. 20 & 21.*
*b l 3. Cod de malef.*
*c l siquis sso. c. ff de pœn.*
*d Arr du 16. Mars 1671.*
*e l fa. C. de fal. mon.*
*f l. qui ædes ff. ad incend.*
*g l. 8. C. de hæret.*
*h l. sacrilegij ff ad l. Iul. pecul.*
*i d.l siquis.*
*l Arr. du 16. Mars 1671. Exemple de te... Fab. def vn. C de h i qui par. vel sil. occid n 7. in alleg. crim.*

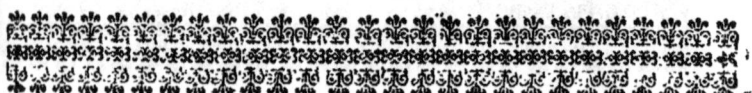

## CHAPITRE X.

*De la peine de confiscation.*

 A confiscation de biens qui êtoit si fort en usage en cas de mort parmy les anciens, & qui l'est encore en France, ne l'est plus par le droit nouveau *a*,

*a auth. boná dupnat. vbi ai i. C de bon. proscript.*

*æquitatis*

346 *Estat de la Iust.Eccl. & Sec. du pays de Savoye,*
æquitatis ratione, dit la Nouvelle de *Vicar.* constitution 134. elle est pourtant ordonnée en Savoye pour certains cas, comme de crimes de leze Majesté humaine, ainsi qu'il fut jugé contre Thomas Paris faux Monnoyeur, au rapport de Monsieur Duclos, il est vray qu'il y a Edit pour ce chef.

Il faut noter que le Prince seul ou le Magistrat souverain peuvent ordonner la confiscation, comme remarque le President Favre *a* Farinaceus a traité fort amplement cette matiere en sa question 25. & Depeysse au traité des droits Seigneuriaux.

<small>a C. sub def. 1. ne sine permiss. princip.</small>

## CHAPITRE XI.

### *Des amandes, & frais de Iustice.*

Es amandes sont quelques fois la seule peine, mais toûjours elles accompagnent les autres chastimens, quoy qu'elles soient diminuées à proportion de leur rigueur, étans toûjours solidaires entre complices.

Quant aux dépens & frais de Iustice, ils sont personnels en Savoye, & sont payez sur les biens du condamné à mort, ce qui n'est pas en France à l'égard du Roy ou des Seigneurs suzerains, comme remarque Depeysse, *a* parce qu'ils ont la confiscation, & qu'ils sont obligez à procurer la Iustice. *Ad quem pertinent commoda ad eundem pertinere debent incommoda, vulgatis iuribus.*

<small>a Depeyss. p.1. tit.12. des cri. Baquet au traité des droits de institce c.7. Bonuot tom.2 topm en jus arrd. 24</small>

CHA

## CHAPITRE XII.

*Des peines Ecclesiastiques, & premierement de la reprimande.*

L'Eglise ayant ses peines aussi bien que le monde il en faut icy toucher deux mots : son procedé est si doux qu'elle avertit deux fois avant que punir, *si peccaverit frater tuus corripe illum inter te & ipsum* ; a mais aprés trois monitions, s'il est incorrigible, il faut parler haut, *peccantes*, dit S. Paul *coram omnibus argue vt cæteri timeant*, étant juste que la severité soit subrogée aux tentatives impuissantes, & méprisées de la douceur, & qu'aprés les éclairs & les tonnerres les carreaux & les foudres soient lancez contre les clercs incorrigibles, dont les pechez sont dangereux quand il n'y auroit autre que le scandale, *maledictus ille per quem scandala erunt*, dit l'Evangile. b

Il est donc du devoir des Iuges d'Eglise d'éviter le deshonneur du saint charactere des Clercs, & de les relever de leurs chutes, ou fraternellement, ou par la force des censures, car Dieu s'est fâché par la bouche de son Prophete c contre leur lache complaisance, *deceperunt populum meum prophetæ, dicentes pax pax, & non est pax, væ qui consuunt pulvillos sub omni cubito manus, & faciunt cervicalia sub capite ad capiendas animas*. d Il faut aprés qu'on a essayé la correction secrette e qu'elle se fasse publiquement à l'exemple du Precurseur à l'égard d'Herodes, *non licet tibi habere vxorem fratris tui*, & IESUS-CHRIST reprit en pleine assemblée les chefs de la Sinagogue. f

*L'Eglise reprend, quoy que pleine de douceur.*

a *Matth.* 18.

*Il faut vser de rigue... la douceur estant inutile.*

b *ad timoth.*
*L'Eglise doit relever ce x qui tombe.*

c *Ezech* 13.
*Dieu s'irrite par la dissimulation du crime.*

d *cap. sed illud* 45. *dist.*
e *Marc.* 6.
*Inceste défendu.*

f *Matth.* 23.

V u

j'avoüe que la prudence & la charité veulent qu'on ait plus de secret quand le peché n'est pas public, & que la simple mercuriale ou correction du superieur ne rendent point infame la personne qui les souffre. *a*

Encor moins les avis que nous recevons de nos amis, & des sages, n'y ayant rien de plus necessaire dans la vie civile que d'avoir des personnes qui nous declarent nos veritez & nôtre foible, ny rien qui marque mieux la bonté d'une ame que de recevoir les corrections, & les remontrances, Dieu envoya plusieurs playes aux Egiptiens pour les avertir avant qu'il les submergea dans la mer rouge, & qu'il eut fait mourir leurs premiers nez, à quoy il fut enfin porté par l'endurcissement de leur Roy.

*a l 10.es qui l(e)s c. ajunfa. 1. in Cod. Il faut avoir avis de nos manquemés. Induravit cor Pharaonis.*

---

## CHAPITRE XIII.

### *De l'excommunication, interdits, suspension, & degradation.*

*a cap. audi 11. q. 3. L'Excōmunication vient de Dieu ou des hommes. Il y a excommunication mineure, & majeure. Leurs effets. b c. visis 16. q. 1. c Hieron. sup. c 9. ad Rom. Qu'ét-ce qu'anatheme. Autorité de l'Eglise.*

L'EXCOMMUNICATION vient de Dieu seul, comme quand on peche mortellement, *a* ou des hommes lors qu'ils la declarent par Sentence, & celle-cy s'appelle Ecclesiastique, laquelle est mineure ou majeure, la mineure prive des Sacremens, & quelques fois de l'entrée des Temples; & la majeure de toute communion des fidelles, & mesme d'être ensepulturé dans des lieux saints; elle est appellée *Mucro Episcopalis,b* & en beaucoup d'endroits *Anatheme,* qui veut dire *derniere execration,c & separation de Dieu.* C'est le feu de sa colere, lancé par l'autorité de son Eglise.

Part. I. Liu. III. Chap. XIII.

L'excommunication mineure ne prive pas de la frequentation des fidelles, ny aucune autre, si l'excommunié n'est denoncé, mais des Sacremens & de l'entrée de l'Eglise, & tous Curez & Confesseurs en peuvent user en cas de scandale, & que le penitent la merité, *a* ils la peuvent remettre, & en absoudre facilement. *b*

Quant à l'excommunication qu'on nomme majeure *c* ( où il faut trois monitions, & une sentence ) elle ne peut être ordonnée que par les Prelats ou par ceux à qui ils l'ont permis, *d* pour des causes graves, *e* enquoy aujourd'huy les Canons sont mal observez, lors qu'il s'agit de preuver par monitoire.

Il faut pourtant craindre l'excommunication quelque injuste qu'elle soit, & s'y tenir jusques à ce qu'elle ait été declarée injuste par le Superieur, *f trahit enim excommunicatio executionem nonobstante appellatione, & etiam injusta timenda est.*

Les nullitez des excommunications sont principalement si on n'a pas observé l'ordre, *g* si on a attenté en les donnant *h* si le Iuge n'êtoit competant, ou s'il êtoit excommunié luy même, *i* si l'intention de comprendre celuy qui se plaint n'y a pas êté *k*, enfin si on a excommunié une communauté ( parce qu'on ne doit pas punir l'innocent pour le coupable *l* ou bien un Magistrat, & autre pour le fait de sa charge *m*, *quia officium suum nemini debet esse damnosum.*

Il y a aussi les moyens d'abus touchant l'excommunication qui annullent les procedures faites contre les privileges de ce pays, dont j'ay parlé cy-devant, & que j'eclairciray encore mieux au chapitre de l'abus. Il y a de plus les cas des Chapitres, *cum Apostolus de censibus, & cum Capella de privilegiis,* & quelques autres; en sorte que si l'excommu-

Effets particuliers de l'excōmunicatiō mineure, & qui la peut infliger.
a *c. cū ad Ecclesiam de offic. ordin.*
b *c. duobus de sent. excom.*
c *cap. De vi sso. quando* 1. *q.* 1. Choses necessaires à l'excommunication.
d *cap. perlectis* 25 *dist.*
e *cap. nemo* 11. *q* 3.
Toute excōmunication est à craindre
f *c. qui injustè c.* 11. *3. t. c. solet sso. fin. de sent. exco. in* 6.
g *Fab. def.* 94. *C. de sac. Eccl.*
Nullitez des excommunications.
h *c. sæuestr* 11. *q.* 3.
i *c. venerabilibus de se. st. excom. in* 6.
k *cap. ad limimus* 24. *q.* 1.
Cas notable.
l *c. bonæ memoriæ de possui. prelat.*
m *c. Romam. la Roche en ses parlem.*
On peut appellercomme d'abus si on est aux cas ? devant le lay.
Quand l'in-

V.u 2

nication n'est pas causée par un juste motif, mais par un esprit de vengeance, elle est sans effet, *a* aussi bien que si la sentence n'étoit pas écrite, *b* ou si les monitions étoient *nemine dempto*, sauf en cas de recelation de titres, *c* enfin si les formes ne sont observées selon les Canons, & les privileges de l'autorité Seculiere.

L'execution des Sentences d'excommunication se doit faire selon les Constitutions Canoniques, *adstantibus 12. præstiteris, candelis ascensis, quas post prolationem sententiæ extingunt, objiciuntque, & pedibus conculcant.* d On brûle aussi des épines avec quelques autres ceremonies extraordinaires, qui signifient l'abandonnement du condamné entre les mains de l'ennemy commun du salut des hommes, du moins quant au corps, *e si non audierit Ecclesiam*, dit l'Evangile *f, sit tibi tanquam Ethnicus & publicanus.* Nous parlerons des Monitoires au Procez civil dans l'endroit des preuves.

On encourt l'excommunication *aut ipso iure si factum hominis non requiratur? aut ipso facto, si factum novum requiratur.* J'observe que les principaux cas de l'excommunication *ipso iure* sont exprimez dans la Bulle *in Cœna Domini*, qui n'est pas receuë en France, ny en Savoye, parce qu'elle interesse en plusieurs choses l'autorité temporelle, où l'Eglise ne doit toucher.

Quant à l'interdit? quoy que ce mot puisse s'entendre de l'excommunication, *g* puis qu'elle interdit la communion de l'Eglise? neanmoins il a quelque chose icy de particulier, & il se divise en personnel, lequel regarde les personnes, notamment les Clercs ( & l'on y peut renfermer la suspension de leurs fonctions,) ou reel, duquel nous parlerons icy après: l'interdit est temporel ou pour toûjours

Part. I. Liu. III. Chap. XLIII.

toûjous, & peut être de certaines fonctions.

L'interdit reel est ordonné contre les Villes & Communautez, qui sont, aux cas de causes legitimes, privées des offices Divins, *a* & du pouvoir de les faire celebrer, quoy qu'elles ne puissent être excommuniées, ny le Magistrat pour les choses qui regardent son office, suivant les privileges de l'Eglise Gallicane. *b* On peut aussi interdire les Temples qui ont êté polluez.

Quant à la degradation, elle peut affecter la privation de tous honneurs, offices & dignitez, tant Seculieres, qu'Ecclesiastiques, se pouvant faire que l'on degrade le Magistrat, le soldat & le Clerc, duquel il s'agit icy, lequel pourtant ne peut être executé à mort sans qu'elle precede, ainsi qu'assurent Loüet, *c* le Prêtre & la Novelle 83. & dont Aaron fournit un exemple, lequel avant sa mort fut dépouillé de ses ornemés Sacerdotaux par ordre de Dieu. On leve aujourd'huy au Gendarme son épée, & anciennement sa ceinture, ce qu'on appelloit *exauctoratio*: il y a pourtant des crimes, dont l'enormité degrade sans autre. La deposition simple est la privation de quelque benefice, laquelle le seul Evêque peut ordonner. *e*

*a c. si senten. de sent. exco. in 6.*

*b Fevr. de l'abus Liu. 1. c. 6.*

Magistratn'est excommunié *propter offi. iû.*

*c Le Prêtre cent. 1. ch 23.*

*d cap. 1. de homic. in 6.*

*e Greg. p. 3. l. 3 t. c. 9.*

## CHAPITRE XIV.

*De l'infamie, amande honoraire, elimination, jeûnes, & prisons.*

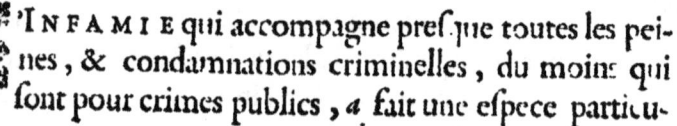

'INFAMIE qui accompagne presque toutes les peines, & condamnations criminelles, du moins qui sont pour crimes publics, *a* fait une espece particu-

De l'infamie. *l. infamem ff. ... ind. Clar. & al. ij.*

liere de suplice, outre l'accroissement qu'elle cause par sa concomitance avec les autres, l'honneur étant preferable à tous les biens, & même à la vie, *a* c'est ce qui fait dire au Sage que *melius est nomen bonum quam divitiæ multæ*, ce fut le motif qui retient la fureur des Millesiennes pour n'être exposées nuës en public, *b* & qui obligea le Poëte Gallus de se tuer par crainte d'infamie, duquel Ovide dit

*Sanguinis atque animæ prodige galle tuæ*, c

En effet ce n'est pas vivre, que de le faire sans honneur,

*Omnia si perdas famam servare memento.*

Plaute parle en ces termes au dixiéme de ses tom. *Ego si bonam famam servasse sat ero dives*: & Ovide libro 2. *Fastor.* adjoûte ces vers,

*Fama manet facti posito velamina currunt,*
*Ei memorem famam qui bene fecit habet.*

L'on compte deux sortes d'infamies, l'une de droit, qui naît de la condemnation, *d* & l'autre de fait, *quæ notat apud probos*, & qui consiste dans la seule mauvaise opinion des gens de bien, & il n'y a rié qui soit si tôt semé qu'un mauvais bruit.

*Fama malum quo non aliud velocius ullum;*
*Mobilitate viget, viresque acquirit eundo.* e

Les infames sont exclus dés dignitez, & honneurs publics: f & Vlpien assure que *infamia hominum est immortalis, etiam tum vivit cum eam credis esse mortuam*: g Elle exclut & prive des Ordres Ecclesiastiques, h du droit de tester: rend incapable de porter témoignage, & presque de tous les emplois & charges publiques.

L'infame recouvre l'honneur quand la grace du Prince l'y rétablit, autrement *quos absolvit notat*, & l'absous par le Prêtre quand elle provient de l'excommunication. *i*

Les batteleux, écorcheurs de chevaux, cureurs de basses fosses,

fosses, maquereaux, *& omnes qui ex corpore turpem quæstum faciunt, sunt infames. a*

Il faut tenir pour regle certaine que la condamnation ignominieuse du parent, ou allié ne rend pas infames ceux qu'il touche, *b* nonobstant l'erreur du vulgaire, & il y auroit action d'injures contre celuy qui l'auroit reproché, *peccata enim sequuntur auctores*.

La question aussi, ny la cession de biens n'infament point, non plus que l'emprisonnement comme remarque Depeysse.

L'amande honoraire qui se fait au Parquet du Iuge est tout à fait infamante, & peut être infligée par le Iuge aux Clercs en crimes privilegiés, au dire de Duranti, de Meynard & de Depeysse : c'est une satisfaction faite tête & pieds nuds étant en chemise en Audiance publique, demandant pardon de ce qu'on a declaré, *c* & la peine est doublée n'obeïssant pas, & quelques fois de la mort.

La prison est souvent ordonnée, comme peine contre les Clercs parmy les Ecclesiastiques avec infamie : ils y condamnent les coupables quelques fois pendant leur vie, *d* pour y vivre à pain & à eau, *Vt pænitentiam in pane doloris agant, & in aqua angustiæ, ut commissa defleant, & flenda ulterius non committant*, *e* étant à remarquer que l'Eglise qui abhorre le sang, n'ordonne jamais la mort naturelle, mais qu'elle remet & livre au bras seculier, ou ordonne la prison perpetuelle en crimes enormes.

Il faut remarquer que quoy que la prison ne soit chez les Seculiers que *ad custodiam*, *f* il y a certains cas ausquels elle est *in pœnam*, *g* ainsi qu'elle l'a été à l'égard de Monsieur Fouquet, dont la cheute fait tant de bruit ; & que l'on l'ordonne contre les femmes adulteres.

*a l. qui adulterium C. de adult. l. 1. ff. de testam. Bald. in auth. si testib. C. de testi.*
*b l. crimen ff. de pœn. l. 22. eod.*

De l'amende honoraire. Qu'ét-ce qu'amende honoraire.

*e Imb. inst for. lin. 3. cha. 21.*

De la prison, *carcer à coërcendo*.
*d Chopin de sacr. polit. 2.*

*e c. nouimus de verb. sign. c. 1. de haret.*

*f l. aut damn. ff de pœn.*
*g l. diuus de custod. reor.*
Exemple étranger.

Il y a des prisons reglées dans un espace ou établies dans la maison de ceux à qui on les ordonne, elles sont pour ceux qui ont failly, lesquels on veut arrêter pour des autres causes, & c'est ce que l'on nomme arrests; on y met quelques fois ceux qui ont répondu en crimes legers & les personnes qualifiées qui ont pris querelle, & que l'on craint se nuire dans une rencontre ou autrement.

<small>Qu'est ceque eliminier & jeter dans un Monastere. Confiner dās un Monastere est prison & relegation. Des jeûnes & macerations. Les abstinences ne sont pas une peine quand elles sont volontaires.
a Ambros de helia & ieiu. serm. 40.
Exemples.
b Iona c. 3.</small>

Eliminer selon les Canonistes n'est autre que bannir, & chasser d'un endroit, en assignant quelque autre lieu pour y resider.

Ietter & confiner dans un Monastere est une espece de prison, ou de relegation; ce qui s'observe bien souvent à l'égard des Moines, Discoles & des femmes adulteres, où il n'y a pas des lieux & Maisons de Repenties.

Les jeûnes qui sont sans autre principe que la gloire de Dieu n'ont rien de fâcheux, & sont plutôt un bien qu'une peine, *quid est jejunium*, dit S. Ambroise, *a nisi vita Angelorum?* Ce fut par là qu'Elie fut si grand auprés de Dieu, & que les Ninivites appaiserent son ire, b & que Moyse aprocha sa face pour recevoir ses commandemens. Iesus-Christ le plus saint des hommes prepara la redemption par les jeûnes, & S. Iean publia sa venuë prochaine dans l'abstinence, ne mangeant que des sauterelles & des racines, ce qui confond l'impieté de ceux qui condamnent le carême, & les saintes abstinences de l'Eglise.

<small>Il se faut abstenir du mal
c c. Ieiunii de consecr. dist. Ecclef. 54.
d Conscientia mille testes
De l'hypocrisie.
Les austeritis s'ordonnent souvent *in pœnam*.</small>

I'avouë que l'abstinence du peché est le meilleur jeûne c, & qui plait plus à Dieu que l'hypocrisie des Pharisiens, & des Scribes, contre laquelle IESUS-CHRIST a dit anatheme, d comme nous lisons dans l'Evangile.

Ce n'est pas pourtant qu'il faille douter que le jeûne, & autres austeritez ne s'ordonnent *in pœnam delicti. Convertimini* ni ad me in jejunio, fletu, & planctu, scindite corda vestra, & non vestimenta vestra, jejunium delinquentis vulnera curat, & curatum sanctificat : *a* Il y a diverses especes, & circonstances, selon que le Iuge trouve à propos, tant pour les jeûnes, qu'autres macerations & austeritez, & on est en coûtume de condamner à jeuner *in pane, & aqua amaritudinis*, pour un certain temps les Clercs, fornicateurs, & yvrongnes, & pour l'ordinaire d'y ajoûter les disciplines, prieres, rafraichissemens dans l'eau, & autres châtimens, qui sont plutôt des remedes, que des peines, & dont l'application juste dépend de la capacité & de la prudence des Iuges.

a c sint tibi de consecr.
Les austeritès sont reglées selon le delit.
L'Eglise veut guerir & non pas punir.

En punissāt il faut observer les circonstances.

## CHAPITRE XV.

### Des Rescrits de Grace, & de la Iustice.

Es Princes n'êtans accessibles à tous ceux qui ont affaire avec eux comme à la source de l'autorité, & des biens-faits, il a fallu qu'ils ayent répondu aux suppliques des peuples, & à leurs besoins, par Edits, par Decrets, & par Rescrits, & quoy que les derniers soient toûjours presumez justes ; neanmoins il y en a qui ont pris le titre de Rescrits de Grace, & les autres de Iustice ; les uns êtans comme de necessaire concession, & les autres de pure liberalité.

Anciennement les Princes contractoient comme les particuliers, *a* mais ce qu'ils disoient étant une loy ils usent aujourd'huy de Lettres Patentes pour manifester leurs volontez sous cette moderation, portant qu'elles seront veuës &

Les Princes contractoiēt jadis.
*l 26 de dou; int. vir. & n vor.
Qu'est-ce que Patentes.

verifiées par leurs Magistrats, non pas pour les soumettre à eux, mais afin d'éviter qu'on ne les surprenne. Outre que le refus n'est pas convenant à leur elevation, puis que la liberalité est la vertu des Rois, comme dit le Poëte,

*Regia, crede mihi, res est succurrere lapsis.*

Il est aussi de la reputation de leur conduite que les peuples voyent passer les eaux salutaires de leurs biensfaits par les canaux de la Iustice, d'autant plus que leurs concessions étans bien souvent arrachées par l'importunité, ou par la surprise, ils sont bien aises que leurs Magistrats s'en éclaircissent mieux, *quæ enim Princeps rescribit non semper vult fieri*, a *& si legibus solutus sit legibus tamen vivit*. b C'est pour ce sujet que nos Princes, qui ont toûjours êté Zelateurs de la Iustice y ont soumis leurs propres Decrets, faisans en cela & en tout la felicité de leurs Etats, comme il est ordonné dans l'Ecriture, c ils ont même permis à Monsieur le Grand Chancelier de corriger ce qu'il trouve injuste dans les Rescrits d, & au Senat de retenir e ou modifier f ceux qu'il connoit estre contre le bien public & leur service: jusques là qu'on a veu executer des porteurs de graces, fondées sur le dol, & sur le mensonge. g Il est même defendu par nos Edits d'avoir égard au don des amandes porté dans les graces aprés une adjudication passée en jugé. h Ils defendent aussi d'accrocher les affaires de la Iustice en veuë des lettres à cachet du Prince, & de s'arrêter aux patentes de sursoyance en matieres criminelles i, ny aux civiles, quand le procez est appointé pour juger. k

Il y a divers Rescrits en usage dans la Cour & Chancelleries, les uns sont de Iustice, lors qu'ils regardent l'administion, les autres de grace, qui proviennent de la pure liberalité l; les premiers s'accordent presque toûjours, & même

a *Rebuff. gloss. 10.*
b *l. digna uxo. de leg.*
c *Sapien. c. 6.*
Monsieur le Chancelier peut corriger ce qui n'est juste dans la grace.
d *Stat. l. 1. c. 4.*
e *Stil art. 157*
f *Stil art. 156*
g *Stil art. 191*
Don d'amandes adjugez sans appel n'a lieu.
h *Edit du 2. Mars 1561. au Stil.*
i *Fab. d. f. 1. Cod. si cauf. inf. vel utilit. publ.*
k *Fab. def. 11. C. de div. resc. arg. leg. absentum. ff. de pœn. lo. Pastor. de rescript. tit ff. ad tr. b. Re. in. in prax. œn. lib. 1. c. 28.*

me sans consulter le Prince ; mais les derniers n'ont rien que sa volonté, & sa faveur pour principe ; Ces sortes de concessions sont des emanations de la Souveraineté, ne pouvant être accordées par aucun autre. a

Elles portent en tête le sacré nom du Prince qui les accorde, pour marquer sa magnificence *sicut enim Imperialis fortuna omnes supereminet alias*, dit Iustinien, *b ita oportet principales liberalitates culmen habere præcipuum, benigni principis est*, dit Cassiodore, *non tam delicta velle punire quam tollere.* c

En sorte que le Prince Souverain n'a de bornes que celles que sa conscience & son honneur luy prescrivent,

*An nescis longas principis esse manus.*

Il ne peut pourtant pas agir contre la Iustice sans degenerer son autorité en tirannie. Car si bien il peut tout en tant que souverain par sa puissance absoluë, il doit pourtant la regler aux principes de l'équité & de la raison, *Princeps*, dit Balde *est quidem legum dominus, non autem morum ac rationis, d digna enim vox est majestate regnantis, legibus alligatum se principem profiteri*, dit le Texte mesme. *Nec Princeps voluisse credendus est quod juste voluisse non potuit.*

En effet tout ainsi que la cruauté ne luy convient pas, de mesme trop de bonté luy est nuisible & à son Etat, quand elle cause les impunitez. e

Le droit de faire grace n'appartient qu'aux Souverains, comme sont les Ducs de Savoye, qui l'accordent de toute sorte de crimes, *ex plenitudine potestatis*: f Il est vray que le Senat leur represente aux occasions les circonstances qui peuvent arrester les graces: Cela se fait aussi en France, & Dolives a des prejugez de deboutement, g aussi bien que Depeysse.

a *Imbert en ses Instit. for. liv. 3. Paȼon Chorin Lomeau en ses maxi. Lebret de la Souv. l. 4*
b *l cum multa C. de bon. qualib.*
Liberalité est la vertu des Rois.
c *Cassiod. lib. 1. c. 30.*
Le Prince souverain peut tout.

d *l. Princeps ff. de legibus.*

e *Bodin. en sa rep.*
f *Fab. de abol. crim. def. 1. Bodin croit qu'il ne le peut en crimes de lese Majesté, ch 1. liv. 1. de sa rep.*
g *Voyez Dolivo act. forens. 10. & 11. p. 3.*

Xx 2

*Eſtat de la Iuſt.Eccl.& Sec.du pays de Savoye,*

Les graces ſont ou generales (comme les indults, & amniſties) ou particulieres, quand elles s'accordent à un criminel, ſur une fidelle relation du fait, n'êtans adreſſées en Savoye aux Iuges Ducaux, comme elles étoient anciennement, *a* mais au ſeul Senat; ſur quoy il faut voir l'art. 325. du Stil & le Statut.

L'on prenoit anciennement Lettres de pardon en la Chancellerie du Senat de Savoye lors qu'elles étoient de Iuſtice, & de celles que Monſieur Favre dit ne pouvoir être refuſée: *b* mais à preſent elles doivent être ſignées du Prince & paſſer aux offices; on y prend pourtant lettres d'attache aprés les trois mois expirez.

La clemence des Princes Souverains ne s'exerce pas ſeulement en faveur des criminels, convaincus ou condamnés, (& c'eſt ce qu'on appelle grace & remiſſion de peines,) mais encore touchant les accuſez par les abolitions qui ſont des extinctions des procedures criminelles, leſquelles étoient jadis accordées par les Magiſtrats *c*, auquel cas la peine du Turpilien ceſſoit, encore que l'accuſation fut injuſte, pouvant le prevenu de calomnie de nouveau être accuſé par autres perſonnes. *d*

Mais aujourd'huy nul ne peut accorder les abolitions que le Souverain, il eſt vray que ſi bien Monſieur Favre aſſure que les deſerteurs d'armées, criminels de leſe Majeſté & de peculat ſont exceptez *e* : il n'y a point d'accuſation qu'il ne puiſſe éteindre, *poteſtate abſoluta*, comme remarque Rebuffe *in proëm. conſt. reg. Gloſſ.5.* & je m'étonne que Depeyſſe *f* ſe ſoit contredit ouvertement en parlant des graces & du pouvoir des Souverains de les accorder de tous delits *g*, du moins devoit-il faire cette precifion.

L'obreption & ſubreption ne peut être oppoſée aux abolitions

Part. I. Liu. III. Chap. XV. 359

litions selon le Bret & Depeysse ; & comme elles troublent l'ordre de la Iustice, elles ne sont que bien rarement accordées par les bons Princes, tel qu'est le nôtre, qui n'en a point concedé depuis que j'ay l'honneur d'être au Senat.

Haine des abolitions.

Que si le Prince avoit pardonné à un criminel, condamné trop doucement par un Subalterne, il pourroit être jugé plus severement, & puny par le Superieur, nonobstant sa grace & que le fait eut esté bien exprimé. Monsieur Favre allegue le prejugé des nommez Deduc qui furent pendus nonobstant leur grace, apres avoir esté jugés par le Senat sur l'appel *à minima* interjeté par le Procureur general suivant l'ordre de ce Magistrat. *a*

a *C. sab. def. 7. de poen.*

Les graces doivent être presentées dans trois mois depuis leur impetration, *b* aprés lesquels il faut des lettres d'attaches, & quoy qu'anciennement on les pût presenter de dehors, cela ne se fait plus aujourd'huy *c*, & on ne decrete point la requeste du porteur de grace qu'il ne se soit constitué prisonnier, *d* étant à remarquer que si bien par le droit civil *e* les Lettres du Prince ne surannent point, elles le font par le Droit Canon. *f*

b *Stil ar: 178.*
c *Char. pand. l. 4 c. 5.*

I'ay veu que le Senat a admis des personnes de qualité à presenter leurs lettres de grace à huis clos, mais aujourd'huy cela n'est accordé à personne : ainsi qu'il fut deliberé à l'égard de deux hommes de marque, par forme de Reglement, *g* & c'est avec raison que le Senat l'a ainsi ordonné, afin que les solemnitez étans observées rigidement, l'on soit plus reservé à faire des choses qui exposent ou au châtiment, ou à quelque confusion publique, & que les gens de bien étans privez de la satisfaction qu'ils attendoient d'un supplice, ils ayent celle de l'abbaissement & de

d *Reglem. des 14. Aoust 1665. & 15. Decemb. 1651 inserez au registre.*
e *l. 2. Cod. de diu. rejer.*
f *c pierumque extr. de reser.* Ancienne observation abolie.
g *Arr. & reglement du 5. Avril 1661 au registre.* Raison du Senat pour ne passer les graces à huis clos.

X x 3

soumission du coupable, aussi bien que de l'exactitude du Magistrat, & du Prince mesme.

*Qu'est-ce qu'il faut observer en fait de grace pour l'enterinement.*

Le porteur de grace doit presenter requeste, qui demande au Magistrat son enterinement, lequel ordonne qu'elle sera veuë par l'Accusateur public, lequel conclut que l'impetrant *fera sa requeste en Iugement*, cela veut dire qu'il se representera luy même, ne le pouvant faire par Procureur, ny en Savoye, ny en France. *a* Il s'explique par l'organe d'un Advocat, estant dans le Parquet au conspect du Senat un jour d'Audiance publique, teste nuë, & à genoux, Depeysse *b* excepte les Conseillers des Cours Souveraines qu'il dit le pouvoir faire debout, & allegue un prejugé du Parlement de Grenoble touchant le Sieur de Vulson Conseiller de cette Cour, qui presenta sa grace de cette maniere à cause de sa dignité.

*a La Roche en ses parlem. Depeyss Papon en ses Arrests tit. des graces. b Depeyss p. 1. tit. 12. des cri. Exemple.*

Il faut en France payer les dépens contumaciaux avant qu'être receu à presenter les lettres de grace, comme remarquent la Roche & Depeysse, mais en Savoye nous n'observons point cette maxime, suffisant de payer avant l'élargissement les choses adjugées.

*Comment il faut presenter vne grace au Magistrat. Ce qu'il fait à l'egard du porteur, & du Procureur general.*

Celuy qui preside fait lire la grace au Greffier criminel en Audiance publique, aprés quoy il demande au supliant, (duquel il exige le serment) s'il a narré la verité, & s'il se veut servir de cette grace, il interroge en suite le Procureur du Prince, qui fournit ses conclusions sur le champ, étant en coûtume de requerir que le porteur de grace soit oüy, tant sur les informations que sur les lettres qu'il a presentée : Il requiert le rapport des pieces si elles sont en un autre Tribunal, & que cependant *le supliant restera prisonnier*. Le Senat est en coûtume d'ordonner dans les mesmes termes, & dit *que le porteur demeurera cependant en estat*.

*Il faut être en pri'on pour pouvoir presenter les lettres de grace.*

L'on

L'on ordonnoit autres fois souvent *qu'il passeroit le guichet*, mais cela n'est plus ordonné, ne pouvant presenter sa premiere requeste sans estre en prison, où il est reconduit par des Huissiers. *a* Plusieurs ont douté si l'Ecclesiastique qui doit, en cas de grace, faire les incombences comme un laic feroit, *b* pouvoit être inquieté aprés son entherinement par son Iuge & Superieur, & les plus sçavans sont pour l'affirmative, quand le crime merite des peines Ecclesiastiques où le laic ne touche pas.

<small>a *Depeyss. p. 1. titr. 12. des cri.*
b *Bugny en fes six auctes l. 2. Baquet, Depeysse.*</small>

Il faut remarquer que celuy qui a obtenu rétablissement en l'office où il avoit peché ne peut s'en prevaloir dans l'enterinement de sa grace, *c* autre seroit s'il avoit esté banny pour autre crime, *d* si nous en croyons à Depeysse; le Senat pourtant jugea le contraire touchant un Antoine Gay convaincu de faux au rapport de Monsieur le Senateur de Merandes, personnage fort éclairé & sçavant, & un des plus experimentés criminalistes de nôtre siecle, étant à remarquer que *Princeps quos absolvit notat nisi in pristinum jus, & honores restituat, & solet facere.*

<small>c *Depeyss. p. 1. tit. 12. des cri- B. ed. n. 223.*
d *Distanti q. 79. Depeyss.*</small>

Celuy qui a obtenu pardon du Prince avec remission de la peine qui l'attendoit, doit avoir exposé le vray, car s'il y avoit obreption, c'est à dire allegation du faux & mensonge, ou subreption, qui signifie silence de la verité en choses capables d'avoir meu le Prince; *e* le Iuge a pouvoir de passer outre à la formalité, sinon qu'il en voulut donner advis, mais il n'y est pas tenu ny en ce pays par le Reglement, *f* ny en France, *g* telles lettres êtans valables, *si preces veritate nitantur*, comme dit la loy derniere au Code *de diversis rescriptis.*

<small>e *l. 5. C. si contra jus. &c.*
f *Stil art. 191.*
g *Guen. sur la conference des Ordon. Depey.*</small>

La partie civile en peut opposer, & faire preuve au contraire de l'exposée, pourveu qu'elle nomme d'abord témoins

moins pour ce sujet, autrement on ne suspendroit pas l'enterinement des lettres, comme il fut jugé entre une Demoiselle de Seiteney, & un Estienne Visfray porteur de grace, *a* on luy adjuge pourtant ses dommages interests, si elle a droit d'en pretendre, comme ont les enfans, & même la veuve.

L'on donne quelquesfois temps au prevenu pour presenter ses lettres de grace, s'il est empêché de le faire par des causes fort urgentes, en faisant proposer son exoine, *b* lequel pourtant n'est jamais gueres porté au delà des trois mois du Stil de Savoye ; *c* le Senat l'observa ainsi à l'égard du même Visfray, *d* & encore d'un Estienne Repost natif de Piémont, duquel je fus Rapporteur, & qui fut condamné à des dommages & interests en faveur de la veuve de l'occis. L'impetrant doit toûjours satisfaire au jugement pour pouvoir être elargy, & il n'est jamais receu à cession vile de biens ny pour les dépens ny pour les amandes n'étant pas juste que *quod in unius favorem concessum est retorqueatur in odium*: d'autant plus que *Principis gratia intelligitur, ne juri tertij derogetur*, aussi la clause de satisfaire la partie civile est presque inseré dans toutes les graces.

*a Arr. du 11. May 1672. C. fab. def. 3. ad l. Corn. de sicar.*

*b Reglem. du 20. Aur. 1651.*

*c Reglem du 20. Aur. 1651. d Arr. du 18. May 1672. Exemples. Cession miserable n'a lieu en graces. e Arr. des 5. Iuin 1669. au registre. Raisō pourquoy on n'est receu à cessiō en fait de graces.*

## FORMVLAIRE DE CONCLVSIONS,
### ET ARRESTS DE VERIFICATION DE GRACE.

Forme de cōclusions.

Le Procureur N. ayant veu, &c. dit y avoir lieu de proceder à l'enterinement, & verification des Lettres de grace dont est question, ( ou bien ) n'empêche la verification, &c. & que mainlevée soit donnée au porteur d'icelles de sa personne & biens, en payant l'amande, &c étant l'ordinaire de bailler seulement un consentement nomobstatif, le Iuge prononce à peu prés en ces termes. *Sur la requeste presentée ceans par N. tendant à*

Forme d'Arrest. Qualitez de l'Arrest.

*ce*

ce qu'ayant obtenu des Lettres Patentes de S. A. R. portans gra- *Il faut desig-*
ce & remission de, &c. Il plaise au Senat vouloir proceder à *ner le crime*
l'enterinement, & verification d'icelles selon leur forme & teneur, *grace.*
& autrement comme est porté par ladite requeste.

Veu, &c. Le Senat faisant droit sur ladite Requeste, & *Dicton de*
icelle enterinant, ayant égard aux conclusions & consentement *l'Arrest.*
prêté par le Procureur General a verifié, & enteriné les Lettres
de grace dont est question, ordonne que le porteur joüira du fruit
& benefice d'icelles selon leur forme & teneur, luy baillant à
ces fins main-levée de sa personne, & biens ; ordonne que les prisons luy seront ouvertes en payant l'amande de, &c. & les dépens & frais de Iustice. Il faut des amandes au Palais, à la
la Charité, & à S. A. R. s'il n'en a fait don dans la Patente,
pour la partie civile, pour les dommages interests que l'on
regle le plus souvét, & pour le Seigneur du lieu, s'il a fait son *A qui il faut*
devoir. *a* On peut pourtant passer outre, sans oüir son Pro- *adjuger des amandes.*
cureur d'Office, comme remarque le President Faber, *b* *a C. fab. def. §.*
pourveu que les Gens de S.A.R. ou en France, du Roy, ayent *C. de sent. pass.*
été oüis. *b Id. fab. eod.*

Le Magistrat qui verifie les Lettrés de grace, qui ne peut *c Edit 1553.*
être en Savoye que le Senat *c*, n'oublie jamais les amandes *au stil.*
pour les œuvres pies, particulierement pour faire prier pour
l'ame du mort, en cas de meurtre.

Que s'il y en avoit d'adjugées au Prince par le Senat ou *Letres d'Estat*
par autre, dont il n'y eut appel, le don qui en seroit fait à *n'ont lieu en criminel.*
l'impetrant seroit sans effet, suivant le Stil de Savoye, *d* par *d Edit 1533.*
lequel aussi les lettres d'état & de sursoyance sont rejetta- *au stil.*
bles en criminauté, *e* ainsi qu'assure M<sup>r</sup> Favre, étant l'inte- *e edit du 2.*
rest du Prince, du public, & de Dieu même que les crimi- *Mars 1563.*
nels ne restent impunis, & l'autorité de la Iustice méprisée. *f* *au stil.*
*f L. vlt. C. ad L.*
*Iul. majest.*

Yy

## CHAPITRE XVI.

### Des Lettres Rogatoires & Pareatis.

<small>Des pareatis
Voyez la loy
à aino pio ff de
re iudic.
a Cl. m. infra
citata
b Feuret &
alij.</small>

VOYQUE les Iurisdictions independantes les unes des autres doivent avoir leurs fonctions distinctes, & separées, neanmoins il y a des cas ausquels elles se doivent aider fraternellement, a non seulement celles que la spiritualité, & la temporalité ont distinguées, b mais encore les seculieres mesme de divers Etats, pour éviter les usurpations injustes, & les desordres de l'impunité. c

<small>c Clement. pastoralis de sent. & re iudic. Bart. in l. 1. de requir. reis.
Source des pareatis & rogatoires.</small>

C'est ce qui a heureusement introduit les Requiritoires & Pareatis en suite, qui ne sont jamais adressez, ny accordez que par des égaux, tellement que les Subalternes en usent respectivement, & les Cours Souveraines de même, étant certain que tous les parlemens de France, méme celuy de paris, quoy que le plus grand & plus celebre de cet Empire, usent de rogatoires envers le Senat de Savoye, & les reçoivent de luy, comme a tres-bien remarqué Monsieur le president Favre d.

<small>d fab. def. 2 C. de execut. rei iud.
Difference touchant les sujets, & étrangers.
e Fab. def. 2. C. de iur. om. iud. ex l. illi citat. ff. de off. proef.</small>

Il est vray que le Senat de Savoye est en coûtume de refuser la distraction des sujets de S. A. R. e ainsi qu'il fit touchant un nommé Frape d'abord ; j'ay veu accorder des sujets vagabonds, notamment en Mars 1674 au rapport de M⁰ˢ Excoffon & Castagnery: Le Senat ne soûfre pas la distraction des sujets pour faire des formalitez contre eux, n mesme l'etrousse & vente judicielle en vertu de jugemens étrangers, mais ordonne que la partie sera appellée en Iugemen

<small>Distraction des sujets n'est soufferte.</small>

ment, ainſi qu'il fut jugé, moy preſent en plein Senat, entre les freres & ſœur de Bomport le dernier Iuillet 1673. au rapport de Monſieur Excoffon : Le Preſident Guy Pape *a* a bien expliqué les cas où l'on devient Iuriſdictionable en une de ſes deciſions.

*a Guid. Pap.*

Quant aux étrangers, le Senat les remet à leurs Iuges naturels pour executer leurs Iugemës, pourveu qu'il ſoit deuëment requis, ainſi qu'il fit le 9. Iuillet 1672. touchant quatre deſerteurs, ſur les Requiſitoires du parlement de Grenoble, qui uſe à la verité d'une reciprocité loüable à nôtre égard, n'y ayant pas long-temps qu'un Nicolas Molard ſacrilege abominable nous fut rendu par ſes ordres, & après condamné a être brûlé.

*Le Senat remet les étrangers, & non les ſujets. Exemple.*

*Exemple.*

Il eſt vray que le *Pareatis* eſt accordé à la charge que les executions ſeront faites par les Officiers du Reſſort, & preſque toûjours ſans diſtraction des ſujets, le meſme s'obſerve au civil, où rarement il eſt refuſé, quand on offre le reciproque en cas pareil, ainſi qu'il fut obſervé à l'égard d'un Guillaume Lard pour les Doüaniers de Pontcharras.

*Conditions des pareatis.*

*Pareatis n'eſt refuſé pour les biens.*

Le Senat, ou la Cour, permettent d'executer les lettres des Subalternes par tout leur reſſort ſans diſtraction, & c'eſt la voye la plus aſſurée & la plus commode, l'on montre quelquefois à partie en choſes civiles, ou bien l'on examine les pieces lors qu'il y a un long eſpace de temps, afin d'éviter toutes ſurpriſes.

*Pareatis general.*

Il faut remarquer que les commiſſions données par les Tribunaux étrangers peuvent être faites dans l'Etat en ayant obtenu la permiſſion du Senat. Quant à la Savoye, qui ſeul a droit de l'y accorder, & de connoître des lettres étrangeres, notamment des Requiſitoires, *b* l'on ordonne bien ſouvent que ce ſera en la preſence d'un des Meſſieurs du

*Pareatis particulier.*

*b Stil art. 109.*

Corps pour la conservation des autoritez du Prince, & l'on s'en est aussi quelquesfois dispensé pour éviter des frais aux parties. Cela s'observa en la procedure des Sieurs Bardenanche sur les rogatoires du Parlement de Grenoble, avec lequel le Senat de Savoye vit de bonne intelligence, n'y ayant rien aussi de plus opposé au bien public que les contestations dans les employs publics, qui souvent en font échoüer leurs plus salutaires operations.

*Exemple.*

Il y eut en cette procedure une circonstance notable, car les delinquans furent poursuivis par leurs Iuges naturels d'un delit commis hors de leur ressort, ce qui s'accorde *ratione originis*, en cas de prevention ; car autrement il y auroit danger qu'un même crime ne fut puny en deux endroits: *a* Cela est conforme à la pensée de Masuere, & l'Arrest fut donné, moy present le 13. Iuin 1673.

*Cas notable.*
*a Depeysse*
*tit. 12. p. 1. des*
*crim.*

Quant aux Iuges inferieurs du mesme ressort, ils prenent *Pareatis* les uns des autres, sinon qu'ils exerçassent leur Iustice dans la mesme ville, auquel cas je crois qu'il seroit ridicule de demander permission d'executer là où l'on juge par l'argument *à majori* ; cependant l'usage est souvent au contraire, mesme dans Chambery, & j'estime que c'est un abus.

*Pareatis des inferieurs.*

Que s'il s'agist des decrets & lettres des Iuges Ducaux appellez Majes, *quasi majores*, ils n'ont besoin d'aucun *pareatis* dans leurs Provinces où ils sont l'aigle volant, ainsi que remarque le President Favre. *b* L'on peut se pourvoir au Senat pour avoir permission d'executer par tout le Ressort, ce qu'il permet sans distraction, & les lettres étrangeres doivent être executées par un Officier du même ressort.

*Iuges Majes n'ont besoin de pareatis.*

*b l. fab. dif. 25.*
*de iur. om. iu-*
*dicum.*

CHAPI

## CHAPITRE XVII.

*Des Represailles, & Lettres de marque.*

LE droit de marque ( appellé ainsi de l'ancien mot *marche*, qui selon Cujas vouloit dire limite, *a* parce qu'il s'accordoit toûjours dans les droits limistrophes au dire de Bude, *a*) n'appartient qu'aux Souverains independans : & les Représailles, appellées par les Docteurs *pignerationes*, *b* ne doivent estre accordées sans cause.

<sub>a *Cujac. in l. vaie. l. vt nul. ex c. 1. lib. 12.* Choses necessaires aux represailles. *Guid. q 32.* b *Bar. des represailles.*</sub>

Celuy ou ceux qui les veulent obtenir contre une Vniversité, ou contre certaines personnes, desquelles ils ne peuvent avoir raison de leurs superieurs independants en doivent exprimer le sujet & les motifs avec peu de formalitez pourtant, lors que l'on les obtient du Prince qui seul a pouvoir de les accorder selon le droit commun ; que si on les veut obtenir de quelques Magistrats, Villes, ou autres ayans droit de les declarer, il faut proceder presque avec les mesmes formes qu'en Iustice ordinaire, étant permis à la partie interessée de s'y opposer, & du devoir du Iuge qui en connoit de luy reserver son droit, ainsi qu'a remarqué le Docte Bartole, *c* le President Guy Pape *d* veut trois sommations precedentes au Superieur de partie adverse, *e* si non qu'il fut difficile de les faire.

<sub>Differences notables.</sub>

<sub>c *Bartol c. 2. de repress.* d *Guid. Pab. q.* e *Luc. de lign. in tract suo represse.*</sub>

L'on peut saisir les personnes & les biens en cas de represailles, & les donner generales ou particulieres, & rarement elles sont accordées par les Cours de Iustice, du moins sans consulter le Prince, *cuius solius est indicere bellum*, dit encore le même Bartole, & Papon dit qu'elles ne procedent contre les êtrangers que par forme de saisissement & d'inventaire. *a* Quant à moy, j'estime être du devoir & de la prudence de tous Magistrats de n'accorder aucunes represailles sans avoir consulté leur Prince, étant bien juste qu'il sçache ce qui doit être la semence de la guerre, que luy seul a droit de declarer, comme il touche à luy seul de la soutenir, ou de l'éteindre.

*a Papon en ses Arr. liu. 5. titr. 12.*

Les lettres de marque, ou de represaille, étans les derniers remedes pour avoir Iustice, elles ne sont point données, ny demandées aux Superieurs contre leurs sujets, parce qu'ils ont les voyes ordinaires pour se faire obeïr : tellement qu'elles supposent une independance de ceux contre qui on s'en veut servir, parce qu'ils refusent de faire justice, aprés qu'on a fait toutes les diligences possibles pour l'obtenir, *b* par exemple, si un Prince étranger refusoit au sujet d'un autre Prince des choses justes contre ses sujets, celuy qui auroit souffert ce refus recourroit à son Souverain, ou à ses Magistrats qui avoient droit d'en connoître pour avoir lettres de saisie, ou des biens, ou des personnes sujettes au Superieur qui luy a denié Iustice ; ou bien si un Prince étranger usurpoit les biens d'un autre Prince ou de ses sujets par voye injuste, on useroit de reciprocité en saisissant ce qui se trouveroit dans les Etats de l'autre.

*b Nou. 51. & l. prouidendum c. de decur. lib. 10. Cas des represailles.*

L'on peut même user de represailles contre les Clercs si leur faute en est la cause, ainsi que dit le President Guy pape en sa question 34. contre le sentiment de Bartole : Papon allegue divers prejugez conformes à Guy pape, & nous pouvons dire que le saisissement & reduction du temporel des Ecclesiastiques que nous ordonnons si souvent, sont des especes de represailles, comme remarque le même Bartole.

*Si les represailles sont accordées contre les Clercs.*

Les

Les represailles ne sont pas des choses nouvelles, elles étoient déja en usage chez les Grecs, comme remarque Demostene *in oratione adversus Aristocratem*, & si bien le Droit civil & le Canon ne les ont pas permises en termes exprés, elles le sont par le Droit divin, & dans la Loy de Moyse; je trouve pourtant qu'il n'y faut venir qu'à l'extremité, n'étant pas juste que l'innocent souffre la peine du coupable, sinon que la raison publique le voulut ainsi, *omne illud habet magnum exemplum ex iniquo quod aliqua publica utilitate compensatur*, dit Cassius au Senat de Rome.

L'Ancienneté des represailles.

# FIN DV PROCEZ CRIMINEL,
### & de la premiere partie.

www.ingramcontent.com/pod-product-compliance
Lightning Source LLC
Chambersburg PA
CBHW070435170426
43201CB00010B/1097